王道——著

合肥张家记事

流動的斯文

张充和

浙江大学出版社
ZHEJIANG UNIVERSITY PRESS

图书在版编目（CIP）数据

流动的斯文：合肥张家记事 / 王道著. —修订版.
—杭州：浙江大学出版社，2021.3
  ISBN 978-7-308-20560-3

  Ⅰ. ①流… Ⅱ. ①王… Ⅲ. ①家族—史料—合肥
Ⅳ. ①K820.9

  中国版本图书馆 CIP 数据核字（2020）第 171715 号

流动的斯文
　　——合肥张家记事（修订版）
王　道　著

策划编辑	罗人智	
责任编辑	闻晓虹	
封面设计	卿　松	
出版发行	浙江大学出版社	
	（杭州市天目山路 148 号　邮政编码 310007）	
	（网址：http://www.zjupress.com）	
排　　版	杭州中大图文设计有限公司	
印　　刷	浙江印刷集团有限公司	
开　　本	880mm×1230mm　1/32	
印　　张	16.625	
字　　数	416 千	
版 印 次	2021 年 3 月第 1 版　2021 年 3 月第 1 次印刷	
书　　号	ISBN 978-7-308-20560-3	
定　　价	78.00 元	

修订版自序

　　不知不觉,《流动的斯文——合肥张家记事》一书已经出版六年了。这六年间,人和事都发生了太多的变化。张家十姐弟中最后一位姐姐张充和女士与最后一位弟弟张寰和先生已经去世,张家二女婿周有光先生也去世了。合肥市肥西县张树声故居正在进行保护性维修;苏州九如巷张家旧宅也正在进行翻新,并将和乐益女中旧址一起被规划为红色基地;而周有光故居和周有光图书馆也陆续在常州青果巷揭幕并开放。这一切如同张家的文化核心"水"一样,逝者如斯,没有什么是不变的。

　　原本以为,张家文化也会如历史烟云一样,渐渐消逝在时间的碎片里。但没想到的是,借助现代媒体的传播,张家文化在互联网时代延续了下来,其影响范围不断扩大。张家长子张宗和的日记已经出版到第二卷了,第三卷和第四卷也即将出版。张充和亲笔题写书名的《笙歌扶梦》也出版了。张家最小的弟弟张宁和,他的儿子以兰和妻子从比利时赶到苏州寻根,和家人团聚时,没有任何疏远感,真是天生一家人。在北京的沈龙朱、沈红听说有亲人回来了,也是积极联络接待。张家的文化纽带并没有因为家庭杂志《水》的停刊而断裂,大家你来我往,相互关照,以无形的网络彼此联结着。

　　在这期间,在沈家人的帮助下(尤其是龙朱先生慷慨提供了精彩手绘图),浙江大学出版社出版了《友朋从文》一书。应该说,这本书从一个侧面反映了张家文化的外延和大脉络。相信随着新的张家文献不断被发现,有关张家的新著也会不断问世。据我所知,乡贤陈满意兄正在创作有关张树声的传记,想必届时会有张家新的面孔和史料呈现,期待此书早日出版。

此次《流动的斯文》修订再版,主要是在保留核心内容和主要图片的基础上,对内容加以精简,将上下册合二为一,希望喜欢它的读者能携带更方便,阅读更轻松。从关注张家文化至今,不觉已十余年,有些行为已经成为我的一种习惯。譬如,市场上新出现有关张家的史料,我总会不自觉地关注或收藏,朋友们知道后也会很热心地转告我。有一次,我有幸购得意大利汉学家奥斯基的诗集《练习曲》,该书有张充和的题签和亲笔修改的痕迹,期待有机会能进一步呈现给同好。还有,我收藏了一幅张充和于1961年在美国画的山水图,画角落款"试新纸",可见张充和对绘画选纸非常讲究。这幅画明显带有明四家的风格,山水淡雅,人物闲逸,构图脱俗,从中亦可见张充和在绘画时的心境。据我所知,此时的张充和正处于经济窘迫时期,甚至有过"鬻画"记录。她对绘画要求很严,凡是认为画得不好的,就会随手扔掉。而张充和的先生傅汉思则不忍心,每每从垃圾桶里捡回来,还称赞画得蛮好的。这种场面使我想到了姑苏城里的《浮生六记》,想到了阊阊城吴趋坊的"举案齐眉"典故。

如今,人们都在感叹世道剧变,然而总有些东西始终不变,甚至显得弥足珍贵。有一样就是人们的情感:对亲人的关爱,对家庭的眷恋,对友情的珍视,对社会的关注,等等。总之,我们离不开情和爱,就如同离不开阳光和水。就让张家的文化继续如水潺潺吧,流水不腐,户枢不蠹。当年张冀牖自改名字,不过是想开一扇小小的窗户迎接光明。乐益女中就是在这一朴素想法之下创立的。无论如何,张冀牖的朴素想法应该被记住,乐益女中的历史更应该被铭记。

王　道

庚子年立冬后二日于荆芥斋

水的德性为兼容并包，从不排斥拒绝不同方式浸入生命的任何离奇不经事物！却也从不受它的玷污影响。水的性格似乎特别脆弱，且极容易就范。其实则柔弱中有强韧，如集中一点，即涓涓细流，滴水穿石，却无坚不摧。①

——沈从文

---

① 张秀枫主编:《沈从文散文精选》,北京工业大学出版社 2012 年版,第 356—357 页。

    1929年8月,苏州九如巷张家姐弟允和、兆和、寅和及友人窦祖麟等组织水社,编印家庭刊物《水》。《水》每月一期,发表小说、诗歌、翻译作品等,自著,自誊,自己装订与发行。周有光也来帮忙油印。到1931年8月,共出版25期,后因各人分别到外地求学和时局关系,停止出版。

    1995年10月28日,允和在北京致函张家姐弟等建议复刊《水》,大家一致赞同。1996年2月,《水》在北京正式复刊,允和任主编,兆和任副主编。允和在九十岁时因病将《水》的编辑工作交予寰和与龙朱。《水》从复刊36期开始使用电子信箱向亲友传递电子版本。目前《水》仍在继续编辑(张寰和注解)

抗战胜利后,1946年,张家孩子齐聚上海大团圆,张家四姐妹的合影成为经典。前右为大姐元和,前左为二姐允和,后右为三姐兆和,后左为四姐充和

　　抗战胜利后，1946年，张家孩子齐聚上海大团圆。前排左起依次为张充和、张允和、张元和、张兆和。后排左起依次为张宁和、张宇和、张寅和、张宗和、张定和、张寰和。张寰和说，这些照片为中国美术电影创始人万氏兄弟所开万氏照相馆拍摄，他们与张家孩子是朋友

　　抗战胜利后，1946年，张家孩子齐聚上海大团圆，张家有了第三代。前排左起为周晓平、沈龙朱、沈虎雏。二排左起为张元和、张允和、张兆和、张充和。三排左起为顾传玠、周有光、沈从文。四排左起为张宗和、张寅和、张定和、张宇和、张寰和、张宁和。这是张家和字辈子女最后一次大型团圆会了

小时候在苏州九如巷,张允和(右二)与人下棋,张元和(右一)欲蒙布于二妹,左二为凌海霞(元和的好姐妹)

全面抗战前夕，张允和、张充和、张寰和等前往扬州外婆家探亲。前排右起外婆、陆家表弟、张允和；二排右起陆家表嫂、张充和、张宗和、陆榴明、陆家表弟；后三人右起陆君良、张寰和、陆家表弟

20 世纪 30 年代，张兆和与长子沈龙朱在北京

在昆明光门街的时候
蒋蒋 2012.2.4

抗战时期,在昆明时的张充和与沈龙朱(绘画 龙朱)

　　抗战胜利后，乐益女中复校，张寰和继张宗和后为校长，在姐姐兆和、充和及大哥宗和等人帮助下，学校有了起色。学校延续父亲所在时传统，常常带领学生远足郊游，感受大自然。前排可见继母韦均一及张寰和、张兆和、张充和等人。此影摄于天平山御碑亭前

目　录

第一章　淮军将领张家崛起

陆英是谁?

扬州女子陆英嫁到合肥张家不是偶然。 陆英祖籍不在扬州，在安徽合肥。 她的身世紧密地与晚清政坛的圈子联系着。 在某一年，她的父亲陆静溪从合肥迁居扬州，因为他做了盐官。

时值晚清，扬州陆家深知张氏家族的鼎盛。 陆英的未婚夫叫张武龄，他的祖父张树声，曾官居直隶总督(代理)。 合肥与扬州之间，交通以水路为主，有五六百里的样子，这样的距离不禁令人生疑：张家为何舍近求远为长房孙子择偶？

一条比较符合逻辑的线索就是，张树声的夫人姓陆，是合肥本地人，如果她和扬州陆家是一宗的话，就是"亲上加亲"。 但截至目前，此说还没有可信的证据支撑，张家后人在面对求证时也难以给出答案。 现在张家保存的张华奎书信，从内容中倒是有些端倪，张华奎携家眷从合肥出发去四川任职，在途中致信堂兄，其中提及"……三婶母赴扬办理七妹喜事，系伯纪弟与胡瑞五同往，静溪在扬亦可就近照料，似可无虞也"。 当时张华奎刚刚收养了从别房过继来的儿子张武龄（张冀牖），这一年是光绪十五年

（1889）。 信中提到的"扬州静溪"想必即是陆静溪了。 如果这条线索成立，也就解开了张陆两家舍近求远的姻亲之谜。

但还有一条线索值得关注，有文章[1]称：陆静溪的夫人系李鸿章侄女，即李鸿章四弟李蕴章之女。 而张树声早年与李鸿章戎马相伴、生死相交，他的一个儿子就迎娶了李蕴章的女儿识修（识修还收养了后来的张家四兰之一张充和）。 如此一来，张家再次迎娶陆家的女儿，更是"亲上加亲"的好姻缘。

扬州学者韦明铧曾就此事做过调查，记述陆家母亲是李蕴章女儿，并且陆家的住宅冬荣园正是买自合肥张家。[2] 这样一来，似乎张家与陆家结亲更是理所当然了。 只是这一线索也遭到了质疑，大致意思是李蕴章四女儿嫁给了张树声的儿子张华轸，后来还收养了张充和，"或许正是因为这层关系，这名李鸿章的侄女，才以讹

扬州冬荣园，陆英的家，现为扬州文物保护单位（摄影 张卓君）

传讹地被误认为是陆英的嫡母”，“笔者查阅有关李蕴章家族的相关资料，李蕴章共有八个女儿，除了第三个女儿早夭外，其他的七名女婿中没有姓陆的，他们的相关信息也与扬州陆英的父亲陆静溪不符”。[3]

这桩悬案留待以后慢慢解析，不管如何，要知道张树声的发迹及张家的崛起，不可避免地要牵涉到李鸿章的乡情观念。

秀才张荫谷

合肥当地有首民谣《十杯酒》[4] 在提到李鸿章的同时也提到了张树声，足见两人的地位关系。张允和回忆说：“当时合肥有五大家族，周、李、刘、蒯、张，张家敬陪末座，也算得是望族。合肥西乡的田大多是张家的，东乡的田大多是李（李鸿章）家的。刘家后来来到上海办金融，很开明。张家和刘、李两家都有姻亲。”[5]

张树声的父亲张荫谷是一位秀才。“三举不第，重闱待养。遂弃诗书，督家政，孝友任恤，推之一族姻里闾，敬爱如一家。”这是时任直隶总督的李鸿章在同治十二年（1873）撰写的《张公墓表》中的语句。该文大致介绍了张荫谷的生平和张树声的发迹史。

明朝时期，张荫谷祖上从江西迁居到安徽庐州合肥县。据《张公墓表》称：“至公曾祖讳从周，居周公山。山介大潜、紫蓬二山间，巍然众望，人遂称周公山张氏，族浸以大。”[6]

天下太平时，张荫谷成为乡民公推的德高望重者，常常出面主持公道，为人极讲法度规矩。他膝下有九子，以张树声最为突出。张树声继承父志，中秀才后，等待继续应考。张荫谷对儿子的教育有文有武，要求严格，让他们不敢懈怠。而他自己以身作则，堪称“慎独”，“生而端毅，刻励为学，无子弟之过。仁心义质，与年相长", "公状貌凝重,有坚卓不摇之概"。李鸿章此语或许有些美誉,但从后来一系列事迹看,张荫谷如果没有良好的德行,是很难服众的,尤其是在乱世之中。

太平军未起事时,长江一带已经有乱的迹象,其时盗贼增多,土匪猖獗,"叛乱分子"已经出现,法律渐渐失去了威力。有一次,"寿州(今安徽省六安市寿县境内)盗起,突入掠公(张荫谷)乡。公急聚乡人,部以兵法击之走"。当时张荫谷不禁叹息一声:"天下其将乱乎?"

于是,张荫谷开始广纳各路豪杰,将一些习武之人统统网罗过来,与儿子们往来切磋。他不仅对这些人好生招待,还苦口婆心地教导他们要为人正直,见义勇为。当时很多乡人摸不清他的用意,然"已而粤西贼起,蔓延江淮,遂窃踞庐州,捻贼又乘间纵横出没,公乡屹立贼薮中凡七八年"。"粤西贼"即太平军,"捻贼"即活跃在长江以北安徽北部及江苏、山东、河南三省部分地区的反清农民武装势力捻军,两者起事后,不断蔓延。合肥位处南北中间地带,属"绝对军事要地",是太平军和捻军必攻之地。但是秀才张荫谷带领乡民在受到双重夹击的情况下,居然能够屹立七八年,堪称奇迹。

后来,义军实施招降计,对当地大户和官军威逼利诱。张荫谷早就有所警惕,他拿出所有家当,招纳贫户,组织团练,扩充武装队伍,既是自卫,也是对官军的声援。后来他直接命长子张树声、次子张树珊率领精锐,"从剿无、巢、英、霍、太、潜(以上均为安徽各大城市)诸邑,所向有功"。有一次,张树声兄弟率队在庐江白石山阻击来自巢湖的太平军,效果明显,受到了官府的关注并得到嘉奖。当时,地方官军常常觉得自卫吃力,甚至经常有本地的最高负责人和各种叛乱力量自行签订协议,乡团势力的作用已经显露出来。张荫谷远见"兵祸且亟",更坚定了组织团练的决心。他在召集乡人保卫自己的同时,开始建造一种原始而特殊的军事设施:堡寨(后人称为"圩子")。堡寨最早筑于周公山下殷家畈,"峙粮储器,阻河以为险,从而归者万余家,耕种各以时宜"。张荫谷的举动产生了蝴蝶效应。周围乡镇的大族大户相率筑堡,其中有刘铭传、潘鼎新、周盛波、周盛传、董凤高等,他们后来都成为统辖一方的文官武将,刘铭传一直升到直隶提督。

当然,这些地方人士并非个个出身磊落,周盛传后人周孝华曾经说过,当时几位加入团练的首领,基本上都念书不多,恐怕只有张家是秀才出身,因此大家都愿意跟着张家起事。由此,众首领"诣公(张荫谷)奉公约。公虚怀酬答,命诸子结为昆弟,忧乐共之"。至此,张荫谷的凝聚力已经形成。

咸丰四年(1854)春,李鸿章父、刑部郎中李文安经户部右侍郎王茂荫保荐,回乡办团练。李部团练,除李文安、李鸿章父子所带乡兵外,其余如张树声、张树珊兄弟相率加入。而且张氏兄弟在庐江白石山一战,还让李文安得以享受功劳,记名知府,并得以号令四乡团练。但李文安在次年暴病身亡,由此各部团练纷纷回乡自卫。而以张荫谷为首的西乡团练已经受到官府注目,前后有合肥知县马新贻、庐州知府李元华等拉拢招请,并授以职位,如在被淮军招募前,张树声为同知,刘铭传、周氏兄弟为千总。[7]

官府对西乡团练的关注是有背景原因的。当时团练分为官团和民团,当太平军兵分多路直捣庐州时,势如破竹,首克庐州。当时的官团由于缺乏组织和作战经验,再加上清军失去了战斗力,皆尽力避免与太平军正面交战,就连当初受李鸿章怂恿,上奏咸丰帝办团练的吕贤基(时任工部左侍郎)也投水自尽了。当时官团主要

合肥市肥西县张老圩子里的老房子

集中在合肥东乡和北乡，太平军与捻军呼应进军庐州，恰恰是在西乡遭到了顽强抵抗，西乡"尝连摧粤贼陈玉成、捻贼张落刑大队数万，斩馘无算，皆贼中号称巨猾善战者也。由是义声威望冠江淮南北，贼嗫舌相戒勿犯三山。三山者，以公（张荫谷）居周公山，左则大潜山刘君（刘铭传），右则紫蓬山周君（周盛波）也"[8]。由此足见张荫谷的军事才能和协调能力。

眼见清军不断溃败，一些官团和民团也有了新的打算，各立山头，竞相称大，都想着趁机做大做强自己，以此得势获利，甚至有人形容官团与民团的关系是："寇至则相助，寇去则相攻，视为故常。"[9]就连民团之间也互相倾轧、斗争。当时凤台县就出了一个大人物："凤台苗沛霖假团练为名，树党自固，浸成逆谋。淮北地方千余里，相推奉为职志。"这是李鸿章在《张公墓表》中对苗沛霖的记述。

苗沛霖这个人物在晚清颇具代表性。咸丰三年（1853），太平

合肥市肥西县张老圩子里的梧桐树,据说是张树声手植

军林凤祥、李开芳北伐,淮河流域贫苦农民纷纷响应,结捻起义。地主豪绅为保安全,集资筹粮,大办团练以抗太平军和捻军。苗沛霖认为有机可乘,狂喜道:"此大丈夫得志之秋也。"他奔走乡里,向豪绅地主献策:"徒团不足恃,必筑寨、积粟、治兵可自保。"由于他地位微贱,开始无人理睬。咸丰四年至五年(1854—1855)蒙城、凤台、颖上一带的团练遭到捻军的沉重打击后,地主豪绅才采纳苗沛霖"筑寨、积粟、治兵"的意见,推举苗沛霖为"练长"操办团练。

苗沛霖很善于练兵和打仗,但他却左右摇摆于两方势力之间,直至诱杀了英王陈玉成,才获清廷重用。但在后期,他频频受到弹劾,兵力锐减至两千人,后来举兵反清,被僧格林沁部杀死。

苗沛霖以一介乡民,能够获千余里辖地,被各地乡绅拥戴,自有其道理。但在当时,距其不远的张荫谷并不看好他:"公(张荫谷）独斥其罪，戒乡人毋相连染。而沛霖卒坐逆诛，惜公不及见矣！"张荫谷直斥苗沛霖谋反罪责，并告诫乡人不要与之接触，或是受到他的蛊惑，认为这个人早晚是要受到惩罚的。张荫谷的去世，李鸿章说他是在特殊时期，攻坚克难累死的："遭值时艰，奋起为乡社保障。扶良化枭，口喑心瘁，遂以积劳告终"，"距嘉庆癸亥年（1803）十月三日生，年五十有八"。张荫谷死于咸丰庚申年（1860）九月十三日。

张荫谷去世时，"远近百里，相聚哭赴。以为公尝活我，而又恨天不假年，不使公重睹承平，稍抒忠愤于万一也！"当时对太平军的镇压仍未结束，他的逝去，意味着守圩自卫的任务落到了其长子张树声的身上。

从李鸿章撰写的张荫谷事迹看，最早时，庐州被攻陷后，李鸿章随父亲李文安奉皇命回乡组织团练，当时张荫谷即遣张树声、张树珊兄弟相随左右，为初战告捷出了不少力，由此在李鸿章心里留下深刻印象。同治年间，皇帝接受大臣上奏，命李鸿章组织淮军，李鸿章第一个想到的就是张树声兄弟，此时张荫谷已经去世一年多了。身负大任的李鸿章一身官服，再返家乡，缓步走进了张老圩子。

长子张树声

金松岑在《淮军诸将领传》中提及，淮军诸将在李鸿章的影响和骄纵下，"皆果势进取，或不相绌下，独树声退让逡逡，与诸将帅折节交欢"[10]。

张树声一生只有一妻一妾："刘至少有八个小妾，而张只有一个丑妾，就这一个，还是他晚年时一位有钱的朋友赠送给他的。"[11]

张树声的妻子姓陆，据说其与张树声的孙媳妇陆英同属一个家族。 两个姓陆的女人，都颇受张家敬佩。 "张树声的妻子是张家历史上另一个强人。 当太平军第一次打到肥西张家祖屋附近时，这个女人勇敢地直面敌人。 张家的男性全部跑到附近的山中躲藏起来，因为如果留下来，他们必死无疑。"[12]金安平的故事是从张树声曾孙女张充和处听来的，大意是，太平军进村镇后，一般都会杀死所有男性士绅，但会放过女人。 这显然是比较笼统的说法，但在当时的地主、绅士以及统治阶级眼中，太平军都是杀人不眨眼的魔鬼，张家长期率军抵抗太平军，自然担心他们的报复。 此时的张家青壮人士要么外出参战，要么避走他处，张树声将最小的弟弟（说只有五岁）托付给了妻子。 太平军搜遍大院，不见男性，就用矛到处乱戳，五岁的弟弟被戳伤了脖子，但不能出声。 危险解除后，陆氏命人杀鸡取皮，贴在弟弟的伤口上，弟弟才得以活命。

在淮军阵营里，李鸿章最为看重张树声，后来他在回乡丁忧时，首推张树声替其担任直隶总督重职。 同时看重张树声才气的，还有湘军创办人、时任两江总督的曾国藩。 咸丰末年（也有说是1861年年底），"李鸿章返乡募兵，张树声、刘铭传等投李。 在安庆府衙，张、刘及周盛波、吴长庆、潘鼎新、唐殿魁等候曾国藩接见"[13]。 据说曾国藩故意躲在屏风后面暗中观察他们，观察时间有两个小时、四个小时之说，其他年轻军官均等得焦躁不安，唯有两个人表现很突出。 其中一个是刘铭传，而另外一个高个子则一直从容站着，平静如水，曾国藩说："此人可成大事也！"此高个子正是张树声。

张树声兄弟在张老圩子作战勇猛，连打胜仗，但在与同乡强人交往时，他们却学会了适时隐忍。 同是肥西团练的叶志超（后升任直隶提督），早期时曾夺张树声表妹："淮军自团勇起，寇至则相助，寇去则相攻，视为故常。叶曙青军门时为解（肥西人解先亮）家将，每战勇冠其曹。一日途遇一女，羡甚。解慰之曰：'汝战若再捷，吾为汝致此。'乃夺而与之。既而知女与张靖达（张树声）昆仲为中表妹，公然不惧，惟不通往来而已。军门既通显，复为姻娅如初。"[14]叶志超早期性狂不羁，但后来还是投到了张树声的旗下。

李鸿章组军

在诸多淮军将领中，张树声被誉为文武全才，他也是第一个由武登文迈向政治舞台的淮军将领。史书称张树声"好为深沉之思"，他留下的著作有《张靖达公奏议》《庐阳三贤集》等。其中的《张靖达公奏议》，几乎囊括了他一生的从政思路。

当张老圩子的守备任务传到张树声手里时，他在谋求突围的同时是否也有过犹豫？地方志记载了一个小故事，说张树声与刘铭传在早期（1858年）曾有过彷徨，眼见太平军气势汹汹，清军节节败退，不少圩子纷纷投奔太平军，张、刘就联络了几路强人，商量是否该走一条更舒服便捷的路子。但是聚会时，一阵狂风吹断了本当用来悬挂造反旗子的旗杆。此时，参加聚会的一个老塾师说这是个不祥之兆，结果回家后，他们第二天就又开始了与太平军的拼杀，一杀就杀到了底。[15]

张树声崭露头角是从团练开始的，"1853年，太平军打到合肥，张树声兄弟在父亲张荫谷带领下，在周公山下的殷家畈筑堡结寨，兴办团练，和西乡团练首领刘铭传、周盛传、董凤高、丁寿昌等联络一气，与太平军为敌。先后在本县及六安、霍山、寿州、无为等地打仗，多次配合李文安、李鸿章父子（当时在合肥率官办团练围攻太平军）作战。 1860 年奉曾国藩之命攻打并守卫芜湖，授知府衔"[16]。

咸丰十一年(1861)，在江南建立苏福省的太平军开始大肆进攻上海，沪上士绅、洋商及从江浙逃到上海的官绅着急了，只能一遍遍向驻扎江淮的曾国藩求援，此时的湘军既要顾及金陵、安庆，又要顾及江南，保护上海已经无能为力了。 危急之下，李鸿章昔日提到的家乡团练引起了曾国藩的重视，组建淮军的想法立即得到了属下李鸿章的响应。

有研究者认为，此时张树声也正有意倡言组建淮军，并主动向李鸿章去信申明。 咸丰十一年(1861)春，张树声曾召集各圩团练首领商议，说现在曾湘乡（曾国藩）开府治军，天下属望，又有吾乡少荃先生（李鸿章）佐幕持筹，足可以为吾辈介绍，我们皖中英豪，应该抓住机会有所建树。 得到响应后，张树声致函李鸿章，"洋洋数千言，洞陈天下大事暨同乡诸圩人士慷慨报国之意"。 李鸿章收信后立即禀报曾国藩，极力推荐张树声，谓其"血性忠义，历年办团带勇，现居庐、六交界，结乡民数十寨以自卫，舒、庐贼不敢近。 可谓疾风劲草矣"。 这应该是曾国藩第一次听到张树声这个名字。

李鸿章对张树声的战术和组织能力都十分信服，曾云："张树声与诸团长讲信修睦，联络援应，如刘铭传、周盛波、周盛传、唐定奎等皆同时筑堡御贼，百数十里间寨垒相望，耕战相资，屹立贼薮中六七年，南仇粤逆，北拒捻氛，大小数百战，斩馘无算。 厥后练成淮军，剿平粤、捻，实由此立其基。"[17]

"自同治初元，今皇帝以大臣言，命鸿章募立淮军，规复三吴，首招公（张荫谷）伯仲子于计。 于是潘、刘、周、董诸君，皆以所部从征。"[18] 按照李鸿章本人的说法，组建淮军，他与张树声是不谋而合，而他则主动去找了张树声兄弟。

李鸿章回到家乡，首先走进张老圩子，见到张树声，一番寒暄后，他问起了刘铭传、周盛波、潘鼎新等人的兵力和战斗力，张树声据实回答，两人交换了组军意见后，所见略同。很快由张树声召集其他圩子领头人，急赴安庆面见曾国藩，并得到首肯。曾国藩给了他们三个月的时间，军队到湘军营接受阶段性训练，随即开拔去上海支援。在军队的编制上，淮军以各自军官的名字为营称，如张树声的"树字营"，刘铭传的"铭字营"，周盛波、周盛传的"盛字营"等。

淮军的装备和训练是参照湘军仓促准备的，迎接他们的是质疑和鄙薄，可是事实证明，李鸿章这次用对了人。他的同乡都很骁勇善战，譬如大将安徽人程学启本是从太平军中投降来的，先在曾国藩部下，后被李鸿章委以重任，挑起指挥大梁，从而在南汇战役中大出风头（斩敌首三千级，俘获四百人，降者千余），并直接解围上海之困后，屡建奇功，直至战死。淮军稳固上海后，李鸿章率军直奔最富庶的江浙，那里是太平军的大本营，譬如忠王李秀成所在的苏州。

张家与苏州的"交锋"

历数张树声在苏州的遗迹，笔者一路寻找，费尽周折，终于找到了张树声撰写的三块古碑：一块位于沧浪亭内，刻有《重修沧浪亭记》；一块昔日位于宝带桥头，浚治太湖并修建桥窦碑；一块位于昔日紫阳书院，刻有《重修紫阳书院》。三块古碑分别代表着文化、民生和教育，从中可以了解一个以武备起家的文官的思想。但最早到达苏州时，张树声面对的只有杀机。

曾国藩手握平叛大旗，在战争进行到中期时，他是这样用兵的：

李鸿章图苏，左宗棠图浙，曾国荃图金陵。[19] 李鸿章直取苏锡常，是为金陵的供给源头，为曾国荃协力；而曾国荃则直捣石头城，太平军大本营大元帅失去锐气，其他地区将士自然受到牵制。

这一年（同治二年，也即 1863 年），是张树声的又一个人生转折点。他率军攻打无锡大胜，被赐号卓勇巴图鲁，授三品衔。

上海战役中，《清史稿》对于张树声只是一笔带过，反倒对张树珊记载得较为详细。张树珊排行老二，比张树声小两岁，也是唯一战死沙场的张氏兄弟，卒年仅四十岁。他生前是一品武职，死后哀荣亦可观，赠太子少保、骑都尉兼云骑尉世职，谥勇烈。

"张勇烈（树珊）以勇著，靖达（树声）善谋，相得益彰。"刘体智在记录淮军创办史时这样写道："张靖达与弟勇烈居于乡，粤寇过境，乡人咸筑圩练兵自卫。寇众大至，悉众入堡，以死坚守。贼不能久留于小邑，往往为所拒退。寇去追杀，每获辎重、俘殿兵，以论功邀赏，有名于时。"[20]

早在咸丰六年（1856），张树珊随官军收复来安、无为后，即被擢千总。他最著名的一战是在安徽太湖，当时遇太平军数万人，而张树珊仅五百人，军粮火药皆尽。"贼屯堤上，树珊选死士缘堤下蛇行入贼中，大呼击杀，贼惊溃。"[21] 或许这一记载有些夸张，但张树珊立下了赫赫战功是事实，大名鼎鼎的捻军首领张乐行就曾败在他的手下。

淮军立起，他与兄树声率"树字营"赴上海。[22] 当时，"忠王"李秀成正率领太平军猛攻上海，张树珊率军"会诸军夹击走之"。同治元年（1862）七月，他又配合其他军队拿下了青浦。后来太平军围困北新泾（今属上海市），张树珊与程学启力战十几天，终于击退太平军，接着乘胜追击收复嘉定，在突围四江口（今属上海市）之困时，张树珊更是"逼贼而营，会诸军奋击，连破二十余垒"[23]。

李秀成见攻上海不成，遂图围击金陵，临走时交代苏州守将继续从太仓往东攻，死死咬住这里的淮军，鏖战在四江口，淮军诸将苦战解围。此时曾国藩手下截获洪秀全给李秀成的手谕，其中提及："湖南北及江北，今正空虚，使李秀成提兵二十万，先陷常熟，一面攻扬州，一面窥皖楚。"[24] 曾国藩急命李鸿章抢先机，截杀太平军。福山之役（福山今属常熟）就此打响。在此战中，李鸿章最初要用洋枪队上去，但却不得其法，转而再调淮军中潘（鼎新）家军、张（树珊）家军和刘（铭传）家军，佐以水师前往。从实际地形看，福山与常熟相距四十里，形成"步步为营"之势，攻打福山容易，但要挡住其后营常熟的援兵很难。刘铭传一马当先，主动提出抵挡援兵，让其他兵团尽管往前攻，还说挡不住就没脸回来见他们。

后来，太平军大批援兵如期赶到，刘铭传根本抵挡不住，这些援兵从潘家军、张家军身后"沿堤漫野而来"。两军屡经大敌，虽腹背受攻，殊不惧怯"。此时便彰显出了张树珊的"勇烈"，他奋身出战，肘部中流矢，仍然继续督兵回击。淮军陷入半包围中，形势危急，张树珊边指挥边大喊着："吾兄吾弟，吾辈将束手就擒乎？从吾者来！"此一战，"鼎""树"两军拼死冲出了包围，"死伤独夥"。后来还是在洋枪队的协助下攻克了福山。张树珊被提升为副将，其"勇烈"更是名声在外，张家之"勇"名自此而出。

李鸿章倾力苏州外围战事，为收复苏州清理障碍。他令张树声与刘铭传率军去攻江阴，太平军地处长江口，坐拥江南北优势，又有十余万援军赶到，久攻不下，淮军与太平军比例悬殊，李鸿章为之忧心忡忡，直到"江阴城内有内变者，开门纳降，江阴复"。这一战后，张树声晋道员。之后军令下：继续开往苏州！

程学启屯兵苏州郊外，连战连胜，李鸿章亲自察看驻扎在娄门外的程军"开字营"，觉得北路还是有些薄弱，立遣张树声支援荡口（今属无锡），拿下谢家桥（今属常熟），将齐门外障碍一概扫除，一直到苏州的最北部黄埭古镇，全部建立淮军的防卫系统。此时程学启和其他将领开始放手攻打苏州主城，接连收回领地，并夺得太平军船只百余艘，斩杀多名太平军将领，杀敌不计。"敌水军为之大衰。李秀成痛愤流涕，不能自胜。自是淮军威名震天下。"[25] 梁启超此语有些过誉，但简陋的淮军在短时间内能够打出这样的局面，的确堪称奇迹。

但此时夸赞淮军还为时过早，因为苏州还未收入囊中。"癸开十三年（同治二年，也即 1863 年）秋，天京（南京）、苏州、杭州都被敌进攻，而苏州尤为危急。当时苏州的战略地位，是处在天京、杭州的中枢关键，如果能够在苏州把敌人打垮，稳固苏、杭，就可以进解天京的围困，倘使苏州失陷了，天京与杭州的联系断绝，天京便无法再夺。"[26]

因此，苏州告急时，正在南京的李秀成被天王洪秀全急遣前往救援。李秀成使其部将纠合无锡、溧阳、宜兴等处人马、船只，亲自率领精锐部队，据金匮（今属无锡），援苏州，互相策应，与官军连战，互有胜败。

李鸿章志在必得。他亲自督军作战，使淮军加上戈登的洋枪队，一步步向苏州古城紧逼，"苦战剧烈，遂破其外郭。秀成及谭绍洸等引入内城，死守不屈"[27]。最终李秀成弃城而去，有太平军首领向淮军程学启乞降，此后才出现了惨不忍睹的"苏州杀降"历史事件。

苏州定，李鸿章以功加太子少保。此前李鸿章已经任职江苏巡抚，苏州拿下，他才算真正掌握地方及实权。他首先着手扩军，采用西方新式枪炮，使淮军在两年内由六千多人增至六七万人。

铭（刘铭传）军一度增至二十营以上，较弱的树（张树声、张树珊）军，也有六营。[28]

苏州战役后，张树声还没来得及进城好好看看，就得到李鸿章的命令率军攻打无锡、金匮，他一路"击寇芙蓉山，大破之，夺获战舰器械不可称计"[29]。"张树声率部会同淮军程学启等部连破李世贤部数垒，缴获轮船2艘、炮船10艘、枪械甚多，赐号卓勇巴图鲁，授三品衔。"[30]还没等喘口气享受胜利，他又跟着大部队趁势攻打常州府，"苏州杀降"让"护王"陈坤书死守不降（据史料称，他早期有投降之意），战事陷入胶着状态。陈坤书有十万大军，战斗中，他还不时潜兵出没在苏州一带，不禁让李鸿章心惊，为此左右调度，后来还把张树声调到江阴青阳、焦阳，断敌归路，此时张树声所带乃别人所部，可能他那不多的树军都随张树珊战斗在别处。张树声奋力拼杀，连破敌人二十余营，可谓是其武勇生涯中的最高峰，此时他刚好四十岁。

张树珊之死

同治四年（1865），李鸿章署理两江总督，张树声署江苏徐海道。"树军在江苏，每战克捷，靖达（张树声）、勇烈（张树珊）昆仲，意见渐不合，靖达乃就徐州道任，解兵柄，专属勇烈。"[31]

张树声从此开始由武登文，步入职业文官舞台，兵权自然留给了二弟张树珊。关于两人"意见不合"，在其他史料中也有零星披露，但想必多为战略方面的，两人性格不一，自然在战事中有所分歧。从李鸿章在一系列战争中对张树声的调遣看，应是有意识在引导他的前途。晚清内阁中书吴汝纶在《张靖达公神道碑》中如此写道："（张树声）于淮军中最为儒将。其从行间入官，及擢任疆吏，亦于淮军诸公最为先达……"

张树珊的勇烈早被李鸿章看在了眼里。无锡战事中，张树珊以少数兵力与李秀成数万人大战数十里，无锡攻克后，他以提督记名。后与兄树声攻克常州，予一品封典，授广西右江镇总兵。同治四年（1865），曾国藩督师剿捻，当时驻军在徐州，曾以张树珊所率树军为亲军，往山东打去。此时李鸿章署任两江总督[32]，江南防务基本都掌控在淮军之下，扬州、苏州以及张树声所在的徐州都在李鸿章把控之中。[33]

树军为淮军的先声，但也是最早损失大将的军营，张树珊离开张树声剿捻，不到一年就牺牲了。时在湖北境内，捻军躲避剿杀，往来逃窜，飘忽不定，张树珊就急了，不愿意坐等机会，主动率军追剿（"耻株守，请改为游击之师"）。同治五年（1866）九月、十月、十一月都有斩获，但在臼口（今属钟祥市）这个地方，淮军吃了败仗（淮军将领郭松林中了捻军埋伏，受重伤被弃路边，其弟战死）。张树珊不甘心，"自黄冈追至枣阳，贼窜黄州、德安，树珊驰援。诸将皆言贼悍且众，宜持重，树珊率亲军二百人穷追"[34]。

与树军一起在湖北剿捻的还有刘秉璋、周盛波兄弟，按照刘体智的说法，当时树军、盛军都归刘秉璋调度，但似乎调令不听，刘秉璋很是无奈。

应该说张树珊临战时是动了一番脑筋的，还摆出了阵形，无奈寡不敌众。战斗持续到了半夜，毕竟兵力悬殊，张树珊渐渐不支，到最后淮军死尸拥簇在一起，连马都走不动了，但张树珊还在坚持战斗，是为淮军不怕死的精神。《清史稿》称他是"下马斗而死"，并说当时"后队据乡庄发枪炮拒贼，贼亦寻退，全军未败"。可见当时与之战斗的捻军也没占到多大便宜，而张树珊应是过于勇猛而被捻军盯上了。"勇烈就义时,外着军服,内衬湖绉短袄。身受两伤,一矛刺腰际,一刀断喉。意揣中矛坠马,贼见衷服,知为将领,因而害之。"[35] 张充和晚年时回忆,只记得这位曾祖的弟弟死于同治五年(1866)。他骑在马上,冲入敌营,被四面包抄,头被一刀砍掉了,高头马驮着他的身子回来,还有一把宝剑,后来这把宝剑就被保存在了合肥张宅里,"我小时候都看过这把宝剑"。[36]

但按照刘体智的说法,张树珊"遗骸入殓,面色如生。其后有人疑其为衣冠葬者"。就连张树珊阵亡地都让后人觉得邪门:"他所死其地土名曰倒树湾,事有先兆,理或然欤。"

从朝廷到淮军上下,闻知张树珊阵亡消息,无不痛惜。曾国荃在《致谭竹岩制军》中言:"子美(郭松林)受挫于前,海柯(张树珊)阵亡于继,二人皆戎行健将,悉中贼之诡计。弟已函致各军,于勇锐之中仍寓稳慎之意,庶可以策万全也。"[37] 紫禁城诏惜其忠勇,从优议恤,予骑都尉兼一云骑尉世职,建专祠,谥勇烈。后捻平,加赠太子少保。

张树珊的"灵堂"仍设在肥西,周公山张老圩子悬挂着李鸿章的撰联:

> 偏师倡义,百战成功,久陪上将星辰列;
> 君遽骑箕,我方揽辔,怕听中夜鼓鼙声。

在诸多挽联中,以刘铭传为最痛:

> 四十里策应来迟,半途中噩耗忽惊传,见马革裹尸还,长号一声,举军痛哭;
> 五千兵壁垒犹存,独帐下健儿同死事,悲雁行分影去,此生永

诀,戡乱何人?

按计划,刘铭传正要率军前往救援张树珊,但还是去迟了。两人老早就有交谊,并有诗酬,英雄惜英雄,他乡哭老乡,不痛也难。

最悲的挽联来自大哥张树声:

> 也知一死壮山河,奈大功未竟,狂寇稽诛,十余年征戍枉劳,那堪室有双雏,马革归来难瞑目;
> 不独三生为手足,忆皖水同袍,吴山并辔,数百战艰危与共,讵料诀分千里,鸰原急难赋招魂。

一个大家族最不可避免的就是内部矛盾。张家九子,各有思想,分歧难以避免。在同治年间,张荫谷第五子张树屏(淮军记名提督)就从老圩子搬出,在周公山西另建华丽新圩子,似是有分歧的前兆。后来到民国五年、六年(1916、1917)时,张家还因为修家谱(《合肥张氏族谱》)出现了分歧:"张云华老人说:'……钱是张老圩子出的,当时圩内闹内讧,嫡出不带侧出入谱,闹得很凶。后来偷带到上海去印的……'"[38]或许正是为了警示后人,力避家族内部矛盾,张家后世的字派是这样排的:**和以致福、善可钟祥、承熙永誉、邦家之光**。

此时张树声已经升任直隶按察使,在河北大名督办防务,距离树珊阵亡地足有千余里。得知消息后,他心急、心痛、心如火焚。但张树声是个内敛的人,他懂得把勇气隐含在如履薄冰的谨慎中。他知道,未来的日子还很长,张家的路才刚刚开始。

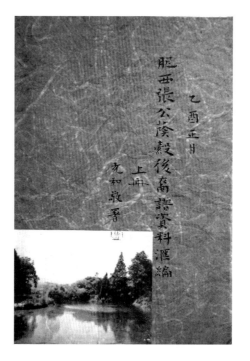

张家后人修订的家谱，张充和题写谱名，从张荫谷开始

还原文士本色

张家注定与苏州有缘。同治十三年（1874），阔别十多年后，张树声再回苏州。在经历了山西按察使、布政使及署理山西巡抚和升任漕运总督后，他终于坐定了江苏巡抚实职。

张树声在苏州的遗迹有三块碑记为证，其中两块仍在旧址，另一块不知去向，幸运的是，笔者在苏州博物馆库房里找到了碑文拓片。

《重建沧浪亭记》碑现树立在世界文化遗产项目沧浪亭的正门

内，书法遒劲有力，内容清晰详细。 这处古典园林距离张家后代所居九如巷，只隔了两条街道。

《重建沧浪亭记》记载："同治癸亥，树声治军来吴，维时公私百物，一切荡尽，求所谓亭者，已不可复指识。"

同治十一年(1872)秋，苏州气温适宜，街头的桂花开始飘香。 远处传来信息，让张树声站在古城苏州，有一种别样的感叹。 最后一支太平军在贵州被剿灭，意味着清政府调派湘军、淮军对太平军的剿杀取得了彻底的胜利。

当年攻打苏州时，张树声根本来不及细看这座古城的模样，只知道离开的时候，城内外断壁残垣，建筑、古迹、景观等，几乎荡然无存，想要寻找此处有名的沧浪亭，也已经认不出样子了。

张树声深知沧浪亭主人苏舜钦的品质秉性。 历任巡抚均十分重视这座园林。 康熙时，江苏巡抚宋荦见沧浪亭废旧不堪，亟谋修复，构亭于山之巅，得文衡山"沧浪亭"三字复旧观。 后巡抚吴存礼、布政使梁章钜、巡抚陶澍都曾对园子进行过修复，康熙皇帝和乾隆皇帝先后赐诗勒碑、南巡驻跸留题。 由此，这里既是一处游览之地，也是官吏受教育的地方，伍子胥、董仲舒、李白、白居易、范仲淹等五百名贤画像也都被一一展示出来。 但这一切，都在太平天国的战火中毁废了。

此时，庙宇、祠堂、学堂、衙门等都相继修建起来了，沧浪亭的重建也被提上了日程。

重建沧浪亭是一次系统工程。 张树声《重建沧浪亭记》云："是役也，布政司恩君锡署巡抚时，实始创议。"张树声的前任巡抚（署）恩锡任职时间很短，连一年都不到。 重建工程从同治十一年(1872)夏一直持续到次年夏，此时距离巡抚陶澍修建五百名贤祠已四十六年。 "凡用人之力六万一千五百工有奇；良材坚甓，金铁

丹漆之属，其用材略相当焉。"（《重建沧浪亭记》）

工程完成前，考虑到将在五百名贤祠前举行纪念仪式，张树声提前赶到现场察看工程情况。眼前的景象让他大为感慨："近水远山，光景会和，益叹昔人之善名状。叠石之上，有亭翼然，可以登眺者，即'沧浪亭'也。亭之后，南向三楹，地最爽垲，取子美《记》中'观听无邪，则道自明'之语，名曰'明道堂'。"（《重建沧浪亭记》）在修建过程中，张树声并不拘泥于前人的式样，而是适当有些创新，但意境并不僭越，"然邱壑景物土木之胜，佥谓视昔无逊焉"。对于吴地的文化，他也有着深刻的领会。"吴中于东南都会，最号繁盛，名园古墅，梵宇琳宫，往往前代之遗，阅世而不废。独粤逆之乱，为犬豕窟穴者四年，污败灰灭殆尽。"实际上，当时除了拙政园成了李秀成的忠王府而得以幸存，其他园林几乎都遭到了不同程度的破坏。

张树声认为，沧浪亭不仅仅是一个普通园林，还是一处传承优秀品质和传统文化的胜地："'沧浪亭'垂今千载，灵秀所钟，宸翰天章，重光累曜……此非以物力之艰而事之，兴废固有其时哉！"（《重建沧浪亭记》）

竣工的那天，对五百先贤祭祀如期进行，城乡民众纷纷前来观看，以庆祝太平日子的重新回归。但张树声仍很谨慎，"惟兢兢焉以作无益害有益是惧[39]，故考成而劝勤，用啬而度丰，其惕于人心也如此。树声窃愿览斯亭也，因重建之匪易，益思名德之必不终湮，……于以上迓天和，阜成民裕，百废俱举，将远追百年以前之隆，则是亭之成，实为之兆，其非奢望也夫，其尤当共勉也夫"（《重建沧浪亭记》）。

撰于同治十二年(1873)某个黄道吉日的《重建沧浪亭记》可谓隐含着张树声的性格特征，他一方面力求为人低调、踏实，另一方

张树声所撰《重建沧浪亭记》碑记

面也追求务实和抱负。

20 世纪 30 年代，已经迁居苏州多年的张冀牖（张武龄）带着小舅子韦布游览宝带桥。这座桥始建于唐代，据说是刺史王仲舒主持建造的。为筹措建桥资金，王仲舒带头将自己身上的宝带捐出来，宝带桥之名即由此而来。张冀牖曾多次携家人游览此桥。很多年过后，韦布还清楚地记得，当时身为乐益女中校主的张冀牖在桥上四处寻觅，后在桥头看到一面碑刻，正是他的祖父张树声所撰。"现在才想到，张奇友（张冀牖）是在怀念他的祖父张树声。他虽然不做官，也要在苏州为老百姓做好事情。"[40]

张树声撰写的《浚治太湖并修建桥窦碑》，立于宝带桥头，无意中透露出他施政的民生意愿。

由于地理位置的影响，以及降雨量丰富等原因，太湖几乎每四五年就会有一场大的水灾发生。此前，范仲淹、苏轼、林则徐、张之万等人都曾主持兴修太湖水利。江苏巡抚张之万在任时，第一次提出设置水利局，统管太湖水利，专款专用，疏浚太湖溇港及桥涵。

张之万的水利工程是从同治十年（1871）开始的，到同治十三年（1874），张树声接手时，并没有减速和停滞。他在《浚治太湖并修建桥窦碑》中说：

> 苏属四府一州背负江海，运河环络太湖以踞其腹。太湖受常、镇、杭、嘉诸湖山水及宁广支流，淳涵演漾于苏浙之交，三面穿运以注于海，惟东南趋泖淀、吴淞、刘河，阳、昆诸湖者逝往不返。其西南、东北则冬夏盈涸，风势顺逆，水或由运灌湖，所以利其出入，不虞堤之壅与溃者惟桥窦是赖。自浙至苏，桥窦以数百计，苏有三之二焉。岁月因仍，冲浸变改，迄经兵燹，遂尽圮败。

太湖辐射江浙沪，但主要区域在江苏，尤其是苏州，正处于太湖的中心，治水除了疏浚河流外，还要注意打通桥孔桥洞。从浙江到江苏，一百多座桥梁中，不少因为岁月侵蚀，有的发生堵塞，有的发生变更，还有的在太平天国战火中被破坏了，亟待修复。

张树声抚苏时，对太湖实施的治理工程远不止这些，他还将大大小小的河道分别疏理浚通，并将周围被破坏的大批桥梁拆修重建，共计花费白银二十九万五千两，比预算的还有节余，后又用于其他汉港工程。总用工期三年，如期完成，张树声特上奏，为参与工程人员申请功劳奖励。

为了让更多的人知道这一工程的重要，自觉维护成果，并继续将治水进行下去，张树声还煞费苦心地选择树碑的地点，最终定在宝带桥。该桥梁濒临大运河，来往船只众多，能够起到宣传作用，"使过而览者知湖运之相转注与桥窦之所以贯输湖运有如此者，思缵其功于勿坏，则百世之利也"（张树声《浚治太湖并修建桥窦碑》）。

同治十三年（1874）中秋前后的一天，张树声开始忙碌一件大事，他翻查资料，酝酿文章，继而握管下笔，撰写出了《重建紫阳书院记》，洋洋洒洒，夹叙夹议，既是对江南第一书院重建的纪念，也显露出他本人对教育的倾心。从同治十一年（1872）到任巡抚已近两年，他耗巨资在原址重建书院，并奏请同治皇帝书"通经致用"匾额而悬。如今这块《重建紫阳书院记》碑仍立在原址（现苏州中学校园内），学校正在积极扩建原址尊经阁，将紫阳书院的历史充分展示出来。

紫阳书院遗址在府学内尊经阁。尽管人们对紫阳书院的初创年月有着各种争议，但大致集中在康熙五十二年（1713）前后，建造人为江苏巡抚张伯行。张伯行被誉为"天下第一清官"，经他手创办的紫阳书院，被康熙赐手书"学道还淳"，后又有乾隆临幸并手书"白鹿遗规"；雍正帝曾赐帑银一千两资助办学。书院先后修葺、改建，直至咸丰年间，太平军打入苏州，一把火将文庙与府学烧了好几天，"荡焉无存，今相国李公开府吴中，饬属规画章程，延师教授，借民居为讲舍……"（张树声《重建紫阳书院记》）张树声的记述称，李鸿章在任江苏巡抚时曾主持恢复紫阳书院。苏州也有史志载李鸿章重修了府学和尊经阁。李鸿章所为对张树声是一种无形激励，前几任都没能完成的大事落到他的头上。到任次年他就与属下在书院遗址召集工匠并准备建材。他还勉励诸生："东南文学之盛甲于海内，国初数十年中，以文章大魁天下者，三吴之士居大半……而仪封（张清恪）至今百有余年，科目之盛未之或改，今郡中又得大魁矣，则诸生中岂无秀而贤者可以踵美前人，要在自勉而已……"

文中提及的"大魁"正是陆润庠。同治十三年（1874）四月二十一日，殿试在保和殿举行，苏州人陆润庠一举夺魁，成为大清王朝第一百零一位状元，是同治皇帝的最后一批门生，也是苏州最后一位状元。

不可否认，紫阳书院办学初衷与统治者"尊儒重道"的思想有关，但其客观上有助于培养人才，继承传统文化，却也是不争的事实。

同治十年（1871），张树声与刘铭传、周盛波兄弟等在家乡办肥西书院，他们捐献住房和田地（仅学田就有三千多亩，年产量达到六百八十一石），用于书院的日常开销，聘请名师前来住校讲课，还请李鸿章、左宗棠题写了匾额。方圆百里的学生都来求学，最多时有学员六七百人，直到民国十五年（1926），书院还有四十多个学生，均为张、周、刘富家子弟。张树声的孙子张冀牗一

张树声所撰《重建紫阳书院记》碑记

生未进过正规学堂，其素养均来自少时几年的私塾和自学。笔者以为，以他后来对诗词和传统思想的理解，早期应该进过肥西书院。如今，这处书院已成为聚星小学校园，而张树声的老宅子则成了聚星中学。

在碑记中，张树声还阐述了教化的作用，张伯行认为"为政莫急于贤才，致治必先乎教化"，并明确指出创建紫阳书院的用意乃在明"学者之所以为学与教者之所以为教"，他以为"非徒以为工文辞取科第之资而已也。诸士子勉旃勿务华而离其实，亦勿求精而入于虚。他日学成名立，出而大有为于天下，庶无负不佞养贤报国之志"。张树声碑记曰："……勉期诸生勿负养贤报国之意至深且远，余惟教化行而后学业兴，学业兴而后人材出，书院之设关乎教化者綦重，振兴固无难而废弛亦甚易……诸生果能本所学以发为文章，将见处可维风教，出可裨政治，仰副稽古右文之治，而无负仪封（张清恪）命名[41]之意……"

紫阳书院到了后期改为江苏师范学堂，罗振玉任督导，王国维曾在此任教。新中国成立后成为苏州中学，树木丛荫，古建沧桑，古碑林立，不远处正是教育家匡亚明的题字"科学楼"，与张树声碑记只有几步之遥。巧合的是，匡亚明年轻时曾在张冀牗创办的乐益女中教书，还曾跟着张冀牗学习古文诗词，自称受益匪浅。

历史，有时看着很远，伸手触摸，其实就在眼前。人与人之间，冥冥之中，仿若有一道心声电波，虽然隔着几代人，但却越来越清晰，越来越值得琢磨。张树声即使是走到了生命的最后边缘，仍没有忘记倡导新学。

权力巅峰与政绩

同治二年（1863），在苏州任职江苏巡抚的李鸿章给母亲写了一封信，大致介绍了苏州太平军投降的过程，当时守军纳王与李鸿章手下程学启谈妥，投降保位，遂杀死慕王开门献城，但结果是，投降的太平军八个王全部被诱杀，其下属军队也被砍杀无数，苏州城血流成河，李鸿章苏州"杀降事件"在历史上留下了不光彩的一页。但李鸿章对母亲自有解释："男入城抚视，学启（程学启）初于云官（纳王郜云官）等约为兄弟，至是恐降众复叛，力请于男，尽杀云官等八伪王及其党数百人。此事虽大不仁，然攸关大局，不得不为。"(42)

关键时刻，李鸿章敢于出手，且出手够狠，就连其师曾国藩都佩服他"殊为眼明手辣"。李鸿章有一百个理由可以支持他的"杀降"，但说到底他是力求自保，且自保的原则就是不惜置对方于死地。这一点，是为官场人物必备的"素质"，这也可能是他能够纵横晚清政坛四十年的原因之一。而以张树声的性格看，似乎很难做到这一点。

算起来，从同治十一年（1872）坐定江苏巡抚实职，到病死在两广总督任上的光绪十年（1884），十多年的光景，张树声几乎都是在操劳和处理外事纠纷中度过的。

"张树声是一个办事认真，关注国家前途，民族命运，并具有抵抗思想的封建官僚。在他任直隶按察使时，'直隶讼案积压万余件，吏治之疲，民生之困，均由于此'。他从恢复清朝统治出发，认真筹办清理办法，起草《直隶清讼案限期功过章程》十五条，对能按限结案的地方官员赏，对拖延不案的地方官员罚，实力奉行，不久积案全数结清。张树声离任后直隶地方官员将《清讼案限期功过章程》'奉为成法'。其在直隶'清理庶狱，勤政爱民，群情翕服'。"[43]

据说当时全省各种积案多达一万两千起，这是社会长期动荡不安所造成的恶果。张树声主持的"限期结案"并明定赏罚，收效明显。曾国藩就任直隶总督后，对其做法大为赞赏，又推荐他担任直隶布政使。

张树声的儿媳妇识修（李鸿章侄女，张充和叔祖母）曾跟着他远赴广东，见识了这位两广总督的工作场景："虽然他有位称职的机要秘书，但他收到由邮驿传来的公文、信函后，必定一一过目，然后才交与机要秘书，所以他总是忙得不可开交。"[44]

光绪四年（1878），慈禧太后再次召见张树声。内忧外患，太后先问起了兵事，当时朝廷正在下力气整顿常备军"绿营"，挑选精干，仿湘淮军制进行重训，俗称"练兵"。慈禧问："练兵、养勇，二者孰为妥善？"张树声回答："以国家经制而论，练兵自为久远之计。"他还直指绿营坏习气所在："承平日久，绿营习气日深，加以口粮本不甚优，又复逐层扣折，俯仰事蓄，不足自给，于是安分者挂名军帖，尚以小贸营生，不安分者，则专以包揽娼妓、窝庇烟赌为事。"[45]这样的军队一旦遇到紧急情况被拉出去打仗，肯定溃不成军，甚至望敌风而逃。张树声又引曾国藩治军实例："故大学士曾国藩于咸丰初年粤匪倡乱之时，深知绿营习气积重难返，决意舍兵用勇，先后招募湘、淮两军，酌照明臣戚继光之法，严立束伍，编队、扎营、挖壕、操练、打仗章程，卒收戡定之效。"[46]

谈及朝廷要裁减湘淮兵勇时，张树声据理以争，说现在列强都逼到卧榻了，虎视眈眈，动辄挑衅要挟，几乎没有中断过，这个时候怎么能裁撤善战的勇兵呢？ "假令尽去久征熟练之勇，而用万不可靠之兵（指绿营），深恐事变之来，无法支拄，所费更巨。"[47]他以为裁兵应该有个过程，而且是公平的优胜劣汰。当慈禧问起淮军近况时，他马上指出，淮军在李鸿章的调配下，驻扎各地，将领各自督练，修建炮台，并配发西洋新式枪炮，每天操练不断，时刻保持警惕之心。

当慈禧问及"洋人遇事要挟，各省地方官尚能留心洋务否"时，张树声引用了曾国藩的话"仇不可忘，志不可懈，衅端不可轻开"，并言明，中国的文明礼乐"高出万国之上"，但练兵、造船、简器却不及西人。"中国礼义政教奉行日久，事事皆成具文；西人富国强兵，精益求精，事事必求实际，此外国所以日强中国所以日弱也。"[48]张树声所言的形式主义、官僚主义，引起了太后的关注，遂追问："中国诸事皆成虚文了？"张回答："诚如圣虑。以中国之大，人民之众，果能惩虚务实，力矫因循粉饰之弊，一切用人、行政、察吏、治军不任法而任人，不在科条烦设而在实力奉行，则内治既足自强……"[49]此时的张树声不过是一个巡抚，却敢对全局通盘指戳，并陈述解决之道，他以为，"古今人才，其笃实纯谨，斤斤自守之士不免墨守旧说，不达权变，上之人以其迂拘扞格，不堪任事"[50]。有人说，张树声与曾国藩、李鸿章同样是倡导洋务的领军人物，但与后两者不同，他尤重改革内政。这也是他后期力倡办学、改革科举的背景所在。长期的基层历练使他深知中国痼疾不在于外变，而在于内政，非下"重药"不可治"顽疾"。

光绪八年(1882)，因母亲去世，李鸿章丁忧回乡。临走时，他向朝廷推荐张树声代理直隶总督兼北洋大臣。就是在署理直隶总督任上，出了一件大事，那就是朝鲜"壬午兵变"。这起兵变本是朝鲜宫廷的内部斗争，按说他国不该干预，但日本一直虎视眈眈，并有趁机出兵的动向。朝鲜与中国形同唇齿，朝鲜又常附于中国，于是求救到保定总督府。张树声不敢怠慢，因兵变一方有日本利益参与，并有日本人死亡，他已提前从驻日公使处得知日本出兵可能。他先派淮军出身的丁汝昌以巡洋为名率船赴朝，观察动向，继而派李鸿章的洋务幕僚、懂外交的留法博士马建忠赶往协助，而后召淮军吴长庆前来议事，并要他率兵连夜赴朝，此时日本的兵船及大队人马已经入朝。中国军队到达后，果断出手，平定内乱，将"肇事"的大院君（国王的父亲）逮捕回国，监禁（其实是给予款待）于保定府多年。

2000年，东北师范大学历史系老师权赫秀在韩国发现了张树声在"壬午兵变"前夕写给朝鲜王朝高宗政府领议政李最应的密信。李最应是国王生父大院君的仲兄，地位相当于中国古代的丞相职。这封书信可以说是当时中朝两国最高级官员之间商谈两国外交政策内容的重要资料。[51] 张树声在信中主要叙述了其暂代直隶总督职务的缘由，并表达了"希望同李氏本人及朝鲜政府建立良好合作关系的诚恳善意"，同时分析国际形势对朝鲜局势的影响，并表明清政府将全力帮助朝鲜维护稳定的决心和动作。由张树声主动建立的中朝两国最高官员之间的这次书信联系应该说是圆满地取得了预期的成果，也可以说是自李鸿章促成《朝美条约》以来清政府对朝鲜政策的又一进展。

朝鲜事件圆满平息，皇帝龙颜大悦，给予张树声嘉奖记功，赏赐"太子少保"头衔。

世事难料，张树声没想到，他赢得了这一政绩后却与李鸿章闹起不快，诸多史料均把矛头指向张树声的长子张华奎（字霭青）。

张树声撰写的"势如涌出",蕴含着他隐忍却力争上游的性格

位于合肥市肥西县紫蓬山的张树声塑像,已无武气,而是一派儒雅

之风

未完的先声

刘体智《异辞录》载:"张霭青观察,南城谓之'清流靴子',讥其比之腿,犹隔一层也。又谓为'捐班清流',而乃翁靖达公为

'诰封清流',以善与诸名士交,而有是称。"清流派是晚清倡导改革时期的产物,其中以李鸿藻、张之洞、张佩纶等人著称,成员多为有识名士,弹劾官员、指斥弊病、议论朝政,颇得朝廷抬爱,一时掀起清谈风潮。张树声父子素与这些人有所交往,个中原因复杂难辨,有人猜测他是有意"自立门户",也未尝不可。但他有一件事"做错了"。

关于张树声奏调张佩纶帮办北洋水师一事,众说纷纭,但张华奎与张佩纶有交情是事实,有笔记、小说记"张华奎拼命拉拢清流,显然是在为他父亲培养声名,目的是想取李鸿章而代之",但奏调张佩纶是经过张佩纶本人同意的,时值水师初兴,前景无限,相信张佩纶也能看到趋势。但此事犯了一个忌讳,即"疆臣不得奏调京僚",尤其是奏调翰林,是为大忌。且张树声只是代理直隶总督,总督手下"四道八镇"全部为李鸿章所派,当时就传说,张佩纶上来后将对这些人下手,"有参四道八镇之说"。

最终,张树声的奏折在军机处卡住了,"诏责其冒昧,弗许"。"但当张佩纶得悉李鸿章获朝廷挽留,将夺情复出,而李对他与张家父子的接近颇不以为然的态度,就不惜与张树声翻脸,通过李鸿藻控制的军机处,否定了张树声的提名,使张讨了个老大的没趣。"[52]没多久,张树声进京见到张佩纶,自谓:"吾尝读《四书》文矣,冒昧足以偾事,冒昧亦足以济事。"学士一笑置之。

张树声在官场多年,却始终学不会玩弄权术,连拉拢个名士都弄得如此尴尬。办理朝鲜事件时,他应该想到,所派外交博士马建忠正是李鸿章的心腹幕僚,而他所派庆军首领吴长庆素与李鸿章有不合弦音,而张佩纶又是李鸿章多年的幕僚。光绪五年(1879),张佩纶到苏州迁移母亲灵柩营葬,李鸿章给予了"白金千两",让其"感德衔悲"。极为戏剧化的是,李张接近,张华奎还是拉拢牵线的人。是年，张佩纶丁忧去职，收入窘迫，李鸿章还给张华奎写信，说张佩纶丰才啬遇，深为惦念，不如到北洋担任幕僚。此说如果属实的话，只能说张树声父子都是"官场中人"，只得"认栽"。

实际上，后来张树声因此事去职署直隶总督，复回两广任上，也有张佩纶"反口"的作用在内，李鸿章还把爱女嫁了张佩纶，自有其信任道理，此爱女正是作家张爱玲的祖母李鞠耦。应该说，张树声代理直隶时，其一举一动实际上都在李鸿章的掌握之中，李鸿章"遥执朝政"的能量也是众所周知的，张树声"落败"直隶，完全是性格使然。

光绪九年（1883），生逢六十寿辰的张树声，患"脾泄症"，吁请开缺。朝廷给予假期让他调养，并在寿辰时恩赐礼物。这一年的秋天，法国的战舰开到了粤东门户，以图对越南北部的控制，张树声拖着病体销假回任。他多次致信朝廷，言法军会随时实施侵略，应加紧布兵防备，但直至后来要摊牌对弈了，清政府还没有决定是和是战。掌管直隶和北洋的依然是老上司李鸿章，他对清流派表现出的"主战"无动于衷，此时在福建主持海疆事务的正是钦差张佩纶。

翻开当年军机大臣翁同龢写于癸未年（1883）的日记，可见他对李鸿章的犹豫和顾虑重重表示"担忧"和"悻悻"，反倒对张树声的主战颇为赞赏："廿五日（9月25日）张树声折，慷慨以兵事自任。"又："初七日（11月6日）……张树声报，请身赴前敌，语气慷慨，杰作也。"[53]

在等待和无望中，张树声以病辞去两广总督，但仍继续留守督办广东军务。直到光绪十年（1884），清廷才有心决战。但前线清军并未准备好，张佩纶叫苦不迭："南援不来，法船日至。闽已苦守四十余日，止能牵制。而忽令阻其勿出，以至法不肯退；忽令如蠢动即行攻击,以至闽仍不敢先发。"[54] 开战那天,法军势如破竹,未几时辰便将福州港中国战船重创乃至击沉。张佩纶四处求援,未果,留下了他顶着脸盆逃跑的笑料。但在当时,广东方面派出了舰队增援,如果是张树声所派的话,张佩纶心里一定是五味杂陈。

不过从两人来往的书信看,张佩纶曾向张树声请教:"鄙见一旦有事(指中法开战),舍用兵别无长策。蔼青(张华奎)言公(张树声)处议以兵代守越裳,自是伐谋胜算,所难者将耳。麾下已储异材否?愿示之也……"[55]

张树声在回信中详解了战术要点,说"似陆战尚可相持。第海洋辽阔,文武一怒,非专任方隅者所能决策",并言:"越事初起,颇闻嘉谟,阅时愈久,事势愈棘。"张树声还陈述了自己多年坚持上奏"粤中海防"事,但都被搁置一旁了,现在真是"空拳徒张"。自己年老久病,但既然"乃公雅意推挽",只能当即南行上前线了,胜败不计。同时,张树声还为张佩纶提供了情报,并送给他一册清晰的越南地图。

张佩纶一战"身败名裂",张树声也即将步入人生的终点。世人只知张树声因中法战争大败而遭革职,却不知张树声自任两广总督以来,一直竭力转变广东社会风气,多次请求清政府拨款筹办广东海防,整顿吏治军政,"正己率属,甄别贪劣",奏参不尽职守的文武官员。为此他也得罪了不少人,被打小报告,说他不称职、贻误地方、任情徇私等,接任两广总督的张之洞看过这些奏折后,也对张树声表示深深同情。但是张树声的很多建议并未得到清廷回应,他临死前还在口述"治粤之策"的奏折。

粗读张树声奏议合集《张靖达公奏议》,厚厚五百六十二页,写得最为动容和令人唏嘘不已的正是末尾三四页,题名:

《遗折》。

光绪十年(1884)九月初八日，张树声躺在病榻上，生命垂危，仍坚持伏枕向秘书口授奏折，字字血泪：

> 微臣病势垂危，谨伏枕口授遗折……臣以寒素起自兵间，荷列圣拔于庸众之中……如臣遭遇之隆，夫复何憾！然而，惓惓愚诚尚有不能恝然者，则以外患日亟，寰海骚然。皇太后、皇上宵旰忧劳，而臣犬马余生，竟先填沟壑，报效无期也。[56]

张家从张荫谷一代即决定跟着政府走，中间遭遇过诱惑，也出现过波折，但始终履行着一个"忠"字。除张树珊战死外，其弟张树屏、张树槐都曾入军参战，并被授以官职。

> 溯自五洲万国通市款关，泰西之人负英鸷之性，扩富强之图，由制器而通商，由通商而练兵，挟其轮船枪炮之坚利，以与我中国从事。数十年来，俄罗斯侵轶于北方，日本窥伺于东海，英吉利由印度、缅甸以规滇、藏，法兰西据西贡、海防而谋滇粤，睢盱忸忕，日益难制，而中国蹈常习故，衣冠而救焚，揖让而拯溺，其何以济耶？近岁以来，士大夫渐明外交，言洋务，筹海防，中外同声矣。夫西人立国，自有本末，虽礼乐教化远逊中华，然驯至富强，具有体用，育才于学堂，论政于议院，君民一体，上下一心，务实而戒虚，谋定而后动，此其体也；轮船、大炮、洋枪、水雷、铁路、电线，此其用也。中国遗其体而求其用，无论竭蹶步趋，常不相及，就令铁舰成行，铁路四达，果足恃欤？福州马江之役，聚兵船与敌相持，彼此皆木壳船也，一旦炮发，我船尽毁，此亦已事之鉴矣。今台湾告急，援济无方，窃虑琼州将踵其后，若敌得志，台

琼祸患之殷,何可推测? 此微臣所以终夜感愤,虽与世长辞,终
难瞑目者也。[57]

张树声生逢内乱,临死时又摊上外患战乱。 内乱戡定在于以
国人降国人,而外患却不是国人逞一时之强就能轻易降服的,且敌
强我弱,此弱不单单是装备弱,还在于体制弱。 这里张树声提到的
"议会体制"在当时着实是个新鲜名词,这也是他的超前和远瞻所
在,甚至有人解读其为君主立宪论的先声,或许当时有不少官员看
到了,但终不敢提,张树声临危一呼,在于他的乐观,在于他对这
个给了他机会的时代还抱着希望。

"……圣人万物为师,采西人之体以行其用,中外臣工,同心
图治,勿以游移而误事,勿以浮议而骛功,尽穷变通久之宜,以奠
国家灵长之业,则微臣虽死之日,犹生之年矣。"[58]育才于学堂,
论政于议院,这是张树声临死前的幻境还是美好理想?

张树声临死的那一夜,"终夜感愤",为时局担心。 他出于洋
务门下,却又不甘跟风,自成一说。 他兴办实学馆,开西学之先,
校址日后成为黄埔军校所在地。

而张树声所倡导的一切,在他死后不到二十年,就已经陆续得
到实现和验证。 只是那个时候,他的长子张华奎积劳咯血死在了
川东任上,而其长孙张冀牖还不到九岁,还有谁会想起来那位"垂
死涕泣,不知所云"的老将军呢?

注 释

〔1〕此处所说文章多来自扬州地区的报刊。

〔2〕韦明铧:《玉人何处教吹箫》,南京师范大学出版社 2011 年
版,第 137 页。

〔3〕赵国平：《东关街上有名的豪宅冬荣园女主人是李鸿章侄女吗？》，《扬州晚报》2010 年 8 月 21 日。

〔4〕合肥民谣《十杯酒》的部分内容是："一杯酒来酒亦香，合肥格出李鸿章，他是格有名望，哎！唷！他是格有名望。经常打仗仗仗败，今日有福做中堂，大家就帮他忙，哎！唷！大家就帮他忙。二杯酒来斟上来，西乡又出刘爵帅，他自幼读书斋，哎！唷！他自幼读书斋。打个棺材装渔网，人人不知其中意，他是个有心地，哎！唷！他是个有心地。三杯酒来三月三，西乡又出张树珊，死在那倒树湾，哎！唷！死在那倒树湾。皇上念他是忠臣，替他哥哥张树声，蟒袍就加在身，哎！唷！蟒袍就加在身。……"

〔5〕张允和口述，叶稚珊编写：《张家旧事》，山东画报出版社 1999 年版，第 17 页。

〔6〕（清）李鸿章：《诰赠光禄大夫江苏巡抚加一级张公墓表》（同治十二年十月），载顾廷龙、戴逸主编：《李鸿章全集（7）》，安徽教育出版社 2007 年版，第 36 页。

〔7〕翁飞等：《安徽近代史》，安徽人民出版社 1990 年版，第 174—175 页。

〔8〕（清）李鸿章：《诰赠光禄大夫江苏巡抚加一级张公墓表》（同治十二年十月），载顾廷龙、戴逸主编：《李鸿章全集（7）》，安徽教育出版社 2007 年版，第 37 页。

〔9〕（清）刘体智著，刘笃龄点校：《异辞录》，中华书局 2007 年版，第 27 页。

〔10〕翁飞：《李鸿章的官场艺术与人际权谋》，陕西师范大学出版社 2001 年版，第 173 页。

〔11〕金安平著，凌云岚、杨早译：《合肥四姐妹》，生活·读书·新知三联书店 2007 年版，第 33 页。

〔12〕金安平著,凌云岚、杨早译:《合肥四姊妹》,生活·读书·新知三联书店 2007 年版,第 34 页。

〔13〕戴健:《乡土调查:刘铭传故乡今与昔》,载《海峡两岸纪念刘铭传逝世一百周年论文集》,黄山书社 1998 年版,第 490 页。

〔14〕(清)刘体智著,刘笃龄点校:《异辞录》,中华书局 2007 年版,第 27 页。刘体智的父亲乃淮军将领刘秉璋,刘体智的二哥刘体仁娶了张树声的女儿,后来张家又有女子嫁给了刘秉璋的后代刘凤生。刘凤生在开滦煤矿工作,民国时在上海常与张允和、周有光、邹韬奋等一起参加舞会。

〔15〕陈锡银:《刘铭传在故乡》,载肥西县政协文史资料委员会编:《肥西淮军人物》,黄山书社 1992 年版,第 31 页。

〔16〕倪应、倪运熙:《张树声家世调查记》,载马琪主编:《淮军故里史料集》,黄山书社 2009 年版,第 16 页。

〔17〕(清)李鸿章:《张树声原籍建祠片》(光绪十二年六月十七日),载顾廷龙、戴逸主编:《李鸿章全集(7)》,安徽教育出版社 2007 年版,第 447 页。

〔18〕(清)李鸿章:《诰赠光禄大夫江苏巡抚加一级张公墓表》(同治十二年十月),载顾廷龙、戴逸主编:《李鸿章全集(7)》,安徽教育出版社 2007 年版,第 37 页。

〔19〕梁启超:《李鸿章传》,陕西师范大学出版社 2008 年版,第 19 页。

〔20〕(清)刘体智著,刘笃龄点校:《异辞录》,中华书局 2007 年版,第 27 页。

〔21〕赵尔巽等撰:《清史稿(第四十册)》,中华书局 1977 年版,第 12080 页。

〔22〕《安徽省志》称:张树珊、张树声率练勇抵安庆后,经曾国藩

校阅,编成淮军一营,名"树字营"。张树珊为营官,张树声为副营官。

〔23〕赵尔巽等撰:《清史稿(第四十册)》,中华书局 1977 年版,第 12080 页。

〔24〕梁启超:《李鸿章传》,百花文艺出版社 2008 年版,第 31— 32 页。

〔25〕梁启超:《李鸿章传》,百花文艺出版社 2008 年版,第 33 页。

〔26〕罗尔纲:《太平天国史》,中华书局 2000 年版,第 2151 页。

〔27〕梁启超:《李鸿章传》,百花文艺出版社 2008 年版,第 33 页。

〔28〕翁飞等:《安徽近代史》,安徽人民出版社 1990 年版,第 200 页。

〔29〕赵尔巽等撰:《清史稿(第四十一册)》,中华书局 1977 年版, 第 12497 页。

〔30〕安徽省地方志编纂委员会编:《安徽省志·人物志》,方志 出版社 1999 年版,第 25 页。

〔31〕(清)刘体智著,刘笃龄点校:《异辞录》,中华书局 2007 年 版,第 48 页。

〔32〕"两江"指江南省(今江苏和安徽)和江西省,是清王朝的财 赋重地。"两江总督"是清朝九位最高级的封疆大吏之一。

〔33〕王尔敏:《淮军志》,广西师范大学出版社 2008 年版,第 224 页。

〔34〕赵尔巽等撰:《清史稿(第四十册)》,中华书局 1977 年版,第 12081 页。

〔35〕(清)刘体智著,刘笃龄点校:《异辞录》,中华书局 2007 年 版,第 49 页。

〔36〕苏炜:《天涯晚笛——听张充和讲故事》,大山文化出版社 2012 年版,第 72 页。

〔37〕梁小进主编:《曾国荃集》,安徽人民出版社 1990 年版,第 411 页。

〔38〕倪应:《张树声家世调查记》,载肥西县政协文史资料委员会编:《肥西淮军人物》,黄山书社 1992 年版,第 9 页。

〔39〕《尚书》曰:"不作无益害有益,功乃成;不贵异物贱用物,民乃足。"

〔40〕韦布:《追忆张奇友》,载张允和、张兆和等编著:《浪花集》,中央编译出版社 2012 年版,第 31 页。

〔41〕"紫阳"的名字出自著名理学家朱熹的别称。当时,官办学校一律以科举考试为教学内容,而紫阳书院坚持主要讲授朱熹理学,辅以有关科举考试的内容。

〔42〕李金旺主编:《李鸿章家书》,溪风译,外文出版社 2012 年版,第 101 页。

〔43〕陆方:《十九世纪八十年代地主阶级开明派张树声》,《史学月刊》1982 年第 3 期。

〔44〕金安平著,凌云岚、杨早译:《合肥四姊妹》,生活·读书·新知三联书店 2010 年版,第 35 页。

〔45〕尹福庭选译:《李鸿章 张树声 刘铭传诗文选译》,巴蜀书社 1997 年版,第 148 页。

〔46—47〕尹福庭选译:《李鸿章 张树声 刘铭传诗文选译》,巴蜀书社 1997 年版,第 149 页。

〔48—49〕尹福庭选译:《李鸿章 张树声 刘铭传诗文选译》,巴蜀书社 1997 年版,第 152 页。

〔50〕何嗣焜编:《张靖达公奏议》,文海出版社,第 476 页。

〔51〕权赫秀:《韩国藏张树声、丁汝昌、吴兆有致朝鲜王朝官员书信三件笺证》,《安徽史学》2003 年第 5 期。

〔52〕姜鸣:《天公不语对枯棋:晚清的政局和人物》,生活·读书·新知三联书店 2006 年版,第 79—80 页。

〔53〕(清)翁同龢著,翁万戈编:《翁同龢日记》(第四卷),中西书局 2012 年版,第 1811、1820 页。

〔54〕张佩纶:《致安圃姪》,转引自姜鸣:《天公不语对枯棋:晚清的政局和人物》,生活·读书·新知三联书店 2006 年版,第 82 页。

〔55〕中国史学会主编:《中法战争》第二卷,上海人民出版社1961 年版,第 509 页。

〔56—58〕周武编:《中国遗书精选》,华东师范大学出版社 1994年版,第 345 页。

第二章　短暂的张华奎

"清流"狂潮

抗日战争全面爆发后，张充和从国都南京迁到重庆工作，其间曾被蒋介石调遣负责整理国家礼乐。在重庆，张充和遇到不少知情的老人，他们向她谈起一个人，此人在重庆为官九年，做了很多事，而这个人正是充和的祖父张华奎。晚年迁居美国时，张充和还记得祖父的一些细节。

在合肥张家族谱上，张华奎的生年是个问号。张充和记得，祖父是个进士，出来做事较迟。出来迟是因为曾祖父张树声做官做到了京官，需要有一个人"看家"。但他后来甫出道就是"川东道台"。[1] 父亲张冀牗曾对她提过祖父的事情，说重庆的不少街道都是祖父修好的，后来还办了不少教案。老辈人夸奖张华奎一些关于宗教的案子办得很好，德政为民。后来，张充和专门写了一篇《张华奎传》，细数了祖父的事迹，并订正了祖父的字为"云瑞"。

很多时候，张华奎的称呼是"张树声的儿子"，因为父亲太出众了。父亲的爵位令人羡慕，但也会让人无奈。张华奎中进士的那年（光绪十五年，也即 1889 年），父亲已去世五年了。赶赴四川任职的他，还记得身处旋涡的那些年、那些事。

很多历史小说中都把张华奎这个"官二代"描写得聪明、早熟和有手段，说他跟着父亲先后到广州和京城，结交"清流派"，很是吃得开，还为他起了个"青牛腿"的外号，其中演绎成分不少。不过，从一件小事可见张华奎的智慧。当年，张树声黯然搬离直隶总督府，回归两广总督任后，最紧张的莫过于张华奎了。有说中法战事起后，朝廷曾急调李鸿章前去处置，但李鸿章未去，并调查获悉，此事源于张之洞和吴大澂两位清流健将的折子。张华奎不惜成本结纳清流的功夫，这时派上了用场，但李鸿章"反败为胜"，以清流（张佩纶）对清流，最终重回直隶任上。如此一来，令张华奎惴惴不安的是，万一张佩纶挟着清流的威势，反过来参上张树声一本，把他赶下台，后果不堪设想。

此事的后续颇具戏剧性，当时"清流"也分北派和南派，北派以李鸿藻、张佩纶为著，南派以翁同龢、文廷式、盛昱等为著。根据翁同龢日记，光绪九年(1883)六月二十三日稿本记云："张蔼卿来辞行，谈越事，深诋合肥之偏执畏葸，其尊人颇欲有为，而苦粤东之空虚，甚为难也。此君甚正派，将来可用。"[2]张蔼卿正是张华奎，此日记透露了张树声署理直隶总督的时间是从光绪八年(1882)三月至次年六月，翁氏记的正是张华奎于其父交卸直隶总督后来京向翁氏告辞回广东时的情况，翁同龢对张华奎的为人和才气都颇为赞赏。该篇日记还引述近人祁景颐作《鞠谷亭随笔》，谓"甲申易枢"与张华奎有关。

随父在京城活动数月，张华奎多方结交几位颇为活跃的清流人物，他似乎已经看清了政坛形势。危急时刻，他找到了国子监祭酒盛昱，请他出面参劾李鸿藻。盛昱一折上去，竟然引起了慈禧太后的重视。

光绪十年（1884）三月十三日，慈禧突然发布懿旨，将以恭亲王奕䜣为首的军机处大臣全班罢免，其中就包括李鸿藻等一班清流，惩办的理由也包括中法战事不利。这场被称为"狂涛巨澜"的宫廷夺权之变，将永载史册，推动者竟然是尚无官衔的张华奎。

出色的"教案"

张华奎"闲置"多年，转折点在于刘秉璋入川任总督起用了他。这一年是光绪十七年（1891）。刘家与张家有姻亲关系，刘秉璋赏识张华奎的才气，调他办理四川盐务。张华奎上任后，"悉心厘剔，事治而商不扰"[3]。刘秉璋见他办事认真，于次年让他做建昌道（相当于地市级市长），同时致信李鸿章推荐张华奎升任按察使。但李鸿章反应似并不热烈："文忠（李鸿章）复书曰'朝廷黜陟，从不过问'。再请，则曰：'道员升臬，鲤鱼跃龙门，谈何容易！'其讳言权势而慎重名器如此。"李鸿章是故意避嫌还是记着以前发生的不快不得而知，总之张华奎在位多年，至死都是个"川东道"。

张树声以身殉职，死后多年也并不为众人所知，这与他的为人低调和谨慎有关，但他所付出的努力和所取得的政绩是值得肯定的。

光绪八年（1882），张华奎中了举人。他是长子，也是张家最器重的儿子，因他读书成绩最好。他的弟弟张华轸曾因为县试不中，被罚步行二十公里回家，并从偏门进家，还要跪在祖宗牌位前祈求原谅，从此弃考。

光绪十五年（1889），张华奎"双喜"临门。首先，他中了进士，可以慰藉父亲在天之灵了。其次，他有儿子了。和父亲一样，他有一妻一妾，但膝下无子。 作为长子，张家长房后继无人，简直是一种罪过；为此，张家决定从五房过继一个孩子。 五房即张树声五弟张树屏，他官至记名提督，获勇号额腾额巴图鲁，一品顶戴。 张树屏死后，他的长子张伯纪（张云官）掌管了整个家族事务，长房过继的孩子即伯纪之子。

"伯纪今秋所得之第四子特凭族戚写立合同，过继与兄为嗣（命名绳进）……年逾四十始知抱子之乐。"经过一场正式的仪式后，一个出生十八天的男婴被从张新圩子抱到了张老圩子，养父张华奎于光绪十五年（1889）十二月十六日在赴任的路上，致信堂弟张伯纪，表露出"有子万事足"的喜悦。 这时，这个名绳进、字武龄的男婴已经四个月大了，他随着"父母"从京城往四川巴县去。船行长江，日夜兼程，惊涛骇浪给这个男婴留下了终生的伤害，巨大的声响严重损伤了他稚嫩的耳膜，从此他听力困难，以至于说话也受到影响，后来说话"发音很小，不是太清楚"。

张华奎离开家乡后，便很少回去。 在署川东道时，他遇到了一件棘手事——"大足教案"爆发。 说起来这还是中法战争遗留下的尾巴。 中法战争后法国在中国势力日涨，传教人员的行为引发了当地百姓的不满情绪。 光绪十六年（1890），在四川省大足县龙水镇（今属重庆），法国教会与当地举办的迎神活动产生冲突，以挑煤为业的余栋臣组织当地数百群众杀死教民十二人，打毁教民房屋两百多家，并焚毁教堂，号召驱逐传教士，由此引发了震惊中外的"大足教案"。 此案发生后，朝廷很着急，当即下旨督促刘秉璋迅速查办。 外交无小事，清廷一向怕洋人找到借口开战，但地方百姓情绪也不能忽视。

光绪四年（1878），慈禧曾召见张树声问及安徽境内洋人传教以及传教士与百姓起冲突的案件，并问他如何协调解决，从而避免洋人借机要挟出兵。张树声对答如流。从张华奎处理"大足教案"的事例看，他深知"要害"，并清楚地看到隐藏在教会后的"教会政治"，他们在中国制造了无数次的"教案"，从而成为"野心侵略者之武器"。在处理此类案件时，"有司为其教民所胁，每存逊让之心，不免袒教抑民。……几至教民讼不胜不息，平民讼不负不了"。张华奎以为处理教案，不能袒护任何一方，一定要客观公正，据理以争，当然这里面要有超凡的协调能力。直到张华奎终任，民教未再滋事。而且法国天主教会决定，用五万两白银在荣昌县修建新教堂。他们专门请法国的设计师进行设计，主体钟楼的钟还是专门从法国运来的，因其钟楼八十米的高度在全国都领先，当它第一次响起时，很多人以为是洋人的"妖物"，但最终他们都习惯了每半小时一次的报时——从未出过差错，成为当地人接受西洋物品的一个见证。

此事刚平，又起一事。早在光绪二年（1876）的中英《烟台条约》上，清政府就向英人承诺："四川重庆府可由英国派员驻寓查看川省英商事宜。"光绪十六年（1890），《续增专条》在北京签字完成，意味着重庆海关正式成立，英人霍伯森首任重庆海关税务司，川东道张华奎为海关监督。但此事惹急了当地绅商，洋货将大批进来，还是洋人把持着海关，一时间"讹言岌岌"。一旦这些有势力的绅商闹事，后果不可想象。张华奎主动出击，"晓譬绅商，采长江各关章程设关，定停泊地，裁新旧厘金陋规，清积弊"。最终，海关顺利运营，"岁增解银十余万"。开埠所在地白象街，汇集了百货、银楼、当铺、钱庄和很多行帮，成为重庆城最豪华的街道和金融中心。如今，重庆正在打造一个"开埠公园"，这些遗址将被一一还原，而对于当年开埠也有了新的评价："重庆海关的建立，标志着重庆正式开埠，也在客观上促进了重庆的近代化历程，

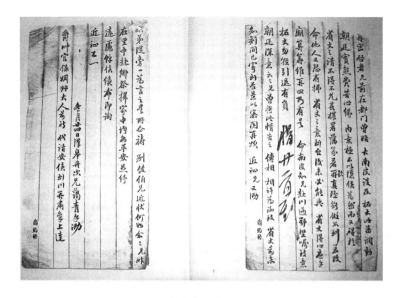

张华奎的书信

推动了重庆城市整体功能的进步，成为重庆城市近代化的起点。"

"憔悴"的外交

张华奎的能力和政绩，刘秉璋是看在眼里的，他觉得自己没看错人，很快提拔张华奎补建昌道，调署按察使（相当于省司法长官），后移成、绵、龙、茂道。刘秉璋离任后，续任川督鹿传霖仍旧重用张华奎，除了一些重要的教案交给他办外，还把一件涉及中日交涉的外交大案交给他办，那就是履行《马关条约》。《马关条约》可谓李鸿章"一生的耻辱"，据说他签约回国后，"气喘大呕，喷血三升"。条约明确日本可在重庆开埠及设立租界的要求。鹿传霖接到申请后，想到的第一个人选就是张华奎。张华奎知道事情重大，首先致电李鸿章请示：

曩岁重庆开关，指定城外王家沱为通商界址，取其地旷民稀，易与华商隔别，免生嫌衅。惟彼时虽定此议，因费绌未遽建新关，禀明俟关税收逾二十万再建关，为久远通商定所。现日本来开埠，拟即归并王家沱一处为各国通商总场。川轮窒碍难行，沿江数十州、县人民誓以身家性命争之，固难以情理开导，即加以严刑峻法，亦决难从，务仗鼎力坚持于始，免日后横生枝节，大局幸甚，川民幸甚。[光绪二十一年（1895）十一月十一日]⁽⁴⁾

李鸿章复电：

佳电悉，昨晤日本林使，谓现商办苏、杭租界，一时尚难派员赴川。通商总场之议创自香帅，彼未遵教。轮行江峡险阻，当极力开导，有英约可援，或少缓。（光绪二十一年十一月十五日）⁽⁵⁾

看李鸿章的语气，似有推脱之意，张华奎只能依靠自己执行了。《清史列传》载：

日本通商重庆，马关新约也。华奎预与税司勘租界，定王家沱为商埠以待之，日本总领事珍田舍巳至，别索江北厅地。华奎以非原约，拒之。舍巳复争场界管辖权，并援各国城居之例。华奎于人数、行栈，坚持以限制，而城内制洋货，川江行轮船，阻之尤力。其论行轮船也，曰："川江峡曲，而滩长流急，重船下滩，惟中流一线路，民船上滩依岸行，故无碍；轮船上滩必中流行。若遇民船下滩，峡曲则不及见，滩长则不及退，流急则不及避，触沉民船，溺中国人，当奈何？"曰："人与五十金。"曰："触沉轮船，溺外国人，当奈何？"舍巳语塞，遂定合同而去。[6]

光绪二十一年（1895），张华奎与日本领事交涉重庆通商事宜，使日方未能尽如其愿，事后奉旨补川东道。 也就是这一年的冬天，张华奎因成绩优异被保荐实授川东道，上峰对他的洋务交涉评价是"凡交涉皆智在事先，力维大局"。

只是时间似乎对他尤其吝啬，光绪二十二年（1896）秋，他因积劳咯血去世。 张家后人张旭和整理的家谱（《肥西张公荫谷后裔谱资料汇编》上册）记载：张华奎生于道光二十八年（1848），死于光绪二十三年（1897），享年仅四十九岁。 年仅八岁的张武龄，随母亲刘夫人扶柩从四川还乡合肥，先居城中张公馆，后葬父于肥西"三山"。 让他想不到的是，几十年后，他也在四十九岁时去世了。

在重庆任上，张华奎似曾参与办学，如广益书院，现为一家中学。 根据张充和的说法，张华奎喜欢玩书、玩墨，爱收藏古书、古墨，所以家里有很多这样的东西。 其实早在京城结交名流时，张华奎就曾留心收集书籍、字画和青铜器，到了四川任处，更是尤甚。光绪二十二年（1896），他收到了安徽老乡姚萧[7]的十五卷全本《古文辞类纂》雕刻书版，立即雇了好几艘船运载，并有护卫跟随，这是他的至爱。 张充和还说，祖父离开重庆时"整船整船都是书"。可惜的是，这批珍品到家后不久，它们的主人就去世了。 之后，曾有后人将之拆散变卖，至今张家后人也说不清楚到底有多少张华奎的珍品被变卖了。 值得欣慰的是，这些珍品中有少数传承了下来，如明朝万历年间安徽歙县方于鲁的古墨，张充和是从七姑奶奶手里获得的，当时或许是当作玩具顺手给她了。

还有一些古董传到了张武龄手里，他似乎对这类东西不感兴趣，但办学要用很多钱，于是就物尽其用了。

张华奎在去世前并未有什么遗言，他去世没多久，清朝的统治就开始风雨飘摇。处于历史激荡时代，其儿子张武龄亦不甘落后，因为他是淮军的后代。

注　释

〔1〕按照《中国历史大辞典》(上海古籍出版社 2010 年版，第3487 页)的记录，光绪十五年(1889)，张华奎发四川以道员补用。

〔2〕孔祥吉、村田雄二郎:《〈翁文恭公日记〉稿本与刊本之比较——兼论翁同龢对日记的删改》，《历史研究》2004 年第 3 期。

〔3〕张充和:《张华奎传》，载张允和、张兆和等编著:《浪花集》，中央编译出版社 2012 年版，第 35 页。

〔4—5〕顾廷龙、戴逸主编:《李鸿章全集(26)》，安徽教育出版社2008 年版，第 227 页。

〔6〕王钟翰点校:《清史列传》(第二○册)，中华书局 1987 年版，第 6405 页。

〔7〕姚鼐为著名思想家、文学家，与方苞、刘大櫆并称为"桐城三祖"。

第三章　我们的大大

从扬州冬荣园到合肥龙门巷

　　1906 年，张武龄十七岁。 这一年的一天，他站在合肥繁华区四牌楼不远的龙门巷，那是张公馆所在地。 他在等着迎接新娘，一位从扬州远嫁而来的大小姐。 她叫陆英，二十一岁。

　　张华奎的妻子没有生育，小妾也只生了一个女儿，张武龄身为大房张树声的嫡传孙子，无论是母亲，还是祖母，以及其他的族亲，都把家族传宗接代的大任压到了他的头上。 "不孝有三，无后为大"，他无法逃避。

　　龙门巷大户云集，淮军将领唐家、李鸿章的族亲许家都居于此，李鸿章曾带着兄弟在此修建祠堂。 在这里，拥有上千亩田地的都算不上大地主，只有像张家这样拥有超过万亩田地的，才称得上大地主。 只是到了今天，龙门巷这个地名早已经不在。 张家后人，住在合肥的画家张煦和说，他是最后一个搬出龙门巷张公馆的，后来张公馆就拆掉了，地址就在老的安徽日报社宿舍楼。 沧桑变化，物事不存，但那场轰轰烈烈的婚礼，却清晰地留在了很多人的记忆中。

冬荣园，位于扬州繁华的东关街，这里自唐朝就是富贵地，高大的门楼雕花精美，满盈盛世之气，青砖黛瓦之内，隐约能看到园林、古木、叠石、院落、人影。邻人俗称"陆公馆"。朱江的《扬州园林品赏录》载："是园垒土为山，植以怪石，参差错落，如石山戴土，以隆阜为峰，顶结茅亭，遍种松梅，而以'梅作主人'。……这山林作法，与它园迥异，虽完全出自心裁，但恰是仿自古法。当石山盛行之世，此可谓别具一格，为扬州园林垒山手法及其风格，留下一个实例。"冬荣园主人陆静溪，来自合肥，自担任盐官后，迁居扬州，但他心里牵挂着家乡，甚至渴望有一天再迁回去。关于他的夫人，有史料称是李蕴章的女儿。

陆静溪儿女双全，尤其是两个女儿，聪颖美丽，落落大方，各有特点。陆静溪督促她们多读书，并带她们看戏，小女儿陆英尤其喜欢看戏，牢记着《西厢记》的唱词，后来她还教自己的孩子吟唱，并把这个习惯带到了上海、苏州。

陆英十几岁时，就被合肥张家看上了。张允和说："祖父在为我爸爸选佳偶时，知道扬州陆家的二小姐贤良能干，小小年纪在家就协助母亲料理家事，托媒人定下来这个媳妇。"[1]（但张元和回忆说，是祖母托人为父亲做的媒，说陆家二小姐从小就帮着母亲料理家务。）张允和幼年时，曾随母亲到扬州为外婆祝大寿，并合影留念，当时的陆家已经在走下坡路，却仍有大家气韵。陆英二十岁时，张华奎已经去世多年，但陆母始终记着两家的婚约，翌年即是大婚之期，她早早就开始着手准备嫁妆，"东西多得吓死人"[2]。

当嫁妆到达后，贵公子张武龄也吓了一跳，因为东西太多了。尽管他急着见新娘，但还是被眼前的嫁妆惊住了。龙门巷外十里长亭摆满了嫁妆，引来众人观看，全城轰动，光紫檀家具就有好几

扬州冬荣园古朴灵秀,是陆英的美好回忆。图为冬荣园门口图案精美的门墩(摄影 张卓君)

套。 陆家人显然是提前看过了张家"门楼",知道房子的间数,从大堂到二堂都置办了全套家具,金银首饰不计其数,尤其是翡翠,特别多。 张允和说,母亲尤其喜欢翡翠。 陆家考虑周详,连扫帚、簸箕都是成套的,还在每把扫帚上都挂了银链条。 可以想象,这些贵重庞杂的物品从扬州一路运来有多艰险。 清末之时,义事、革命四起,匪乱也成祸患,尤其是在江淮一带,抢大户、抢商店、劫公家的事件不断,张家建造的圩子都戒备森严,出入两道壕沟,并有持枪圩勇保卫。

张武龄迫不及待地想见到妻子陆英,但他必须等待一个仪式结束。 按照习俗,这一天男方要让新娘子感受到未来日子的不易,戒骄戒躁、心平气和，因此特地将大门紧闭，轿子停在门外，让女方主动"打点"门房（不是男方到女方家迎亲，大发红包，这一点与今天的婚礼不同），大堂、二堂、新房，一个个沉甸甸的红包散发出去，直到伴娘、喜娘最后两关，她们的红包格外沉。 在经历了重重传统环节后，身材窈窕的陆英移步坐到了帷帐婚床上，锦缎铺被上撒有红枣、花生和桂圆，寓意早生贵子。 媒婆用竹节轻轻挑起红盖头，一旁的小曲响起："小小秤杆红溜溜，我替新人挑盖头，盖头落床，子孙满堂，盖头落地，买田置地……"

张武龄一身新衣，辫子拖在脑后，他听不清女人们在唱什么，他的耳朵依旧重听，他的眼神充满羞涩，终于转向了自己的妻子。"盖头掀开，新娘子羞怯怯抬眼一看，所有的人都愣住了——不得了！新娘子太漂亮了，一双凤眼，眼梢有一点往上挑，光芒四射，太美了。"[3]女大十八变，陆英比当年许配给张家时更漂亮许多，张武龄一见倾心，而且他们还有共同的爱好——戏曲。 他们在众人的祝福中默念着"白头偕老"。 但人群中的一个老太太（张允和姨祖母）却心头一紧：这双眼，太露了，留不住，会不长寿的。

事后的应验，令人心惊。 张允和回忆说："母亲二十一岁嫁到张家，三十六岁就去世了。 母亲一年生一个，十六年怀了十四胎，留下了我们姊妹弟九个。"[4]陆英虽然芳龄不继，却应验了"子孙满堂"的口彩。

婚后的生活，主要集中在了生育上。 张武龄和陆英在合肥居住时，生下了四个孩子，张元和（大毛）、张允和（二毛）、张兆和（三毛），还有一个夭折的男婴。

张兆和出生时，陆英禁不住哭了。 谁都知道她的压力有多大，但这种事没有人能替她分担，她只能独自承受。 一个更大的打击是第四个孩子的夭折——"三妹（张兆和）下面生的一个弟弟，脐带出血夭折了"[5]。 她把希望寄托在了第五胎上，结果来的还是女孩，就是张充和。

在孩子们眼中，大大（母亲）是另一个形象：温和、利索、忠厚、多才。 张树声留下的庞大家族，几乎全压在了这个长房孙媳妇身上。 男人们相继去世，但他们的妻妾都还健在，三位孀居的婆婆和叔婆加起来一共五个寡妇，再加上张武龄的兄弟姐妹，还有新生的孩子，以及管事的、教书的、门房、保姆、花匠、厨子、杂务等等，每天吃饭的人就有四十个。 陆英总能将繁杂的事务处理得妥妥帖帖，孩子们之间不会打架骂人，用人之间没有纠纷。 她让孩子们从小学会善待别人，称呼别人的保姆为"干干"，称呼自己的保姆为"姆妈"，让他们不分主仆，就连早餐都要分给保姆们一半，无论是大饼油条，还是稀饭。 这样的习惯，张家孩子一直持续到了苏州九如巷。

寿宁弄的快乐时光

苏州寿宁弄是陆英找到的，是她挺着大肚子，带着仆人一家家看房子时发现的。 那时，他们全家住在上海。 至于搬迁至苏州的原因，张家孩子各有说法。 张寰和说，辛亥革命后，各地治安均不是太好，上海也是打来打去的，在这种情况下，父亲和大大就决定搬迁。 此时是 1917 年，军阀、复辟、总统轮换、革命再起，张家在上海曾多次被盗，家里又增加了四个孩子，包括四小姐张充和与另外三个男孩。 这样的环境显然不利于孩子的成长和教育。 据说要搬家的是陆英，这个大家庭的具体事务，几乎都由她操劳和落实。

陆英虽然有喜在身，但她坚持亲自乘车赶赴苏州，再换乘轿子四处寻找合适的房子。 苏州、扬州文化悠久，园艺文化尤著，虽皆属江南园林，但各有风格。如扬州园林，多起于清朝，与盐商文化共盛衰，实景、实况辅以居室，兼有北方皇家园林的特征；苏州园林起于明朝居多，重意境，如山水画，且园宅分离。两地人文相近，且常有官士来往，联系紧密。陆英住在苏州后，曾多次带孩子们回扬州探亲。

一个人的童年会影响到其一生的志趣。陆英打小住在宽敞、舒适、自然的园林里，在合肥张公馆也是高屋大宅，到了上海，一大家子，住处显得逼仄、不足。孩子的祖母不肯放孩子们出去走，怕他们遇到坏人，张兆和就表达过对"不许出门"的不满。

陆英要找的房子，就是扬州那种园林式的，主仆各有空间，孩子们有读书和活动的场地。她脚步匆匆，却稳稳当当——她很早就放足了。她保持着传统的端秀，但思想并不守旧。她"喜欢素净的颜色，春夏穿浅色，秋冬穿深色，避免穿不吉利的黑色。在家里她穿裤装，出外时裤子外面系上裙子，再穿上丝袄或棉袄。她的衣服全是上海女裁缝做的，所以都是上海款式：衣领时高时低，一会用印花布，一会用花格布"[6]。

朱家园寿宁弄是大户居地，在胥门附近，苏州有"金阊银胥"之说，不少盛族在此落户，如以过云楼藏书画的顾家[7]。最早时，这里住的是朱勔父子，他们是花石纲的发明者，为宋徽宗的皇家园林艮岳收集奇石异木，因此获得权钱，最终朱勔被斩首。但他对园林艺术倒非外行，他们家选择的居所确为良宅：正对着吴国城门胥门，过一座小桥就能出城门去，宽阔的护城河架起了万年桥，桥下乘船即可驶往浩渺的太湖。从宅内往里走，过一条街就是护龙街，两边有大大小小的店铺和机构，直通往繁华的观前街。

1918 年（张家四姐妹记录也有 1917 年），在民初的纷乱中，

童年时的张家孩子，左起依次为张兆和、张寅和、万老师、张宗和、张
允和、张元和，摄于 1916 年

张家几十口人，从上海搬迁到苏州。一搬进寿宁弄的大院子，孩
子们就欢欣雀跃。没多久，张允和就学会了苏州话民歌："唔
呀唔呀踏水车，水车盘里一条蛇。牡丹姐姐要嫁人，石榴姐姐
做媒人。桃花园里铺房架，梅花园里结成亲……"

搬到寿宁弄后，陆英又生了两个儿子，其中就有继承父亲教育
事业的张寰和，他与夫人周孝华一直生活在苏州，成为张家"最后
的守井人"。张寰和记得，那处院落是昆山一户姚姓人家的房子，
张家是租客，"进大门有门房和男工宿舍，然后是大客厅，后面是
家人的住宅楼，东面是花园、小操场，小操场后是大花厅，再沿着
曲廊和走道往里走，是古树、亭子、花草、水榭和大池塘，最后是
女用人住房、大厨房和一个菜园子"。时隔八九十年，老人依旧清
晰地记得院内楼房和树木的具体方位，并用颤抖的手绘出草图，一

一标注出大杨树、枫树、柿树、香橼、胡桃、玉兰的位置所在。

后来张家搬迁到了苏州九如巷，张寰和进入上海光华实验中学学习，"有一次还和三哥定和回寿宁弄看了那个大花厅，拍照留念，那是姐姐们读书的地方"。

张家四姐妹中，张允和以文笔著称，人称"小精灵"，她有一句口头禅："我高兴极了！"与此对应的是其夫君周有光的口头禅："好玩极了。"张允和文笔轻松、直白，一如她表达对寿宁弄的情感："花园大极了，有水榭凉亭，有假山，有花草，有果树，粉墙黛瓦幽美雅静，此景只应天上有、梦中有、书中有、戏中有。"[8]

"花厅周围，有杏树、核桃树和柿枣，还有绣球花。最令我惊奇的是，假山旁边竹栅栏内，还有一只仙鹤。我们一到，就全家人围观，吓得那只仙鹤直往墙上撞碰，直到撞破脑袋出了血，房主人只好把它带走，使我们大为扫兴。"[9]张兆和回忆，她那年七岁，她们三姐妹（张充和当时在合肥）住在二楼，爸爸和大大的卧室在楼下，正对着她们的楼梯。张家第三子张定和记得，院子的走廊里嵌刻着朱熹的诗，他还曾去附近胥门爬城墙。

让张家姐弟印象更深刻的是花厅，利用花厅的人是父亲张冀牖（似乎是在辛亥革命后，张武龄为自己改了这个名字），他找人做了些小桌小椅，办起了幼儿园。这应该算是他办学的雏形。幼儿园先是招收邻居的孩子来上课，请有私塾老师和家庭老师。再后来，就成为张家孩子们的共有课堂。

孩子们在家读书，最初缘于祖母的要求。早期时张家姐妹的不少表姐妹入学校受教育，但祖母认为小孩子去学堂，太受委屈了，"说学校读书辛苦，饮食不调匀"[10]，张家并不缺钱（张允和回忆，当时张家在上海，房租每月是二百两银子），也请得起好的老师，没有必要入学。陆英遵命执行。

20世纪30年代，从上海学校返回苏州后，张寰和与张定和来到了
寿宁弄老房子的花园里拍照留念

陆英尊重婆婆的意见，她信奉"百事孝为先"，搬到苏州时婆婆已经去世了，但陆英还是没让孩子们去学校。

孝敬婆婆，是陆英的一个性格缩影。婆婆七十岁生日时，她提前几个月派人去江西景德镇定制有"万寿无疆"字样的彩色寿碗、寿碟、寿酒杯、寿匙等请客用的餐具。陆英对婆婆的态度佐证了她对张家所有长辈的孝敬。她要延续张家大户的礼仪。她让人提前到家里来布置祝寿现场，搭起了彩棚，用大红布在一扇扇门上扎成方格子，并缀上大红彩球，隔出小堂名（指少年昆曲班子）的座厢及专司茶水的担子等，喜气洋洋，看得张家孩子们眼花缭乱。孩子们自己也要参与其中，陆英为他们早早定做了新衣新鞋。寿辰前一晚，她与夫君领着孩子们穿戴一新，依次向婆婆跪拜，称为"暖寿"。

次日晨，正日子，张家堂屋里点了大红烛，请婆婆中坐，陆英夫妇先行跪拜大礼，祝她"福寿康宁"，然后是孩子们依次跪拜。老人会封红包给孩子，每封装两枚银元，孩子们高兴而去。

然后是吃寿面和水潽蛋，品尝六色冷盘和寿桃，高朋满座，张家亲戚多得不胜数，单单靖达公传下来的淮军世交姻亲都数不过来。午餐后，张家上下就热闹开了，寿星喜欢打麻将，摊子铺开，牌局哗啦，不少男人则躲到书房谈论时局。更多的闲人和孩子们去听堂会，受苏州名师调教的少年昆曲班子，扮相惊艳，演出精彩，这是张家姐妹第一次在家里观看昆曲，印象深刻。

晚宴是正席，宾客又会多出几桌，菜肴都是从饭馆预订的大厨到家里烹制的，美酒大菜，推杯换盏，此时喝醉的人可以趁机拿走碗筷碟子，寓意沾沾寿星的喜气，主人家并不介意。

一场祝寿仪式办下来，三十出头的陆英累得疲惫不堪，但这仅是生活的开始。

　　按说，一个年收入几十万担租子、拥有几十处房产的盛族大户，当家太太无须亲力亲为，但陆英乐于出手，并乐于创新。张家姐弟们各有自己的干干，但大大担心他们吃得不够有味，就带着干干们一起学做点心，直到晚年，张元和还记得那些点心的名称：米面粑粑、韭菜盒子、烂面饼、荠菜圆子等，过程复杂，但唇齿留香。至今，张家儿媳妇还会制作扬州口味的烂面饼。

　　陆英要管理合肥的大片土地账目，各处的房产、商户收入，还计划着继续投资，实现良性循环。她总是有自己的主张。她到苏州后，已经"儿女满堂"，但她的事业就如同她的生育一样，还没有完成。她同孩子的三姑母（合肥话称"老伯伯"）一同去洋派公司学习踏洋机，她学了缝纫，还将刺绣好的牡丹花装在玻璃镜框里，以示纪念。

　　对于女儿的教育，陆英尤其热心，她教她们唱扬州歌《西厢记》："碧云天气正逢秋，老夫人房中问丫头……"；教她们唱《杨八姐游春》；教她们唱《女儿经》："《女儿经》，《女儿经》要女儿听。每日黎明清早起，休要睡到日头红。旧手帕，包鬏髻……可言则言人不厌，一言既出胜千言……"张元和说，这些歌谣中的道理，让她一生受益。

　　寿宁弄庭院里，有四个书房，孩子们共用两个，父母各一个。陆英单独的书房与张冀牖书房隔窗对望，张允和依稀记得，母亲的书房门口匾额上有几个题字，有"兰""芝"，其他就不清楚了。陆英自己学习，还教家里的保姆认字（这些干干都来自安徽农村，只有一个人会识字唱歌）。张兆和的朱干干，除了带孩子外，还要帮助陆英梳头，"她在后面梳，大大在前面桌上摆些字块教她认"[11]。一个头梳下来，朱干干也认了二十个字了。陆英有的是"教育办法"，她制作了字牌，还分配女儿们各自负责自己的干干认字。有一次，陆英教张允和、张兆和认字，兆和听话，每天按照既定计划学习，但允和却不大愿意学。"大大忍无可忍，发了狠，把她关在房中，她大哭一阵，伏案而睡。夜间做了件轶事（我未征求她同意，现在不便说，以后让她自己宣布吧），第二天就乖乖地开口认字了，认得也快，不久赶上三妹。"〔12〕

在教干干们认字时，张家小姐们表现出了调皮的一面。带张兆和的朱干干学得最快，因为她认真好学，后来能够自己阅读《天雨花》《再生缘》《西游记》《三国演义》了。"那时我觉得脸上最无光的事是带我的保姆认字顶笨了，家里常有人问她：'窦干干，窦大姐，你认得多少字呀？'她说：'西瓜大的字我识得一担。'我是她的小先生，真觉得丢人，气得要死，总埋怨她'笨死了，笨死了！'"〔13〕

朱干干在陆英的鼓励下，每晚在煤油灯下努力认字，因为这样她就不用再去听识字的干干唱书了。张兆和说："遇到不认得的字，就把我踢醒问我。那些古人的名姓，都是平时不常见到的，我不认识，就胡诌乱说，她也信以为真。她认为，我们既进了书房，一定认识，经常向我和二姐问字。"〔14〕

陆英很聪明，她喜欢看报纸，这一点得益于张冀牖的影响。高干干虽然识字，却不会算术，但她懂得生活常识中的数学。陆英从报纸上看到"鸡兔同笼"〔15〕的趣味数学问题，这是学校学生们的专业问题，她拿来考高干干，在她的引导下，高干干精确地计算出了答案，这让长大后的张兆和仍觉得不可思议。

现在的孩子一提到上课可能会觉得头疼，当时的张家课堂却有着一种可爱的魔力。每天一早吃过饭，张家四姐妹就往大花厅跑，上午读书，下午唱戏，从没觉得读书是苦事情，张允和说"我一生再没碰到过这么美的书房"〔16〕。冬天，姐妹们将花厅的一个屋子

（左起）张元和、张兆和、张允和在寿宁弄庭院的假山上合影。课余，这里是她们的乐园

命名为"冬宫"，夏季则是"夏宫"，还有三分之一的区域是她们的戏台子。 张充和没回来时，书房里四张桌子，分属三姐妹、一个老师，还有保姆的两个孩子，张允和称呼她们是"小春香"。书房前有两棵玉兰树，紫白分明，春暖花开，微风一吹，即有成熟的花瓣随风飘落。 姐妹们顾不得欣赏这种美景，她们想到了一个好办法：将花瓣拿到厨房，求伙房的厨子（兆和后来还记得他的名字叫黄四）把花瓣放进油锅炸一下，撒一些白糖，像她们刚到苏州吃的"慈姑"片一样，脆香甘甜。

透过书房红绿相间的玻璃窗，她们能看到后院的杏子树和枣子树。 她们读《史记》，学《孟子》，学白话文，大声朗诵，晃着小脑袋。每当窗外出现"啪啪"的声响，她们立即互相看看，心照不宣。她们听着果子落地的美妙声音，估摸着落地的位置，一旦老师说休息一会，便一涌而出，雀跃着奔向一地的杏子。荷包杏子，又大又甜，还没等吃够，老师就催着上课了，她们捡了一些塞进书桌里储藏起来。那些枣子也很甜，但太普遍了，姐妹们更喜欢那些大柿子，厨师黄四把它们摘下来，用芝麻秸插在上面（这是一种土法漤柿子），过些时日，就可以吃到又红又甜的柿子了。

时间来到了 1920 年。这一年，中国大地上军阀混战正酣，直皖大战一触即发。这一年，北京大学第一次出现了女生的身影。这一年，张家三姐妹都知道了胡适之这个名字，新文化运动已经抬头。这一年，距离张家宅院不远的河岸对面，出现了一家国产火柴厂——刘鸿生在苏州创办了华商鸿生火柴无限公司。

这一年的春天，寿宁弄迎来了七岁的张充和，她略显羞涩，说着合肥话。从八个月大离家，她是第一次回家来探亲，三个姐姐和五个弟弟让她觉得高兴又陌生。充和的到来激发了三个姐姐当老师的欲望。大姐元和教大弟宗和，三妹兆和教二弟寅和，允和则负责教四妹充和，因此引发了一个"王觉悟闹学记"的趣闻，直到近六十年后，两姐妹还在延续这个故事的情节。偌大的庭院里，整天都充满欢歌笑语，孩子们越来越多，几个干干和仆人也都带着儿子、女儿或者孙子到张家住，这是陆英给她们的"福利"，她总是尽量帮她们解决实际困难。陆英尤为喜欢孩子，从不嫌多，每一个孩子都是她生命的绽放。张充和的暂时回归，让她感到欣慰，充和后来撰文回忆时，多有母亲对她温馨迎送的亲情场景。充和小小年纪就会书法和古文，这让陆英为之欣慰，她恨不得再要一个女儿。次年去世前，她还早产分娩了一个女婴。

完美的母亲

陆英去世时，最大的孩子十三岁，最小的一岁，她自己只有三十六岁。

据张允和口述，陆英是在生第十四胎后因拔牙引起血中毒而死的。

至今，能够找到的陆英的照片，仅有两张。 一张是张家珍藏的，她身穿西洋服饰，看上去像是大背带的裙装，素雅而洋气，腰间还缀出一条长长的丝带，衬托着她的飘逸。 头上戴着一顶夸张的帽子，是那种装饰着繁花的晚装帽，显露出她娇小的脸蛋，双眼尤其美，丹凤眼淡然而沉着。 她微微抿着嘴，鼻子高挺（其儿媳周孝华一再强调说，陆英生的孩子，个个是大鼻子，都是像妈妈），脖子上戴着纯白珍珠项链，左手拎着链条式的小坤包，右手抓住裙摆，似乎是摄影师对她的引导。 她站在人造的"草坪"上，背景是悬挂的海景图，浪头翻滚，还有高大的岩石，旁边随意摆着几盆鲜花，她目光随意往一个方向看去，坚毅、冷然、安静。

"这双眼，太露了，留不住，会不长寿的。"这个声音从龙门巷那场婚礼上游荡到苏州的寿宁弄，似乎刻意要把红颜和薄命拉扯到一起，才算是真的宿命。

张允和说，这张照片大约拍摄于辛亥革命三年后，父亲喜欢摄影，母亲喜欢被拍，这是偶然一次去照相馆拍摄的。 有人以为，"她穿着爱德华时代的衣服，落后于欧洲时尚风气十年"。 但毫不夸张地说，这样的装束，出现在上海街头，至少领先东方时尚二十年。

这张照片成为张家仅存的陆英"遗照"，其他照片相继遗落失踪，还有大部分在"文革"中化为灰烬。

陆英的另外一张照片是在扬州发现的，拍摄地点就在冬荣园。从年龄看，她的大女儿张元和不过八九岁，二女儿张允和不过三四岁。陆英此行应是去为母亲祝寿，照片里的老母亲端坐人群中央，陆英默默地站在后排边上，她穿的是斜襟高领彩绸上衣，大宽袖，露出一截小臂，鸭蛋脸，不变的是那双丹凤眼，炯炯有神，双手交叉着站在娘家的门厅下，大家闺秀之风隐隐而现。此后，她再也没能回到这里。很多年后，她家族的后人陆君强，则与大文学家沈从文之间有所联系。人们对她的追溯，都是那些美好而永远年轻的记忆。

张家孩子记得，大大相信有狐仙存在。她曾对孩子们讲述过扬州老家的这类传闻，据说她还在寿宁弄为狐仙上过供。[17] 这一切，似乎能够佐证陆英对因果报应的信仰，所谓"送人玫瑰，手留余香"，她做过的好事，总是能够勾起孩子和那些用人们的回忆，他们惋惜陆英短暂的生命，但又欣慰她美丽的品质。

陆英与用人们相处密切，甚至让她们知道一些属于她的秘密。有一次因为家族大分家，大家都想分到现金，以此自立门户，但张家更多的是土地和房产、字画等非现金资产。后来，陆英把张家保存在银行保险柜里的金锭换成了现金，时值世界大战，黄金行情不稳定，几个月后，金价大跌，她又把金子买了回来，悄悄放进了银行。这样，一大笔现金可供应对分家了。很多年后，张兆和的保姆朱干干告诉了张家孩子这个秘密，当时就是她参与了这起冒险而保密的行动。[18] 从这件事中，可见陆英的果敢和对理财的先见。

陆英唯一一张个人写真照，成为张家孩子"遗憾"的珍藏

新发现的陆英照片，陆英（后排左二）带着孩子（前排右一为张允和）
回娘家留影

陆英的能力，让孩子钦佩的还有很多。孩子的三姑母要"于归"[19]淮军将领刘秉璋的后裔刘凤生（此人为张元和八舅奶奶的第二个儿子，后为工商业人士），整个出嫁的仪礼都是陆英一手操办的。

张家四姐妹亲昵地称呼这个姑母为"老伯伯"，她是张华奎的女儿，尽管出于侧室，但陆英依旧很重视，从两年前就开始准备东西了。张元和回忆说："不说别的，就单单打办一桌银台面，就费很多事。先在银楼选老伯伯欢喜的花式，打造银酒壶、银酒杯、银酒杯托子、银羹匙、银羹匙垫小碟子、银筷子、银汤匙、小银莲子匙，各十二只。拿来家，女工们忙着用大红棉绳打络子，把各件网络起来。银光闪闪，红色艳艳，我们小孩都看得眼花了。"[20]

陆英的婆婆在一次上马桶时，不慎跌倒，没过三天就去世了，她本该在一段时间后度过她的七十一岁生日。欣慰的是，她生前对陆英主持家务的利索、周到非常满意。每一次陆英分娩，她都是最担心的人，会拖着一条不太灵便的腿，虔诚地跪拜在神像前为之祈祷。四姐妹的叔祖母识修后来之所以主动领养充和，也是缘于对陆英的心疼。一个媳妇，可以做到让几房寡妇婆婆都心服口服，并真心关切，这即便是在现在，也不是一件容易的事情。

陆英的婆婆六十岁时，家里就为她置办了寿衣和配饰，后来又置办了楠木的寿器，存放在殡仪馆里，每年雇人刷漆保养。按照习俗，每年除夕晚上，老太太都要穿戴一次寿衣，连穿三年，就成她的了。"那是一套大红绣花的像戏台上《龙凤呈祥》中孙尚香做新娘穿的宫装、凤冠、霞帔、披肩等等，还穿鞋底绣莲花的自制寿鞋和白袜。"[21]

丧事的仪式烦琐而杂乱，家人为老太太穿好寿衣后，抬到楼下堂屋停放。要经过小殓、大殓，挂白布孝幔，桌上摆供，香炉、烛台、白蜡烛，灵柩后是一盏长明灯，寓意老太太不怕黑夜，子孙事业、寿命长荫。 再就是雇裁缝前来为家中所有人置办孝衣，各式各样的。 三天破孝，做七七四十九天法事，和尚道士都请到家里来，还有五位大师为老太太念经放焰口[22]。 断七后，开吊，亲朋世交都会赶来吊唁，每天吃饭都有十几桌人，还要布置"小堂名"的演出。 这一切，都由陆英精心安排。

事无巨细，陆英都要亲力亲为，那天忙到顾不上吃饭，她与那个出嫁的小姑子跪在灵柩孝幔中，对着一拨又一拨吊客举哀。 有时实在饿得不行，就取两片糕放进嘴里，结果又有吊客突然来了。 举哀大声号哭，方才显示出后辈的孝心，陆英只能张嘴大哭，糕从嘴里掉了出来，一旁的小姑子和女工们都笑出了声。

陆英在去世前牵挂的几乎都是关于孩子的事务。 关于她的死亡，有说牙疮感染，有说可能是败血症，此时她还怀着九个月的身孕。 在病倒后，她依然理性，第一个想到的就是这些孩子。 她把九个孩子的保姆和奶妈都叫到身边，给她们每人两百块大洋（张寰和先生对笔者说过，当时保姆们每个月的工钱是两块大洋），"要她们保证日后不管遇到什么事情，无论钱够不够用，不管自己有多苦，一定要坚持把孩子带到十八岁"[23]。

交情总在生死后，陆英对干干们的信任是发自内心的，她知道她们是多么疼爱张家孩子，据说有的干干不顾个人的得失、尊严，尽量让她所带的张家孩子不受委屈。 后来，她们都尽心将孩子们照顾到了十八岁，有的甚至还帮着孩子们照顾第二代。

仲秋季节，寿宁弄花果繁茂，偶尔有一群鸽子从上空掠过，发出清脆的哨音。 就在这寂静的时刻，这个庭院里最重要的女人要走了。

陆英无力地躺在床上，一大群孩子跪在床前，哭着喊着。 张允和跪在大大的枕头右边。陆英面容清瘦，但依旧秀丽，只是那双在挑开盖头时为宾客惊艳的丹凤眼已经不再有神，慢慢地合上了。

"我看，她眼中泪珠滚滚，滚到蓬松的鬓边、耳边。我停止了哭声，仔细瞅着她。大大是听见我们的哭声、呼叫声，她没有死，她现在还活着。她哭，她知道她将离开人间。我想，我们不能哭，不能使她伤心。"[24] 张允和想让大大平静地离去，但那些尚未懂事的孩子哪肯让大大离开，他们拼命地哭叫着，仿佛这样就能阻止死神的拉拽。一旁的张冀牖无声地坐着，像个冰凉的雕塑。

"我嚷着：'不要哭，大大还活着，大大在哭。'可是屋子里人们的哭声、叫声更响了。谁也没有听见这十二岁瘦弱的小女孩嘶哑的声音。我被人猛地拎了起来，推推搡搡，推到屋子的角落上，推到了爸爸的身上。我一把抱住了爸爸。爸爸浑身在颤抖，爸爸没有眼泪，只是眼睛直瞪瞪地。"[25]

这一天是 1921 年 10 月 16 日，陆英在她最爱的寿宁弄去世。孩子们的哭声从下午持续到了深夜，他们哭倦了，蜷伏在摇篮里的五子张寰和静静地睡着了。

陆英的事业还没有结束，她在苏州一处名为皇废基（张士诚宫殿遗址）的地方，买了二十亩地，本希望在那里植桑养蚕，兴办实业，但后来用于办学了。这是张家后来最大的事业，主持人就是张冀牖。开学不久，陆英去世，很多同学赶来为她送葬。她们的学校有一个美丽的名字——乐益（谐音陆英），似乎就是陆英生命的延续。

注　释

〔1—2〕张允和口述，叶稚珊编写：《张家旧事》，山东画报出版社1999 年版，第 1 页。

〔3—4〕张允和口述,叶稚珊编写:《张家旧事》,山东画报出版社 1999 年版,第 3 页。

〔5〕张允和、张兆和编著:《浪花集》,中央编译出版社 2012 年版,第 6 页。

〔6〕金安平著,凌云岚、杨早译:《合肥四姊妹》,生活·读书·新知三联书店 2007 年版,第 71 页。

〔7〕顾文彬,过云楼主,官居浙江宁绍台道道员,太平天国时办理团练,入江苏巡抚李鸿章幕下,被列为“淮系人物”。

〔8〕张允和口述,叶稚珊编写:《张家旧事》,山东画报出版社 1999 年版,第 37 页。

〔9〕张允和等著,张昌华、汪修荣编:《水——张家十姐弟的故事》,安徽文艺出版社 2009 年版,第 151 页。

〔10〕张元和:《元和自述》,载张允和等著,张昌华、汪修荣编:《水——张家十姐弟的故事》,安徽文艺出版社 2009 年版,第 47 页。

〔11—12〕张允和等著,张昌华、汪修荣编:《水——张家十姐弟的故事》,安徽文艺出版社 2009 年版,第 27 页。

〔13〕张允和口述,叶稚珊编写:《张家旧事》,山东画报出版社 1999 年版,第 5 页。

〔14〕张允和等著,张昌华、汪修荣编:《水——张家十姐弟的故事》,安徽文艺出版社 2009 年版,第 33 页。

〔15〕鸡兔同笼是中国古代著名趣题之一。大约在一千五百年前,《孙子算经》中就记载了这个有趣的问题。书中是这样叙述的:“今有雉兔同笼,上有三十五头,下有九十四足,问雉兔各几何?”这四句话的意思是:有若干只鸡和兔同在一个笼子里,从上面数,有三十五个头,从下面数,有九十四只脚。问:笼中有几只鸡、几只兔?

〔16〕张允和口述,叶稚珊编写:《张家旧事》,山东画报出版社

1999 年版,第 39 页。

〔17〕笔者曾听苏州名宿顾笃璜讲述过关于园林与狐仙的故事。顾家怡园就有一处"狐仙堂",顾说,当时园子是免费开放的,有很多人来游园,但也有不自觉的恋爱,在假山叠石后行不规矩之事,于是顾家就想出了一个"狐仙堂"的主意,用来吓唬那些不守规矩的年轻人。

〔18〕金安平著,凌云岚、杨早译:《合肥四姊妹》,生活·读书·新知三联书店 2007 版,第 73 页。

〔19〕指女子出嫁,典出《诗经》,张元和特地用了这个词,古人认为,女子嫁到夫家,才是真正意义上的回到了家,夫家才是一个女子的最终归宿。

〔20〕张允和等著,张昌华、汪修荣编:《水——张家十姐弟的故事》,安徽文艺出版社 2009 年版,第 29 页。

〔21〕张元和:《我有才能的大大》,载张允和等著,张昌华、汪修荣编:《水——张家十姐弟的故事》,安徽文艺出版社 2009 年版,第 30 页。

〔22〕佛教仪式,为一种根据《佛说救拔焰口饿鬼陀罗尼经》而举行的施食饿鬼之法事。

〔23〕张元和:《我有才能的大大》,载张允和等著,张昌华、汪修荣编:《水——张家十姐弟的故事》,安徽文艺出版社 2009 年版,第 30 页。

〔24〕张允和口述,叶稚珊编写:《张家旧事》,山东画报出版社 1999 年版,第 3 页。

〔25〕张允和:《一封电报和最后的眼泪》,载张允和、张兆和编著:《浪花集》,中央编译出版社 2012 年版,第 282 页。

第四章　一个父亲的传奇

"贵公子"全家出走

大大去世不久，张兆和写了一首诗怀念，她还拿给了父亲张冀牖看：

> 月照我窗，
> 我心忧愁。
> 以往不幸兮，
> 前途茫茫。
> 悟失恃之孤凄兮，
> 徙倚彷徨。
> 感世途之多歧兮，
> 且容醉酒而倾觞。[1]

张冀牖读完，评价说："这是骚体。"他没有过多地沉溺于怀念，只是专业地点评了这首诗。他总是在合适的时候，表现出过人的理性。

张华奎为他取名绳进（取意"绳其祖武"），字武龄，是希望他踏着爷爷那一辈的英勇，继续前行。整个大家族里，以龄字排，他排行老九，人称"九哥""九爹""九爷"。刚从四川扶枢归乡，他还是一个不谙世事的孩子。嗣母对他视若己出，关爱备至。每到夏日，她都要亲自放帐子，让他午睡，有人在帐子外用大芭蕉扇为他打扇，既怕他热，又怕直接扇的风会使睡着的他受凉，她自己还不时前来照看。

等他成年后，开始对母亲回馈孝心。早在四川时，母亲就染上了鸦片瘾，据说是为了减缓腿疼带来的痛苦，张华奎的妾亲自为她烧烟。搬离合肥后，她烟瘾依旧。有一次，妾与她吵架，这促使了她戒烟。戒烟最痛苦最关键的几天简直难熬得要命，彼时，张冀牖带着长女张元和跪在母亲面前，居然求她放弃这一努力，向烟瘾低头算了。[2] 这与张冀牖的行事十分相悖，他本人不抽烟、不喝酒、不打麻将，也不允许家里仆人染上这些恶习，儿女们更是不可以。

辛亥革命前夕，清末政局在风雨中飘摇着，淮军将领都已经归入尘土，他们的后裔，有的离开军旅仕途[3]，有的改行进入商业、学界，或是留洋海外，更多的则迁居上海、天津、广州等沿海城市。江淮一带，自古以来学风日盛，不断衍生新风，桐城派的传奇至今不减，安庆之变诞生了志士徐锡麟、女侠秋瑾。尽管孙中山最早致信合肥李鸿章欲改变时局而失败，但皖人给予他革命行动的支持可谓"鼎力"，前有吴樾怀揣炸弹暗杀出洋五大臣，后有陈独秀以精神炸弹轰出了一股反清势力。由陈独秀担任主编和撰稿人的《安徽俗话报》，当时名列全国白话报之首，蔡元培称之为"表面普及常识，暗中鼓吹革命"。武昌革命打响后，合肥积极响应，李鸿章家族一个近房侄孙李国松虽然有权有钱，但终日悬着一颗心，因革命党人放出话来，要占领他家的房屋，他以自卫队保安，后来还是躲进了上海外国租界。他一走，合肥城内马上人心动摇，谣言四起，府县官吏也惶惶不可终日。很快，安徽宣布光复。[4]

1906年结婚时，张冀牖十七岁。1913年，张冀牖二十四岁，携家眷从合肥出走沪上。他所拥有的财富与他的年龄不相匹配，以田租为例，1933年地政学院赵世昌的《合肥租佃制调查》记载："合肥大地主极多，阡陌相接，绵延数十里者往往有之"，"西乡则有周、刘、唐、张四大户"。这"四大户"即清代淮军将领周盛传、刘铭传、唐定奎、张树声之后裔，各占租额在两千至五千石。[5]张树声一代发家后，在肥西周公山下建起了张老圩子，"三面环山，相传有九路水脉直来圩子。圩子坐北朝南，像三个盘子拼在一起，吊桥向西开，过牌楼是五进正厅，每进十五间，分东、中、西三个大门，内分正大门、客厅、书房及张树珊（张树声弟弟）灵堂。张氏兄弟八人，在大厅北面建造内室，各房单成一个小院落。北濠外是花园和小姐们住房，一石桥通连圩内"[6]。这份调查还显示，张老圩子一直在扩建和改造，圩内各式建筑有三百多间。[7]"张老圩的田产，分布至聚星、官亭、焦婆、大柏等乡，年收租总计达四万多石。在合肥、南京、苏州、上海、天津等城市有商号和市房，建有张公馆，直至解放前，张氏后裔在外，可在公馆内支取生活费用等项。地方上有'张氏（张树声）富一房，刘氏（刘铭传）富一族'之说。"[8]

张冀牖只读过几年私塾（应该也上过家族所办肥西学院），他是如何支配这些财富的，不得而知，但一家老小几十口再加上诸多用人的开支，肯定不是一个小数目。张冀牖天生对钱没有概念（这从他后来屡屡丢失存折可见一斑），庞大家族的收支全赖妻子陆英的精勤。可贵的是，张冀牖一支当时尚无人沾染上不良习性，但他已经有所警惕。

张冀牖一派斯文，从不打骂孩子

张新圩子里的瓦当图案

张树屏是张树声的五弟，获一品顶戴，官至记名提督。张树声去世后，各兄弟开始分家，张树屏一支搬出老圩子，自建新圩子，装修华丽，装备精良，更符合富奢生活的需求。张新圩子的收入之丰令人称奇。"张新圩子的田产，具体数字虽不得而知，但在周围数十里，除了有些自耕农的土地外，多为张氏的田产庄园，外地的舒城、庐江、三河等地也有他们的田产庄园和粮仓。每年秋后，周围佃农交送租粮的车辆（手推双把独轮车）、肩担，两三个月中，人来人往，络绎不绝。为怕车轮压坏周围的道路，在圩子南北两条大路的两三公里内，全部铺上青石条路心。长年累月，久而久之，这些石条的中间被车轮滚压的沟陷竟有一两厘米之深。"[9]张树屏的长子张云官"多子多福"，所生第四子（即张冀牖）被过继给长房张华奎为嗣，张冀牖便成了长房长孙。由此，张冀牖离开张新圩子，在张老圩子长大。

大户人家，老爷、太太、少爷、小姐是不会亲自管账的，如张新圩就有总管张仲仰。张仲仰是当地有名的绅士，圩内的大小事情，对外社交、田产官司等等，都由他出面解决，圩子内的小管家、大小用人则负责看家及伺候老爷、太太、少爷、小姐。这些圩子的真正主人，"成天棋牌为乐"（也有吸鸦片的，如"三老爷"张晴相、"大少爷"张幼延），不问世事。而"五老爷"张曙明则有一座小花园，内有名花异草，他成天泡在花园里，连家事也交由他的二夫人胡佩珍主持。[10]

对于张冀牖出走的原因，张家五子张寰和与夫人周孝华分析得很有道理：懒散、奢靡、不思进取，纳妾的纳妾，吸鸦片的吸鸦片，赌博的赌博，张家的书香气息越来越淡。张冀牖一生未纳妾，无不良嗜好，但他无力改变这一切，他能做的恐怕只有出走。他已经有了几个女儿，他担心她们的未来。这个时候，已经有一些兄弟外走他乡，譬如后来成了革命烈士的张鼎和，其父张尧龄在 20 世纪初定居天津，张鼎和随父在天津，就读于南开中学，那是周恩来的母校，张鼎和的革命启蒙从此开始。沈从文后来一直想以张鼎和为原型写篇地主阶级子弟反叛投入革命的小说，但未果。

引发张冀牗出走的另上外一个原因，可能是"革命后遗症"。清政府被推翻后，旧有的势力并未马上消失，新旧势力的相互斗争持续了多年，治安纷乱，民生凋敝。很难说当时的张家世族被划分为什么势力，从张冀牗的简历中可见，他并未参与其中政事，但作为清廷高官后裔，他难免被牵连其中。人总要适应新的形势。改变内外交困之境，应该是促使张冀牗出走的动力。

清末的传媒业突飞猛进，为新式人群所追捧。张冀牗早期即是报纸的忠实读者，他后来一下子订了三十多种报刊。而传媒业最热门的地方，非上海滩莫属。

张家迁居上海后，住在麦根路麦根里（今静安区康定东路一带）。这里是公共租界，租金虽高，但治安稳定，还靠着火车站（上海东站），有苏州河码头，热闹又方便。巧合的是，上一辈与张家有交集的张佩纶家族也住在这条路上，几年后，女作家张爱玲就出生在此路一幢仿西式豪宅中。而不远处即是李鸿章在此开展洋务的实证——鸿章纺织厂。

后来，张冀牗又带着全家迁居上海铁马路（今河南北路）图南里，现在已经很少有人知道这条路了，当时此处为英租界范围，路名的出现与吴淞铁路开通有关，还曾有过一段历史纠纷，甚至惊动了李鸿章出面调解。曾在安徽任教多年的思想家、教育家严复就曾住在这里。

从现有的资料看，张冀牗办学的思想应该是在上海形成的，马相伯在上海创办复旦大学前身震旦学院[11]，引起了他的关注。他在办学时专门去拜访了马相伯。马相伯的弟弟马建忠，正是被张树声派往朝鲜处理"壬午兵变"的特使。张冀牗倾心西学，这一点在他对孩子的教育上有所表现，妻子一去世，他就把在家读书的三个女儿送到了女子学校（苏州女子职业学校）[12]。办起乐益女中后，他又接回三个女儿就学，但她们都经过了严格的考试。

张冀牗自己没上过正规学校，但这也使他不受传统藩篱约束。他对自己的革新是从名字开始的。他更名为冀牗，只是希望在纷乱不清的时代，洞开一扇小窗户而已，颇显低调与务实。这个名字，让人想起其祖父张树声在广东主政时写信给光绪皇帝，汇报在当地办起来的一所西式学校，学校开设了很多新式课程，还准备邀请外国人做老师，他认为西学优于中学。张树声在任两广总督时曾上奏谈及："泰西之学覃精锐思，独辟户牗，然究其本旨不过相求以实际，而不相骛于虚文。"

1916 年 12 月 27 日，张冀牗的第三子在上海出生。鉴于 12 月 25 日是蔡锷云南起义一周年，张冀牗为子取名"定和"，意在"重定共和"，字"锷还"，是"蔡锷还中国"之意。[13]

在看了孙中山先生于 1917 年在上海一个集会上发表的有关"共和、平等、博爱"的演讲内容后，张冀牗生出了别样的感慨。他留下来的一首诗可见其心情：

> 梦觉邯郸道，严城百雉齐。角声清籁发，晓月坠林西。
>
> 帝制易共和，民国欣成立。未闻瑞应征，但见挽枪出。
>
> 恶邻虎眈眈，窥伺羡俎肉。丈夫当何如，横剑卫国族。
>
> 莫或敢予侮，誓嚼此朝食。纵裹马革还，国殇死亦直。

（《晨过邯郸》，见家庭杂志《水》）

乐益女中

张冀牖的一生，只有两个"职务"：父亲、校主。有史料称他早期曾在上海投资实业，经营失败，但张寰和对笔者澄清，父亲从未做过任何生意，这辈子全都耗在办学上了。

重听、近视、瘦弱，长得像国际大侦探福尔摩斯：高鼻子、瘦下巴、头顶微秃，有一双神采奕奕而敏锐的眼睛，"他是有高贵气质的中国知识分子，并无洋气"[14]。韦布[15]是张冀牖继室韦均一的弟弟，他称姐夫张冀牖是个奇人，他跟随姐夫办学多年，发现姐夫家里连一副麻将牌都找不到。韦布说自己的思想几乎全部来源于张冀牖，这个姐夫最大的爱好就是阅读。韦布说："我好多年来接触的张奇友，从未发现他有任何的一样坏习气。要勉强说有的话，那就是坐马桶的时间较长。他的注意力一定在身前凳子上的报纸上了！"[16]

张冀牖家里订的报纸和藏书列苏州缙绅之冠，单单报纸就有三十多种，《申报》《新闻报》《时事新报》《时报》《苏州明报》《吴县日报》《晶报》《金钢钻报》……直到晚年，韦布依然对这些报名如数家珍。张寰和说，父亲这个习惯早在上海就形成了，就连那些不知名的小报小刊他都要看，有时到上海办事住酒店，如果三天不搬走，房间就堆积了很多报刊，再想挪窝就费事了。

张冀牖买书堪称传奇，他到上海买书，身边跟着用人帮忙拎书，到后来实在拎不动了，就一一寄存，全部买好后，再雇车一家家去收取。在苏州购书，观前街两家大书店小说林、振新书店，老板都认识"张大主顾"，只要他来了，老板、伙计都跟在他身后，陪着挑选。他买书多是记账，逢年过节才结算。凡是店里有新进的

张冀牖在自己书房里的表情，显得很是夸张和随意

书，不要言语，直接成捆子送到张家府上，然后让张府管账的付钱。

　　这些书中，最多的要数"五四"以来的文艺作家的作品。这是一个出版鼎盛期，也是新思潮翻滚的时代，已进入而立之年的张冀牖思想已臻成熟，他认真阅读每一篇观点新颖的作品，例如鲁迅的书，他一本不落，创造社、狂飙社的作品，包括戏剧新著，他都通读。1919年的五四运动，对于张冀牖绝对是个冲击，也是个转折。

　　　　一间黑屋子，

　　　　这里面，伸手不见五指。

　　　　一直关闭了几千年，

　　　　在懵懵懂懂中，生生死死。

呀！前面渐渐光明起来，

原来门渐渐开了；——刚宽一指。

齐心！协力！

大家跑出这黑屋子。

不要怕门开得窄，

这光明已透进黑屋里。

离开黑暗，向前去吧，

决心要走到光明里。

这是张冀牖写于 1919 年 12 月 23 日的新诗。它被发表在 1932 年乐益女中的校刊上。当时五四运动的风潮涌起，思想的盛宴开始了。这场名为"反帝反封建"的运动是废除科举制度的一大呼应，运动的基点虽然是源于北大学府的高端人才，如蔡元培、刘半农、胡适之、鲁迅等，但参与者遍及海内外，乃至贩夫走卒。这得益于《新青年》的传播，更得益于胡适之的白话文，尽管其中弊端不少，但宽容、自由、民主的口号第一次在民间、基层生根发芽。

决意打开一扇小窗户的张冀牖开始着手办学，首选地址在苏州憩桥巷。这个地方紧靠着护龙街（今人民路）和干将路，距离张树声重建的紫阳书院不远。

民国初期，张家的家教已经成为一种先风，当三个女儿（元和、允和、兆和）长大后，张冀牖为三姐妹请了三个老师在家授课。"扬州人于老师教古文，每周做一篇文言文。安徽的王梦鸾先生，教高小课本、地理、历史等等，每周做一篇白话文。还有一位苏州人吴天然女老师，教我们算术、常识、唱歌、体操、跳舞等等。""有专人郑谦斋替我们写讲义，是爸爸由《文选》《史记精华录》等等书中选出一篇篇古文，命他写了后给我们三人读的。"[17]

虽然是在家上课，但仍有规矩可循，每节课五十五分钟，休息五分钟，以男工人摇铃为上下课时间。除了这些课程外，还要学昆曲，请的老师尤彩云，是培养了"传"字辈、"继"字辈的昆曲大师。

张寰和说，父亲办学并不盲目，他曾先后请教过苏州、上海、南京等地的教育界知名人士，如马相伯、张一麐、吴研因、沈百英、陶行知、龚鼎、杨卫玉、王季玉等，还邀请张一麐（袁世凯政府内务秘书长，担任过民初教育总长，后被张冀牖聘为乐益女中校董）做校董事会董事长。韦布曾担任过乐益女中代校长，他说常随着张冀牖去向同行讨教，如景海女中教务主任周勖成、一师附小施仁夫、吴县县中校长龚赓禹等。张冀牖很少写信，却致信南京教育专家廖茂如、俞子夷以及上海尚公小学校长。

关于学校的名称"乐益"，现唯一保存下来的乐益女中校刊（1932年毕业班纪念刊）中有张冀牖自撰的校歌为释：

> 乐土是吴中，开化早，文明隆。
>
> 泰伯虞仲，孝友仁让，化俗久成风。
>
> 宅校斯土，讲肆弦咏，多士乐融融。
>
> 愿吾同校，益人益己，与世近大同。

笔者于2013年春追访到乐益女中1936年毕业生童英可（中国知名体育老师，苏州首批特级教师）。进入耄耋之年的老太太说，当初她从昆山报考苏州乐益，就是喜欢这个校名。笔者大胆猜测，这个校名可能与不幸病逝的女主人名字有点关系，陆英的发音，很接近"乐益"，尤其是用苏州话读。之前武龄更名为冀牖，后者就是"九"的切音，他排行老九。以这种含蓄、低调又极富意义的方式纪念亡妻,再合适不过了。

后来,张冀牖把学校从憩桥巷搬迁到宋衙弄(此地紧靠苏州体育场、大公园、图书馆,附近有章太炎宅院),那里有陆英生前购买的二十多亩土地闲置[18],于是便边建设校园房舍,边筹备办学事宜。 1921年9月12日,苏州私立乐益女子初级中学开学,第一批学生二十三人,是为这所著名女校的发轫。

翻开民国时期二三十年代的苏州老报纸,随处可见女校的招生广告,乐益女中也在其中,有时是醒目大幅,有时是瘦长一条。 张冀牖创办女校,有其自身原因(家中有四个女儿,他为她们取名元和、允和、兆和、充和,张允和说"没有一点花草气",他希望她们走进新时代),但大趋势的影响应该才是主因。 1913年,苏州已经有了十六家女校,其中大部分为私立性质。

张寰和说,父亲办学最早是想仿马相伯开一代大学先风,但受制于现实,于是寄希望于从基础教育开始,先初中、高中,先女中、男中,而后是综合大学。 中途(1925年秋),张冀牖曾在祖父昔日办公旧地(江苏巡抚衙门)附近创办平林中学(位于今日苏州三多巷),是一所男中,但次年即停办,据说是因为资金和精力问题。

关于乐益女中的学制,张冀牖先后请教了教育部人士(时任教育部普通科科长吴研因)及苏州女校校长、教务主任等,由此相继向教育部、江苏省教育厅提出申请,"适全国教育联合会议决中学应改立三三制[19],呈请中学采用,本校遂首先试行"[20]。 首任学校教务主任还是教育部人士推荐的。

从民国报刊所登苏州乐益女中招生简章看,该校业已经教育部备案、教育厅立案,最盛时为一年两次招生,一般是一年一次。 招生简章主要发布在上海和苏州的报纸。 学生报考和转学都必须有相关证明,入学内容为国文、数学、自然科学、历史、地理、政治、

20世纪30年代,张冀牖(左)创办乐益女中时拜访蔡元培,此为在中央研究院上海办事处的合影

英语等,报考费(以1932年为例)本地为一元(包一顿午餐),外地加收五角(包一晚食宿费),每学期学费不一,通学为二十四元,半膳为三十八元,寄宿为六十元,其中包含学费、图书费、体育费、杂费、宿费等。 最为引人注目的是免费生的比例,当年招生总人数为八十五人,有十个名额对贫困生全额免费。 张寰和说:"为此,(父亲)受到家乡部分族人的不满和责难,他们斥责爸爸是张家的败家子,挥霍家乡的资财培养外乡人。"周有光也说过,合肥张家人嘲笑岳父:"这个人笨得要死,钱不花在自己的儿女身

张冀牖斯文性格里,总有一种刚毅的坚持

苏州旧报上关于乐益女中更换校长的消息

上，花在别人的儿女身上。"

叶圣陶的好友王芝九（后任吴县教育局局长）早期曾在乐益女中教书，他为张冀牖算了一笔账："张冀牖办乐益女中，花费二万余元建设校舍，购置设备（钢琴、化学仪器、图书、运动器材、演出道具等）。对教职员工亦从丰付酬，高中教师每时一元，初中教师每时五角到七角。一年教职员薪金达五千余元，其他校工伙食、办公费用等每年需两千余元，合计年需七千余元。但是学费收入不多……年收入不到两千元，收入相抵要贴五千元。平林中学租民房办理，每年租金三千余元。张冀牖先生生活朴素，自奉甚俭，但是凡学校之所需，无不竭力予以满足。每学期开学前，就将本学期经费筹足，保证教学正常进行。"民国时期，张冀牖一度为校长的工资开到一百六十元一个月，这是很多公立学校都无法达到的，上海大学附中的教务主任最高一百二十元，但到手只有八十元。[21]当时乐益女中聘请的校长为殷寿光，他与张冀牖"约法三章"，不但约定具体薪金，还要求张校主家属迁出学校范围，并且学校所有资产都要由校长支配，当时学生不过六十多人，但张冀牖还是负压签约。在此情况下，还有张家姐弟们的生活费问题，他们已经升学去了异地。张寰和记得，每当老家的租子、房租等收入到苏州后，爸爸总是先把学校的经费落实有余后，才分配给姐姐和哥哥学费和路费。张允和也曾有过类似的"感言"。

从建造校园的那天起，张冀牖就不计代价。张允和记得，她和姐妹就读时，常在宿舍后一个茅亭下五子棋，旁边盛开着各色各样的梅花，但那些梅花不是张家所种，张冀牖看中了这些梅花，就从别人花园里高价买了过来，为的是美化校园。当初所建大门为罗马立柱辅以拱门，高高的门楼有西洋浮雕，中间一个大大五角星，映衬着一行书法小字：乐益女子中学校。校园内，宿舍和教室就有四十多间，还有晴雨操场、图书馆、休闲凉亭等。这些新潮建筑和美丽景观都是在乱坟地里开辟出来的。除了耗费精力外，就是金钱的大量投入，单单校园建设就花去了两万银元。而截至1932年第九届毕业生时，校董韦布粗略计算，所有花费加起来已经耗去二十五万元以上，而这些费用，全赖张冀牖一人支出，"其间始终未有一丝一毫是受惠于校主以外的第二者的！"[22]周有光和张允和说："他不接受外界捐款，别人想办法找捐款，他恰恰相反，有捐款也不要。"[23]张冀牖坚持独资办学，希望办学理念不受制于任何组织和个人。

"我国一般私立学校，或外国教会办的，或国人'公司化'的几个人合办的，或毫无经济基础寻靠中外人士的临时捐助，和毫无把握地请求官商津贴的，甚之有滥收学生以学费作正项收入的……"韦布在校刊中强调了张冀牖独资办学的特殊性，并在后来的回忆中提到："要知道苏州当时有那么多的学校，有教会办的，有公立的，有私人办的，用军营式甚至监狱式来管理，还要女学生束胸的呢！他（张冀牖）大反其道，为的什么？"

有个小片段似乎更能彰显张冀牖的性格特征。平时生活中，他热衷购买新兴产品，如照相机、唱片机，还买过一台电影放映机，那是20世纪的二三十年代，美国正在流行喜剧明星卓别林和滑稽演员洛克的默片，这种机器要配备一台小型直流发电机，放映十分钟就要换片子，携带起来还算方便。张冀牖常常带着这套设备，跑到长江边的偏僻乡里，对着厅堂的白粉墙，亲自操作，向当地乡民传播科学和艺术。当那些乡民看到异国喜剧的演出时，都笑了起来。幽默不分国界，此时，是张冀牖最为满足的时候。

乐益女中的大门头和校舍

在幸存的一本乐益女中校刊（1932 年毕业班纪念刊）的扉页上，张冀牖引古援今，表达着他对毕业生们的期望：

> 唐朝进士有雁塔题名故事，后世传为佳话。降至前清，每逢举行考试年份，有乡试、会试同年齿录刊行，同时获榜者，互相称为同年，毕生交情甚笃。顾彼时士人，多数闭户读学，偶以同试、同榜之机遇，成就一种交际，不但本身重视，往往一二世后，认为世交，不废联络。泊入社会服务，同在一界或同在一事业者，因联络有素之故，较之他人，能少隔阂，增进效益。今诸毕业同学，自入本校以来，数年同师同级，受课一室之内，平时同作同息，切磋互助，其相互关系之切，内心相知之深，迥非泛泛可比。……顾冀牖有不能已于怀，愿更进一言于诸同学者。窃以为人世间为过去、现在、将来所构成。过去良好环境与情感，诚宜重视；现在纪念方法，诚宜举行；而将来维持本级联络关系，充分发展各人之意志能力。加入本校校友会，一方为本校繁荣献尽心力，一方协助本校为民族社会切实服务，久要不忘，锲而不舍。积之岁月，于母校社会必能皆有梓补，则形迹虽散处各方，而致力之目标合一，益己及人，必获常乐。

那一年，只有十九名毕业生，但校刊制作极其雅致，张冀牖深知这十几个毕业生的意义。1923 年，苏州最知名的振华女校仍是简陋的校舍、课堂，杨绛（钱锺书夫人）转学到该校后，发现屋顶会掉灰下来，一个班六个人，另一个班两个人，于是合班，被形象地称为"一碗八只馄饨"，还能撒"胡椒面"[24]。

对于一所初起的私立女校，张冀牖渴望它能获得更多关注。该期校刊不仅有吴中名宿张一麐、蒋青钦的题字，还有周佛海的题词"三载考绩"。 周佛海时为江苏教育厅厅长，年纪轻轻就任南京中央陆军军官学校总教官，他的亲笔题词出现在乐益女中校刊，可见张冀牖办女校已形成了一定影响力。 除了官方的肯定和鼓励外，乐益女中还将十几位毕业生的照片和简介都重点推出，别出心裁地让她们结对，互相写对方的特征和事迹。 很多毕业生都有文学作品发表在校刊上。 为这本册子的制作，张冀牖夫妇（当时已娶继室韦均一）捐赠银元二十元，据说当时一担大米不过两块银元。

与此对应的，是那些免费生们命运的改变。 九十六岁（2013年春）的黄连珍是1933年从乐益女中毕业的，从苏州到新疆建设兵团，从事了二十多年体育教育事业，桃李满天下。 她说，这一切都源于乐益女中的恩施。 她的父亲黄耀轩（即前文提到的"黄四"）是张家的家庭厨师，父亲重男轻女，对她上学很不关心。 她在上小学时，曾帮着张家记账，张冀牖了解了她的成绩后，以免费生招她进乐益女中，从小学五年级一直上到初中三年级。 在校期间，她的运动潜能被挖掘出来，参加全市的女子篮球比赛，拿了名次，篮球公司还奖励给她们每人一双球鞋，"价格很贵的，平时都舍不得穿"。 后来她还担任乐益女中的篮球队长，常出去交流比赛，"我们的老师叫丁景清，是国家有名的体操运动员，大美女"。 在学校，她食宿全免，人家一顿吃一两碗饭，她要五碗饭，因为运动量太大了。 老师常常把饭菜拨给她吃，礼拜天老师不来，就都让给学生们吃。 她说："如果有高中肯定会继续读下去，后来我考上中山体专，再去上海读东南体专。"

在校园里，黄连珍常见到和蔼的张校主，说他不大管事，就在校园里来回走走、看看；她还见到过张充和，剪着短发，整天蹦蹦跳跳的，很活泼可爱。 毕业后，黄连珍曾回到乐益女中教学，后因抗战，乐益停办，她就跟着往后方躲去，没想到在四川还遇到了张家二小姐允和。 再后来黄连珍跟着爱人在新疆八一农学院任教多年。 退休回苏州后,已经四世同堂的黄连珍,急不可耐地迈进了九如巷张家。 一切都变了,但张寰和与周孝华还没有变,一个是昔日的东家、校主的五子,一个是她亲切的学妹。

张一麐、丁景清、匡亚明、张闻天、胡山源、葛琴、黄慧珠、上官云珠、许宪民、葛琴、叶至美……再加上张家四姐妹的名字,乐益女中校董、师生的名字几乎就是各个方面的近代史的缩影。

在众多女校中,学生们选择了乐益,张冀牖珍惜这样的信任,正如乐益女中教师韦布所言:"现实的成绩与所耗的这许多钱,是否是正比例? 换言之,就是这许多钱对于历年所造就的几百个毕业生在教育事业上讲是否是浪费? ……乐益过去的十年,其间风云变迁,所经所历,为功为罪,真有一段可喜可恨、可庆可荣的许多史迹在内……"在张冀牖幸存的一张照片中,他手抚乐益女中的校旗,戴着近视眼镜,望着远方,手里还拎着礼帽,不远处就是他带出来郊游的学生们,她们好奇而富有朝气,他觉得自己有一种天生的责任,要把她们带得更远一些,更高一些。 记得这是蔡元培[25]曾对他说过的教育理念:"知教育者,与其守成法,毋宁尚自然;与其求划一,毋宁展个性。""思想自由,兼容并包,发展学生个性,沟通文理。""依靠既懂得教育,又有学问的专家实行民主治校。"张冀牖办学十七年,没做过一天的校长。 这背后,有多少辛酸苦辣是他一个人扛过去的? 叶圣陶晚年时,曾嘱儿子叶至善收集材料为张冀牖作一篇详尽的传记,以表达对张冀牖先生于家乡苏州启蒙教育所做贡献的感念。 只是到现在,还有多少苏州人记得这位低调的民国校主?

张冀牖手拿乐益女中的旗帜,带领学生们远足,了解社会

乐益女中校园的今昔,仅有一棵苍松依然挺立。据张寰和所述,此雪松是抗战胜利后张家人回到苏州要复校,他与四哥宇和共同栽植的

几经运动和变革，如今，红梅、凉亭都已不在，昔日幽雅的乐益校园，已成为十几家政府机构的办公场所，老楼已经拆去，昔日的张家居所也少去了大半，用周有光的话说："张家的房子归了公家。"只剩下当年的"下房"，张家后人修理修理就住了。至今住在九如巷的张寰和绘出了乐益女中的示意图，偌大的校园规划分明，办公、宿舍、活动场所分离，进门有传达室和会客室。占用面积最大的是篮球场、网球场和排球场，还有一个可供任何天气举行比赛活动的"晴雨操场"。一棵雪松在校园中央，如今，这棵参天大树成为唯一的见证，它依然枝繁叶茂，机关公务人员和前来办事的人匆匆从树下经过，有时汽车还会不小心撞到它。

唯一能够看出"乐益"字样的是新开大门旁的一块勒石纪念，大小如方凳面，石上刻有"中共苏州独立支部旧址"字样。

那是一段风起云涌的历史，地上地下，党派纷争，也是张冀牖另一面不凡的人生。

私立学校与党派

很多年后，张允和回忆在乐益女中上课的情景时，印象最深刻的，是张闻天老师给她们讲都德的《最后一课》——一篇翻译过来的作品，这在 20 世纪 20 年代初期，是一种新风。时值中国内外交困之际，各种势力或明或暗角力斗争，新生党派蠢蠢欲动。张允和说："当时只知道他的学问好思想新，不知道他是共产党员，更不知道苏州的第一个共产党支部——苏州独立支部就建立在乐益。"[26]

在共产党内，赫赫有名的洛甫（张闻天）可谓无人不知，遵义会议后他曾担任中共中央总书记，在共产党和中华民族转折关头所起的重要作用，使其一时权威不亚于毛泽东。新中国成立后，他被任命为外交部副部长，但因在"庐山会议"上批评"大跃进"和人民公社化运动的错误，被撤销职务，后被打成"反党"成员，遭遇批斗。

1960年，工作遇挫的张闻天重访苏州。在乐益女中旧址，他遥想1925年自己受中央指派赴莫斯科，因故辞别乐益女中，临行前张冀牖送数十元大洋作为旅资的旧事，不无感慨地说：张老先生（张冀牖）当年送我的大洋，情重千金。

也正是在1925年，共产党在苏州有了正式的支部，地点就在乐益女中。至于校主张冀牖是否知道这一情况，至今是个悬疑。但他在敏感时期，容留并重用这些激进、活跃的知识分子，也使自己的独立办学变得更为艰难，甚至险些关门。

不夸张地说，乐益的校风一直是走在前头的。稍加查询当年的苏州报纸就可以发现，乐益并非只闷头办学。1925年9月7日本该是乐益正式开课的日子，但为铭记《辛丑条约》（9月7日签订）"国耻"，学校停课，举行演讲活动，侯绍裘主持、张闻天主讲"帝国主义与《辛丑条约》"，老师叶天底主讲"九七与五卅"。[27]

说起乐益女中与共产党的关系，则缘于那一年的江浙战争。

张寰和至今还记得江浙战争中的两个主角：江苏督军齐燮元、浙江督军卢永祥。这场战争实际上是直系军阀与反直系军阀势力之间的一次重大较量。双方布兵到了苏州边界，战争一触即发，为此张冀牖决定搬迁学校，当时就迁到了上海租房上课。当时，松江（当时属江苏，现属上海）景贤女中也迁沪办学，借用的正是张冀牖的校舍，该校教务主任为侯绍裘。侯绍裘出身大地主家庭，但一直醉心改造社会，并着力以办学为阵地，他先后恢复景贤女中、创办松江中学。他办学方式新颖，坚持民主，不断改革教学内容，邀请了恽代英、邵力子、沈雁冰等进步人士到校演讲，声势红火，气氛活跃。

江浙战事没多久就结束了，乐益女中重回苏州，张冀牖记住了办学人才侯绍裘："瘦瘦的面容，矫健的身手，破旧的衣着，处处都和当时的'士大夫'不同。"[28]胡山源曾与其共事多年，对他的印象是：豪爽、热情、敢作敢为、任劳任怨，绝不考虑个人的利害，还说侯就像是叶圣陶长篇小说《倪焕之》里的革命家王乐山。侯绍裘的身上有一种与张冀牖相同的气质，大地主出身，卖田办学，"虽然出身于地主家庭，干的却是革命事业。一天到晚在学校里忙着，不要说不支薪水，到了年底，学校开销不够，他还要卖了田来应付。在他的影响之下，大家都奋发于教学，不计什么报酬"[29]。

张冀牖求贤若渴，亲自跑到松江邀请侯绍裘前来兼任乐益女中和平林中学的教务主任，后又任校务主任。此时，侯绍裘已经加入共产党，但依张冀牖的性格，他用人从来不讲党派。这一点倒符合淮军的用人观：英雄不问出处。

在这之前，乐益女中用的是陈德征，这是国民党阵营里的一个"奇人"。胡山源说张冀牖身为贵公子，趋向新文化，"所以历次他聘请主持校务的，都是在当时报刊上常写文章的人"。陈德征是笔杆子出身，常常在上海媒体发表文章，并担任《民国日报》的副刊编辑。他的文艺作品、理论文章都很出色，胡山源在上海发起文学社团"弥洒社"，陈德征是成员之一。

胡山源说张冀牖用陈德征是"谬采虚声"。陈德征被授予校务主任职位，地位仅次于校长，而校长是张冀牖继室，很少到校。张冀牖与陈德征一签就是三年，月薪优越，代课还有另外收入。但陈德征在任上名声不佳。胡山源说，开学后，不过几个月，他便运用他的"政客"作风，竭力排斥原有的教职员，导致寒假前三个教员的提前离校，学生大闹，形成风潮。到底是什么风潮，胡山源并未说详细，但与其同校的几位教师似乎都很愤恨。训导主任徐镜平说："据说陈德征很腐化，把学校搞得乱七八糟，风气很坏。"[30] 教师韦布则直抒：陈德征是国民党某党棍手下的骁将，"张奇友（张冀牖）办学心切，总想把乐益办得与众不同，就重金礼聘他来担任什么主任。这个坏蛋来后，把神圣的教育事业当作官场和商场搞得一团混水，贪污了很多钱，行为恶劣，全校师生无不嗤之以鼻"[31]。

张冀牖爱才心切，人性天真。后来迫于压力要辞退陈德征时，他没有当面去见陈德征，而是把七百二十元的支票交给了胡山源，由他转交并转达辞退意见。

从张树声到张云瑞，再到张冀牖，他们身上似乎都有个特征：专心做自己的事业，不党不私，不盲从，不非议。当然，这并不代表张家没有其他党派出现。

张冀牖的亲兄弟张乔龄曾因加入蒋介石的国民革命军，表现突出，被授职旅长，蒋介石还奖励给他五万银元。张乔龄把赏金分给了手下，深得蒋介石的赏识，又拿到一笔赏金。后来他曾参与抗日。西安事变后，蒋介石委任孙殿英为冀察游击军司令、张乔龄为副司令，不日张去职。有资料称张乔龄不愿与共产党作战，所以退役。后来他去了台湾，成为业余魔术师和马戏团团长，但经营不善。充和印象中，这位四叔为人活泼滑稽，到老了也没什么变化。蒋介石八十大寿时，张乔龄想借表演魔术来博他一笑。但蒋介石的儿子缺少幽默感，认为乔龄是疯了，不让他参加庆典。[32]

张家唯一的烈士张鼎和（张璋，后立者）与妻子吴昭毅（坐者）及女儿以瑛（张小璋，怀抱者）、儿子以瑞（前立者）在一起

　　张冀牖的亲侄子张鼎和则走了另外一条路,这个张新圩子里的"四少爷",随父到天津时接触了共产党的思想,很快参与活动,并于20世纪20年代加入共产党。他曾入黄埔军校学习,听过恽代英的慷慨演讲,这使他的革命思想更为激进。1927年四一二反革命政变中,他被逮捕入狱,后越狱成功,逃亡日本,两年后又被驱逐出境。他回到北平,继续组织"左翼作家联盟"投入战斗。他还乔装打扮成诗人殷夫公开演讲,他最"出格"的是"窃取"自家枪支,打伤伯父。在一次地下工作中,张鼎和再次被捕入狱,是当旅长的四叔张乔龄出面担保他出狱的。但回到合肥后,张鼎和并不是安心守护着妻子儿女,反而开始借着张新圩子的掩护进行地下活动,很快一个民团组织了起来。为此,他看中了伯父家里的一批枪,那是护卫新圩子的装备,后来他装作肚子疼,巧施妙计,把十支长枪和两支短枪偷了出来,送给了游击队。此后,他认为伯父是反动地主,破坏革命,就乘伯父坐轿子去合肥城时,埋伏游击队袭击,打伤了伯父的胳膊。[33] 1936年夏,张鼎和被捕,10月被枪毙,年仅三十一岁。直到1982年春,合肥当地才为他修墓立碑,并由省委领导亲笔书写"烈士之墓"。其间有个说法,说可能由于昔日对家族出格的行为,他被处决后,"父母拒绝将他的灵柩运回祖坟下葬,而且他们还把鼎和的寡妻和三个女儿赶出了合肥老家"[34]。笔者2013年春前去肥西乡下探访张家事迹时,当地人纷纷传说这位烈士的英勇事迹,并将他列为近现代著名人物铭记。

　　这些事情都没能影响到张冀牖的想法,记得张充和说过:父亲没有任何意识形态,也不属于任何政党。他认识的人有了麻烦,他一定设法帮忙,从无例外。

　　与其说张冀牖对政党不感兴趣,倒不如说他对政治后知后觉,而且他这一支的后代似乎都有点后知后觉。侯绍裘接到乐益女中的邀请后，很快答应下来，他考虑的不是薪资，而是政治。在这之前，共产党员叶天底已进入乐益女中开展活动，胡山源说叶天底是陈德征带来的。但也有史料称，叶天底在上海从事地下工作时，被盯上了，后在苏州名宿沈觐宸（同盟会会员）帮助下，进入乐益女中担任图画老师。[35]

钱正先生参与筹建苏州博物馆时曾见到一些早期的史料，他在研究中称，苏州最早派遣党员、欲建立党支部都与陈独秀有关。陈独秀的家乡安庆距离合肥不到两百公里，他文笔优秀而锋利，以敏锐的嗅觉和高超的灵感，对接共产主义，成为中共的建党人之一。1924 年 9 月，陈独秀来苏州博文中学建党组织，随行者有恽代英、萧楚女，瞿秋白（化名为陆秋心）也来到了苏州。当时还有一个细节："1924 年 10 月，苏州学生联合会在瞿秋白的主持下成立以后，瞿秋白领了我（指叙述人沈觐宸的长女沈延平）和黄一沙两个正副会长去乐益女中寻叶天底联系。我们在该校校园里一片梅林中的石台旁坐下。当时叶天底刚刚失恋，女朋友不理睬他了，眼睛哭得红红的，说要出家去做和尚了。瞿秋白说：'现在不是出世的时候，你要带领这些年轻人好好干。'"[36]

叶天底是李叔同的弟子，绘画优秀，和丰子恺是同班同学。认识他的人都说他是艺术家气质，不懂人情世故，而且他早期患病，身体羸弱（有宣传称，叶天底是为革命事业累出来的疾病）。为了艺术，他离家去上海编辑《民国日报》副刊，很早就与陈独秀、瞿秋白、恽代英有所交往，1923 年底由瞿秋白、恽代英介绍加入了共产党。1924 年 7 月，叶天底到苏州乐益女中任教。他思想新锐，常常向同学们推荐《向导》《觉悟》等进步刊物。他在学校期间，恽代英、萧楚女常来做激情演讲。上海五卅惨案发生后，在恽代英、叶天底的发动下，6月2日，苏州各团体三千人在公共体育场集合，组织募捐，支援上海斗争工作；乐益女中全体师生停课十天，全力支持上海罢工工人。张寰和回忆，他爸爸也积极参与了这一爱国运动。学校除了在苏州街头和去无锡的火车上进行宣传募捐外，还在校内搭台演戏三天。京剧名伶马连良和戏剧家于伶也从上海赶来演出，在他爸爸的主持下，元和、允和、兆和、宗和、寅和、定和参与演出了《昭君出塞》《风尘三侠》和《空城计》等戏剧。女生公开演戏，这在当时还是罕见的大事，于是场场爆满，三天演戏的支出都是他爸爸负担的。上海《申报》报道，苏州先后捐款达六千余元，"苏州乐益女中募捐最多"。后来，上海总工会又把剩余捐款退了回来，乐益女中用这笔钱填平了学校东边的小路，开成大路，命名"五卅路"，立碑纪念，至今仍可见。

五卅运动时，学生队伍的指挥人中就有侯绍裘的身影。1925年五卅惨案发生当晚，受恽代英、侯绍裘派遣，中共党员、国民党江苏省党部秘书长姜长林，与叶天底、苏州工专学生秦邦宪（即博古）、博文中学教师许金元（许宪民哥哥）等取得联系，迅速发动群众，声援上海各界开展的反帝反封建的爱国斗争，为苏州建立党组织做了思想和组织上的准备。

侯绍裘向组织请示后，得知要在苏州建立党支部的想法，欣然答应了张冀牖的邀请。张冀牖摸索办学多年，一直寻求突破，对新式人才求之不得。当侯绍裘提出要多带几个人时，他喜出望外，当然欢迎。于是侯绍裘率党员张闻天、胞弟侯绍伦、徐镜平（入校后转为党员）、沈蔼春、沈联春等十三人来到乐益女中。

苏州五卅路的界牌还在，让人想起那个与乐益女中有关的风云年代

在乐益女中，侯绍裘当校务主任，平时忙得很，经常跑上海、南京、松江等地。徐镜平回忆："我是学校的训导主任，兼教英语，张闻天教英语（据张兆和回忆，张闻天教国文），张世瑜教数学，王芝九负责教学行政（可能是教务主任）兼教语文，叶天底教语文兼美术，侯绍伦教体育。"〔37〕

这批新教师的平均年龄约为二十五岁，他们都是"'五四'一代"，如张闻天甫成年时即有惊人大论："要进窥中华民国社会之先，不可不晓社会的变迁。"〔38〕"现在最紧要的是铲除士大夫阶级，要将武力政治，强横的中央集权，卖国贼、安福系、腐败的政党，一切废除，然后建设这健全的民主共和国。"〔39〕张冀牖阅读过大量的进步报刊，他对这些新思想兼容并蓄，把学校放手交给他们，将更多的时间用在阅读或听戏上（他有时带着妻子去上海看戏，一去就是一个多月）。这批新鲜血液来到后，的确为乐益女中带来了一股新风。在开学当天，侯绍裘就宣布了他对女子教育的主张：女子教育，应以现在思潮做基础，（一）有精确的思想与理智，（二）能自谋正当的生活，（三）能改造社会，（四）能享受高尚的艺术生活。[40]

1925 年 9 月 9 日的《苏州明报》报道了乐益女中的爱国行动：

乐益纪念九七国耻

吾国自义和团反抗帝国主义运动失败，亡国辱种之《辛丑条约》成立，直至现在，已二十四周年矣！国人近因五卅案后，因痛思痛，认《辛丑条约》为中国人民之最大耻辱，沪上及各地，均纷纷讲演游街。本城乐益女子中学，亦于前日（注：开学日）下半旗，上午举行演讲会，讲题为：（一）五七国耻之经过（王芝九）；（二）帝国主义与《辛丑条约》（张闻天）；（三）反帝国主义运动（徐诚美）；（四）九七与五卅（叶天底）。到会者除该校学生外，尚有本城新办之平林中学校全体学生。

报道中的平林中学也是张冀牖所创办的。除了在学校开展这类运动式活动外，这批年轻人还邀请进步人士到校演讲，或是在苏州开展类似活动。如萧楚女曾在苏州做"关税问题"演讲，听众中工人、农民、小业主等各种阶层都有，激起了反帝反封建的热潮。萧楚女的激进引起了当局的关注，他在两年后被杀害。

他们还经常聚集在乐益女中附近的图书馆、体育场举行宣传活动，并秘密发展党员、团员，还深入校园发展女生入团，如乐益女中的许宪民、王伊珠。叶天底有一次在批改作业时，看到女生王遗珠写的作文《冲破罗网之后》，发现她身世悲惨，是个遗腹女，母女在家里都没有地位，颇受歧视，于是对她格外照顾，为她改名"伊珠"，以她的事例教育他人，并把她发展成了共青团员（钱正调查王伊珠是地下党员），后成为开展妇女运动的积极分子。五卅惨案发生后，乐益女中师生们进行了三天的演戏募捐，当时王伊珠负责舞台布置、服装、道具等。侯绍裘被捕遇害后，王伊珠还冒险去南京燕子矶祭祀恩师。

从乐益女中的校史可发现，1923 年时该校只有八十多人，到了1925 年，也就是侯绍裘一班人马到位后，该校的学生一下子升到一百二十人以上。但好景不长，任何激烈的运动，都会引起统治者的关注并干涉。其他学校平静无波，乐益女中却波澜迭起，势必会被当局盯上。况且，在军阀势力下，从事地下工作的还不止一家，如1925 年 8 月 23 日，国民党江苏省党部就在苏州成立了，而且在这处党部的执行委员名单中，就有侯绍裘。时隔多年后，乐益女中毕业生黄慧珠（曾任全国妇联宣传部副部长）在回忆母校建立党支部时，还转述学校训导主任徐镜平的话："我们在乐益工作时，把苏州搞红了！"[41] 风风火火的演讲、地下势力的发展和各种宣传，让军阀势力大为恼火，压力必将来临。

侯绍裘身为国民党江苏省党部常委，显然不能担任共产党苏州独立支部的重要职务，支部成员中有叶天底、侯绍裘、张闻天、张世瑜、王芝九和徐镜平。支部书记为叶天底，组织委员由叶天底兼任，张闻天搞宣传。

没有具体时间记录当局是几月份对乐益女中下"通牒"的，但这批年轻人从 1926 年春开始陆续离开乐益。对于一名盛族之后的开明绅士，当权者仍然给了张冀牖相应的面子。当时确有封门停课的说法，但仍是以警告为主，可乐益女中受影响的还不止这些。据 1932 年的乐益女中校刊："是时教职员多民党有力份子，在军阀铁蹄下秘密活动甚烈，致遭当局及社会之疑忌，既兴大狱，学校受此影响，声价无形低落，高中遂于寒假停办，本校之有今日已属再生。"

张冀牗的根本在于办学，而非政党，他必须面对现实。张寰和说，这批人是他爸爸亲自请来的，现在让他们走，显然属于"无可奈何"，他给出的理由是"办学经费困难"，这既照顾了他们的面子，也能避免在他们身上留下什么不好的烙印。暗地里，张冀牗又给足了他们薪金，还额外加了安家费或路费，这也是张闻天几十年后对张老先生念念不忘的原因所在。

当初从乐益离校的胡山源记住了最后见到张闻天的情形：他戴着深度的近视眼镜，很文静，不多说话，不脱书生的本色。他也喜欢打网球，对打了半天，双方感到很畅快。张闻天离开乐益女中后接受组织安排去了苏联留学。他在乐益认识了最重要的朋友秦邦宪。后来他俩又在苏联校园相遇，那时秦邦宪已起名"博古"，而张闻天在党内也有一个常被毛泽东提起的名字：洛甫。

离开乐益女中后，侯绍裘于1927年4月被国民党右派逮捕于南京。与张鼎和一样，侯绍裘被杀害时年仅三十一岁，九岁的儿子最后曾扯住他的衣角说："爸爸别走！"

叶天底后来仍旧积极、勇烈，办报纸、组织武装，直到1927年11月被捕。1928年2月8日，敌人用门板把病得不能动弹的叶天底抬到刑场上，他惨遭杀害。

有一次，笔者拿着新收集的官方史料给张寰和先生看，上面清楚地写着：张冀牗是国民党左派。他连说：不可能，不可能，爸爸一辈子没加入过任何党派。不要说张冀牗老先生没有加入党派，就连他的四女六子也几乎都没有加入任何党派。张寰和说，好像有哪一个哥哥入了民主组织，但具体是谁、什么组织也搞不清楚了。就连张家的四位女婿，顾传玠、周有光、沈从文和傅汉思，也没有一个是党派中人。

张冀牖是大地主出身，这是他不能改变的现实，但他始终没有回避，在乐益女中校园里，他表现出一贯的包容。不少学生在作文里，大肆批判地主阶级的罪恶，如1932年的毕业生唐月华写作小说《贫与富》，描述十几个佃户因为涝灾集体向地主求情的过程，他们背地里骂地主是吮吸佃户膏血的野兽，而在地主面前又谨小慎微、低声下气地央求他免租捐米，而地主是一贯的傲慢、吝啬、蛮横，并责骂他们是混蛋，想做强盗。佃户们怒斥："地主这东西，比强盗更不可收拾！"但后来他们还是被地主豢养的"那批如狼似虎的走狗撵了出来"。这篇作文被郑重收录在张冀牖捐资的校刊里，这些学生肯定都知道张校主家里有很多田产，办学的大部分经费就来自田租，但他们毫无顾忌，不得不说乐益女中的校风开明。张寰和说，学校办有校刊，每期都张贴在学校门口传达室处，任何学生都可以发表文章和建议，也可以对不好的事情进行批评。有一次，有个被批评的女生很恼火，上去就把张贴的校刊撕掉了。老师同她好好商量，说有意见可以通过来稿解决，事后这位同学自觉把校刊又贴了回去。

乐益女中开创了一个不受党派控制但又能包容任何党派的教育实验场。当张闻天、侯绍裘、叶天底等人离开乐益女中后，又有一批进步人士来到学校，他们是匡亚明、顾诗灵、郁文哉、胡毓秀、丁景清等。匡亚明早在1926年就加入共产党了，他在乐益女中印象最深刻的是，张冀牖为他加夜班补习古文。晚年时他常到苏州拜访张家后人，还提起此事。当时，他在苏州还遭到过逮捕威胁，张冀牖通过个人影响力，多次向当局申明，匡亚明为该校老师，没有出格行为，可为其担保。再后来，匡亚明外出避难，张冀牖还送了他一笔路费。

后来，乐益女中由于涉嫌"赤化"，在国民政府到南京之后，差点无法立案登记。

1937年抗日战争全面爆发，日军直取上海，苏州不保。张冀牖在无奈中关闭了乐益女中，回到他阔别多年的合肥，一直躲到了肥西张老圩子。1938年冬，他患疟疾去世，年仅四十九岁，而他所创办的乐益女中已经持续了十七个年头。

乐益女中时期的匡亚明（右后）与文学家郁文哉（左后）

时隔几十年后，教育家匡亚明再回到乐益女中旧址，与张家人团聚。

左起为张寰和、周孝华、匡亚明、张以迪、李锡瑛，手执纸扇者为张允和

全面抗日期间，乐益女中被一个新的党派征用。 日军占领苏州后，以汪精卫为首的南京伪国民政府统管了江南地区，将乐益女中校园改为医院和监狱，后来复校时还能看到"犯人"留下的痕迹。

抗战胜利后，张寰和接过了乐益女中的大棒，卖掉曾祖父张树声在南京的房产，用来复校；张充和也赶回来助教，还亲自题写了校名。 处于两个时代交错的 20 世纪 50 年代初，乐益女中校风仍旧开放，毕业生高家莺回忆，学校里常常演出话剧，既有批判旧时代罪恶的《封建罪恶》，也有迎接新时代的《烈士王孝和》，校长张寰和允许学生们自编自导自演，他还管饭管雇黄包车送回家，印象中还有张校长"背着照相机，风度翩翩地走在校园里"的身影。[42]

张冀牖留下了一个传奇，一个教育史上的传奇。 作为校主，他

一堂课都没有上过，只是在不远处站着，把各种有能力的人请进来，给他们充分发挥的空间，以此开启学生们的新知。张一麐对他的评价是："靖达公曩抚苏，有遗爱，冀腸克尽厥职。"

至情至性，诗样人生

张家二小姐张允和十一岁时，喜欢翻阅诗词集。有一天，张冀腸问她："小二毛（张家对女儿的昵称），你喜欢诗词，你对古人的诗词，喜欢哪一个？"张允和知道，父亲问的可能是李白、杜甫一类的，就随口回答："我喜欢纳兰性德。"没想到父亲很高兴，马上就把《饮水》《侧帽》词的小本子递给了允和，说："性德是性情中人，很可惜三十一岁就死了。这样的才子历史上也少见。"[43]

张冀腸藏书甚丰，有宋词、元曲、传奇、唱本及各式各样的戏剧论文和脚本，还有当时中、苏、日最新的普罗剧本。在众多文人中，他印象最深的却是年代并不久远的纳兰性德。查阅张冀腸写作的几首诗词，其中一个系列《我·楚江行》颇有点纳兰性德的气息：

> 水石共幽妍，房栊静不喧。春波低燕羽，丝柳飏茶烟。（《双清别墅》）

> 绮语翻成障，愁多懒问禅。繁英绿底事，婀娜自年年。（《爱俪园》）

雾笼花绰约,西子玉为容。莫教乘风去,还疑洛浦中。(《西妇面网》)

这个系列是张冀牗记下的从长江一路前行遇到的情景、人物,以及自己的感受。 这样的诗韵,让人想到纳兰性德描摹江南的《渌水亭》:"野色湖光两不分,碧云万顷变黄云。 分明一幅江村画,着个闲亭挂夕曛。"

纳兰性德为清朝满族贵裔,才情满腹,被康熙皇帝钦封御前侍卫,曾随驾多次到江南。 他对汉文化格外倾心,一生有半百词篇涉及江南文化。 他自叹:"予生未三十,忧愁居其半。"他所忧愁的自然不是名气和金钱,恰恰是不贵但稀罕的理想,在他笔下绝美、绮丽的风景里,总是隐含着些许哀愁。 纳兰性德素爱江南,且是形而上的爱,那是一种理想与现实拉近的可能性的爱,是一种上瘾的意境。 张冀牗对纳兰性德的偏爱,源于同感,同样是从异地来,同样怀揣着理想主义,同样对现实不可调和的矛盾充满着"美景下的哀愁"。 只不过,张冀牗处在一个还算不错的时代,他时刻保持着乐观、进取。

不抽烟、不喝酒、不打麻将、不纳妾、不做官,这是后人对张冀牗的总结。 张冀牗从不对孩子们讲他的祖父、父亲的辉煌仕途和政绩。 张寰和说,爸爸从来不说这些,家里连祖宗牌位都没有,逢年过节也不祭祖。 张冀牗似乎在有意与一些东西割裂,但他又有所继承:祖父至死倡导办西学,他付诸行动;祖父在苏为官时,曾养着一个可演出全本《牡丹亭》的昆曲班子,他接手家庭后,对儿女实施昆曲家教,并在学校推行;父亲一生办理洋务、外交,他则把很多财富都花在了购买和使用西洋设备上,让后代了解新知。

张冀牗从未有过为官的念头,或许他有充分的自知之明,他只上过几年私塾，但他比谁都认真读书，他这种自发的学习，效果明显，堪称"辛亥一代的自学人"。 妻子陆英在世时，他几乎不问家事和财政，除了海量阅读外，就是随意与一群孩子讲故事，逗他们开心，这也是他自己放松的方式。 他与妻子书房对书房，中间的芭蕉叶绿了又黄，黄了又绿，他们隔窗对话，没有多少甜言蜜语。 但有一次，张允和钻进了大大的书房，看见她桌子上摆了一个铜镇纸，上面刻着"愿作鸳鸯不羡仙"，想必是张冀牖送给妻子的礼物。

妻子去世后，张冀牖表现得颇为理性。 张元和说，印象中，有一次，她和妹妹玩耍，爸爸盘腿坐在一张矮凳子上，眼睛里泛着泪光，那是她唯一一次看到爸爸流泪。 长子张宗和曾"抱怨"过，大大去世，爸爸似乎并不怎么明显伤心。 但事实是，爸爸记住了他们每个人的心愿和想法，并及时去满足，他用这种给予孩子的爱，来纪念早逝的妻。

儒家思想讲究的顺序是"格物、致知、诚意、正心、修身、齐家、治国、平天下"。 而"慎独"[44]也是儒家创造出来的自我修身方法，这种严格的自我约束，要有非常的理智才能完成。 张冀牖身处花边新闻大爆发的民国盛期，翻开报刊，各种花花绿绿的消息满天飞，这位"贵公子"却能独善其身，留下了几乎完美的身影，不能不说是个人生奇迹。

1931 年 5 月 23 日，苏州爆出一个社会新闻，两位女生夜半与异性约会，被警方查到，带回去问询，一位女生称自己是乐益女中的学生，报纸遂直接以"乐益女生"为新闻主角刊发了消息。 但在一周后报纸又出续闻，乐益女中出面澄清，说经过认真调查，该校学籍里未查到有这位女生，说要保留追诉这位女生的权利。 以张冀牖的为人，应不会出手起诉一个女子，但他维护学校形象的决心可见一斑。

此画转载自《静阁缀钞·空迹自珍》

爸爸看报于上海马浪路
富贵坊（一九三二年）
三子定和追忆敬绘
一九九八年
岁暮
北京

张定和为父亲张冀牖画的肖像，形象可爱

张冀牖的诗词手迹

　　张冀牖与继室韦均一的婚姻表面上看去一团和气，可在小舅子韦布看来，这实在是"一场策划的婚姻"，但张冀牖所表现出来的只有男人的隐忍和宽容，尽管也有争吵，也有别扭，但他总在孩子们面前装作若无其事，一直到去世。

　　韦均一是一位才女，出身江阴长泾韦家，父亲是一名国医，她先后在苏州、上海读书，并参加了五四运动。韦均一在乐益女中创办一年后进校教课，又一年后，她与张冀牖结婚。[45]婚后，韦均一任乐益女中校长，而实际上她很少具体管事情，有一年报纸上还刊登她因病辞去校长职务的情况，详情未知。但她在乐益女中毕业校刊上的序言，倒是发自内心，她希望初中毕业的学生尽可能继续升学，做事的话尽量到图书馆、博物馆和民众教育馆等地方，服务社会。 应记住：时时看看有益的书报，加入研究学艺的集会，用科学的眼光来注意经济、政治、社会、实业各方面情形，以应付现代的环境，永远在社会上做有力的一分子。

韦均一本人很好学，她在结婚后去了上海就读美术专科学校，研习国画和古典文学，之后又考了无锡国学专修馆（本科毕业）。韦布说姐姐品学兼优，是家乡有名的淑媛。 但是对于姐姐与张冀牖的婚事，韦布说，姐姐在去世（享年九十六岁）前一年还在对这场婚姻表示"遗憾"。 "这好像古今中外有多多少少的'遗憾的婚姻'一样：除了主角之外，有各种形形色色的配角——主要是各种各样阴险毒辣、损人利己的丑角！……从历史事实来看，当事人张（冀牖）、韦（均一）完全是无辜和受愚弄的。 幸而他们都是善良透顶的，他们承受了这种也只能算是被命运安排的历史的一个小小误会。"〔46〕

在回忆文章里，韦布还含糊提到，姐姐这场婚姻是一个"陷阱"、一个"圈套"。 但到底是谁制造了这一切，他却没有说清楚。 他们结婚时，张冀牖三十四岁，韦均一二十三岁，男方已经有了九个孩子，这对一个追求上进的女孩子来说，不能不说是一个挑战。 "他们的婚事是被精心安排的，女方家长先有此意。 韦均一的叔祖父在社交场合认识了武龄（张冀牖），武龄修建乐益女中的那块地就是他卖给武龄的，原来那里是一片桑林。 他很欣赏武龄的人品，而武龄的家产应该也对女方很具有吸引力。"〔47〕在张家孩子眼里，爸爸娶了妈妈（他们称陆英为大大，称韦均一为妈妈）后，几乎不大再提他们的亲生母亲了。 张冀牖处处包容韦均一，直到晚年，韦均一还在念叨着"老先生（张冀牖）人很好"，说常带着她去上海看美术展、看戏、听讲座，多次请她任校长。 韦均一年轻时端庄淑丽，看上去有些不苟言笑。 她曾担任苏州一家著名曲社

遍青山啼红了杜鹃
丁亥中秋约一冥素

韦均一的画作

的社长，常常组织昆曲雅集；她的绘画、书法、诗词都达到了专业的水准，在这些方面最为擅长的张充和也对妈妈的艺术水平表示了肯定。

继室韦均一

　　在生活中，夫妻总有不协调的时候。长子张宗和曾见到过爸爸与妈妈发生争吵，吵完后，韦均一坐在楼下不进屋，生闷气。张冀牖向子女们求助，并主动下来向韦均一说好话，还讲了几个笑话，把大家都逗笑了，一时冰释前嫌。但韦均一的心结并没有完全解开。

　　韦均一在怀孕时常常借故回娘家去住，尽管张家保姆们都很专业很用心，但她似乎不大信任她们，尤其是前面生下来的两个孩子夭折后，她变得多疑、易怒；但有一张她与张兆和、张充和一起穿泳衣在城市河道游泳的照片拍摄得很是自然，且开了当时女性公开在城区水道游泳的先河。

韦均一的亲生儿子张宁和，是张家十姐弟中最小的一个，他是中国第一代指挥家，曾担任中国广播电影交响乐团的首席指挥，后去比利时定居。他与四个姐姐、五个哥哥相处亲密，情感融洽度甚至超过了他与母亲的关系。后来母亲在苏州去世，他没有回国，而是委托在苏州的五哥张寰和、五嫂周孝华全权代理，并选择了不设墓碑的水葬方式。

抗日战争全面爆发后，张冀牖回肥西避难，韦均一和张宁和跟到了肥西，张家其他孩子则大多去了西南后方城市。韦均一与张家人发生争执，张冀牖就在其中充当调和者。但不久他患病去世，那一年韦均一只有三十九岁。戊寅年（1938）深秋，韦均一在合肥以悼诗表达感怀：

> 共济屯邅十五秋，一朝撒手万缘勾。
> 重泉亦有天伦乐，胜我飘零到白头。

至此，他们结婚正好十五年了，对于丈夫的早逝，她大为悲痛的同时，也在感伤自己的命运：不知飘零到几时？

此外，她还为年幼的儿子担心：

> 儿方束发未成才，缞绖称孤已可哀。
> 忍听深宵人静候，几回梦醒唤爷来。

20世纪20年代,韦均一(右一)带着张充和、张兆和在苏州城内河道游泳,开一代先风

乐益女中的烹饪实践课,左一为韦均一

韦均一心中不平,感叹命运的不公,连写了十四首悼诗,追溯她与张冀牖这一路走来的短暂难途。

> 世间离合太茫然,搔首踟蹰欲问天。
> 最是娟娟帘外月,今宵依旧向人圆。

> 不解怀人不受怜,生来未惯为情牵。
> 而今识得个中味,早隔幽明路几千。

> 憩桥设教集群贤,济济师生共究研。
> 记否婆娑张绪柳,玄裳缟袂自年年。

憩桥巷是张冀牖最早办学的地方,也就是在那里,他们相互认识,从校主、老师成了夫妻,但这场婚姻最终演变成一盘难以调和的乱棋。张冀牖命运不济,猝然离世,留下了韦均一母子,待在陌生的肥西乡下,又逢国难乱世,她的诗词难免生出抱怨和指责:

> 天心人事费疑猜,燕雀求生归去来。
> 早是旧巢翻速祸,背城困守望苏台。

> 苏台端的胜瀛台,一入瀛台竟不回。
> 生固胡恩死胡咎,忘机无我总招灾。

> 燃萁煮豆久相煎,济叔称痴岂偶然。
> 至性偏能遭物忌,长才空负恨终天。

韦均一（中坐者）与张家四姐妹（从左依次为允和、充和、兆和、元和）合影

胞与无分物我情,优柔毕竟误平生。

等闲悟彻炎凉意,自缚春蚕茧已成。

平生枉自慕无愁,偕隐躬耕愿未酬。

今是昨非徒怅恨,人间天上两悠悠。

世乱年荒避地难,蓬飘萍梗寸心殚。

行看此去堪长慰,后死茫茫尚未安。

从韦均一的年表看,她在张冀牖去世的次年就回到了苏州,先后在私立英华女校和省立女师教课,后来又去上海租界代课。太平洋战争爆发后,日军进入租界,韦均一就靠代人批卷及誊写文稿为生,直到乐益女中复校回到苏州。三年后,她"骤患血崩,乃离职养病"。

张充和抄写韦均一撰写的悼词,悼词中韦均一既对张冀牖的生平性格有所回顾,对自身也有感叹

按说丈夫去世后,韦均一完全可以继续留在张老圩子里避难,风雨不怕,吃喝不愁。但她似乎很难与张家人好好相处,一方面觉

得夫君张冀牖的确是一个好人，至情至性至才，但行事太过于"优柔"，不够冷然和外向，如此之下，很难成就才情，只能是"空负恨终天"。而她，也成了被辜负的人。她曾沉浸在"如果没有这场婚姻"的假设中，为自己的命运抱憾。

她的悲意还没有结束。张冀牖病逝后，合肥仍沦落在日本人手里，灵柩暂时浮厝在张新圩子附近一个山坡上，算是暂时安葬。韦均一写下了多首《殡葬》诗：

> 九日西风欲断魂，玉楼人远掩重门。
> 白杨瑟瑟悲秋晚，黄土斑斑遍泪痕。
> 愁雾弥蒙迷去路，纸灰零乱向前村。
> 一块自是埋忧地，恩怨而今概莫论。
>
> 点点寒花拂晓霜，心旌常自扰横塘。
> 归来愁对难圆镜，人去慵翻遣嫁箱。
> 弱质敢称中馈主，使君不愧至情王。
> 若逢家国清平日，忠义应教表里坊。

韦均一对婚姻的不满意陷入了恶性循环，但她对张冀牖又挑不出什么理，甚至觉得这么一个大好人，自己身体不好，却常常给别人以帮助和馈赠，可惜早逝在了乱世，恢复和平后，应该树个高碑，好好表彰并学习他的品质。

张充和理解了妈妈的心情，抗战胜利回到苏州（1946 年 10 月）后，她将韦均一写作的十四首悼诗全部以毛笔手抄出来，工整地写上"母亲大人旧稿"。

人无完人，其实张冀牖也不例外。只是他的低调、隐忍和自省，早已经将身上的缺点覆盖掉了。

张冀牖一度更名"张吉友"，说这样笔画简单，便于朋友记认，还有一层含义是，他要成为亲朋们"吉利的友人"。张充和回忆："祖父给爸爸取名'武龄'，字'绳进'（张充和所忆有误，据查家谱，应是'绳进'为名，'武龄'为字）。爸爸嫌这名字封建味太重，自改名'冀牖'，又名'吉友'，望名思义，的确做到了自赐嘉名的程度。他接受'五四'的新思潮。他一生追求曙光，惜人才，爱朋友。"

韦布有一年因为政治事件[48]遇挫[49]，后在张冀牖的帮助下脱身，并接受资助去了日本留学。韦布记得，他的戏剧之路，就是受张冀牖的引导。姐夫带着他去上海看白玉霜的演出，看梅兰芳的演出，看《西线无战事》《卡门》《五奎桥》等经典剧目，看田汉带有"反动思想"的新剧，演出者有俞珊、郑君里、金焰等名角。总之，他的艺术启蒙全得益于姐夫。

张冀牖"重听"，"人们和他讲话就比较吃力，要提高音量，大声说话。可是他才思敏捷，目光尖锐，对人察言观色的本事特别高。所以他与人谈话，反应能力不比人差。可以说，他并不全靠听觉，相反，彼此不开口，也能完成思想交流，真是尽在不言中。……他经常喜欢讲笑话。笑话之多，也是少有的。我认为这是他一生旷达乐观，有一颗让别人高兴的好心胸，爱让别人生活中多点愉快和欢乐"[50]。韦布还提到，张冀牖有很多让常人难以理解的"奇事"，既有新奇涉及天文的思维，也有现实中不该犯的常识错误，他"有很多受骗上当被人愚弄的事，能够用以再度证明他是善良的"，"他其实完完全全应该是长寿的"。

"我曾痛心疾首地目击他的悲剧表演：他在抗战之前，有一次仅仅因为向装成伪君子的讹人讨还一笔小小债务而在暴雨中裸露上身'发神经'的惨状，我永不忘怀！甚至，他有次要向恶人报仇而无计可施，跳到河水里去'游泳'的镜头，我也还记得十分清楚。 他是非常善良的弱者，受恶人欺凌摆弄而无能为力！"[51]

这样的片段让人意外但又在意料之内，以张冀牖的"至善"性格，一旦遇到恶人，他的处理方法只能是以毫无威胁的方式表达愤怒，但效果肯定是没有的。 胡山源说张冀牖遭遇学校领导和老师关系不和时，本不大顾及校务的他，让韦均一校长把双方请到菜馆子，由他做东请客说和。 "据说：在他所聘请的职教员中，几乎是年年发生风潮的。 我非常同情他，为他难过。 这简直是'出了钱买气受'。 ……他比我大不了十岁，但身体瘦弱之至，家庭内外又有许多不愉快折磨着他，听说他不到五十岁便去世了。"[52]

由此可见，张冀牖就算在第二次婚姻中遇到了什么烦恼和不安，也都会以自身的宽厚"消化"或是转移到阅读、听戏方面去。他的短寿基本与他的性格无关，那是一场战争时期的意外，几片缺

20世纪30年代,张冀牖与韦布在乐益女中校园

失的奎宁药片（可以治疗疟疾）要了他的命。 他对生活的宽容和豁达远远超出熟悉他的人的想象。

韦均一活到了九十六岁。 1995 年 8 月 22 日，她因患急性支气管炎及冠心病心衰，在苏州去世。 新中国成立后，她多次被政府聘请，进入文联系统工作，有人说她是地下党员，张充和直到晚年时还在疑惑这个问题。

韦均一的经历，让人想起了她的堂妹上官云珠。 上官云珠在乐益女中就读时，叫韦均荦。 她有一张极具东方美韵的脸蛋，圆润有致，一双略带忧意的大眼睛，似两潭幽幽深水。 这位校花的名字多次出现在报纸上，因为她在演讲和演出中都很出色。 她所演的《雷雨》《红楼梦》《太太万岁》《一江春水向东流》以及后来的《早春二月》《春满人间》都很深入人心。 上海市长陈毅曾亲笔给她写信，后来毛泽东主席还多次接见她，她迈入了中国电影的主行列。 但政治运动爆发后，她多次被拉去批判。 她在乐益女中培养了浓厚的戏剧兴趣，也成就了一场与地主子弟的惆怅婚姻。 批判者逼她交代这一问题。 她胆战心惊地重复着自己的清白，但迎来的是扇耳光、拳打脚踢。 1968 年 11 月 23 日凌晨 3 时，上官云珠跳楼自杀，时年四十九岁。

温暖的父亲

张冀牖常常给孩子们讲古代的幽默故事，例如苏东坡与佛印的系列趣事，还有东汉经学家郑玄与诗婢的逸闻。 他自己喜欢古文字，家里小黑板、砖地甚至酱缸盖上都被他写上了篆字。 张宇和记得，爸爸曾受邀到金陵女子文理学院去讲文字学，但去南京三天就回苏州了，"足见他教小学生和大学生都不在行。 倒是他的十个子女，我们后来都当了或当过出色的教师"⁽⁵³⁾。

读初中时，张宇和品学兼优，获过奖学金，但有一次他被名人校长汪懋祖"勒令退学"，理由是"书面侮辱老师"。张冀牖问他详情，得知老师讲党义课，讲得无聊且有大段空白时间，宇和致信质疑，惹来如此"后果"。父亲问完后，轻松地说："你没有错。"

为了培养孩子们的爱好，张冀牖实施的是鼓励式家教。1921年的除夕，家里不少用人被特许玩骰子、玩骨牌，一盘只下几分钱的注，张家孩子们也跟着去凑热闹。张冀牖看在眼里，急在心里。但他用了另一种方式解决：告诉孩子如果不参与牌局，可以为他们请昆曲老师，上台演出时有新衣服穿。

响应者以张家姐妹最积极。于是，每周的昆曲课就此开始。余心正（昆曲评论家，其母亲许振寰长期跟着张家姐妹学习昆曲）说："张家孩子的昆曲兴趣是从读书开始的，他们很小时就读《红楼梦》了，这本书里就有很多昆曲的常识。"张冀牖本身就是昆曲行家，且下了很多功夫，他与曲家吴梅、俞振飞等都是朋友。他看戏都是对照着剧本，用心琢磨，且很早就研究曲谱版本了。人家请老师教昆曲一堂课一元钱已经算多了，他直接给两元薪金，这样的情况下，老师当然肯下功夫教。张充和近百岁还照样唱得余音绕梁，这与其少年扎实的底子是分不开的。中国的昆曲能够进入世界非物质文化遗产项目，与张充和在海外的教学和推介不无关系；间接地说，这也是张冀牖留下的福荫。

古时人说，看一个贵公子的修养，要看他对下人的态度。张冀牖与用人的关系，平等而普通。他痛恨不守规矩的用人偷偷赌博，但他不会痛打痛骂，他会出其不意地出现，抓起一把牌就走，或扔到房顶，或扔进河流，然后那些用人就自知其错了。有一次，他实在忍不住了，对男工房杨三下了"杀手"，其实是请他吃"毛栗子

张冀牖与他的六个儿子,右一为寰和,坐着的为宁和

（用指头敲脑门）"，有点类似孩子们的游戏，输的一方被罚挨"刮鼻梁"。

张冀牖吃饭有一个习惯，每吃一口饭，习惯将嘴唇在碗边上轻轻抹一下，不让饭粒沾在唇边。要知道，细瓷饭碗很容易破损，家里保姆又舍不得扔掉那些缺损不大的碗。结果，有好几次张冀牖都拿到了有缺痕的饭碗。他也不说话，"用手指按住缺损处使用。直到用完饭，才在桌边把空碗平举着，然后一松手。坐在旁边的妈妈点头微笑，知道是让这种碗不再上桌的有效处理方式。可是一旁管饭的郭大姐见到举碗时，急得一边嚷着：'又这么巧！'一边踮着小脚抢上前，伸手要接。'咣当'声中，一桌人都笑起来。环顾左右，爸爸也笑着问笑什么"〔54〕。

张家保姆汪干干迷信民间偏方，为治疗偏头痛就吃猪脑。在吃的时候还有"仪式"：选一个吉日，待别人进入睡梦后，她端着一碗猪脑绕着水井向右走三圈，再向左走三圈，整个过程不能出声。有天晚上，张冀牖听到水井边有动静，还以为哪个人要自杀，赶紧起身去看，只见汪干干手端着碗正在绕井走，就喊她，但她没应，因为这个仪式不能出声。后来被问急了，汪干干没好气地说："我在吃猪脑治头痛。"张冀牖不急不慢地幽她一默："人头痛吃猪头脑，猪头痛吃什么呢？"汪干干疑惑了半天："猪还头痛？"

有一天，张冀牖对韦布说："你知道吗？宇宙间我们以太阳为中心，有一系列的恒星和许多流动的星球，包括彗星和银河等等，但是你知道吗，宇宙有几个太阳？"韦布迷惑了："天上不是一个太阳吗？""不不，天上不止一个太阳系，还有几个，甚至十多个像我们已发现的太阳系，同样以太阳为中心的天象。"这是在 20 世纪的 30 年代。不久，张冀牖就在学校的会客室中添置了一个大地球仪，说要让学生们多了解地理；他还说，要在校门口布置一个太阳

张冀牖与他的四个女儿，前坐者为张充和，蹲者为张允和，后立者
为张元和、张兆和，20世纪30年代摄于九如巷张宅

系行星图，让学生们更多地了解地理和天文。

在子女们心中，张冀牖经常会有奇趣想法冒出来。他重听，几乎不听电话，但他曾让儿子帮他拍摄听电话的照片。还有一次张寰和陪父亲去上海徐家汇天主教堂拜访马相伯，马老躺在椅子上与他说话，无法起来迎送。出门后，"爸爸为了纪念这次访问，在花园圣母塔前，请人为我们拍了一张照片。爸爸模仿圣母立着，要我按照圣徒的姿势蹲在他的脚前"。他还曾想改装自行车为三轮车，还想过自制滑冰鞋，打算开个溜冰场。有一次，他把家里的紫檀红木桌子一锯两半，说这样就能给两个人用了。

他从来不心疼物品，家里购买的几十台进口照相机随意摆放，子女们可以自由拿去拍摄，他自己倒没有拍过一张。

1931年10月16日，长子张宗和在日记上写道："昨天晚上爸爸和我们大讲其诗，还叫我们努力造梦，造一个战场上的梦、胜利的梦。"当时，中国正处于"九一八"事变后爱国主义进发的时候，张冀牖无法独善其身。他以自己的方式实施着爱国主义的家教，自己不可能再像祖父辈那样驰骋疆场，但他必须做点什么。

民国的报纸对他有一个简记：有一天，张冀牖书空咄咄，绕室周行，不知何为。中午时分，他突然整理了自己的行李，独自出门了。教师们问他到哪儿去，他说：听说胡展堂摒弃前嫌，以实行宁粤合作，已经到了上海，将要赴南京与蒋会面，共同探讨对日方略，我要到他那里进一言，呼吁全国一心，对日决战。

张冀牖赴沪去见胡汉民（字展堂，"汉民"为其在《民报》上发表文章时所用的笔名）了，张家和学校急得四处打探消息，想劝他回来，《大光明报》对此说他是"痴心爱国"，其心可悯。国家兴亡，匹夫有责。此逸闻可见张冀牖爱国情怀之一斑。

最有趣的，是后人对张冀牖为子女取名的解读。有人说张家

张冀牖一生很少穿着西装。西装、长衫、背带裤,这几张照片为张寰和所摄

四姐妹的名字(元、允、兆、充)个个是带"腿"的,是打算让她们走出去的;儿子们个个是带宝盖头(宗、寅、定、宇、寰、宁)的,是预备让他们看家的。就这一点,张寰和以为,这样解读不够准确,父亲取名时并非刻意如此,而且张家孩子皆有自己的字,寰和是海若,充和是季充,兆和是叔文,允和是仲允,元和是伯元,长子宗和是亢虎等。

张冀牖是打心眼儿里喜欢苏州的,诗词中不时提到这里的山水俗物。他常常亲自带队,领着子女和学生们游览吴中山水,深入这里的风土人情。当然,在他的内心深处,仍会眷恋着合肥。

肥西张老圩子坐落在群山之中,有"水抱山环"之意境,张冀牖曾有诗赞曰:

> 舍南舍北皆春色,梦里家园归去来。
> 畈是径回衡宇见,山环水抱镜奁开。
> 书堂旧迹黄蟆石,酿户新刍绿蚁醅。
> 秋色千林乌桕好,满斟细把菊花杯。

江南即将沦陷，乐益女中在无奈中关闭了大门。张冀牖与家人张罗着搬迁避难事宜，在孩子们选择出走大后方时，他坚决地选择了回老家，带着妻子和最小的儿子。慌乱之中，他留下了总结自己一生的最后一首诗，曼妙而伤感：

> 婴倪随宦上巴江，如雪麻衣归椟航。
>
> 童冠郡城依济叔，尘嚣唯近令公堂。
>
> 卅年吴会莼鲈厌，九日淮浥莫菊香。
>
> 江海名都森战垒，翻因避地得还乡。

离乡多年，人生几何？不经意间，张冀牖已经远离家乡三十年了，吴中山水美食几乎已经有点厌了，他引用晋人张翰因为太思念家乡的鲈鱼，弃官回吴地的典故，说明对乡情的眷恋。

张冀牖于 1938 年冬去世，直到 1943 年冬，张寰和才从后方赶回家安排落葬。那天是大寒，荒原彻骨的冷。从出发到目的地，走了三天，沿途治安不靖，老圩子的圩勇挎着盒子枪为之护卫。对面山头上正是日军的驻地，大蜀山上的炮台、军营隐约可见，不时还有发炮的轰击声。张寰和把爸爸的灵柩与母亲陆英合葬在一起，大红绸包裹着他们的遗骨，让人想起了龙门巷那一场轰轰烈烈的婚礼。

如今，七十年（2013 年）过去了。其间，张家孩子曾去祭拜过，但后来就不了了之了。笔者曾于 2013 年春前去合肥市肥西县大蜀山西寻访，旧地新颜，故人不再，遍寻不得，就连张家盛极一时的张树声、张华奎的墓地也都难寻了，"不恋祖荫，但思祖恩"，不知道算不算张家的一个传统？

在张寰和的印象中，爸爸的亲生父亲曾来过苏州，"大概是 1934 年，那时我上小学，他还拖着一条大辫子"。张云官，在张家族谱上只有一句话，他是老五房（张树屏长子），张树屏被皇帝诰封为"建威将军"。 他的四子在八个月大抱给堂哥为嗣后，他并没有忘记过四子，甚至还记得他最初的小名。 再见到儿子时，自己已经苍老，走过了两个时代，但他始终没有剪掉自己的辫子，那是清朝时强制的发型，而他也算不上从政的旧臣子，或许只是为了纪念或留住什么。 每天早上都有一个妾体贴地为他编好辫子。 他还喜欢收集玉石，把它们挂在颈上、腰间，这与身旁体贴的妾形成了柔和的衬托。 他的儿子中，数张武龄捐资办女校为新锐外，排行之下的"贵公子"张博龄，大学毕业后，曾任军械所所长、中长跑运动员，获得远东运动会第二名的好成绩。 张冀牖跟随在父亲身后，走在早已经实行新政的古城街巷里，人来人往中，他们有一句没一句地聊着，淮音不改，岁月无痕，只有亲情在无声流动。

记得沈从文多次在给张兆和的信中提到，他要"学张先生（张冀牖）为乡梓作一点实事，而不求任何回报，把学的知识还给乡土，这自然比忏悔贵族好。 我们也应寄些钱给小五弟（张寰和），支持寰和夫妻把学校办下去"，"将来如有钱，还是得学你爸爸，他的办法（指办学）还是正确的。 你们种种也还是得到爸爸的好处。 许多对人民有益的事，要从看不见处去作，热心而朴素去作，才真是尽心"。

有人说，张冀牖是"忏悔型贵族"，无疑是站在了特定时期对张家祖上曾参与"镇压农民运动"而做的注脚，这让人想起了托尔斯泰小说《复活》里的男主人公聂赫留朵夫，他才是真正的"忏悔型贵族"的代表，但同时也体现出托尔斯泰主义"不以暴力抗恶"和"道德上自我完善"的思想。 张冀牖无法决定自己的出身，他要做的就是负一个基本人的责任，为社会、家庭出力，在忙碌的间隙享受生活，与人为善，手留余香，坦坦荡荡，不计得失。 最后他留给孩子们的印象是：鲜明、亲切、温暖。

乐益女中纪念册及其他

二十年秋全校運動會本級奪得團體錦標

全校各種競賽本級優勝者

演說競賽	張秀和	平慧英	鄭家瑜
文藝競賽	唐月華	張秀和	胡雅文	鄭家瑜
書法競賽	邵競成	彭大泳	張秀和	平慧英

胡雅文

胡君雅文，江蘇吳縣人，為本校共三高材生；性肉直，好揚善恶惡，人見是畏之。於此地等功业，尤孜孜，每試皆冠其曹，同窗友皆自嘆勿如；體強力健，善運動，能自振其威，恒見其倜儻，故遇其同，賓校中舉行修業旅行，君必當男當先，區是於己，途昔擋行弭山陵，則君必捷足先登，高瞻遠飂矣；所好有知無者，故吾儕恒戲以「飛起將軍」呼之。富感情，居賓間人之竝，恐人之誚，遇事輒不知者，概挽回眲波，悄不自己；於吾見君之冊其不倦，有生多矣！

邵家瑜

郁懿娥

郁君懿娥，江蘇江陰人，於去年夏，輙入本校中三球隊，為球隊運一歲，而見習性之遇通，與余交為篤契，君體性柔軟，所失之威毅，蓋莊病與失調，故易哲异，故幼有不如舊恙，而虎病弗養知嫣意，性沉靜，溫恭人，以自心頭執之多欲，內心乃失之恩慰，讀於治家，無時下女子之不屈服，喜文學，居賓不畏自娩也；然其散學輒事，與余有同病焉！不憫多言，實期讀誦然若不能曲細口自，語咖闷，睡不雖躬，人以是於掛借之曲翔以君之德實之舒狠，有由然耳！

期學貞

唐月華

吾校有自思研朋體銀稱者，同級友皆君月華是也。君吳縣人，性沉默，雖喜笑，不知者每詒其揚擧自高，自視無禮，實際君之性之性，有自由也。君恩慰細剌，言行每不拜進大閏口；喜同小說，且能手抄彩藻，閱顓顆曹之，都足形舉神威，欣欣然怡色色。去歲會全校文佚競賽綴綴事，統一時窗澎翔友同「同學中嘗川文藝家」，君誠悲之雨魂挽，君平日語默徐徐，歌唱之前，可辨不失色大赤色色，君于運動之故，善涉足于運動場，為本校運動挽將之一，余自謙君，情性相契，有如孝是，同窗共遊，相得益彰，故于君之生平，得最親知細知，丁寧題別，佳句何巧，用書數語，翔以誌金。

張秀和

張秀和

張君秀和，安徽合肥人，性肉直，諳事理，恩慰細，渡才辭；為於厭烈，具於欢厥，勞慰不計也。賦任校內自治會事事秤事秤職，習期畢組，多所規摯，本校自治會之組具雖樸，君之力實是多多，去歲九一八事慶既臂，舉幽上下，廣于國國之論亡怡目，莫不未匹兵有黃之義，動血遏之哭，乃呼囂致執嚴敵執之門；吾佛地萬系頭畔，所致後人人之音朝眾可親，睯恒雖言固；本校恋慰組慰會貝一份子，尚樂有絲，任之君其受慰細，誌具鳅吻焦急，矣不得自任之日，日聖之心，豈惟日喜我所能任也，同有令人遒悟者矣，性好為善，先音自律，素以諳素，君素惠惠，然具其適之，忠成一哆，無遑相應，有如怨者，余撰蓋我代代狀求校中疊惠頭舉我，常瞥細慰喽惠辭，全校為之生色矣，予與君皆惠惠惠，雰當敬愧，聊少以諳書惠細惠張，君之卒嘗娑之我我多矣。

唐月華

乐益女中早期的门头,上面装饰有新式的大五角星,张寰和说是乐益老师叶天底设计的,他估计颜色是红色,后来被拆除了

乐益女中很重视社会实践课，学生们要学习缝纫、刺绣、园艺等

注 释

〔1〕《水》1996 年 10 月第 3 期。

〔2〕金安平著，凌云岚、杨早译：《合肥四姊妹》，生活·读书·新知三联书店 2007 版，第 92 页。

〔3〕即使有也加入新军，支持清皇退位，如手握兵权的合肥段祺瑞就曾在辛亥革命后，联合四十六名北洋高级将领电促清帝退位，没多久，清隆裕太后迫于各方面压力下诏清帝退位，此即段祺瑞"一造共和"。

〔4〕安娜：《辛亥革命与合肥李氏家族》，《江淮晨报》2011 年 10 月 19 日。

〔5〕肥西县地方志编纂委员会编：《肥西县志》，黄山书社 1994 年版，第 84 页。本地的"石"，如指粮食，一石稻谷约合七十五公斤；如指田地，一石约合五亩。此处"租额"指交租的稻谷。一石为十斗，一斗稻谷约七公斤半，一斗田地合半亩。

〔6〕倪应：《张树声家世调查记》，载肥西县政协文史资料委员会编：《肥西淮军人物》，黄山书社 1992 年版，第 8 页。

〔7〕笔者曾于 2013 年春前去实地踏访，发现张老圩子有两道宽大壕沟，类似于护城河，要进入张家宅院，必得经过这两道防线。圩子所属面积宏阔不计，院内种植有大片庄稼和蔬菜，树木高大，远山就在眼前，像是一个世外桃源。

〔8〕倪应：《张树声家世调查记》，载肥西县政协文史资料委员会编：《肥西淮军人物》，黄山书社 1992 年版，第 8 页。

〔9〕袁友振：《张新圩简介》，载肥西县政协文史资料委员会编：《肥西淮军人物》，黄山书社 1992 年版，第 11 页。

〔10〕袁友振：《张新圩简介》，载肥西县政协文史资料委员会编：《肥西淮军人物》，黄山书社 1992 年版，第 12 页。

〔11〕震旦学院创办于 1902 年,1905 年重新创立为复旦公学,1917 年复旦公学改名为私立复旦大学。

〔12〕张元和:《元和自述》,载张允和等著,张昌华、汪修荣编:《水——张家十姐弟的故事》,安徽文艺出版社 2009 年版,第 48—49 页。

〔13〕张定和:《定和自叙(节选)》,载张允和等著,张昌华、汪修荣编:《水——张家十姐弟的故事》,安徽文艺出版社 2009 年版,第 171 页。

〔14〕韦布:《追忆张奇友》,《苏州杂志》1995 年第 2—3 期。

〔15〕民国著名电影人,《三毛流浪记》的独立制片人,先后投拍了《团结起来到明天》《山间铃响马帮来》《十五贯》《护士日记》《亲人》《二度梅》《七十二家房客》等近三十部电影。

〔16〕韦布:《追忆张奇友》,《苏州杂志》1995 年第 2—3 期。

〔17〕张元和:《慈父》,载张允和、张兆和编著:《浪花集》,中央编译出版社 2012 年版,第 6 页。

〔18〕根据 1932 年校刊《校史》描述,早在 1919 年时张冀牖就有心办学,但没有合用的校址,为此奔走了两载,直到 1921 年,才定在宋衙弄筹办。又有张寰和回忆称,这块地北靠宋衙弄,南靠九如巷,应该正是母亲陆英活着时购买的,可能资金源于她的嫁妆。

〔19〕"三三制"即分初、高中两级,各为三年,废止大学预科,高中毕业可直接升入大学。

〔20〕见 1932 年乐益女中毕业校刊,韦布序言。

〔21〕胡山源:《文坛管窥:和我有过往来的文人》,上海古籍出版社 2000 年版,第 93 页。

〔22〕1932 年乐益女中毕业校刊,韦布序言。

〔23〕周有光、张允和:《今日花开又一年》,中国文史出版社 2011

年版,第 3 页。

〔24〕吴学昭:《听杨绛谈往事》,生活·读书·新知三联书店2008 年版,第 39 页。

〔25〕张冀牗曾多次拜访蔡元培,有合影留念,并参加了蔡元培在苏州留园举行的婚礼。

〔26〕张允和:《曲终人不散——张允和自述文录》,湖北人民出版社 2009 年版,第 29 页。

〔27〕《苏州明报》1925 年 9 月 8 日。

〔28〕胡山源:《文坛管窥:和我有过往来的文人》,上海古籍出版社 2000 年版,第 250 页。

〔29〕胡山源:《文坛管窥:和我有过往来的文人》,上海古籍出版社 2000 年版,第 252 页。

〔30〕《苏州党史资料》第一辑,第 1 页。

〔31〕韦布:《追忆张奇友》,《苏州杂志》1995 年第 2—3 期。

〔32〕金安平著,凌云岚、杨早译:《合肥四姊妹》,生活·读书·新知三联书店 2007 年版,第 94—95 页。

〔33〕金其安:《沈从文笔下的小阮——合肥男儿张璋》,《水》复刊第 42 期。

〔34〕金安平著,凌云岚、杨早译:《合肥四姊妹》,生活·读书·新知三联书店 2007 年版,第 96 页。

〔35〕钱正:《时代的风云》,自印本,第 37 页。钱正是原苏州市区文保所副所长、苏州历史学会副会长。

〔36〕钱正:《时代的风云》,自印本,第 39 页。

〔37〕徐镜平:《我党苏州独立支部的情况》,《吴县党史资料》第一辑。

〔38〕《南京学生联合会日刊》1919 年 8 月 19 日。

〔39〕《南京学生联合会日刊》1919 年 7 月 11 日。

〔40〕《苏州明报》1925 年 9 月 8 日。

〔41〕黄慧珠:《回忆我的母校——乐益女中》,载徐宁主编:《往事如风》,古吴轩出版社 2009 年版,第 45 页。

〔42〕高家莺:《乐益女中的点滴回忆》,载家庭杂志《水》。

〔43〕张允和等著,张昌华、汪修荣编:《水——张家十姐弟的故事》,安徽文艺出版社 2009 年版,第 11 页。

〔44〕《礼记·中庸》:"道也者,不可须臾离也,可离非道也。是故君子戒慎乎其所不睹,恐惧乎其所不闻。莫见乎隐,莫显乎微,故君子慎其独也。"

〔45〕甘兰经:《韦均一年谱》,《水》1923 年 8 月。

〔46〕见韦布:《奇人张奇友》。

〔47〕金安平著,凌云岚、杨早译:《合肥四姐妹》,生活·读书·新知三联书店 2007 年版,第 103 页。

〔48〕据说是因参加宋庆龄领导的反帝大同盟活动和抗日救亡演出,遭到反动当局恐吓、威胁。

〔49〕张兆和日记记录是"被捕"。

〔50〕韦布:《追忆张奇友》,《苏州杂志》1995 年第 3 期,第 37 页。

〔51〕韦布:《追忆张奇友》,《苏州杂志》1995 年第 2 期,第 30 页。

〔52〕胡山源:《文坛管窥:和我有过往来的人》,上海古籍出版社 2000 年版,第 278 页。

〔53〕张宇和:《爸爸轶事》,载张允和等著,张昌华、汪修荣编:《水——张家十姐弟的故事》,安徽文艺出版社 2009 年版,第 13 页。

〔54〕张宇和:《爸爸轶事》,载张允和等著,张昌华、汪修荣编:《水——张家十姐弟的故事》,安徽文艺出版社 2009 年版,第 15 页。

第五章　张元和:爱在昆曲浪漫时

天生宠女

20 世纪初的昆曲,不是曲高和寡,而是动荡萧条。 清朝末年,曾经有七个昆曲剧团,但到了 1919 年只剩下一个半的剧团了。 所谓一个半剧团,一个是指"文全福"剧团,有两百年的历史;半个是指"武鸿福"剧团,因为人员很少,所以说是"半个"。[1] 直到 1921 年,第一个昆曲学校——昆剧传习所在苏州诞生,人才接续,市场开拓,昆曲才稍稍有些起色,但仍远没有明清时期的鼎盛和辉煌。 有意义的反倒是那些与昆曲结缘的艺人和曲友,他们身上发生的故事,有时不亚于舞台上的带妆剧。

1986 年,七十八岁的张元和与七十一岁的张充和在北京登台演出《牡丹亭》,纪念汤显祖逝世三百七十周年。 元和演柳梦梅,充和演杜丽娘。 戏装上身,淡妆描蓦,水袖轻舞,余音袅袅:

朝飞暮卷,云霞翠轩,雨丝风片,烟波画船,锦屏人忒看的这韶光贱。

张充和饰杜丽娘，张元和饰柳梦梅，两人以近耄耋之年演
出《牡丹亭》，依旧精彩。俞平伯称赞这张照片非常"蕴藉"

台下一位日本观众看哭了。他评价说，这是大家闺秀演绎大
家闺秀的传奇，精彩、传神。当时一张剧照被俞平伯看到，他说这
是"最蕴藉的一张"照片。

张元和一生中，似乎从来没有远离过昆曲，直到唱不动了，她
还留下了一本标准、精致的《昆曲身段谱》。但要论起她在昆曲
上有多大的成就，她却从来没有把自己当成什么名角。只是很多

熟悉昆曲的人一提起她，总是会提起另外一个名字：顾传玠。尽管他后来改了名字，但大家还是更认同这个曾经响亮一时的艺名。

张家轰轰烈烈的婚礼之后，大家都有一个共同的盼头：孩子。张元和出生，最高兴的莫过于张冀牖的母亲，她是家里的"大老太"，新的后辈诞生，让她的地位又高了一档。大老太与丈夫没有生育，自从过继了张冀牖后，她就盼着做奶奶的一天。

陆英一连生了四个女儿，但另外三个似乎与元和的命运无关。元和是长女，吃奶一直吃到五岁。元和说，吃奶时，奶妈坐着，"我站在她两腿之间，吃几口，跑去玩，然后再来吃，是否真吃到奶，就记不清楚了"〔2〕。

张元和生在合肥龙门巷，受祖母的宠爱，断奶后不久即搬到二楼与祖母住，这其中还有一个原因，她的奶妈万干干病死了。

"我的奶妈姓万，长方脸，皮肤白净，牙齿整齐，很稳重，不多话，我叫她奶妈。"张元和直到晚年还清晰地记得她与万干干之间发生的种种细节。有一次，不知道为了什么事情，她与奶妈并排坐在床沿上，她打了下奶妈的手臂，万干干还了一下，两人都不说话，就这样你一下我一下，像孩子过家家似的。突然，元和跳下床，转身说"我上楼告诉大奶奶"，然后径直走出去上楼。

这个时候，带兆和的朱干干慌了，赶紧喊万干干："奶大姐，大毛姐去告诉大老太，那还得了，她是大老太的眼珠子，你一定要挨骂了。"

万干干倒是沉得住气，对朱干干摇摇头，悄悄地说："不会。"

朱干干心有疑惑，便轻手轻脚地跟过去探视情况，发现元和在转弯处待着，并未真的上楼，就赶紧退回来，对万干干说："你可真懂大毛姐的心思，她就在楼梯上哩！"奶妈说："我晓得她不会告状的。"

这是张家一个温暖的现象，带孩子的干干们甚至比他们的父母还要了解孩子们的脾气和秉性。

在张元和的回忆中，与这位万干干有很多快乐的场景。她受到大老太的宠爱，也就自然能得到全家人的喜爱。在家里，她的玩具是最多最新的。其中有一只洋铁蝴蝶，是彩色的，用一根杆子推动，它的翅膀就会扇动成想飞的姿势，还发出"哥达哥达"的声音，逗得元和笑呵呵的。还有一列火车，每次奶妈拿出钥匙把机器打开，把车子放在轨道上，列车就会自动行驶，还会放气，元和在一旁看着，微笑着拍手。

万干干心灵手巧，她会自制工具。有一次，她把火油箱改造成一个箱子，盖子可以掀起来放下，这样元和的玩具就可以放置有序，便于收取。

万干干是安徽人，跟着张家迁徙到了上海，后来有事回老家，在家得病，不治而亡。元和说，其实她很喜欢这个奶妈，她们本可以有更长远的相处时光。那一年，元和七岁，祖母担心元和受到什么影响，就让她搬到楼上自己的居所，并为元和安排了陈干干做她的保姆。

陈干干是安徽无为人，小脚，但做事很利索。张元和说她是"全福人"，因为她的丈夫健在，三个儿子帮着丈夫在家种地。由于年成歉收，陈干干离开了老家的土地，走进了张家当保姆。开始是照顾大老太这位张家最具权威的老人，她的周到服务和拿手厨艺很快赢得了信任。她在大老太房中做事情，做的早餐，烧的私房菜，不少都是合肥口味，这让身处异地的张家人感到亲切。张元和极爱陈干干烧的鲫鱼萝卜丝汤，要用文火在砂锅中焖熟，若是在冬天做这道菜，满屋子都是飘香的热气。

夏天的晚上，陈干干唱歌谣哄着躺在竹床上的元和："天上星，地下钉，钉钉拐，拐拐钉，钉钉拐拐挂油瓶，油瓶破，两半个，猪衔柴，狗推磨，猴子跳水井栏坐，鸡淘米，猫烧锅，老鼠关门笑呵呵，鹰来了，哦！"陈干干长长的尾音让元和觉得很富有戏剧感。

陈干干为元和讲述的老故事，让她知道了父母结婚时的场景。

在陈干干讲述的故事中，以她自己的故事最为"惊心"："我生了大女儿及三个儿子，又怀了第五胎，足月生产的时候，没人在家，我站在房门旁，背靠着长扫帚杆子，生下一个女孩，等衣胞下来，我顺手把衣胞擩在小孩脸上，就当没有生她。"很长一段时间里，张元和都在回想着这个可怕的故事，她觉得陈干干说的时候似乎很轻松，好像在说别人的故事，毫不动情。

这是一个极其勤快的用人，她吃饭最快，看到地上有纸屑都要捡起来。她对元和的感情也非同一般，元和大学毕业远走他乡就业时，她也要跟过去探望。当时元和在海门茅镇县立女中做教务主任并代课，学校旁有小片土地，养有鸡鸭，一只母鸡孵出了一窝小鸡，带着它们慢悠悠地散步。陈干干看见了，很是惊喜："都是小黑鸡，太好玩了。"说着还把几只小鸡放在棉袄里，在胸前兜着它们，慈爱之情显现。"我想不到她这么爱小动物的人，会亲手弄死自己的初生女儿，是困苦环境及重男轻女习俗造成她的狠心吧？"[3] 元和敏感又善于体贴他人，她总是把事情往好的一面去想，宁愿相信一些悲剧没有上演过。

由于祖母的宠爱，张元和到了上学的年龄，仍旧在家学习，父亲请了老师教她《三字经》《龙文鞭影》《唐诗三百首》等，还每天练习小楷。到了苏州后，课程开始多了起来，除了文史外，还有算术、自然、音乐、体操、舞蹈等，每周作文言文和白话文各一篇，由不同的先生批改。 直到母亲去世后，元和才进入苏州女子职业学校读书，读了两年便转入父亲创办的乐益女中。 她是教育部推行的"三三制"第一批学生，也是乐益女中第一批毕业生。

那一年的乐益女中的校歌别有韵味：

> 吴山高兮湖水清，都会文明，唐宋以来子城，光景重新。吾校几费经营，迄今基址日宏，幸得良好环境，左右为邻，图书馆宜讲学，体育场资卫生。辅我一堂姊妹，修养身心。

> 和风翔兮朝日升，女学方萌，门墙桃李滋荣。百年树人，得英才而教育，道与时以偕行，相期乐天养性，益智增能，为家庭谋幸福，为社会作新民。来日顾名思义，莫负栽成。

这是 1924 年的乐益女中，当时张冀牖提出"造就新社会的中坚女子"的办学方针，培养有相当学历的女子、有毅力的女子、有幸福的女子。 学校除了正常的课程外，还常常组织她们走出校园，接触自然，接触社会，当时乐益的女生们遍游了"京口金焦维扬苏杭诸胜"。 学校的历史老师还以法兰西圣女贞德为榜样，赋诗赠予毕业生，希望她们成为新时代的女性，继续有所作为：

> 无别焉知相聚乐，有心谁谓读书难！
> 班昭女诚嫌陈腐，此往还将刮目看。[4]

当时这批初中毕业生们大多选择继续在乐益女中升至高中。毕业典礼隆重而富有意义，艺术表演就有十六个节目，所有活动均由学生们自发组织。 张元和为"毕业式委员会委员""文艺表演部干部"，尽心组织，还报名表演达摩剑。

张元和在初中时期就学习昆曲,身段已经有了模样

记得在上海时，元和、允和、兆和随着大大看戏回来，总喜欢在堂屋里"复习"一遍。有一次，她们看了七岁红（名角高三贵）的武戏回来，很是兴奋。当时元和正好七岁，说要模仿这位角儿的功夫。她在堂屋饭桌上抬放了一张骨牌凳子，上面又加了一个小板凳，然后对二妹、三妹说："我也是七岁红，会像做戏的七岁红一样，从三张桌子上跳下来。"允和、兆和都不说话，很是钦佩地看着大姐。

元和很兴奋，爬上椅子，上了桌子，又爬上骨牌凳，最后站在小板凳上。两个妹妹抬头望着她，期待着她的表演。元和往下一看，太高了，不敢跳，不声不响，走下小板凳，把小板凳拿了下来，然后站在骨牌凳上，想跳，但还是不敢，于是站了桌子上，仍然不敢跳，后来低着小脑袋从桌子上爬到椅子上，下来了。两个妹妹有点失望。"我夸了口，没勇敢当七岁红，出洋相，别是一番滋味在心头！"[4]

由于江浙战争影响，乐益女中高中部停办。（张允和的回忆称，是张闻天、侯绍裘、叶天底一批进步人士被迫撤退时，高中部停办。）张元和去了南京，投考位于马府街的第一女子师范，插班读高二，校长是张默君（同盟会会员，女权运动倡导人）。高中毕业后，她进了上海大夏大学攻读文学。此时的上海正流行着"大世界"的戏剧。

此时，从昆曲发源地苏州走出去的顾传玠，正活跃在上海的大世界。

20 世纪 20 年代末,张元和在上海读大学

一介之玉名动上海滩

提到昆曲"传"字辈演员,恐怕现在知晓顾传玠的人已不多了,他成名早,隐退也早,后来又在内战之际去了台湾转行发展,最后因病早逝。一介之玉,就此划过多变但又灿烂的昆曲星空,绝

美而令人叹息。

作为近代史上昆曲中坚力量的"传"字辈一共四十四人，以艺术造诣和声誉而论，顾传玠当之无愧地排行第一，这是一批老观众、老曲家的共识，也是"传"字辈师兄弟们所公认的。[5]

中国的很多艺术门类都有一种独特的生存"倔强性"：越是受到打击或是渐趋没落，就越是会出现转机和复兴的可能。昆曲就是其中之一。它的历史可以追溯到元末明初，其中的名家汤显祖可以媲美莎士比亚，实际上二人同卒于1616年，且分别代表东西方文化中戏剧创作的顶峰。"20世纪20年代初，正当昆剧极度衰败，后继乏人、面临绝境之际，苏州、上海一些热爱昆曲的曲友们，目睹了这一危机，忧心忡忡，决心采取各种措施，以延续这一古老剧种的艺术生命。"[6]

这些著名曲家多有殷实家底或是大实业，如张紫东、贝晋眉、徐镜清、穆藕初、俞粟庐等。1921年8月，一个名为"昆剧传习所"的新型科班在苏州西北角桃花坞"五亩园"开课。

首先招生就遇到了挫折，虽说老师不乏"全福班"的名家，甚至还有吴梅、孙咏雩等名家助阵，但对"戏子"的轻视以及学戏的艰苦，非一般家庭能够接受。因此后来经过面试选拔出来的正式生员，多为贫家子弟，还有的则是传习所创办人亲朋的孩子，顾时雨即为其中一例。

1910年1月25日，顾时雨出生在苏州山塘街，父亲是位私塾师，家境一般。父母业余喜欢栽植兰花、茉莉花，并由此结交姑苏望族、昆曲名家贝晋眉。后贝晋眉与人投资创办昆剧传习所，初小毕业的顾时雨与哥哥顾时霖相继被招进传习所学戏。

顾时雨入学昆曲时，也正是苏州乐益女中正式开班的时候。那个叫张元和的女孩，也正在学校学习昆曲，他们还有共同的老师:"全福班"师傅。

昆剧传习所最初的招生制度,是要先面试的,看长相、身材,听他们的声音和乐感。 顾时雨在长相上就很具优势,他清秀脱俗,精气神足,大大的眼睛,高高的鼻子,脸形俊美,气质宜人,可塑性强,让人很有眼缘。 老一辈的回忆文章对他的评价近乎完美:外形俊朗,音调清丽,委婉抑扬,细节传神。 这样一个天生的小生,又是出身书香世家,演起小生来更是神似。 同是"传"字辈的倪传钺回忆:"他(顾传玠)天资聪颖、勤奋好学,无论大小冠生、巾生、雉尾巾、鞋皮生,凡属昆剧的传统戏,都能应工。"另一位"传"字辈周传瑛也说,顾传玠的表演简直就是天赋。

有人说,顾传玠演戏不是用身,是用心。 他自己也常说:"演戏前内心要揣摩剧情,演来才逼真。"于是很多同行发现,这位小生在排练时,口中总是喃喃自语,原来他在为自己进入角色做充分的酝酿。 巾生戏《玉簪记》(饰潘必正)、《西厢记》(饰张君瑞)、《牡丹亭》(饰柳梦梅)、《狮吼记》(饰陈季常)、《西楼记》(饰于叔夜),鞋皮生戏《彩楼记·拾柴、泼粥》(饰吕蒙正)、《永团圆·击鼓、堂配》(饰蔡文英)、《金不换·守岁、侍酒》(饰姚英)及翎子生戏《连环记·小宴》(饰吕布)等,都是他的拿手好戏。 嗓音宽而亮,身段轻盈柔软,表演细腻用心,多位老师都对这个小生格外垂青,许彩金、吴义生、沈月泉等名家先后对他倾心施教。 后来他还跟着蒋砚香、林树声等京剧名家学起了武戏,可谓文武双全。

昆剧传习所主业是学戏,但文化课也不落,有国文、音乐、毛笔字、戏曲基础等等,顾时雨算是学历高的学生,学起来也很得心应手。

取艺名时,传习所以"传"字为统一字辈,然后按个人所擅长的角色取意，如顾时雨学的是小生戏，又因另一字皆取玉字旁，故名顾传玠。当时学期定为：学习三年，帮演两年，五年满师。从毕业后不久的 1925 年开始，顾传玠就跟随传习所班底到上海各大舞台演出，如笑舞台、徐园、大世界等，他的戏总能脱颖而出，后来不少观众看戏就是奔着他而来。

沈月泉传授他的《牡丹亭·拾画、叫画》《长生殿·迎像、哭像》《惊鸿记·吟诗、脱靴》等小生戏，都被他演绎得出神入化。有一次，顾传玠饰演李太白醉酒，出场时就是宿醉未醒台步，看似凌乱晃悠的步子，被他演得飘逸文雅，且富有层次感，从出来时的移步扭身，到中途的微醺神态，直到最后彻底沉醉卧倒，身段轻盈灵活，配合脸上的精彩表情，观者无不像是闻到了舞台上下的酒气，并有太白的仙气。顾传玠说："眼神及腿上功夫最重要，必须把李太白的醉态一步一步演出来，最后才是沉醉。"

一时间，这位新晋小生风靡了上海滩梨园，不少戏院的海报上都有顾传玠的名字出现在"首席"位置。艺名传玠"玉树临风"之意，实是名副其实。从十二岁进所学戏，到十八岁，顾传玠的艺术研究日臻成熟，一位评论家当时在报上评论他说："一回视听，令人作十日思。"由于他技艺精湛，梅兰芳曾特邀他同台"对戏"，一时传为美谈。

但任何出色的技艺都并非天生所能成就，顾传玠优秀的背后是辛苦的练功。1925 年夏，传习所毕业生首演于苏州北局青年会，当时小说家、《申报》副刊主编胡山源（曾在乐益女中任教，并因在该校接触昆曲而喜欢上）因事经苏州，观看了顾传玠演出后，大为感慨："各出严守准绳，旧范未远，且又精神饱满，无懈可击。"看完戏后，他还特地跑到后台去，只见："顾传玠下场时，即解衣磅礴，大挥芭蕉扇。"

顾传玠在《雅观楼》中饰演李存孝

1924年,顾传玠在上海圣约翰大学演出《西厢记·寄方》,此为顾传
玠演出生涯中第一张剧照

1925 年 11 月，昆剧传习所在上海笑舞台、徐园交叉演出，顾传玠作为"帮演"跟随其中，其间老师仍旧继续传授技艺。在笑舞台时，顾传玠已经挑梁演出《狮吼记》压台了。

"在徐园演出不久，小生顾传玠即率先走红，深受众多行家与观众的青睐。传玠善于琢磨角色，演出时一丝不苟，十分投入。民国十五年（1926）3 月 19 日，在徐园主演《铁冠图·撞钟、分宫》中的崇祯帝，这是他唱做皆重的大冠生拿手好戏。当演至崇祯帝于煤山自尽前，率领皇后、公主哭告太庙，为免受陷城后遭敌军凌辱而剑刺公主，皇后则自刎身亡这节戏时，传玠恍若身临其境，与剧中人物浑然一体，声调激越悲怆，满腔怨愤之情倾泻而出。当唱完最后一句'恨只恨三百载皇图阿呀一日抛'匆匆下场时，当场口吐鲜血，被后台人员及时扶往医生处急救，养病一周余，才于 3 月 28 日重又登台献艺。从此，这《撞钟》《分宫》两出重头戏，传玠很少再演唱，常由与其扮相酷似、工冠生的胞兄顾传琳演出。"[7]

帮演期间，顾传玠的津贴最高，每月十一元半，其他人只有他的一半。因为这批优秀的新角，昆剧传习所得以在上海滩立足。顾传玠边演边学，到资助人穆藕初因事业失利，无法赞助传习所时，他又不忍心让以顾传玠为首的一批"传"字辈"好苗子"改行，就将传习所移交给了曲友、上海大东烟草公司总经理严惠宇。

严惠宇被称为"镇江三老"，自幼要学清末状元实业家张謇以实业兴国。他热衷昆曲，在传习所即将倒闭之际，与友人出手资助，投资两万元，创办"新乐府"。这是一个全新的班底，倪传钺说，在此之前，传习所演员收入甚微，进入"新乐府"则为正式演员，实行"包银制"，还供给膳宿，使数十名不满二十岁的青年，得到了安定的生活。

　　严惠宇有意将演员的档次拉开距离,"月包银"最高的是顾传玠,一百元,其他相继有六十元、三十五元、三十元、二十二元、二十元等。这次改变也埋下了矛盾的种子。

　　严惠宇还善于使用传媒手段。顾传玠的名字频频出现在上海报纸上,有一次,他在笑舞台演出,一下子收到很多花篮、银花瓶、泥金联。再闯进大世界时,他们的试演月包银就达到了一千六百元。当时大世界正在转型,舆论批评大世界演出格调不高,黄楚九谋求变革,力邀新乐府进去,并将昆剧场装修一新,高档典雅,培养了一批有档次的观众。大世界有一个特点,顾客花三角钱购票后,可随意进入各个剧场观看,不受制约。也就是说,如果你这个场唱得不好,观众就走了。以顾传玠为"头牌"的新乐府在大世界前后历时两年零六天,演出达一千四百余场,是近代昆剧史上绝无仅有的一期昆剧演出活动。[8]

　　正是这个时候,在上海读书的张元和注意到了这个苏州小生。"顾(顾传玠)为吴人,性聪颖,美丰姿,倜傥不群,饰巾生,则翩翩绝世,书中人未必过之。"[9]这样的男子,谁又能不动心去看个究竟?

　　大夏校园里,元和齐耳短发稍稍斜梳着,身穿高领盘扣丝绒暗花上衣,一双眼睛似水晶一般澄明。她与另外三个同学因品貌、才艺出众,被誉为"四大天王",她是雍容华贵的"皇后",另三位分别为神采奕奕的"玫瑰"、舌灿莲花的"蝴蝶"、温文尔雅的"安琪儿"。允和说,大姐生得端庄秀美,穿衣的颜色、式样都很雅致得体,她最喜欢咖啡色。貌美才高,再加上出身名门,元和身后不乏追求者,但她一律不考虑。

　　元和想见顾传玠,但她并没有直接出面,反倒是后来被沈从文称为"媒婆"的允和"出手"了,但允和是因为昆曲:

　　当时大世界正在演出《牡丹亭》，但是只演到《冥判》，就没有下面的《拾画、叫画》。光华大学的女同学会有一个昆曲组，我建议写一封信给顾传玠，请他演一次《拾画、叫画》，果然如意。演出那天晚上，我们邀请几位爱好昆曲的男同学和我们几位女同学，叫了几部出租车，浩浩荡荡去了大世界。大世界里面的剧场很小，座位不到一百个，看客多是知识分子，场里特别安静，这出戏要演一个多钟头，是汤显祖《牡丹亭》中的第二十四出《拾画》和第二十六出的《玩真》合并的一场戏，也是巾生的独脚重头戏。

　　顾传玠出场的一句引子"惊春谁似我"就抓住了我。他不但唱得好，身段十分优美，而且书卷气十足。下面唱到《好事近》的"则见风月暗消磨，画墙西正南侧左，苍苔滑擦"时，把我吓了一跳，以为柳梦梅真的要滑跌了。

　　拾到了杜丽娘的画儿时，起初他想这是观音佛像，带回到自己屋子好好供养。下面就是《叫画》。展开画像再看又像是嫦娥，可又不是，最后才知道是他梦中的情人。顾传玠交代得清清楚楚。台下人都全神贯注地仔细听、仔细看。发现这就是他梦中的情人，情人题诗上说"他年若傍蟾宫客，不在梅边在柳边"，他的名字就是柳梦梅。

　　最精彩的是三声呼唤："小娘子、姐姐、我那嫡嫡亲亲的姐姐。"

　　"小娘子"还是外人；姐姐是亲人；我那嫡嫡亲亲的姐姐，就是真的亲人了。惊心动魄。《叫画》到了最高潮。这是巾生戏，我们看完了这场戏，大家都极高兴，好戏、好戏，难得看到的好戏。我跟大家说："这三声呼唤真的把杜丽娘叫活了。"顾传玠的柳梦梅也永远活在我们心里。[10]

20 世纪 30 年代初,张元和在上海大夏大学就读,因为端庄大气,被称为"皇后""校花"。前排左起李芸、张元和、方英达,后为李芝

另外一篇文章里则有着更多的细节:

五十五年前,我在上海光华大学念书……

女同学们都想看看舞台上的《拾画、叫画》是怎样的。那时,仙霓社(应为新乐府)正在上海大世界演出。顾传玠常常和朱传茗演《惊梦》。有时演所谓全本《牡丹亭》,但也只演到《冥判》,不见演《拾画、叫画》。我的大姐张元和同我一道,还有几位女同学,冒冒失失地写了一封信给顾传玠,请他唱《拾画、叫画》,果然如愿以偿。

大世界是流氓横行的地方,大学生很少去光顾,尤其女学生不敢去。我们邀了几位男同学做保镖,叫了出租汽车,浩浩荡荡去看《拾画、叫画》。[11]

从一张老照片中可以看出，允和与大姐在上海校园常有来往，并与"大夏四大天王"合影留念，昆曲界如日中天的顾传玠不可能不成为她们的话题。

情定并蒂莲

张允和九十岁的时候回忆说，自己自从五六岁时扮演了一次丫环，一辈子都在演这个配角，"是个丫环坯子"；比她大两岁的元和则不同，大姐从七八岁就组织剧社，自编自导自演。

后来，三姐妹又在上海演出了四出戏。《三娘教子》，大姐演王春娥，端坐在椅子上，用棍子打人；《探亲相骂》，大姐和三妹演亲家，允和演"驴子"和媳妇；《小上坟》和《小放牛》，元和还是主角。"大姐处处比我们强，最终结缘戏剧，演了一辈子主角。"[12]

张元和一辈子里最在意的"主角"，恐怕还是在昆山的那次义演。当时的顾传玠已经退出舞台多年，这还得从严惠宇的"包银制"说起。

新乐府的"包银制"把传习所演员的收入拉开了档次，"从包银的分档情况来看，大体上反映了当时各人的艺术水平及在观众中的声誉高低，应该说有其合理之处。但由于彼此差距过大，尤其是顾传玠、朱传茗的包银额，超过他人一倍或数倍，使原来一向平起平坐的同科师兄弟一下子拉开了差距，不少人心理上很不平衡。……这也就成为导致'传'字辈师兄弟间日后矛盾逐渐激化的主要隐患"[13]。

从现有资料看，严惠宇尤其照顾顾传玠，薪金高，生活待遇也

张元和在大夏大学参演田汉名剧《名优之死》

很优越。 在大世界时，顾传玠和朱传茗不安排"搭头"（配角）；
除星期六、星期日外，一般不唱白天戏，只演夜场；平时安排演
出，也总以他俩为中心，列为"压轴"。 这些做法都是破例，违背
了昆班不分主角配角的做法，由此让其他人迁怒于受优待的人。
朱传茗作为顾传玠的搭档，为人较为随和，与师兄弟们相处尚

好。[14] 而顾传玠天资聪颖、学习刻苦、悟性极强，连引他进入传习所的贝晋眉都为之自豪，但无形中他也给人一种"骄傲"的印象，矛盾自然就集中在严惠宇和顾传玠身上。"传"字辈演员周传瑛回忆，顾传玠的吃住都在赞助人身边，与之分开，到了有他们的正场戏时才坐了包车过来，唱完便又坐包车而去，这种做法无疑破坏了受优待者与他人的关系。[15] 有一次，苏州的报纸报道，新乐府即将受邀再赴上海大世界签约，但顾传玠不为所动，而是与原吴县县长彭彦国每日打乒乓球。当时大家一致看好他，"许为畹华（梅兰芳）之后起"，梅兰芳南下时特此邀他同往，却未能同行。报道说"惟顾近忽染肺病，不能登台唱奏"。大世界和永安天韵楼各出包银一千两百元和一千五百元争抢新乐府合约，但顾传玠决定不再前往上海，并有入东吴大学一中就学之说。"人劝其安心乐业，毋再骛心。顾则谓梁燕安知鸿鹄志。其自负有若是哉，勉之哉顾传玠。"[16]

作为一个大红上海滩的名角，顾传玠年轻气盛，若有傲气，也无可厚非，只是当时演员对于市场化的路子还没有适应，于是有一天就爆发了：民国十九年（1930）冬，部分"传"字辈师兄弟应邀至陶希泉（新乐府赞助人之一）家唱堂会，演出结束后，陶氏赠给顾传玠、朱传茗、华传萍每人一件高档皮袍子，引起众人的愤愤不平。由此，众师兄弟呼吁"自立"，并有"罢演"之说。严惠宇态度坚决，申明分开后，将收回置办衣箱。到了1931年4月，严惠宇撒手新乐府。[17] 此时的顾传玠则继续受严惠宇资助，弃伶就学。他的离去对"传"字辈演员以后组班影响很大，后来年逾百岁的倪传钺忆起此事还深感遗憾，并设身处地考虑了顾传玠的难处。

对于严惠宇日后频频顾及顾传玠，有说是"严还希望顾传玠娶他的大女儿"[18]。但笔者在严惠宇的史料及严的女儿的回忆中，并未查到相关描述和倾向。 与张冀牖相同的是，严惠宇也是承嗣于别房，只不过他后来的产业繁杂，涉及十几个门类，其母说他是"八个汤罐七个盖，盖上这个又忙那个，日夜不得安稳"。 其女在回忆父亲时提及，父亲爱书如命，有一次购买了康有为很多藏书，给子女们看。 父亲很早就让她上女校，并就读蚕桑专业，上学地点就在苏州浒墅关，后蚕桑成为她一生的事业。 其女说:"在他门下的顾志成，原为昆曲名角顾传玠，经常出入我家，有时也教我们唱昆曲。"[19]

很难说，在事业转型的关键期，顾传玠是否会考虑儿女私情;围绕在他身边的绯闻，直到与张元和一定终身，才算完结。

顾传玠与梅兰芳同台演出是在陈调元（民国军队高级将领，国民革命军上将）生日堂会上，当时他与梅合演《贩马记》，精彩绝伦的表演赢得满堂掌声，梅不单对顾大加激赏，并亦谦抑请教，故有邀约合作之图。

后来，张元和在致汪一鹇女士的信中说:"志成（顾传玠）当初因梅兰芳约他去梅剧团演小生，一方面自己想求学，或留社继续演戏。 三个动向，最后决定求学，是严惠宇供给他学费的，所以他称严惠宇为老师。"促使顾传玠弃伶就学的原因可能很复杂，但昆曲演员长期以来的卑微地位，怕也是其中之一，顾传玠渴望转型，渴望像个读书人那样一步步上升。

1931 年 6 月 2 日，顾传玠结束了在苏州中央大戏院的演出，告别舞台，更名为"顾志成"，取意"有志者事竟成"，进入东吴大学附中读书。

在学校里，顾传玠与张家长子宗和、次子寅和相熟，他们都是爱好昆曲之人，其中宗和还是业余曲家，师从沈传芷、周传筝学曲。

此时的张元和正在海门海霞女中任教务主任（后任校长），并

20 世纪 30 年代,张元和与干姐姐凌海霞的合影。凌海霞曾任江苏海门县立女中、海霞女中校长

在当地县立女中任教。 从她的年谱看,正值芳龄的她在那里一待就是五年。

在张家姐妹的早期照片中,常会出现一个叫凌海霞的女子,她是乐益女中的舍监,看上去有些冷峻,但实际上很热心肠。 凌海霞著有一本未出版的自传,详述了个人身世及与张元和的交往。

凌海霞出身海门士绅之家,家世背景与张家相像,家里有花园大屋,父亲也是读书人。 大学毕业后她又去北京读银行专业。 由于战乱影响,凌海霞早早回乡求职,在三十二岁那年进入苏州乐益女中担任舍监。 她对张家几个姐妹都非常喜欢,"见她们灵巧活泼,深觉

抗战期间,张元和(左一)与凌宴池(右一)全家在一起,凌宴池曾为
上海大陆银行经理

可爱",尤为喜欢比自己小十五岁的张元和。 她认元和为干妹,让
元和喊自己的兄长凌宴池[20]为干兄。 1931 年,元和大学毕业后,
到北京读燕京大学研究院,就住在干兄嫂凌宴池夫妇家。

从凌海霞的旧影看,其人目光坚决,眉宇间有一种不容商量的
硬气。

凌海霞说元和身体虚弱,又患咯血,因而"日夜照料她的汤
药"。 但在元和的回忆中并无相关片段。 凌海霞处处照顾元和,
她也曾照顾过一个生病的女作家,还让女作家到其老家海门生活。
或许是因为她的性格太过于刚硬,她认为乐益女校太散漫、缺乏组
织。 乐益女中的同事觉得她行为异怪,甚至报告到了校长韦均一
那里,结果她在次年就没有被续聘。

在凌海霞离校后，元和转学去了南京。后来她们在大夏大学相遇，凌海霞在该校任教，她的才能终于得到了发挥。但她的目标不止于此，在父亲和兄长的鼎力支持下，凌海霞办起了海门海霞女中。由于她自己在县立女中任校长，便将张元和聘来做海霞女中校长，但实际上主持校务的另有其人。海霞女中开有桑蚕、刺绣、简师班，并解囊帮助贫困生入学，元和在此期间获得了教育实践和社会经验。1936年，张冀牖多次催促元和回苏州，有人说，她是受命去北平接四妹充和回家来，因为在北大就读的充和生病了，还说后来是昆曲治好了她的"怪病"。总之，元和回到了阔别多年的九如巷，开始跟着家庭教师学昆曲，周传瑛教她小生身段，父亲还让她学《荆钗记·见娘》里的王十朋，他最喜欢这个角色。在家里学戏时，她见到了顾志成。

"1935年，我向周先生[21]学小生戏的时候，我弟弟宗和、寅和有个同学不时来我们家。他来的时候，如果我正在学戏，一定立刻打住。我知道他是顾传玠。几年前，他是上海最红的小生。后来他离开了戏班，如今在南京和我四弟宇和上同一家学校。他一出现，我就不唱了，否则有多尴尬呀。"[22]按照元和的回忆，当时她与顾志成并不熟悉。顾志成考进金陵大学后，严惠宇鼓励他学习农业。大学毕业后，他一度在严惠宇的镇江农场实习，其间常来苏州度假。昔日的新乐府已经演变为"仙霓社"，他与昔日的昆班兄弟保持着联系，并不时赶来客串。

1936年的夏季，昆曲发源地昆山传来一个消息，顾志成要在昆山正仪重登舞台（临时客串）。身为幔亭曲社成员的张元和也受邀前往客串，她第一时间想到的，就是打电话给爸爸和弟弟们。

那是昆山救火会的义演，救火会即是古时的消防队，常常有公益基金设立，不少经费来自募捐。以昆曲形式在昆山为救火会组织义演,张元和说:"这是件大事,因为昆曲是六百年前发源于昆山的。 苏州的职业艺人和曲社的曲友都想共襄盛举。"顾志成答应仙霓社客串演唱《见娘》及《惊变》《埋玉》。 张元和一听说他将演爸爸最爱看他演的这折《见娘》,马上打长途电话到苏州,告诉爸爸及继母这个消息。 "爸爸就雇了汽车,带宗弟、寅弟、寰弟、宁弟等及宁弟的家庭老师,浩浩荡荡都到昆山来欣赏昆剧。"〔23〕

　　在昆山的演出中,张元和两次登台,在两出不同的戏里扮演小生。 顾志成自然看到了她的演出。 随后他上台扮演了两个最重要的男主角——《惊变》中的唐明皇和《见娘》中的小官生王十朋,两个角色都是难度较高的,分两天演出。

　　1936 年,顾传玠(左一)在昆山参加救火会义演,与张家的孩子在一起,坐者为张寰和

　　第一天,顾志成上台演出了《见娘》,内心戏极多,复杂多变

化。 顾传玠上台演唱时稍有皱眉习惯，这一缺陷不意恰恰成了他的艺术特点，他因此特别擅长演唱剧情凄凉悲苦之人物。 久不练功，这场戏演下来，他已经很累了。 第二天他又应邀演出了《惊变》，把唐明皇与贵妃畅饮之际突遇"安禄山之变"的悬殊心情演绎得惟妙惟肖。 到了第三天，据说他已经精疲力尽，不肯再多演一场。 外人不会为难他这位已经隐退的名角，但张家兄弟"放不过他"。

张寰和回忆说："志成（顾传玠）兄在宗和大哥、寅和二哥你一拳我一掌的'逼迫'下，粉墨登场演出了《太白醉酒》（即《太白醉写》）。 我们都坐在台上下场的一边的地上。 李太白飘逸、儒雅，但在沉醉倒地前却东倒西歪地故意朝我们撞来，'吓'得我们东避西让，引起一阵哄笑，但也加强了他的'醉态'和喜剧气氛。"

顾传玠扮演李太白，扮演高力士的则是周传沧，两人背对背推磨打转，临时演练。 传玠背诵《清平调》："云想衣裳花想容，春风拂槛露华浓。 若非群玉山头见，会向瑶台月下逢。"这个时候，他突然卡住了。 元和接了句："一枝红艳露凝香……"

该前世缘定，不早不迟，萌于是焉？

这是台湾著名票友贾馨园在采访张元和后记录的，想必可信。

张允和亦曾回忆说：

　　大家（指张家孩子）都觉得顾传玠只当看客不行，两个弟弟拉他到后台说："今天你得上台，不上台我们不答应。"他没办法，只好到后台化装，演《太白醉写》中的李白。不是小生，是有胡子的角色，我还没有见过传玠演这样的戏。

　　没有化装配戏，所以这出戏是最后演出。一开幕是满台人物。唐明皇、杨贵妃、高力士和宫娥彩女们。大家都想李白怎么还不出场？好了，台上高力士一声："宣翰林李白上殿。"我想顾传玠的李白该出场亮相了。可是不见人，只听幕后的一声"领旨"，一时满台都是酒香。

"领旨"两字是醉音，不是普通人用的胡言乱语的醉话，而是一位高人雅士的醉话。普通人是上台亮相，而"领旨"是后台亮相，表现出场人物是什么身份。顾传玠演来令人叫绝。这"领旨"两字够我对他的一辈子的无比怀念！[24]

当天的演出中，顾志成化身狂放不羁但又不失风雅的李太白，即使是在大醉中，也保持着他的清高傲慢之气。张元和回忆当时顾志成的演出，说其"十全十美，令人叫绝"，她为之陶醉。台上的太白是装醉，台下的知音是真醉了。

张寰和的回忆中还点出当时演出附近的一个地点：半茧园。喜爱摄影的张寰和为顾传玠在半茧园拍摄了多张休闲装的照片，张张玉树临风。

根据史料，半茧园的前身是茧园，最初开辟者是明朝藏书家叶恭焕，园子位于昆山城的东南部。据记载，茧园内除池沼山石外，且有大云堂、据梧轩、樾阁、霞笠烟鬟榭、小有堂、唐亭、绿天径、梅花馆、春及轩诸胜，正所谓"石栏绕曲径，春水漾方塘"。其时为江南名园之一，园内常有诗会雅集，也不乏清音袅袅。

据张元和回忆："为昆山救火会演完义务戏后，爸爸雇船带我们去正仪看荷花，志成同弟弟的老师很高兴地下池边去仔细欣赏罕见的'重楼'及'并蒂莲'名种。午餐毕，不见志成，寻至河畔，见他正卧于船头吹笛，乃在岸上举起相机拍下了当时镜头，也是此生为他摄的唯一相片。"从幸存的照片看，一身休闲白装的顾传玠卧在乌篷船舱头，河水安谧，荷香四溢，而他正沉醉在悠悠的笛声

1936年夏,张元和在昆山正仪并蒂莲园内划船留影,当时顾传玠就在身旁

中,不知道有没有注意到不远处一阵香风缓缓而来。随着"咔嚓"一声脆响,那浪漫永恒地定格在了昆曲的发祥地。

抗战全面爆发后,元和先是随着父亲、继母、小弟等人回了合肥,然后住到了三山张老圩子里,但不久后即离开。她去了汉口,被干兄嫂凌宴池、贺启兰安排在法租界家中。当时她去函给父亲,催他带着家人前来,但没有得到回应。在汉口,每日便看那日机来往,空战不断,黑烟弥漫。后来,张元和又随凌家辗转回到上海,与凌海霞重聚。

当时张允和致信大姐,要她到四川去,但元和回信给二妹说:
"我现在是去四川还是到上海一时决定不了,上海有一个人对我很
好,我也对他好,但这件事(结婚)是不大可能的事。"

从上海到台湾

日军的轰炸机掠过黄浦江的上空后,繁华上海遭遇了空前的破
坏,很多商场、戏院、剧场不复存在。 传习所戏班子随之解散,那
些昔日的角色全都乱了套,有的去当了茶房,有的成了算命先生,
还有的流落街头卖艺,更有甚者,自甘堕落,酗酒、吸毒,直至暴
毙街头。

顾志成毕业后受严惠宇的帮助留在了上海,先是在一所农业大
学教书,后来从事过多个商业职位,还曾在租界中学代课教《新文
艺概论》。

"在讲课中,(顾志成)不时介绍当年一些先进人物和新思
想。 他谈到陈独秀创办《新青年》杂志,提倡新思想、新道德、新
文学,反对旧思想、旧道德、旧文学,拥护德先生(民主)、赛姑娘
(科学),还讲到胡适、鲁迅、瞿秋白、朱自清、刘半农、徐志摩等
人及他们的作品。 一口吴侬软语,说到'不用典……不作无病呻
吟'的'八不主义'时,苏白'八不'语音作入声说时,音似'爸
爸',引起顽童们一阵活跃。"[25]

走下舞台后的顾传玠渴望转型,渴望提升,渴望通过对知识和
思想的掌握获得尊重,更渴望得到理解和支持。

周有光先生,如今已是一百零八岁(2013 年)高寿,他的观察
颇为独到、深刻。 他也曾对张元和与顾传玠的婚姻做过点评:"张
元和在上海读大学,人漂亮,读书也好,是大学里的'校花',被捧

得不得了，再加上张家地位，对她的婚姻很不利，一般男孩子不敢问津。……张元和因为喜欢昆曲和顾传玠相识，顾传玠想追求她，她不敢接近顾传玠，因为当时演员的地位很低。所以拖了很多年，到抗日战争的时候才在上海结婚。"[26]此说属实的话，两人应该在昆山义演后即进入角色，但中间始终存在着犹豫和忐忑。而他们一旦结合了，就会始终如一，再也没有什么能把他们分开。

张元和与允和心近，在犹豫和压力之下，想着先在姊妹间试探，以期获得信心，然后推迟多日才向父亲开口，可惜已经来不及了。

"传之不朽期天听，玠本无瑕佩我宣。"这是吴昌硕送给顾传玠的嵌字格对联，精练到位。

但就是这样一位难得的昆曲小生，要想被大家女子托付终身，并不容易。

"昆曲是高雅之至的了，但唱昆剧的戏子终归是下贱的。"顾传玠的同门、张元和的老师周传瑛是深有感触的。一方面达官贵人、文人雅士对昆曲追捧有加，另一方面昆剧演员却待遇低下。可以想象张元和选择顾志成的艰难，尽管他已经脱离舞台，但毕竟是梨园出身，并且常常上台客串。他为昆曲而生，是天作，亦是人和。

"在当时的社会条件下，一个名门闺秀大学生和一个昆曲演员之间的悬殊地位，来自各方面的舆论，确实给了大姐不小的精神压力。我理解她，支持她，马上回信代行家长职责：'此人是不是一介之玉？如是，嫁他！'"[27]

此时的张元和已经逾三十岁，她的二妹、三妹已陆续成婚。于是她决心致信父亲，表示要与顾传玠订婚。但信到达张老圩子时，张冀牖已经去世多日："1938年冬正拟与顾志成订婚，忽得爸爸在合肥去世噩耗,真是晴天霹雳,从此父女人天永隔,再也见不到他慈颜笑貌了。我躺在床上,痛哭失声:'爸爸,我正要征求你的同意,在农历十二月十五日与他订婚,您却仙逝了。'"[28]

1938 年农历十二月十五日,是顾传玠的三十岁生日。

翌年 4 月 21 日,张元和与顾传玠在上海大西洋餐厅结婚。后住在愚园路愚园坊,再迁和村,再迁法租界福履里路懿园。

以张冀牖办女学的开明及对子女婚姻的宽容,还有他对顾传玠昆曲艺术造诣的肯定,相信他不会否定这门婚事。只是在现实中,顾志成和张元和的婚事还是引起了一些非议。上海报纸以"张元和下嫁顾传玠"为题,登得一塌糊涂。

就连顾传玠后来致信张允和时,还开玩笑自嘲:"一朵鲜花插在了牛屎上。"

看看当时(1939 年 4 月 13 日)《申报》的报道:

昆曲界珍闻——顾传玠月内结婚

名昆伶顾传玠……先有严渭翁及本报《自由谈》编者胡山源[29]君之介,与名昆票张元和女士(前清苏州府台张树声之曾孙女)于 2 月 3 日(1939 年)在中社订婚。昨日喜讯传来,知顾张之好事已近,定本月二十一日,假四马路大西洋菜社结婚,同庆"闺房乐","懒画眉"欣"傍妆台","龙凤呈祥","佳期"待产"玉麒麟"。闻是日由仙霓社社友发起举行京昆堂会云。

从旧闻中可见,顾张两人的婚姻在当时属于"珍闻",报道还特地指出顾传玠在昆曲界的地位和张元和的家庭背景,似乎有意无意说明两人身份的悬殊。报道还提到了媒人,即文学家胡山源。

由于张家娘家人都不在上海，张元和邀请父亲的朋友同时又是自己老师的胡山源做介绍人，显然是遵守传统，渴望像普通人的程序那样与未婚夫成婚。生逢乱世，但他们内心安定欣喜。这一点，从当时两人拍摄的结婚照即可见一斑，很多人看了都称赞他们是一对璧人。

两人在上海大西洋菜馆举行的是西式婚礼，吃的也是西菜，到场的嘉宾逾百人。"传"字辈师友当时还有部分人在上海仙乐戏院演出，专程赶来助兴，由方传芸演《送子》，演完后将"喜神娃娃"送到张元和手中，寓意不言自明，让张元和娇羞不已。众师兄弟还闹着顾传玠演出《跪池》，这是《狮吼记》里一出经典折子戏，说的

1939 年 4 月 21 日，张元和与顾传玠在上海举行西式婚礼

是怕老婆的故事。顾传玠作揖告饶，仿佛是在应付着喜客闹新

房,后来著名戏曲家赵景深[30]以一曲扬州《空城计》,将婚宴的欢乐气氛推向了高潮。[31]

婚后的日子,两人也没有离开过昆曲,常一起探演昆曲,有一次他俩还同台"彩串"了《长生殿·惊变》(顾饰唐明皇,张饰杨贵妃)。 张元和是虹社(曲社)成员,常去拍曲,顾常随着过去,既唱也吹,笛艺了得。 虹社生旦净末丑各角色都乐于接受顾的指导,但他们的夫妇身份似乎并不为现实接受。

周有光回忆过一件事:"我们有一个非常有钱的亲戚,是上海一个银行的董事长。 这位大银行家也是考古家,自己在上海有一栋七层楼的房子,最高一层是他的古董,其中最重要的就是甲骨文。 我和张允和结婚后就去上海拜访老长辈,受到了他的热情接待。 我早年搞经济学,在大学教书,因此他很看重我。 但是,张元和与顾传玠结婚后一起去看他,他不见,搞得张元和很尴尬。 这个例子就说明,张元和结婚晚就是因为封建思想严重的年代看不到艺术家的价值,看不起演员。"[32]

在上海的日子里,张元和还忆起曾经的童年往事,只是当时的生活不比从前了。 尽管她还能从老家合肥获得固定的收入,那是家族遗产的荫及。 顾志成随势炒股票、做经纪人,轮换了多个职业,事业并未有多大的起色。 在这之前,他们的婚礼资金紧张,干姊凌海霞给付了一千元礼金,以支婚礼费用。 到了晚年,元和印象中的顾志成依然是个昆曲小生,午夜时分,他到空无一人的澡堂洗澡时,有时还哼着曲调;在私底下,他更喜欢扮演女角;下班回家来,如果心情不错,他会展示一个特技动作,一个吊毛[33],身体腾空,向前翻滚,优雅地落在床上。

经历是一所学校,顾志成闲暇时常反思往昔因骄傲自大与师兄弟相处不和的人生经历,从中总结出"处世要诀"八条(其中有

"尊崇人""掩人之短、阐人之长""以他人意见当作自己意见来考虑"等），亲笔书写后悬挂在写字台旁作为座右铭。后来，经严惠宇推荐，顾传玠坐上了上海大东烟草公司副经理的位子。

1940 年 5 月 26 日，张元和生了一个女儿，"手和脚都很漂亮"。顾志成说："女儿可贵，应以双玉为名，取名顾珏。"但就是这个可贵的千金，在十八个月大时被干姊凌海霞抱回了苏州三元坊，"继因流产两次，海霞将珏女及奶妈均带去三元坊居住"[34]。

元和身体虚弱，需要恢复。凌海霞乐于帮助元和是事实，但由于顾珏被过继给了凌海霞，后来这个叫凌宏的女儿再也没能亲眼见到父亲，直到晚年，她还说是一大遗憾。在顾珏的名字被改为凌宏后，顾传玠是不悦的，但元和不以为意，当时孩子的奶奶王太夫人说："女孩子长大总要改姓的（指出嫁后），姓凌也无妨。"两年后，他们又生了一个男孩，取名顾圭，"圭"也是玉的意思。

"孤岛"里的生活，很多事情身不由己。日本人占领了上海大部分场所，严惠宇的几个工厂也都受到了影响，顾志成与张元和在这样的环境中寻求发展事业，效果可想而知。他们在严惠宇的帮助下，借住在一栋由人代为托管的房子里，据说是国民党高级将领陈调元的华屋，后来张家十姐弟聚会就是在这栋大房子里。

在最艰难的时候，张元和与顾志成也没有离开过昆曲。当时的国民政府要员褚民谊（曾任汪伪政府行政院副院长、外交部部长）极好昆曲，常邀请名角到家中开唱。

日本人控制了所有的文化场所，对每一个细节都管制到位。周传瑛回忆称，当时很多昆曲演员因此没有饭吃，到处寻求生活门路。但在褚民谊的家里，曲会可以正常举行。据说褚民谊对昆曲有"洁癖"，即不能容忍艺人和票友同台演出同样重要的角色，他

张元和与顾志成的结婚周年照

认为这不符合规矩。有一年他在南京举行曲会，张充和受邀，本该与艺人韩世昌（旦角）合作杜丽娘和丫鬟，褚民谊因该"洁癖"反对，后来充和退出了演出。[35]

褚民谊家里有上百平方米的演出场地，行头齐全，且名家荟萃，例如红豆馆主溥侗（满族贵裔，民国四公子之一），他曾亲为张元和配角。有一次，张元和与顾志成演出《琵琶记》中的《盘夫》一折，她按照规矩一丝不苟地演唱，并且是背曲子，唱完后，有曲友哈哈大笑，张元和还以为哪里唱错了，但又不好意思问。有人笑谈："张元和才结婚不久，就'盘起夫来了'，哈哈！"大家起哄，张元和俨然掀开盖头的新娘子，好不难为情。

顾志成和张元和与褚民谊曾同台亮相，但却从未在政治上留下什么污点。有这样的结果，可能就是因为两人始终保持着高度的警惕和自省，固守了一个最基本的底线。这也是其师严惠宇得以保全令誉的原则。

从上海到台湾之前，张元和似乎都没有出去工作过，顾志成则一直在努力，他去过美国考察卷烟工业，又经营了进出口商行和药房生意，在抗战全面爆发后，日子开始出现转机。 1946 年的初夏，张家十姐弟在上海实现了大团圆，多年抗战，家庭成员相继失去了几位，他们在狂欢中怀念着在另一个世界的家人。 没有人愿意出去住酒店，都打地铺住在元和寄居的大别墅里。 他们还去了著名摄影师万籁鸣兄弟开设的照相馆，拍摄了广为流传的张家十姐弟大合影，镜头里的元和盘头、碎花旗袍，依旧是那个雍容华贵的"皇后"，只不过多了几分沧桑。

他们的日子，仍伴着昆曲前行。 张允和姐妹归来不久，顾志成在家里客厅中搭起了戏台，说要欢迎一位洋人"中国通"，这位洋人就是后来著名的民国历史研究学者费正清。 那一次，顾志成点了三出戏，一为《游园》（《牡丹亭》），张元和演杜丽娘，张允和演丫鬟春香，"二人自动搭档演出，不需排练，即上妆上场"；二为《思凡》（《孽海花》），由曲友汪一鹏扮小尼姑色空，演来纯熟，是张传芳教的；第三折《惊变》（《长生殿》），顾志成演唐明皇，张元和演杨玉环，其他角色是仙霓社中志成的师兄弟配的。 在这场戏中，张元和还别出心裁地给"花繁浓艳……"这一段编了身段，改为站起来唱，本来都是坐着唱的。 "我觉得贵妃在明皇面前，不必那么拘束，连唱带做，活泼多了。 后来别人也改为站起来演了。"[36]

1947 年 10 月 1 日，张元和的身影还出现在了中国福利基金会为筹募文艺界医药救济基金在上海举行的中秋游园会上，人群中有郭沫若夫妇、茅盾夫妇、柳亚子夫妇、许广平、欧阳予倩、熊佛西、田汉、刘琼、金焰、赵丹、石挥、白杨、舒绣文、秦怡、上官云珠（为张元和继母堂妹，乐益女中学生）等。 张元和与汪一鹏搭档演出了《牡丹亭》，而那次义演最大牌的观众就要数宋庆龄了。

内战正酣时，顾志成正带着资助人严惠宇交给的任务前往江苏海门调查地产状况，准备置办农场，养奶牛、养蚕、种植油桐，但计划很快因为战争的形势大变而泡汤了。在这期间，顾志成接触了一些地方武装，起了离开大陆去台湾的念头。他为何坚决要走至今还是个谜，就连张元和也未能完全理解，但她还是义无反顾地随之而去。

到了台湾后，顾志成专心于经商，开蘑菇种植场，自创品牌啤酒。他再也没有登台演戏，没有人劝得动他。只在朋友相聚或是少人的情况下，他才拿出笛子吹奏一曲。其子顾圭（顾明德）回忆:"在到台的第二年，爸爸在大街上开了一家毛线行，叫中福行，生意不错，也请了好几位店员。父亲很喜欢打桌球，他是左撇子，个性也较强，在家中不苟言笑，非常严肃，但在球场上则是谈笑风生，很幽默。……父亲做事非常认真，他在1955年自费去西德参加博览会，一年后带回了许多总代理，但是当时台湾经济尚未起飞，生意差强人意。……1955年父亲罹患肝病，身体日渐衰弱，我也是在他生病的时候才听到他清唱昆曲，非常优雅。"[37]

通过这一回忆可知，顾志成并未与昆曲绝缘，他为昆曲而生，这是冥冥中注定的。在台湾，他还受邀出入一些大学，向学生们传授《牡丹亭》，使得姑苏正宗南昆一脉得以在台湾传播。1966年1月6日，顾传玠患肝炎去世，终年五十六岁。

这一年的张元和五十八岁。她想起了大大小时候教的《女儿经》:

"女儿经，女儿经要女儿听。每日黎明清早起，休要睡到日头红。旧手帕，包鬏髻，急忙去扫堂前地，休叫地下起灰尘，洁净闺门父母喜。光梳头,净洗面,早到闺房做针线。张家长,李家短,人家是非我不管。亲戚邻舍有人来,从容迎接相留款。姑姑丑,姨姨俊,人家论时我不论。……可言则言人不厌,一言既出胜千言……"我这一生做事,不知不觉多少会受这些女儿经的影响。例如:我不大喜欢说话,就是脑子里有"可言则言人不厌"在支配我。但我却没有"一言既出胜千言"的能耐。[38]

在张家姐妹中,就数元和话少,且从来不对顾志成有半句怨言,譬如 1949 年年初顾志成在广州成立贸易公司的分公司,本打算接元和、孩子去广州,但国民党江阴要塞失守后,他坚决要去台湾。"他告诉元和他们必须去台湾,哪怕她不去,他也要一个人走。"[39]

1949 年 5 月 18 日,他们乘坐最后一班中兴轮船,于两天后到达台湾。

顾志成去世后,在元和的履历中,除了 1966 年在台湾"中研院"植物研究所生物中心任秘书四年外,别无他职。她最大的事业就是婚姻。

"愧,愧,愧,愧对志成。"这是元和在顾志成去世后的感慨。当初到台湾后,她曾有念头,建议顾志成示范小生身段,她为之记录下来,但他一贯认真,自觉精力已不能完美胜任,拒绝了这一要求,"真是此生一大憾事"。或许正因为此,张元和才耗费精力,制作出了一本记录顾志成生平和艺术之路的纪念册。

但她停止不了对他的怀念。她多次组织演出纪念志成,并借昔日在上海的一场演出说:"想不到,事隔多年,在台湾黯然神伤演《埋玉》,埋的不是扮杨玉环的张元和,而是埋了扮唐明皇的顾传玠这块玉啊!"

1966 年,常住苏州的凌海霞去世,她一生未婚,养兔子、养

感言 张元和

结褵廿五载 未尝勃谿

优而仕 仕而商 终日辛忙

鞠躬尽瘁 精研细商

人为阻挠 天灾难详

事之不能如愿 病及肝脏

一旦虽成永别 岂祗悲伤

仍觉远游他乡

张元和挥笔抒发对顾志成的怀念

鸡,还养过医用实验小白鼠,日子并不宽裕。她亲自负责凌宏的教育,并让凌宏喊自己"爹爹"。在她去世后,被收养多年的凌宏,与父母分别三十一年后,在美国见到生母张元和。她们双双定居美国,常与充和家庭来往。

1986 年,元和回国参加政协部门组织的纪念汤显祖活动,与充和演出《游园惊梦》,一向扮演生角的她,再次站在了主角的位置上。

之后,元和在美国参加了电影《喜福会》的拍摄,在片中她扮演一个媒婆。这部改编自畅销小说的影片描写了新中国成立前夕从中国移居美国的四位女性的生活波折,以及她们与在美国出生的女儿之间的心理隔膜、感情冲撞、爱爱怨怨,多少与张家的故事有点接近。

初期,元和曾想拒绝,昔日的大夏大学老同学方英达说,是导演看上了她的脸形,极力邀请。她翻出了一件中国式黑绸棉袄,一双黑绒尖口鞋,鞋尖上钉有本色珠子花。那是 1992 年的 12 月,元和八十五岁,她第一次演出电影里的角色。演出成功之余,她想起了小时候,父亲曾打算投资开一个电影公司,当时国内还没有电影公司之说,一位堂兄闻讯后跑过来对她说:"大妹,九爷(张冀牗)要开电影公司,那我们都去当明星。"后来父亲改变主意,办了乐益女中,"我的明星梦,直到老年来才实现,岂不有趣!"[40]

2001 年,《张元和饰演昆剧〈牡丹亭·游园〉中杜丽娘身段影集》出版;2002 年,《顾志成纪念册》出版;2003 年 9 月 27 日,张元和在康州州立大学安然去世。

注　释

〔1〕〔日〕松原刚:《现代中国戏剧考察录》,中国戏剧出版社 1992 年版,第 52 页。

1983 年 10 月 26 日,张元和耄耋之年演示昆曲身段谱,仍是"大家闺秀"模样

张元和与张允和晚年时在美国相聚,重话九如巷往事

〔2〕张允和等著,张昌华、汪修荣编:《水——张家十姐弟的故事》,安徽文艺出版社 2009 年版,第 34 页。

〔3〕张允和等著,张昌华、汪修荣编:《水——张家十姐弟的故事》,安徽文艺出版社 2009 年版,第 37 页。

〔4〕张允和等著,张昌华、汪修荣编:《水——张家十姐弟的故事》,安徽文艺出版社 2009 年版,第 199 页。

〔5〕桑毓喜:《"传"字辈中第一人——记昆坛名小生顾传玠》,《艺术百家》1997 年第 4 期。

〔6〕桑毓喜:《幽兰雅韵赖传承:昆剧传字辈评传》,上海古籍出版社 2010 年版,第 4 页。

〔7〕桑毓喜:《幽兰雅韵赖传承:昆剧传字辈评传》,上海古籍出版社 2010 年版,第 27 页。

〔8〕桑毓喜:《幽兰雅韵赖传承:昆剧传字辈评传》,上海古籍出版社 2010 年版,第 72 页。

〔9〕《申报》1928 年 8 月 2 日。

〔10〕张允和:《一介之玉顾志成》,载张允和等著,张昌华、汪修荣编:《水——张家十姐弟的故事》,安徽文艺出版社 2009 年版,第 73—74 页。

〔11〕张允和:《风月暗消磨,春去春又来》,载《曲终人不散》,湖北人民出版社 2009 年版,第 199 页。

〔12〕张允和口述,叶稚珊编写:《张家旧事》,山东画报出版社 1999 年版,第 34 页。

〔13〕桑毓喜:《幽兰雅韵赖传承:昆剧传字辈评传》,上海古籍出版社 2010 年版,第 59 页。

〔14〕桑毓喜:《幽兰雅韵赖传承:昆剧传字辈评传》,上海古籍出版社 2010 年版,第 73 页。

〔15〕周传瑛口述,洛地整理:《昆剧生涯六十年》,上海文艺出版社 1988 年版,第 57—58 页。

〔16〕《顾传玠抛弃优孟衣冠》,见《大光明》1931 年新闻报道。

〔17〕桑毓喜:《幽兰雅韵赖传承:昆剧传字辈评传》,上海古籍出版社 2010 年版,第 74 页。

〔18〕金安平著,凌云岚、杨早译:《合肥四姊妹》,生活·读书·新知三联书店 2007 年版,第 165 页。

〔19〕严忠婉:《慈父 严师 益友》,见江苏文史资料编辑部:《严惠宇纪念文集》1994 年版,第 96 页。

〔20〕凌宴池,民国金融家,著有《清墨说略》,周作人《买墨小记》曾引用其说;著名诗人、教育家吴宓的诗友。

〔21〕周传瑛与顾传玠是同一个老师沈月泉,他曾与顾传玠多次搭戏,对顾传玠饰演的李白钦佩有加,说他"在狂放的外形中透出李白的清逸的神韵来"。

〔22〕金安平著,凌云岚、杨早译:《合肥四姊妹》,生活·读书·新知三联书店 2007 年版,第 150 页。

〔23〕事见张元和回忆文章《慈父》。

〔24〕张允和:《一介之玉顾传玠》,见张寰和编:《顾志成纪念册》。

〔25〕蔡贵三:《"第一小生"是吾师》,《苏州杂志》2002 年第 3 期。

〔26〕周有光:《晚年所思》,江苏文艺出版社 2012 年版,第 30 页。

〔27〕张允和口述,叶稚珊编写:《张家旧事》,山东画报出版社 1999 年版,第 116—117 页。

〔28〕见张元和回忆文章《慈父》。

〔29〕胡山源为张冀牖所办乐益女中老师,曾教过张元和。

〔30〕赵景深 1930 年起任复旦大学中文系教授,曾任中国古代戏曲研究会会长。

〔31〕贾馨园：《碎金散玉谈顾传玠》，载张允和、张兆和编著：《浪花集》，中央编译出版社 2012 年版。

〔32〕周有光：《晚年所思》，江苏文艺出版社 2012 年版，第 30 页。

〔33〕吊毛是戏曲毯子功的一种，文戏中常用的跌扑技术。身体向前，两臂环曲举至胸前，左脚向前上，趁势以脚掌蹬劲，上体向前俯，纵腰，两脚离开地面。身体腾空后，两脚伸直并拢，向前翻跃，以脊背着地。"吊毛"是戏曲中较难的技巧，一旦出错，有可能终身瘫痪，因此连一些京昆武行演员都很少用。

〔34〕张允和等著，张昌华、汪修荣编：《水——张家十姐弟的故事》，安徽文艺出版社 2009 年版，第 50 页。

〔35〕金安平著，凌云岚、杨早译：《合肥四姊妹》，生活·读书·新知三联书店 2007 年版，第 159 页。

〔36〕见 1996 年 4 月张元和写于美国加州屋仑市的《从"盘夫"到"惊变……""埋玉"》。

〔37〕顾明德：《我的父亲》，载张寰和编：《顾志成纪念册》。

〔38〕张允和等著，张昌华、汪修荣编：《水——张家十姐弟的故事》，安徽文艺出版社 2009 年版，第 27 页。

〔39〕金安平著，凌云岚、杨早译：《合肥四姊妹》，生活·读书·新知三联书店 2007 年版，第 175 页。

〔40〕张元和：《拍"喜福会"电影》，载张允和、张兆和编著：《浪花集》，中央编译出版社 2012 年版，第 108 页。

第六章 张允和：风月消磨，
春去春来

出生

1933 年 4 月 30 日，上海八仙桥的女青年会酒店里，人声鼎沸、高朋满座，一场西式婚礼吸引了很多人的目光。新郎叫周有光，新娘叫张允和。

张允和是张家四姐妹中第一个出嫁的，她的婚礼也是开明父亲张冀牖参加的唯一一个女儿的婚礼。但是在酒席上，张冀牖并没有喝酒，也没有致辞，只是默默地看着自家"二毛"和新郎幸福的样子。他一向平视生活，且乐观积极，他包容女儿的个性，希望女儿在婚后能够更加顽强。

这场婚礼的开端，并不为人看好，就如同张家"小二毛"出生时的艰难。

在选日子时，张允和挑了一个周末，想让更多的朋友有空参加。当时印制了两百多张喜帖，但帖子到了张家女眷中最年长的大姑奶奶手里时，她拿着黄历看了日子后说："不行啊，小二毛，这个日子不好，是尽头日子（阴历的月末），不吉利。"允和一心想

1933 年 4 月 30 日,张允和与周有光(二排中间)在上海举行婚礼,
高朋满座。张冀牖(前排左四)、韦均一(前排左三)参加了这场婚礼

办个新式婚礼,哪管黄历的事,但她还是顺从了老人,改了日子,
又重新印了喜帖发出去。 实际上第二次选的日子还是尽头日子
(阳历 4 月 30 日),但老人只管阴历。

这个时候,带允和的窦干干仍然不放心,又拿了张允和与周有
光的八字去算命。 算命先生说:"这两个人都活不到三十五岁。"

但没有人能够阻止他们的婚姻,就如同没有人能阻止张允和倔
强的生命。

直到晚年的时候,张允和还有一种侥幸的乐观,讲起自己的诞
生就说"本来没有我"。

1909 年的夏日,合肥龙门巷张宅里,一场无声的分娩,给这个

家族带来一丝哀婉的气息。这个生于丑时（凌晨三点钟）的女婴，一声不吭，像是抵触着这个世界。

虽然还只是阴历的六月，但天出奇的热，产房里气流不畅，很多人围着这个未知生死的婴儿，身心紧张，浑身是汗。孩子还不到四斤重，她细细的脖子被脐带紧紧绕了三圈，小脸已经发紫，近乎窒息。

收生婆赶紧把婴儿的三圈脐带解开，再把婴儿倒拎过来，拍了她几十下屁股。孩子没有动静。接着，又用热水、冷水交替浇婴儿的背部和胸部。这些惯常手段都用尽了，就连最新式的人工呼吸都使上了，女婴还是不吭声。时针指向了上午十点，已经过去七个钟头了，很多人都觉得应该放弃了。那个年代，孩子一生下来就夭折并不算什么稀奇的事情，况且她才七个月就迫不及待地到了这个世上。允和说："在生我之前，我母亲已经生过三个孩子，只留下两个。"[1]

此时，一直坐镇产房，坐在那张紫檀嵌螺钿的古老圈椅上的老祖母发话了："让我试试看。"她已经六十多岁了，从未生过孩子，但对孩子有一种出奇的热爱。

张允和在后来的回忆中，把祖母的这次非常规抢救，描写得惊心动魄：

> 一个喜欢抽水烟的圆圆脸、胖乎乎的女人说："让我抽几袋水烟试试看。"大家心里都嘀咕：方法都使尽了，你又有什么神通，从来也没有听说过喷烟会喷活了婴儿。但是谁也不敢反对。
>
> 于是乎这一个女人忙着找水烟袋，那一个女人忙着搓纸芯，一大包上等皮丝烟已经端正好了。胖女人忙着点起烟来。
>
> 收生婆小心地捧起了婴儿。胖女人抽了一袋又一袋的烟，

喷到婴儿的脸上。又是一个钟头过去了,产房里除了抽水烟的声音,什么声音也没有。收生婆心里数着一袋一袋的烟,已经五十多袋了。婴儿板着越来越紧的小丑脸,始终不吭声。婴儿的身体也越来越发紫,蒙古斑也看不清了,她只有一个瘦瘦的小尖鼻子还算逗人喜欢。

抽烟的胖女人虽然过足了烟瘾,但是她很疲倦,汗从脖子一直流到脚跟。收生婆更是疲倦,捧着我,两只手酸得要命。别的女人忙着替她们俩擦汗。这么个大热天,谁也不敢用扇子。

....

收生婆捧着婴儿,手酸得抬不起来。她把婴儿放到她的扎花布的围裙里,深深地喘了一口气。为了解除她的疲劳,她默默地算着喷烟的次数,是整整一百袋烟了。她无可奈何地对老祖母说:"老太太,已经一百袋烟了。老太太,您去歇歇吧?"她说着说着,就把围裙里的婴儿不经心地抖落到脚盆里去了,因为是个"死"孩子。婴儿滚到盆里,三百六十度的大翻身。我的小尖鼻子掀了掀,小嘴动了动,是受了很大的震动。可是谁也没有注意。

老太太眼里满是泪水,伤心地说:"再喷她八袋烟,我就去休息。"老太太手里平常总有一串佛珠,珠子有一百零八颗。她相信一百零八才是功德圆满。

胖女人无可奈何地再抽烟,喷到脚盆里。她决定以后要戒烟,这烟抽得太不顺利了。她抽了喷,喷了抽,喷得又利落又爽快。她不屑顾盼这个死丫头、丑丫头。喷完了八袋烟就可以休息了。一袋、两袋、三袋、四袋,时间更是飞快地过去。

老祖母颤巍巍地站起来,走到脚盆边。孙女儿是完了,看她最后一眼吧,总是我的后代。

　　她老人家泪眼模糊地向烟雾中的孙女儿告别。她似乎看见婴儿的小尖鼻子在掀动,小嘴似乎要讲话。老祖母想:我是眼花了。她阻止胖女人再喷烟,用手帕擦干净自己的眼泪,再度低下身子去仔细盯着婴儿。

　　奇怪,不但鼻子和嘴唇在动,小瘦手似乎也要举起来,仿佛在宣告:"我真正来到了人间了!"

　　…………

　　真是奇怪! 一个平凡的女人,就是这样不平凡地诞生的。[2]

　　事后,张允和总结自己应该是不怕痛、不怕冷、不怕热、不怕闷。 或许正是这场历险,让她更懂得对家中女性长辈的尊敬。

　　在这尊敬中,还有一位让她终生难忘的奶妈,允和说不知道她的姓名。 正是这位奶妈,让她脆弱如"滴弄"[3]的生命,轻快而健壮地成长到了耄耋之年。

　　允和用带有含义的"红双喜"代称这位奶妈。 "红双喜"是一种别致的月季花,粉中带红,红里透粉。 允和说,奶妈是她出生后见到的第一个人。 她有一双乌黑、深情的大眼睛,温和慈爱。 她有一个不高不矮的端正的鼻子,但在喂奶的时候,总要避开孩子的脑门,怕鼻端的呼吸吹坏了脆弱的允和。 一个早产并险些丧生的女婴,想也知道是多么难带。 奶妈是个羞怯的乡村少妇,她丢下年幼的女儿来到张家,开始可能是为了得到一份工钱,但陆英把孩子郑重交给她后,她始终小心呵护允和,就像袋鼠妈妈照顾小袋鼠一样。 她带孩子极富温情与耐心。 允和在三岁之前常常生病,经常莫名地哭叫,哭到几乎无人能够容忍,她自己都说,"除了厨子喜欢我,可以请他早起做早饭外,许多人都不喜欢我"。 谁愿意喜欢一个瘦骨嶙峋、一逗就哭的孩子呢?

但"红双喜"喜欢她,允和说,奶妈对她就像小伙子爱自己新娶的媳妇一样。她会哼合肥乡下的民谣哄允和,那种与生俱来的乡音,一下子便让允和安静了:

> 高楼高楼十八家,打开门帘望见她。
>
> 粉白脸、糯米牙,板子鞋、万字花,大红袄子四拐�。
>
> 回家去问我的妈,卖田卖地娶来家。
>
> 热水又怕烫了她,冷水又怕寒了她;
>
> 头顶又怕跌了她,嘴含又怕咬了她;
>
> 烧香又怕折了她,不烧香又怕菩萨不保佑她。

然而三岁半那年的除夕,意外发生了。

除夕夜的上海铁马路图南里,张宅大院里灯火通明,孩子们在干干们带领下,跟随父母向长辈们辞岁,然后各自回到自己的房间休息。"红双喜"带着允和,招呼着朱干干和朱干干带着的兆和一起讲故事。

故事的核心是"老鼠嫁女"。说乡下人出嫁姑娘多在"腊八",而老鼠则喜欢在除夕嫁丫头,而且还有像模像样的迎亲队伍。

后来,这个场景被张家后人(张平和)画了出来,迎亲队伍里的老鼠个个喜气洋洋,还有抬盒、花轿和唢呐班子,活灵活现,画幅被允和加以珍藏。当时听故事的允和入迷了,就天真地问:"今天晚上我能看见吗?"奶妈本可以哄哄她就糊弄过去了,但她却当真地回答:"当然看得见,我们现在应该给小新娘送礼才行,它们会来收礼的!"于是,两个干干忙活起来,把糕饼、瓜子、花生收集了过来,还在糕饼上插上绒花,一朵绒花上还有红双喜,那是允和新认识的字。准备停当后，要把礼物放在橱顶上，"红双喜"就爬到凳子上放礼物，够不着，再加上一个小凳子。

过年期间，孩子们跟着大人来往拜年，几乎都把"老鼠嫁女"的事给忘记了。有一天晚上，允和在睡前突然想起了这个故事，就埋怨奶妈，还说奶妈那天骗她睡觉，结果没看到老鼠新人拜堂，还问礼物老鼠新人有没有收到。"红双喜"应该是早有准备，她搬了椅子，加上凳子，爬上去取礼物，真的拿下来一个馒头，上面还插着红双喜花。她高兴地向允和展示，结果一下子跌倒了，腿受了重伤。允和急得大哭，一直哭到睡着。"红双喜"被送回乡下养伤，从此允和再也没能见到她。

八十八岁那年，允和还在感恩这位奶妈："我的血液里还依稀有她的乳香。我是多么对她不起，没有她的三年多的哺养，我也活不到今天。"

"我一生就爱红双喜。会剪纸的时候，剪的是红双喜；后来在北京昆曲研习社演出昆曲的时候，如果我演丫头，我必定在鬓边贴一朵红双喜花。"[4]

童年时，干干"红双喜"给张允和讲了"老鼠嫁女"的故事，后来被张平和画了出来，送给张允和

看张允和与周有光婚礼上的照片,好像她的鬓边也戴着一朵"红双喜"。

允和一生都不愿意把女人与花画等号,但在"红双喜"这朵花上,是她人生的温情例外。

闹学

2013 年春笔者去北京,与周晓平先生谈起张允和的一张老照片,就是扬州冬荣园的那张,允和看上去不过三四岁,照片不大清楚,但一看就知道是她,古灵精怪的。 周晓平先生说:"是的,我妈妈人称小精灵,瘦小,但显眼。"

允和从小就不服输。 六岁那年,父亲为孩子们请了一位万老师,是个小姑娘,只有十六岁,从无锡来的,负责教孩子们汉字。第一次上课时,万老师在允和面前摆了四个字,但有三个是母亲教过她的,只有一个"钗"字不认识。 她心里就闹腾开了:这有什么教头?

老师让大家念字,可允和就是不开口。 老师看在了眼里,一旁陪读的窦干干("红双喜"走后,由她接替照顾允和)知允和心,赶紧帮着解围,督促道:"二姐呀,这是个'钗'字。"允和还是不肯读,后来她被关进房间里,不知不觉睡着了,在梦里还在生气,坚持不说话,这之间还发生了一个连充和撰文都不敢透露的小插曲——张寰和说,张家"小二毛"尿炕了。

没想到这倒让她开窍了,跟着老师学习念书,但还是少不了淘气。 万老师始终没有对她动过手,允和分析为"不敢",因为谁都知道,打了"小二毛"可了不得,她会连哭带跳,没完没了。 大家都有点"怕"她。

两年后，万老师离开了张家。但"闹学"的趣事还没有完。

1920年，充和从合肥暂时回归苏州寿宁弄。这一年，她七岁，允和十一岁。充和是四姐妹中唯一上过正规小学的，她还会临碑临帖，某种程度上看，三个姐姐在早期并不及她。但陆英发起的教保姆认字行动，让允和找到了"用武之地"。大姐教大弟，三妹教二弟，充和就被分配给允和当"学生"。母亲买了蓝色的布料，让几个姐妹为"学生"做书包，还要给他们取名字。允和想给这个古文底子较好的学生一个下马威，你知道之乎者也，但你知道胡适之吗？于是，她给充和取名"王觉悟"。

这个名字明显带着新文化的气息，连姓带名一起改了还不算，还要把新名字用粉红丝线绣在书包上。这下允和得意了，但充和不干了："我为什么要改名叫觉悟？"

允和说："觉悟么，就是一觉醒来恍然大悟，明白了一切。"

"明白了什么？"

"现在新世界，大家都要明白道理，要民主、要科学，才能救中国。"

"就算你起的名字没有道理也有道理，我问你明白道理的人，你为什么改我的姓？我姓张，为什么要姓王？大王就是皇帝，皇帝和土匪是一样的人，成王败寇，你是说土匪也觉悟了吗？强盗也要觉悟，老百姓可不是要吃苦？什么王觉悟，我不稀罕这个名字。还是老师呢，姓名都起得不太通，哈哈！"

允和生气了："把书包还我，我不当你老师了！"拿过剪刀，一面哭，一面把书包上的"王觉悟"拆了。当时绣的都是繁体字，笔画多，拆起来很是费劲。陆英在一旁看见，不禁乐了，"数落"允和道："这么大还哭，小妹妹都不哭，丑死了。"

事后，允和将这童年趣事写过多次，取名《王觉悟闹学》。直到 1978 年，充和带着夫君傅汉思从美国回来探亲，允和还笑问四妹：王觉悟呀王觉悟，你到现在"觉悟"了没有？

但在诗词方面，允和面对充和还是甘拜下风，觉得四妹反倒是她的老师。

在四大名著里，允和最喜欢《红楼梦》，很小的时候就开始读了，但她不喜欢林黛玉，最喜欢的是晴雯。她觉得林黛玉太弱了，"痨病鬼、小心眼"，如果人家说她瘦得像林黛玉，她就会哭。她把自己天生的特点如急性子、眼疾手快、腿勤、话多、开朗、活跃等等都归结于早产的"先天性"，似乎她艰难的出生本身就是一大优势。

进入乐益女中就读后，热衷新文化的允和迷上了几何、数学。教几何的周侯于老师来自江阴，他上第一堂课就把允和给镇住了："什么叫'点'？世界上本没有'点'，'点'用显微镜放大，有面积有体积。"允和觉得，这不是几何，是哲学。她喜欢哲学。从此以后，允和的几何总是得一百分。

20 世纪 20 年代，张允和与大姐张元和在苏州九如巷家中合影

当姐妹与继母关系紧张时，允和总是"挺身而出"："我的大姐不在家住。我这个'二姐'成了一群小弟小妹的头头，感到责任重大。有一次，人家劝我：'哭，哭有什么用？'这句话提醒了我：哭真的是没有用处的。我要坚强起来，担负起做'二姐'的责任！"[5]

中学时的张允和看上去稍微胖了点，左起周行婉（表姑）、张元和、张允和、张琼龄（姑母）

这张照片是张允和在上海一家照相馆拍摄的,当时被摆在照相馆的
橱窗里做广告,张允和听说后,上门理论,照相馆就撤了下来,但还是被
人用作一本杂志的封面

在大姐元和得不到大二时候的学费时,又是这个"小二毛"出
头,她说:如果校主连自己的女儿完成学业都不支持,那么乐益的
学生上课又有何用呢? 这件事最终以元和获得学费完结。

进入大学后,允和的脾气稍稍有所改观。 在中国公学就读时,
扬州的李老师布置了作文题目"落花时节"。 发改好的作文时,全
班其他人都发了,唯独缺了允和的,她却没有当场爆发,而是在下
课后紧跟老师追问:"莫非我写得太不好了?"

"写落花时节，尤其是女孩子写，都要写秋风秋雨满目愁，我没有这样写，记得我写的是：落花时节，是最好的季节。秋高气爽，是成熟的季节、丰收的季节，也正是青年人发奋读书的好时候。伤春悲秋，是闺中怨妇的事，我生长在一个开明、快乐的家庭，又自认为是'五四'以后的新女性，我为什么要愁？要悲……"[6]

扬州李老师拿出保存完好的作文，交给允和，上写批语："能作豪语，殊不多觏。"

进入光华大学后，允和被选为女同学会会长，有的男生不服气，常打碎女同学会的玻璃。有一次开会，允和请假未到，一位女生受托代她举手。这时，一个包姓男生过来刁难："你能代表吗？如果还有人没来你举三只手呀？"

第二天，允和听说此事后，马上到饭堂门口堵住包同学，质问他："密司特包（包先生），你昨天讲的什么话？什么叫三只手？难道你看见她做什么事情了？你不可以这样，你要道歉，赔偿名誉。"

这一年，允和二十岁。

包同学此后再也没有捣乱，反倒礼待允和，她放假回去苏州时，他还帮忙拎行李。

允和一身新风，还参加了南国社[7]。女同学会成立一周年，田汉还为她们写了一出女人戏《薛亚萝之鬼》，允和在戏里扮演一个资本家的丫头，这是她第二次与田汉合作了。

实际上，张允和开明的思想早在大学时代已经形成，这从她开明的恋爱和婚姻观可见一斑。只不过这种养成，并非一朝一夕之功，主要还是得益于所受的教育。

从小，父亲给允和讲述的故事多为开明、宽容、睿智的，譬如聪明的苏东坡却总是被佛印和尚"戏弄"，又如郑玄家里的诗婢常常能用《诗经》里的诗句化解尴尬。

　　在乐益女中读书时，乐益女中经常开文艺会，几乎每次都能看到允和与兆和的昆曲《游园》。后来她又与兆和演起了话剧，《花木兰》（改编）、《风尘三侠》、《一碗肉》（英文剧）等等。允和总是很大胆，在舞台上放得开，就算说错了台词也不怯场，能够掌控形势。乐益女中1924年毕业仪式上，作为初中二年级的学生，她参加了歌唱、双燕舞、英文诗歌朗诵、话剧《广寒宫》与《王昭君》等多个节目的演出，还负责编写了《广寒宫》的演出说明书，里面讲述了七个仙女与张果老斗智的诙谐故事，可谓允和最早的"作文"。

　　五卅惨案发生后，乐益女中停课十天，举行露天义演，支持上海罢工行动，当时张冀牗请了马连良、于伶等名演员搭台演出，张家姐妹也都参与了演出，允和出演了郭沫若的《棠棣之花》。她还带着学生们冒雨去古城门、火车站等地募捐，脚上的布鞋都湿透了，但心里却很高兴，募捐竹筒里满满的。报纸公布捐款消息时，乐益女中是第一名。

　　自从共产党进入乐益女中后，进步思想日盛，田汉常来苏州与进步分子接触演出，允和也早早加入了南国社。她参演过《苏州夜话》，喜欢里面的台词"淡淡长江水，悠悠远客情。落花虽有恨，坠地亦无声"。她还参演过《卡门》，当时她是去后台看田汉，田汉说正好缺个临时演员，让她顶上："你鼻子高，不必装假鼻子。"大鼻子，是张家孩子的一大特征。

　　直到晚年，张允和还记得有位著名的老师教她课文《鼻子》，这位老师就是张闻天。

　　张闻天曾在课上告诉他们："人们往往夸大自己的小痛苦，而不关心人民大众的大痛苦。"又说："我们要关心人类，要救受难

大约1924年,张允和(左)与同学阮咏莲拍摄了这张合影,阮咏莲
是苏州最早剪短发的女生,她们常在一起演戏,扮演"假夫妻"

的人类,要做世界上真正的人,不要老在自己的小痛苦上浪费
精力。"[8]

张闻天后来由于当局认为乐益女中涉嫌"赤化"而出走,但张
允和的阅读欲望被激活了。她读了莫泊桑、托尔斯泰、果戈理、小
仲马、莎士比亚,到了晚年主持北京昆曲研习社,她还开创性地以
对比视角研究昆曲,如以小仲马的《茶花女》对比李玉的《占花
魁》,以莎士比亚的《罗密欧与朱丽叶》对比汤显祖的《牡丹亭》,
等等。

乐益女中的开明,还表现在带学生们远足。张允和生平第一
次郊游就是在乐益,当时去了镇江北固山,她大为感慨,作诗
一首:

高山枕大川,俯视意茫然。

沧海还如客,凌波谁是仙。

江山欣一览,帷读笑三年。

击楫情怀壮,临风好着鞭。

那一年,张允和不满十五岁。

女人

允和小的时候,大大陆英教她唱了一首扬州歌谣《杨八姐游春》:"杨八姐,去游春,皇帝要她做夫人。做夫人,她也肯,她要十样宝和珍:'一要猪头开饭店,二要金银镶衣襟;三要三匹红绫缎,南京扯到北京城……九要仙鹤来下礼,十要凤凰来接人。'皇上一听纷纷怒:'为人莫娶杨八姐,万贯家财要不成!'"

张家到了张冀牗一代时,喜事的规矩还是要办得"繁盛",陆英的出嫁仪式从一年前就开始准备了,堪比皇帝嫁女儿。而张允和的姑妈出嫁,前后也要忙活大半年,相关亲戚娶亲、出嫁也都有严格的繁文缛节,陆英一生似乎就忙活了十几场,有的是自家小姑子,有的则是为姑奶奶家婆儿媳张罗。连带着送礼的规矩也有很多,陆英给长辈的寿礼要有"桃"(寿桃一高盘)、"面"(寿面一高盘)、"烟"(皮丝烟一包)、"酒"(酒一大坛子)、"茶"(上等茶叶两罐)、"腿"(火腿一条),另配两色物件,共计十件礼品,派人抬了抬盒送过去。

但到了允和这一辈,张家的婚礼一场比一场简朴,恋爱和婚姻也是一个比一个开明,弄得连保姆们都"看不下去了",说张家的小姐都是自由的,连婚姻都是她们"自己由来的"。

张允和与周有光的恋爱是缘起于乐益女中。允和曾经写过一篇名叫《现在》的演讲稿，获了一等奖，讲述的是年轻人必须抓住现在，珍惜时间。她反对把时间浪费在无谓的嬉戏上，包括恋爱，但她愿意接受自然成长的恋情，甚至愿意主动去迎合。

像合肥龙门巷一样，常州青果巷也是大族之家。这里走出了瞿秋白、赵元任、周有光。巧合的是，他们都曾致力于文字改革。

周有光曾祖父周赞襄入仕为官，后兴办纺织厂和投资典当行，家产丰厚，但因遇到太平军起事而破败。周有光在回忆时曾饶有兴趣地做过比较，说张允和家族是靠攻打太平军发迹的，而周家则是因之破产了。太平军打到常州时，当地官员组织团练反击，周赞襄投水自尽，周家资产损耗不剩。但朝廷念及周家有功，封周家为世袭云骑尉。周有光先生客气地说，这是个虚职，就是让后代每年能领钱用，从祖父到父亲都能享受，辛亥革命后就没有了。父亲周企言从仕途退出后，从事教育，后来开过国学馆，对诗歌有研究，著有《企言诗存》。后来，张冀牖还在周企言七十大寿时，特地以"法曲献仙音"词牌韵创作贺词致贺。

周有光的母亲徐雯是宜兴有名的美人，读过私塾，性格明烈，看得开，常言"船到桥头自然直"。她让周家女孩子也都早早体验到了英文、音乐、舞蹈等新式教育。当周家经济日衰，她与丈夫关系出现紧张后，她决定出走。在周有光十二岁那年，徐雯带着四个女儿还有周有光搬迁到苏州。那里有一处破旧的房产，但没钱维修，他们将其卖掉后租了房子居住。

此后辗转搬迁了好几次，徐雯做女红维生，就这样培养出了几位优秀教师和一位语言学家。

在苏州的日子，周有光收获了人生最甜蜜的爱情，晚年回想起来，他还沉浸其中：

我们两家在苏州,我的妹妹周俊人在乐益女子中学读书。张允和是我妹妹的同学,常常来看我的妹妹,到我家来玩,这样我们就认识了。放假,我们家的兄弟姐妹、她们家的兄弟姐妹常常在一起玩。苏州最好玩的地方就是从阊门到虎丘,近的到虎丘,远的到东山,有很多路,还有河流,可以坐船,可以骑车,可以骑驴,骑驴到虎丘很好玩的,又没有危险。这样子一步一步,没有冲击式的恋爱过程。[9]

大约 1927 年,在上海中国公学就读的张允和收到了周有光的一封信。 在这之前,周有光常去乐益女中打球,与张家孩子有所交往,但通信还是第一次。 允和吓坏了,就把信拿给要好的胡同学看,胡学姐一看,信文很普通,就让她按规矩回复一封好了。

我们真正恋爱是在杭州,在苏州、在上海是朋友而已。开头我一个姐姐也在上海教书,那么我写了一封信给张允和,我记不清内容了,大概是她们家托我姐姐带什么东西给她,我写信大概是问她收到了没有。……那封信可以说是有意写的,也可以说是无意写的,很自然的。[10]

张允和说:"从此以后我们开始通信,暑假我回到杭州[11],再见面时,我和他都没有了以前的自然,一阵淡淡的羞涩罩上了脸颊……"[12]

周有光与张允和的交往是天意:两人同在苏州,后又同在上海,再同在杭州,只不过有光到杭州是去教书,而她是上学。 他们周末即去西湖,有光说:"西湖是最适合谈恋爱的。"他还以《西厢记》为证,说庙宇是谈恋爱的地方,于是他们去了灵隐寺。

"当时恋爱跟现在不同，两个人距离至少要有一尺，不能手牵手，那时候是男女自由恋爱的开头，很拘束的。"[13]

1931 年的冬日，两个人在灵隐寺附近走着，隐隐觉得后面有个和尚老是跟上来，好像是在听他们俩说话。后来，他们休息时，这位和尚直接凑上来问周有光："这个外国人来中国几年了？"周有光也是幽默的人，说："她来中国三年了。"和尚说："怪不得她的中国话讲得那么好。"原来，由于张允和鼻子挺拔，这和尚把她当成外国姑娘了。

杭州六和塔下，周有光第一次手拿照相机为允和拍照，映山红色的旗袍、整齐的发型、斯文的细框眼镜，绿树、草坪、蓝天，都在为九如巷二小姐祝福。

一段时间后，他们再回上海，于是就有了那篇经典美文《温柔的防浪石堤》，如水一般的文字，轻柔地道出了中国第一批女大学生第一次自由恋爱的经过。男主角带着英文小书《罗密欧与朱丽叶》，翻到其中一页暗示："我愿在这一吻中洗净了罪恶。"（大致译文）从此，不管悲喜，不管风雨，都要在一起。

此时的允和似乎忘记了大大小时候教给她的歌谣《杨八姐》，那个连皇帝都说难娶的女人，说明了要获得一个女子的芳心有多难。但她觉得，只要自己遇到了合意的对象，自然就会结婚。允和说，她们四姐妹的情感与思想都受戏曲的影响颇大。

张、周皆为名门，男女双方都学业有成，按说门当户对，但张家的基业仍在，周家则已陷入窘境。张充和记得周家求婚的场景，当时周有光（时名为周耀平）特请她陪他三姐（周慧兼，当时在上海教书，后嫁常州名门望族屠家，即常州府中学堂首任校长屠元博之子屠伯范）向爸妈求婚。求婚时有一套既定的说辞，"三姐非常文雅、客气地说了很多求婚应说的话，我一句也不懂。爸爸是个

1932年，周有光在杭州六和塔下为张允和拍摄了这张极为柔美的
照片

重听，妈妈也不会这一套，两人只微笑，微笑就算是答应了婚
事"[14]。事后证明，张冀牖没有看错这位"姑爷"，在周有光要
去留学时，他还亲自撰词《尉迟杯》赠别并祝福。

喜事成就，周有光特地送了充和一件红衣，称她为"小天
使"——为他带来姻缘喜讯的小天使。

张允和说："爱情像一棵甜果树，八年花开叶绿该结甜果
了。"但临到婚期时，周有光写信给张允和，说他很穷，恐怕不能
给她幸福。

周有光是实话实说。1923年，周有光中学毕业后，成绩优异，
但迫于家境，只能选择投考不收学费的南京高等师范。后经人劝
说，又去试考上海的圣约翰大学[15]。当时他只想试试自己的实
力，结果也被录取了。但圣约翰大学一学期就要收取两百银元。

周有光最早的名字是周耀,这是他早期的学生证件

周有光本想放弃,三姐周慧兼的同事朱毓君就住在苏州,她说,考圣约翰大学比考状元还要难,放弃太可惜,就问她母亲借钱。 朱母很慷慨地将一箱衣服拿到当铺抵押,得到两百块大洋,帮周有光凑齐了学费。 后来周有光在圣约翰大学读书期间,经考试兼任校长办公室秘书,学费得以豁免。 也正是在圣约翰大学,周有光打开了世界眼光,开始接触"资本主义的管理学"。[16]

张允和能够理解周有光的担忧,担忧中不是自私,恰是对她的负责和爱意。 她回了一封十张纸的信,只有一个意思:"幸福是要自己去创造的。""我们虽不是'私定终身后花园',但我总是浪漫地畅想着'落难公子中状元',相信我自己选中的如意郎君一定会有所作为的。"[17] 她还强调:女人要独立,不依靠男人。

他们商量着办一个新式的婚礼,量力而行。 张允和定做了一件婚装,没有婚纱,配了一条水钻的项链。 "嫁妆"的来源有点戏剧性。 张寰和说,这件事更能证明父亲不善理财。 当时,张家有个表叔在银行工作,在清理陈账时,发现张冀牖在汇丰银行有一笔存款,两万元,但存单找不到了。 后来不晓得通过什么渠道,把钱取出来了,拿出其中两千元给张允和做"嫁妆"。 但张允和与周有光没有用这笔钱办酒宴,而是拿来做学费了,此为后话。

"在荒野中行路的人见到马蹄印的激动心情,只有很少的人能亲身体验到。 马走过的地方就有路,有水,有草,有人,有生命,有幸福……"[18]他们的婚礼放在上海八仙桥女青年会,婚礼的桌椅布置成了幸福的马蹄形。 "两百多位来宾使这马蹄不再属于荒漠,青春、热情像一匹跃起腾飞的骏马,我和有光并肩面对这幸福的马蹄,心中默念着'我愿意'。"[19]

仪式简单而富有新意。 新郎西装配领结,戴着眼镜,斯斯文文;新娘一身简便婚服,右耳边别着小花束。 证婚人是哲学家李石岑,他是张允和在光华大学的恩师,德高望重。 婚礼上,十四岁的白俄罗斯小姑娘弹奏钢琴,顾传玠吹笛子,充和则唱起了昆曲《佳期》,这是《西厢记》里一出莺莺与张生欢会之戏,其中房外把风的红娘的唱词颇有"颜色":"一个敧斜云鬓,也不管堕折宝钗;一个掀翻锦被,也不管冻却瘦骸。 今宵勾却相思债……"周有光事后看了曲本,对允和说,如果四妹(张充和)懂得词意,大概不会唱了。 但充和不以为意:"其实唱清曲,题目应景就行。 上台表演又是两回事。"[20]

张允和与周有光的婚礼共花费了四百元,但收到了八百元的贺金。 来宾两百多人,留下来吃饭的正好是一百人,加上两位主角,共一百零二人,饭是两元一客的西餐。

就在婚后不久,张允和还做了一件看起来"大逆"的事情。 但

周有光与张允和的结婚照

这件事至今都让张家和周家觉得"应该做"。 当 2013 年春，笔者
在北京拜访周有光先生时，一提到一名姓戴的女子，他就说，那是
我们的好朋友，是允和的同学。 周晓平也对这名女子的事情有所
了解，并说这个人后来"被整得很惨"，涉及"特务"什么的，好像
与哪个特务重名。 张寰和与周孝华对此事有所了解，说这位戴
姓女子曾借住在九如巷张家。

《合肥四姊妹》率先披露了相关细节，使用的是化名"戴
婕"[21]，可能是张允和在生前对作者的要求。 大致情况是，出身
四川名门的女子戴婕，在未成年时就与他人私奔，后来到南京时，

这名男子死了。戴婕进入了一所寄宿学校，与张允和、张兆和成为同学。毕业后，张允和去了上海，戴婕去了广东。后来戴婕与一位男生去海南做田野调查，怀孕了，但男生不想负责。戴婕找到了张允和，开始说是肚子里长了寄生虫，后来允和发现戴婕实际上已经怀孕六个多月了。戴婕想堕胎，但被允和劝阻了。

允和结婚前一段时间，戴婕随她住进了九如巷张家，那是在乐益女中的后门处。戴婕在张家，可以随意浏览张冀牖的藏书。

结婚后，张允和与周有光住在距离九如巷不远的锦帆路孝义坊，房子是租的。戴婕也挺着大肚子住了过去，就住在他们的"新房里"，"在他们夫妻卧室后面的一个小房间内"。[22] 根据张寰和与周孝华的叙述，允和的新婚房子本来就不大，还住着周家人，在这种情况下，允和把戴婕安排进卧室里面的一个房间住，可见她对朋友的真挚。但允和的婆婆很有意见，因为周围邻居已经传出了闲言。周有光是独子，老太太不想家风被义气的媳妇弄尴尬了。允和对婆婆的干涉表示理解，但她无法不帮助朋友。

戴婕生孩子时，据说是张家帮着联系的苏州博习医院的医生，医院是传教士开的，医术和设备都是一流的。戴婕生下了一名女婴，接下来的事情，允和在日记里这样写道：

> 七月二十日（一九三三年），戴婕和我带着她女儿，拎着装婴儿衣裳的柳条箱上了火车。孩子的爸一家人住在杭州，我们到后，用假名住进旅馆。次日早上，我们把宝宝喂饱，在枕头下放了纸条，是写给孩子的奶奶的。接着，我们换下旗袍，穿上西服，离开了旅馆，搭火车回上海。[23]

两天后，杭州的报纸上就出现了这样的社会新闻：两个神秘女子住进某旅馆,在房间里遗弃了一名婴儿,然后就不知去向。后来的情况是,孩子的奶奶并不承认这个婴儿,把她送进了孤儿院。张家在杭州的朋友还曾去孤儿院探望过孩子,后来由于抗日战争全面爆发,失去了孩子的下落。在很长一段时间里,周家与戴家一直都有联系,周晓平还与戴婕后来生的孩子有交往。

1936 年 5 月,民国"七君子"案在苏州审理,沈钧儒、沙千里、邹韬奋、史良、章乃器、王造时、李公朴等七人从上海被押至苏州监狱,罪名是涉嫌"危害民国"。他们的亲属纷纷前往探望,这些人中不少与周有光、张允和在上海熟识,允和毫不忌讳所谓"敏感",安排章乃器夫人胡子婴、邹韬奋的妻子与孩子等人住在苏州的家中,床不够就打地铺,烧菜不多,就让九如巷的厨师烧好了送过来,还为监狱里的"七君子"送被褥衣服。这恐怕是允和一生中唯一参与政治事件的记录,其思想背景,可以从她当时主持《苏州明报》和《中央日报》的妇女版的文章中追溯。1936 年 10 月 26 日,张允和开始主编《苏州明报》的一个专栏"苏州妇女",当时她是苏州妇女整理委员会委员(此可谓其参政的初始),在专栏文章中鼓励"女人积极参政"。在该专栏的《开场白》中她写道:

> 在许多人的印象中,苏州妇女有两种典型:一种是"文雅、有闲、享乐的小姐太太们";另一种是贫苦、堕落、下贱的娼妓。不能说苏州没有这两种典型的女子,虽然不如他们想象那样"繁盛"。
>
> 在他们看来,苏州之有前一种"文雅"型的妇女,是苏州的光荣;而苏州之有后一种"下贱"型的妇女,是苏州的耻辱。其实,这两种妇女,都是不健全社会中的不健全分子,前一种是游离了

社会生产的,后一种是挤出了社会生产的,同样作为男子的娱乐品,一般人都犯了观察褊狭的错误,他们都没有看见苏州妇女的另一群。

苏州的天平山,是游历苏州的必至之地。我们就以住在天平山脚下的苏州妇女,来矫正一般人的错误观念吧。

游客一到山脚下,就有许多抬山轿的来招呼你,只要几毛钱,就抬你来回。这些抬山轿的是谁?也就是苏州的妇女。她的两肩有百斤以上的气力,抬着山轿,健步如飞。她当把"天"平山当作"地"平山。在她们两个肩头上抬着的,不仅有只会跳舞,不会走路的小姐,还有许多年轻的少爷们,这样的妇女占据苏州妇女最大多数。

苏州妇女真的是一般所想象的那样个个都"弱不禁风"吗?真的只能做"花瓶"作为社会的点缀品而负不起艰苦工作的责任吗?真的只有"文雅"和"下贱"两种典型吗?我们不必找其他证明,天平山下几个抬轿子的就会把这种错误观念打得粉碎了。

不过,不论是"文雅"的,"下贱"的,和任劳任怨的劳动妇女,却都是在不幸之中生活着的。"文雅"的,往往做了"笼中之鸟",依赖男子,成为男子的娱乐品,没有自己的独立人格。她们的命运已经走近末日而不自觉。"下贱"的,她们都是要想参加生产劳动而得不到理会,以致被逼走入任人蹂躏的一条路。"艰苦劳动"的,她们终年胼手胝足而难得温饱,她们有伟大的力量而得不到正常的发挥,以增进她们的幸福。这三种妇女,环境不同,生活的不幸是一样的。"文雅"的需要唤醒;"下贱"的需要拯救;"艰苦劳动"的,需要引导、教育和组织。她们都急迫地要求解除她们的不幸。

苏州的妇女们,起来吧,我们各自拿出自己的力量,联合起来,创造我们新的生活。我们要别人知道,苏州不是"美人"的"家乡",而是觉醒妇女的发源地。[24]

此后她在主编《中央日报》副刊《妇女与家庭》时,更是大声疾呼:女人不是花!

记得在 1946 年,张允和还替一个叫徐素英的同学打抱不平。徐的丈夫是个律师,为上海一个黑帮服务。徐和丈夫育有一女,战前,丈夫将她和女儿赶出了家门。战后,允和与徐在苏州相见后,便追到上海去讨说法,找到徐的丈夫却商谈无果后,允和又跑去找其所服务的黑帮老大詹先生。允和天生会导戏,她事先与徐母女排练好,演出母亲跳窗、女儿昏倒的场面,其他的就全交给她。尽管"戏"做得不够完美,但凭借允和强大的气场,最终她们还是赢了。

似乎母亲去世以后,允和便开始"遇强则强,遇弱则弱"。这在她生孩子后,表现得更是明显。

难途

结婚五个月后,周有光与张允和拿着张家给的"嫁妆"两千元,留学日本。一路上大风大浪,瘦小的允和不停地呕吐。第二年的 4 月 30 日,他们的第一个孩子周晓平(又名小平)出生了。这一天,正好是他们结婚一周年,以后每当允和告诉别人"我结婚那天生的孩子"时,大家都会会心一笑。

张允和的难途是从抗日战争全面爆发开始的,其间她遭受了巨大的、终身的乃至不可形容的打击,那就是失去了一个孩子。

充和的回忆是,二姐连生三个孩子都不存,说的是在晓平和小禾之后。 实际上,这两个孩子也都遭受了重重的磨难。

因为要生孩子,张允和从日本回到上海。 晓平出生不久,周有光也跟着回国。 他们在上海度过了一段短暂的快乐生活。 当时他们还去百老汇跳舞,门票是一人两个银元——当时一个银元就能吃两个月的饭了,跳舞的人中有邹韬奋、刘凤生。 后来周有光和张允和分别进入光华大学和光华实验中学教书,薪资尚可。 再一年,他们又有了女儿小禾,四口之家,其乐融融。

抗战全面爆发后,他们曾想过留在上海,但周有光有个担心:"我们一想不能留,日本人很坏,在日本留过学的人更糟糕,他见你在上海,就访问你,明天报纸登出来,日本司令访问某某,这样无形当中你就变成汉奸了。"[25]

就这样,夫妻俩兵分两路,周有光去了重庆(后根据张允和的回忆文章,似乎曾在芜湖的银行工作过),在银行工作。 张允和回了合肥老家,带着两个孩子——三岁的儿子晓平、两岁多的女儿小禾,还有婆婆和保姆等人。 这样的境况下,允和有过"不满":"在这种最关键最困难的时刻,有光却总是因工作脱不开身,不能与我同行。 瘦小病弱的我在这种时候成了一行人的主心骨,既要当机立断拿主意,又是主要的劳力。"[26]交通不便,扶老携幼,头顶还不时有日军的轰炸机,张允和开始时在合肥城里的张家公馆居住,后来又转到肥西山里的张老圩子、张新圩子。

张允和对周有光的抱怨理所当然,但周有光有自己的想法:国家有难,匹夫有责,他关心的是自己能够出多少力,还有他要尽快落实工作,养活这个家。

学过历史的张允和对张家圩子的渊源了解得很透彻。 在这里,她与父亲张冀牖有了短暂的团聚,留下了最后的温情画面,翌年,张冀牖即在老家病逝。 十几天后,周有光来函通知允和见

周有光全家在北京合影，从左至右分别为周晓平、周和庆、周有光、张允和、何诗秀（周晓平妻子）

面，说要去汉口。允和为保险起见，一个人从张老圩子坐轿子赶到合肥龙门巷（山路崎岖，距离很远，听周孝华说，坐轿子要大半天时间），又乘火车赶到芜湖。她见到周有光后，急促之下决定一部分人跟着周有光先去汉口，她则再回圩子接上老小和几十件行李，转道汉口，前往合川与周有光会合。巧合的是，五十多年前，张允和的祖父张云瑞也是从这条路进川为官的，当时也带着一家老小，其中就有张允和的父亲张冀牖。在船上，张允和还遇到了曾国藩的孙女曾广珊[27]。允和对曾家的历史也不陌生，曾祖父张树声当年的"面试官"就是曾国藩，他们在那一代书写了战争辉煌，然而"现在，他们的后代却成了难民"[28]。

前方到底什么样子，还是个未知数。

今日读周有光的著作，发现他所描述的抗战精神极具"正能量"。 在重庆,他从事过多项工作,发现全面抗战时期(或初期),中国的经济秩序并没有大乱,为了让大家吃饱饭、穿上衣服,政府想了很多办法,"所以,抗战八年,就我所见的后方,没有粮荒,没有棉花荒"[29]。 "应当说当时抗日精神好得不得了。 打仗那么不顺利,可是没有一个人失望,每一个人都觉得将来是有希望的,这个精神了不起。"[30]

然而现实的残酷却是外人难以想象的。 重庆大轰炸至今让很多经历者心有余悸。 有一次,周有光去郊区工作,晚上回来晚了,到家时,发现家已经炸光了,家人到哪里去了都不知道。 还有一次,他坐滑竿渡江去南温泉,敌机扔炸弹,把他炸到了沟里,他以为自己死定了,后来发现身边的人都死了,他幸运地活了下来。

张允和说她经历了"有生以来最艰苦的生活"。 此时她不再是张家的娇小姐、任性的"小二毛"。 到达重庆后,她本可以照顾一家老小,但她想为现实做点事情,正好之前帮助过的朋友戴婕愿意帮她照顾家人,她便去了光华中学(允和在上海的母校)成都分校教历史并任女生指导,很是尽心尽责。 后因路途太遥远(两天一夜的车程),允和返回重庆,把婆婆和儿子送回乡下,自己带着女儿在赈济委员会做事。

在重庆,张允和不断地搬家。 她见到了人生中最恐怖悲惨的景象:眼前的死人脑浆溅了一地,白木棺材堆得一人多高,硝烟弥漫,一片狼藉,想找点水给四岁的女儿做饭都很难。 她也重新认识了熟悉的日本,尽管前两年她还在报纸专栏上写过认知日本侵略的文章(1936 年 12 月《苏州明报》),但接下来所发生的事情,让她生出刻骨的痛。

1941 年 5 月,张允和发现女儿精神不对劲,小禾说自己肚子疼，接着就发烧了。由于地处偏僻的乡下唐家沱[31]，找不到医生和药物，三天后小禾病情越发严重，送到重庆的医院，医生诊断是盲肠炎，说太迟了，已经开始溃烂化脓。两个月后，在即将迎来六周岁的生日时，小禾走了。

西南的夏日闷热难耐，张允和陪同病重的小禾度过了她人生最痛苦的两个月，在之后的岁月里，她再也没有提起过小禾。

张充和当时也在重庆工作，她记录下了那些难以面对的细节：

> 那时我的工作地点是青木关教育部，不常去重庆。忽有一个消息传来："小禾病重，来重庆医治。"小禾病已很严重，盲肠炎转腹膜炎，已变成只剩下皮包骨了。战时的特效药及盘尼西林等药，只许空军可用，医生也束手无策，只每天给小禾洗一次，腹部开一口约二三寸长，洗时并不听她叫痛。但不时要二姐抱她，说背疼，一天好几次。二姐的身个小，小禾七岁，虽瘦，对二姐来说，还是又重又大。天气湿热，我向小禾说："妈妈累了，我抱抱吧。"她转过要哭不能哭的脸，皱着眉头说："不！"以后又喊："妈妈，抱抱。妈妈，抱抱。"二姐抱她坐在藤椅上，她闭着眼，安安静静似乎睡了。及至放到床上，又要抱，越来越想在妈妈身上睡。二姐多日的焦急、痛心、疲劳，虽是抱她坐下，但小禾整个上身仍是在她臂膀上。一次，小禾又要抱，二姐抱是抱起了，却突然把她向床上一放，伏在床上，失声痛哭说："我受不了了，我受不了了……"我每天都在希望与绝望之间窒息，透不过气。经二姐这一发作，我跑到门外大大地抽咽。看护们以为小禾出了事，赶快进去，看看无事又都散了。
>
> 一个下午，炎热稍散，二姐同我走回荫庐（荫庐为章乃器及家人在重庆的住所，当时张允和与张充和应该是去借住），路上

抗日战争时期，张允和与儿子晓平、女儿小禾在一起。1941年，小禾在重庆病亡

喝杯冷饮。两人擦个澡，天已傍晚，到医院大门，门外停一口白木小棺。我们心里明白，我说："回去！明天再来！"二姐没有反对，也没有说要再看小禾一面，也没有一滴眼泪，她已经伤心到麻木了。

第二天清晨，太阳没出，我们去医院，小白棺已在防空洞。小禾离开我们安然睡去了，不再要妈妈抱了。这几十年来二姐同我、我同二姐再没提起小禾。只一次，提起五弟（张寰和），她说："我很感激五弟，他替我办了小禾的后事。"[32]

作为舅舅，张寰和至今仍记得那不堪回首的一幕。当时他刚从西南联大毕业，到重庆歌乐山行政院政务处工作。二姐悲痛欲绝，已不忍心看到小禾的棺木，便由他帮着料理后事。对这个外甥女，他是打心眼儿里喜欢。他记得落葬的地方就在重庆长江北岸花朝门一处高地上，面对着嘉陵江和长江的交汇处，这样小禾便能够遥望江南的亲人，不感到孤独了。

周有光在回忆文章里，对小禾的病逝只写了寥寥几笔，但没有人知道他的内心伤痛到何种程度。他为小禾写了一首诗《祭坟》，读之黯然，其中有这么几句：

六岁，三年！

六岁三年。（指离家三年）

坟外一片嫩绿的草，

坟中一颗天真的心。

摸一摸，这泥土还有微微一些温暖，

听一听，这里面像有轻轻一声呻吟！

七岁的晓平也为妹妹写了一首诗《妹妹》：

妹妹呀，妹妹呀！

我们永别了，永别了你。

我是永远看不见你了！

到你临终的时候，却想到你的哥哥。

妹妹，你记得。

我们在唐家沱的时候，

一同上学，一同游玩。

可是现在没有了你，我是多么伤心！

我每晚到上床睡觉的时候，

总是想念着你。

妹妹，我们永别了，永别了你。

我再也看不见你了。〔33〕

张允和说，小禾去世后，她把全部的爱都倾注在儿子晓平身上了。但现实仍不让她省心。

一天大清早，张充和还没有起来，就听到门外有人喊"四妹"，是二姐夫周有光。充和以为是二姐出事了，吓得差点滚下楼来。那时，张允和带着儿子住在成都，说是成都比重庆安全点。"晓平中弹！我要去成都！"周有光来找她帮忙弄车票，因为当时车票很紧张。送走了周有光，张充和还是惊魂不定：晓平再有什么三长两短，二姐她……

从重庆到成都要走两天的路。这是 1943 年的冬天，战局僵持不下，张充和只有等待。

张家"和"字辈下一代中，以晓平最大。平时，无论是舅舅还是姨妈，都对他喜爱有加。他模样斯文，眼睛像爸爸，大大的鼻子像妈妈，还喜欢看戏，允和的挚友吕恩〔34〕那时在江安国立戏剧学校读书，常带晓平看戏、游泳，晓平还在《国家至上》《北京人》中扮演过角色。在成都，周有光、张允和租了一处小洋房，平时多与进步的文艺人士来往，如秦怡、丁聪。那时候传出了一则逸闻，说是周有光在家里说丁聪是"左倾幼稚病"，结果晓平跑到丁聪家去"告密"。

1943 年 1 月 25 日下午，临近农历新年，晓平与房东的孩子在院子里天井旁边玩包车游戏。房东的孩子坐车上，晓平拉着他走。

这时突然有子弹飞来，正打中晓平的肚子，顿时他身上、手上都是血。允和看到后便眼前一黑，但"救孩子"的强烈念头支撑住了她。晓平被送到医院，检查后发现：腰间穿了一个洞，小肠打了三个孔，大肠打了一个孔，有六处破伤，情况危急。

周有光到家那天，是大年二十九，已是晓平出事的第五天了。他心里慌得很。他站在门口，问房东家的男工晓平如何了。在胆战心惊的试探中，他获得了晓平"有望"的信息，这才敢迈进大门，面对母亲。"八姐（绮和）说：'如真小平有事，我看二姐（允和）难活，老太太也经不起这打击，耀平（周有光）岂能独存，这不是一家完了吗？'"[35]

周有光把成都的一切情况告知四妹充和：

> 一直在忙乱，无法把笔，现在是雪雨全消的一个夜晚。允和与小平都已睡着了。火盆里还有些余烬，停电，一支洋蜡烛只照明书桌的一角，窗外积雪已消，但又疏疏下着微雪，明天的屋檐或许又能积起些白色。允和为了解除小平的寂寞，买了一对小兔儿，养在卧室里作伴，这一对稚兔籁籁作声。桌上有我和允和写给从文与兆和的信，他们从你那儿已经知道了这件意外的事，并且汇来了一万元，我们只能暂借一用，仍旧要还给他们，因为他们也很困难。[36]

晓平中弹之事，第二天在成都上了报纸，标题是《五世单传的儿子中子弹》。张允和的朋友杨云慧[37]打长途通知周有光从重庆赶回成都。晓平被送进当地一家美空军医院，做了四个多小时的手术。他术后高烧，张允和三天三夜没睡觉，吃不下东西，第四天早上晓平的烧退了，周有光才赶到，他连哭的力气都没有了。[38]

1941 年,张允和(右)与演员吕恩在江安国立戏剧学校门口,两人一生为好友

　　事后,张允和把所有参加手术和护理的医生、护士,不论中国人还是外国人都请到家里吃饭,以表达谢意。

　　张充和收到周有光的来信后,心里一块石头落了地。她说,周有光的这封信情真意切,是篇好文章,便一直随身带着,晚年的时候转给了晓平。后来得知,这封信与晓平腹中取出的子弹放在了一起,传之后世,后来这颗子弹又被周晓平之女带去了国外。

记得 2013 年 2 月，不少媒体都在报道周有光先生的一百零八岁茶寿，笔者在北京见到周晓平先生，他开玩笑说："我在四川中了一颗飞弹，结果不少媒体都写成了父亲中弹。现在来看，父亲当时的心情，并不比中弹轻松。"周有光在教会学校上学多年，却从未信教，但小禾去世后，他受了洗礼；晓平中弹后，他有了人生第一次祈祷。

晓平伤好后没多久，他们又开始"转战"异地，因为周有光被调去西安工作。临行前，张允和病倒了，周有光只能带晓平先行一步。后来照顾允和的是章乃器、胡子婴夫妇，之前章乃器在苏州坐牢，就是允和招待的胡子婴，如今真是善有善报。但允和惦记着周有光父子，想到李清照的词句"空梦长安，认取长安道"，她写了一首诗：

> 广元书到几惊讶，十日停滞旅客车。
>
> 病起西窗凉似水，小巷声声卖菊花。

再后来，允和还是拖着病体，和五弟寰和同行到西安。允和留在了西安，寰和则回合肥西乡。允和一路上看着破落的景致，想着逃难的坎坷——父亲在她离家不久后病逝；入川时连她七个人，现在只剩下四个了，二十多件行礼也只剩下了五件，其间还经历了"趁火打劫"、迷魂盗窃、保姆病死等重重劫难。

两年后，即 1945 年，回到成都的允和又病倒了。那时候，张充和正好住在二姐家中，成都甘园，也就是晓平中弹的地方。充和的日记简洁明了：

> 7 月 10 日　医生说二姐胃中有瘤，疑是 cancer（癌症），要动

手术。

7月13日 二姐明天八点动手术,耀平心中很不安,一天三次到院。好丈夫即在此处可见了。

7月14日 二姐于八点进手术房,割去盲肠及胃中小瘤,经过良好。

7月16日 晚间在医院为二姐守夜。

8月4日 几日来在医院。二姐瘦了八磅。胃口不开。

8月8日 二姐同房病人赵懋云,是第一届北大女生,信佛,要我唱弥陀佛赞。

8月10日 一声炮响,胜利了(应指抗日战争胜利了)。耀平、晓平去前坝。

9月4日 陪二姐到湖广馆看李恩廉(成都光华中学注册主任,为允和上司,后去台湾)。[39]

根据张充和的记录,张允和大概是1945年8月10日后出院的。充和认为,抗战中的苦难,锻炼了二姐允和的大无畏精神,"虽然她本来也不是个畏首畏尾的人。只看红卫军('文革'时期的红卫兵)来抄家时,她那种幽默、潇洒不可及的态度"[40]。张充和认为,二姐允和经历种种磨难之后,尤其善于把昆曲中的精神用于应对人生挫折。

昆曲

张允和十二三岁时,父亲就常带她出去听昆曲,五彩缤纷的装束、美妙的音乐、悦耳的唱腔,都让她好奇并着迷。有一年春节,父亲看她们在玩游戏,就把她和大姐元和叫到书房:"小姑娘们,来学唱昆曲，爸爸替你们做花衣服，上台唱戏，美不美？"

就这样，张允和被"诱惑"进了书房学昆曲，教她们的是江南全福班的旦角尤彩云，一位"传"字辈的名师。允和记得她最早学的戏是《牡丹亭》里的《游园》，有句唱词是"没揣菱花偷人半面"。她认认真真学了好几年，后来大学毕业、成婚、逃难，几乎没怎么再好好唱过。但在新中国成立后，张允和又回去研究起了昆曲，还回到苏州拜访了几位开蒙老师。只是当时的回去毕竟有些无奈，用老师的话说是"落花时节又逢君"。

抗战胜利后，张允和与周有光在上海与张家姐弟有了短暂而快乐的团聚。接着，周有光迎来了一个出国的机会。当年因为缺钱他们去了日本留学，这次却是新华银行公费派出去美国。张允和把晓平送到苏州五弟张寰和家后，就与周有光一同去了美国。在美期间，发生了很多有趣可爱的故事，譬如老外看不起中国人，中国人的衣着也都是西式的，张允和不服气，上街就穿旗袍，穿中式的裙子。她鼻子高，气质脱俗，很多人误以为她是墨西哥人，她就大声说："No，我是中国人！"张允和去美国时护照照片里就穿着短袖旗袍，漂亮极了。她在美国纽约美术馆前的一张中式连衣裙照片，更是风采动人。

有一年过年，他们和老舍一起吃火锅，老舍讲笑话、唱京剧，张允和则来了一曲《游园》。这是张家姐妹第一次在美国唱昆曲。

他们是1947年年初出发的，按照张允和回忆文章记录，回国是"上海解放后的第八天"（1949年6月4日），但这其中有段波折。1948年，周有光结束了美国的工作，两人商量"绕地球一周回国"，路线是美国、英国、法国、意大利、埃及、缅甸，然后从香港回到上海。他们真的做到了，耶鲁和剑桥的校园草坪上、庞贝古城的雕塑前、埃菲尔铁塔下都留下了他们的身影，也让张允和开了一次世界的眼光。

　　大概是 1949 年的 3 月,周有光到香港出差,后因形势需要就留在了香港。当时中国正处于"最后的崩溃"边缘,"在上海的新华银行暗中通知在香港的周有光,叫他暂时不要回来,国民党特务要抓他。同时,为了防止特务机关对周有光家属的迫害,新华银行暗中安排周有光妻子张允和与儿子周晓平秘密离开苏州(苏州解放时间为 1949 年 4 月 27 日)"。周晓平说,当时他正在上课,学校打铃的老头突然通知他有人找,他就这样被接走了。"那时正好是初三,本来可以继续升学读高中的,结果就没有读成。"就这样,周晓平都没来得及告知五舅和五舅妈,就与母亲从上海龙华机场,秘密乘坐英国海外航空公司的水上飞机到达香港与周有光团聚。

张允和 1946 年的护照照片

　　上海解放后的第八天，周有光全家回到上海。在美国时，张允和就表示，他们"绕地球一周"的目的地是"新中国"。张允和对新中国充满了希望。

　　政府安排张允和在上海光华附中教学，教高一的中国历史。允和自觉底子薄，就加倍学习，学着学着就发现问题了，觉得当时的历史课教学死板，教材混乱、缺乏系统性，于是洋洋洒洒写了两万字给《人民教育》杂志，结果文章阴差阳错地几乎整版刊登在了1951年2月28日的《人民日报》上。为这事，时任人民教育出版社社长的叶圣陶把她调到了北京，到出版社编历史教材。

　　结果还不到一年，"三反""五反"运动就开始了。第一场戏，是把张允和定为"老虎"，要执行毛主席的路线，"打老虎"。允和回忆说："说我是地主，曾分到过两年租，还说我是反革命，要我写交代。"所谓的分租，是在抗战时期，从合肥田租里获得的

1948年，张允和与周有光在意大利

收入,没想到现在成了"罪名"。 允和写了两万字的交代,没有通过,家里还被翻了一遍,他们夫妻的私信都被拿走了,这让张允和感到"耻辱"。 他们夫妻爱写信,且互相信任,有一次张允和致信周有光,说有个相识了几十年的"小朋友"突然写信给她,说已经爱了她十九年了,让他猜猜是谁。 周有光天生幽默,不仅真的猜了,还用字母代替:W君? H君? C君?〔41〕 "就因为这些英文字母,被审查我的人说成是特务的代号,我又有了一顶帽子'特务'。 他们要我把所有的字母都改写成名字,写出详细地址,供他们查找。"〔42〕

张允和寝食不安,两周瘦了两斤,牙床不住地出血,医生说不治会有大危险。 她请假去上海把满口牙拔得只剩下三颗,后来到苏州去,五弟张寰和给她拍了一张极富历史意义的捂嘴照(拔牙后,允和觉得嘴不好看)。 病假还没休完,单位就不让她去了。

周有光理解她,劝她安心在家休息。 从那一年开始,张允和彻底成为"家庭主妇",没再拿国家一分钱的工资。 "'塞翁失马',时间越长我越体会到这是一种幸运。 如果我没有及早下岗,如果'文革'时我还在工作,那我必死无疑,不是自杀就是被整死。"〔43〕

以后的日子固然还有艰难,但张允和回到苏州娘家后,顿觉释然。

在苏州期间,她探访昆曲老师和曲友,按笛拍曲,重唱《游园》,再赴《佳期》。

1956 年,国务院开始推行简化字和普通话。 从事汉字改革研究多年的周有光小有名气,被从上海调到北京,进入中国文字改革委员会工作。 也正是这一年,俞樾的后代、著名学者俞平伯倡导成立北京昆曲研习社,邀请张允和为联络组组长。 在研习社,众人称允和为"张二姐",俞平伯也跟着这么叫,并称赞她兢兢业业,说

1953 年，张允和回到苏州，在南园散心

她的散文"结尾悠悠不断,很有味道"。

张允和重拾笔杆子,带着昆曲的韵味,全身心投入其间,她创作的《昆曲——江南的枫叶》再登《人民日报》(1956 年 10 月):"北京是'天淡云闲'的秋天,到处开遍了菊花。 典型的江南城市——苏州也正是'霜叶红于二月花'的时候了。 从南方寄来的信里,附了一份昆曲观摩的节目单,使我不只是怀念我的第二故乡,更怀念着昆剧的群英会。"

从事昆曲事业,总不免与第二故乡苏州发生联系。 1957 年 8 月,她写了篇《悼笛师李永圻》,深切怀念这位苏州的昆曲名家,并把此文刊登在《人民日报》所得的二十五元稿费捐给了李的家属。 也正是这年的 8 月,她带着曲社同仁、苏州昆曲名家沈传芷、张传芳赶往北京八大处采风。 山高路长,当时是骑驴去的,翻了四个山头,很是危险。 可张允和倒似乎有些兴奋:"我觉得骑驴子可够味,二十多年没骑过了。"她想起了在苏州骑驴的经历:"小时在苏州骑过驴,而且那驴子也特别驯服。"

恍然间,在新中国骑驴却没有那么"驯服"了:"沈先生那匹驴子最不好,鞍子也不好,赶驴的又是个女的,把沈先生摔了一跤。 后来这驴子让给张先生骑,归途又让我骑。 三个人还是我骑得好,驴夫还夸我呢! ……那匹坏驴子,我也懂得它的性格,所以没有出岔子。 它的马口带松掉,喜欢低头。 看到牲口就叫,可是却懒得很,打它也不肯走得快。 我想到'路长人困蹇驴嘶'的诗。""路长人困蹇驴嘶",不知允和是否又想起了那段颠沛、坎坷、无力、伤痛的日子?

研习社的事情细碎而烦琐,在张允和的《昆曲日记》里随处可见她写帖子、发帖子、联络场地、购买物品、报账以及联络老一辈曲家的事宜。 她尤其注重对老辈曲家艺术的传承,多次自费拜访

1957年，张允和在北京八大处骑驴上西山

江南曲家，并尽可能把他们接到北京授艺。1957 年 6 月，她去拜访全福班老演员沈盘生，沈说："我不愿把身上的东西带进棺材，什么人要我教，我一定好好地教。我要对得起祖宗，对得起文化遗产。我平生只有一个希望，就是把昆曲传下去！"说着说着他就哭了。

这也正是允和的心声。她从二十二个月大就坐在大大怀里在上海滩听昆曲，后来又在家里、学校里学习昆曲，深知昆曲是怎样的宝贝。有段时间，张允和曾与四妹张充和联络在美国设"海外曲协"事，但未成，该协会直到 20 世纪 80 年代后期才成立，它的成立对中国昆曲申遗成功起到了推动作用。

有好几次，张允和都有机会进入国家单位工作，单单文化部领导就多次通过周有光商谈此事，但都被婉拒了。周有光心疼允和，知道政治运动的无常和残酷，明白以张允和的性情一定难逃厄运。张允和在研习社是没有工资的，还常常贴钱，唯一的"福利"就是拉着周有光和家人去看戏。研习社的影响力越来越大，周恩来、康生都来看过戏。有一次，周有光的母亲徐雯就坐在周恩来的前一排，张允和的干女儿小演员许宜春在剧中扮演小春香，演出结束后，小宜春去找干外婆徐雯，遇到了周恩来，周总理询问她的年龄和祖籍，她反问总理是哪里人，周总理回答说他也是南方人，生在淮安。

但最终，研习社还是没能逃过"文革"的风潮。1964 年，研习社宣布解散。

"文革"期间，周有光被打成"反动学术权威"，下放到宁夏贺兰山下的劳改农场接受劳动改造；儿子晓平和媳妇何诗秀被下放到湖北潜江；张允和带着孙女周和庆留守北京。家里已被抄过多次，东西所剩无几，就连原来的五间房子也被抢走了三间。

"上山下乡"时期,张允和与孩子们在一起

张允和永远记得她人生中的第二场戏。1968 年 8 月 13 日,北京沙滩后街 55 号大杂院里,张允和种植的马来西亚品种的丝瓜长势喜人,已经爬满了架,浓荫蔽屋。张允和与干女儿小红正在屋内乘凉,突然,家里来了不速之客。北京大学两个学生来"外调",他们来头不小,陪同的当地干部就有六七个。接下来发生的一切,是张允和难以想象的"智斗":

> 他们来势汹汹,很有气派地坐下来。我对面的小伙子开口讲话了。

> "我们是北京大学派来外调张芝联的!"

> 张芝联?他是过去上海光华附中的校长。我在那儿教过

书。他比我小十岁左右。他出了什么事?

他们像连珠炮似的问了我关于张芝联的好几个问题。我都茫然,只得回答:"不知道。"几个"不知道",就触怒了他们。

左手的小伙子指着我的茶杯说:"拿开,不许喝茶!"

我乖乖地把茶送进里屋,小红接了去。小红有点难过,她巴巴地送上这杯茶,我一口也没有喝。

我匆忙地回到外屋,正准备坐下去的时候,忽然听见一声吆喝:"不许坐,站起来!"

我还没有坐稳,就扶着桌子边站起来。站起来的时候,背后的椅子,挡住了我的腿,所以我的身子紧靠着桌子边。这样的站法似乎有所依靠,让他们看上去很不顺眼。

左手的小伙子又吆喝了一声:"不要靠桌子,退后两步!"我遵命退后两步,把椅子用腿推到后面,靠到椅子上。他们可能想:不叫你靠桌子,你又靠上了椅子! 那小伙子又嚷了:"向前走一步!"

我又遵命向前走一步。这样,前不巴村、后不着店,没依没靠地站着,他们可能是满意了吧。

我站稳了。我想,我是快满六十岁的老太婆了。这些年轻人,是在导演我唱什么戏呢? 他们是十分严格和严厉的导演,而我是忠实执行导演指挥的好演员。

一抬头,窗子外面都是孩子们可爱的小脸和一双双惊奇的大眼睛。我看不见丝瓜的大叶子。

我等待他的再次吆喝。他在几次大声嚷嚷之后,似乎有些累。不过,年轻人是不会累的,尤其在这种场合。

我对面的小伙子说:"你仔细想想,张芝联过去干过什么政治勾当! 你又何必包庇他呢?"我很感激这个小伙子对我的温和态度。

············

对面的小伙子打圆场了："给你五分钟,考虑考虑,张芝联在三十几年前,参加过什么反革命组织。"〔44〕

张芝联是上海光华大学创办人张寿镛之子,曾任上海光华附中校长,如今在北京大学教西洋史。 张允和与张芝联熟识。 但是三十年前的张芝联还只是个十几岁的少年,哪里谈得上反革命?

荒唐、可笑,粗鲁、野蛮。 张允和为难之下,她联想到了昆曲。 对面端坐的两个小伙子,比她的儿子都要小,允和把他们想象成戏曲里的人物,而且都是"英雄人物"——白脸的是"常山赵子龙",黑脸的是"猛张飞",心想既然他们是"好样的英雄人物",那我就是"小丑"了——允和平时演戏常扮演丑角。 她在尴尬的对峙中,幻想着自己在演戏。 允和想到了自己演过的几个有趣角色:《西厢记》的琴童、《金不换》的书童、《白兔记》的王旺、《风筝误》里的丑丫头。 这些角色在戏里表现夸张、滑稽但又不失可爱。

"我今天又在扮演小丑了。 是好心肠的小丑,还是坏心肠的小丑? 我好像还没有演过坏心肠的小丑。 不,不对! 每一个人都把自己当作好人,别人是坏人。 自己说自己是好人不能算数。 别人说你是坏人,恐怕也不能算数,因为他们根本不认识你,当然不会了解你。"〔45〕

他们走后,张允和躺倒了。 一群孩子冲进了她屋内,把孙女庆庆的玩具一抢而空。 她庆幸的是,孙女早就送走了。

张允和躺在屋里瞎想。 有一次,庆庆在动物园门口看到一张大字报,在爷爷的名字上打了三个×。 庆庆理解这个符号的含义,她问奶奶:"爷爷怎么是坏人? 爷爷是最好的人!"

张允和到晚年时仍喜欢带妆上台演出昆曲

在动物园里，她想到了昆曲研习社的两个女曲友——苏锡龄、伊克贤，她们淹死了心爱的猫后，一同上吊自杀了，而她俩的《长生殿》曾唱得那样美。

那天，院子里的花架倒了一地，从此以后，张允和再也不种瓜、不栽花。

1971 年 9 月 13 日，林彪死了。周有光记得很清楚，正是此间，上头召集他们开会，有望回北京。次年，他回到家里，但房子已经被占领了，还说他们是"社会的渣滓"，没有用处，回来不要乱说乱动。他倒是乐观，还对张允和讲了那天开会的奇遇：大雁排着队飞过上空，领头雁一声叫喊，大雁们开始集体大便，除了周有光戴了草帽遮阳，其他人都被兜头浇了鸟粪。张允和觉得可乐，撰文说："看来大雁比人的纪律性还强，所谓'人不如禽兽'。"

昆曲研习社关闭十五年后（1979 年）的 7 月 25 日，张允和迎来了七十岁生日。周有光送给她一套《汤显祖全集》，张允和说，到底是爱人知己。张允和从不大识字就开始读汤显祖，一直读到耄耋之年。

张允和、周有光每日下午饮咖啡牛奶并"举杯齐眉"

昆曲研习社关闭的这十五年来，张允和几乎没唱过曲、没摸过笛子，但她一直念想着有复社这一天，连做梦都是一出出的戏。 如今，她的人生第三场戏拉开序幕了。 1979 年 10 月，北京昆曲研习社恢复，张允和被选为社长。

1978 年春，江苏省昆剧院成立后首场演出，邀请张允和到南京看戏。 她坐在小剧场靠前的位置。 《游园》里的一句"梦回莺啭"，让她"抛却了十年的悲惨世界，像插上翅膀飞入了童话中的神仙世界"。 张允和偷偷地抹去了眼泪。 恰巧在那天，又收到四妹充和来自美国的信，说"有人"看了充和的《思凡》即兴赠诗：

一曲《思凡》百感侵，京华旧梦已沉沉。

不须更写还乡句，故国如今无此音。

张允和心里"不服气"，即兴和曲：

十载连天霜雪侵，回春笙鼓起消沉。

不须更写愁肠句，故国如今有此音。

此后，这首"不须曲"又有十几位名家和诗，而那首赠诗的作者余英时先生在当年 11 月见到了张允和，相谈甚欢，说那诗原是"文革"时的旧调。

虽为"社长"，张允和干的还是"伙计"的活。组织活动、联络曲友、采买签到簿和茶叶这些事她都乐意做。曲友们都知道，谈事情没地方，有时就去张允和家里，谈完了就在家烧饭吃。有段时间，周孝华曾住在周家，她回忆，曲社的事情二姐常常弄到家里来，管吃管喝，周有光从来都不抱怨，还主动上去忙前忙后的，他知道二姐对昆曲的感情。读张允和记录的《昆曲日记》，发现她记账都是精确到"分"，1982 年时的全年"收入"为一千五百八十四元三角一分。

有张伯驹、郑振铎、沈从文、倪征燠（中国第一位国际大法官）、匡亚明（时任南京大学校长）、张充和等曲友参加，研习社可谓名家荟萃。允和懂得将"社会资源"为研习社所用，但她都藏在幕后，登台亦是唱丫环、小丑之类的配角，对于有才之人，她宁愿让他们"出走"。1983 年，张允和生病住院，三天抽了九次血，但她挂念的却是一位名叫关德泉的笛师的下落。她一再向研习社致信，说此人有才，乐器样样会，还会作曲，可以推荐给苏昆（应是江苏昆剧院或苏州昆剧院），一定可以大派用场。"我一生一世，无名小卒，不大推荐什么人。……我走，关（关德泉）去，可能有人不满意。但曲社找一个笛师也不难，我们不能让关牺牲一

辈子。"〔46〕

1986 年，年逾古稀的张允和还跑到美国去宣传昆曲研习社，为社里募捐，大姐元和、四妹充和都曾捐资。那年的冬天，文化部纪念汤显祖逝世三百七十周年，允和把大姐、四妹从美国请到北京演出《牡丹亭》，元和饰演柳梦梅，充和饰演杜丽娘，两人都是年近八旬的老人，但戏里的韵，台下观众看得真真切切。

张允和去世之前都一直担任着昆曲研习社的名誉社长。说到自己一生的几次"败笔"时，她说写样板戏算是其一。"五十年代末，上面号召我们写现代戏、唱现代戏。我们就响应号召，挖空心思写，我写了一出《人民公社好》，还记得里面有一段是写公社的供销社的，有一句台词是'楼上有绸缎，楼下有葱蒜'。这出戏还演过一次。还有一出是由话剧《岗旗》改编的，俞先生（俞平伯）和俞太太（许宝驯）做了前半段曲，后半段要我做，我从没做过曲，就大翻曲谱，最后还是由名曲家吴梅的儿子吴南青完成的。"〔47〕

但是这件事谁都没有记住，提起张家二小姐允和，是那个穿着中式大襟小袄、旗袍、滚边盘扣，连鞋子都带着绣花的最后闺秀。

张允和的新锐思想

在张家四姐妹中，张允和的新锐思想最为突出，这一点只要看她早期（抗战全面爆发前）的评论文章即可知一二。最近，我在《中央日报》《苏州明报》等刊物上查到张允和主编的专栏和版面，从她所编写的文章看，其思想早已经摆脱了家庭背景的束缚。当时，张允和只有二十多岁，大学毕业不久，长期的"自由家教"和自我革新，使她从张家"无法无天的小二毛"成长为学校里的新女性。她不时抛头露面从事和男性一样的社会工作，后来去日本留学更是接触了新思想，并将其融入自己的感悟中。

1937年1月27日，《中央日报》"妇女"版编辑端木露西（储安平的妻子）向读者告别，她将离开南京，随夫赴欧洲。端木露西公开推介张允和为接任编辑，说她刚从日本回来，对妇女运动很是热心，写过不少此类文章。张允和接手后，将"妇女"版改版为"妇女与家庭"，拓宽了版面的容量。端木露西说："在孩子不能公育，妇女不能完全走出家庭之前，还是有着最密切的关系，所以这个刊物的改换面目是适应着时代的需要，……它是属于全国妇女的。"

张允和在此刊发表的第一篇文章即《妇女与家庭》："家庭是个人的最初社会环境。家庭的发展与崩毁，是整个社会变化给予的结果。而与家庭有最密切关系的是妇女，所以间接地她也和社会发生了关系。"[48]

她娓娓道来，言语充满悲悯："一个有钱的，他可以有几个家庭；没钱的，度着'年过三十五，衣破无人补'的生活。更有为了要吃饭，不惜拆毁了家庭，自己去做工，老婆去做奶妈，孩子送到育婴堂。有许多妇女就不能安心守在自己的家庭中，而去替别的家庭服务。她们的家庭关系人分散在各处，她们永远难享受到家庭的幸福。这是社会给予她们的不幸，我们将如何解除她们的不幸，而让她们个个都有一个完整的家庭呢？"

要知道，张家即是"封建时代大家庭"，家里也曾雇有保姆、奶妈等，且有的奶妈出身贫苦。允和并不回避，而且将其作为深入了解妇女问题的契机，她把现实全部抖搂了出来。她对那些露宿街头、住破茅草屋和集体宿舍的女性深为同情，更为那些出卖灵肉的妇女表示难过，希望自己能够做些什么，能够帮助她们并早日解决这些社会问题。再后来，张允和不但在报纸上呼吁，还自己拿出钱财资助了不少困难家庭，譬如帮助家中保姆的孩子上学，尽管那时张家财力已经渐渐衰落。

周有光曾说："张允和对政治不是不感兴趣，可是不赞成我参加政治工作，主张我搞学术工作。"[49] 的确，早年的张允和投身妇女运动组织，并公开撰文呼吁《女子也要参加政治》："男治外，女治内，一句话，现在是不对了。男子能参加政治工作，女人也能参加政治工作。譬如说一个家居，男子在外赚钱养活一家人，女人管理家事，那也是有分工合作的现象，也是双方参加家庭的工作。"

"中国要不要做殖民地，只有一致起来力争，万万不能把女人推到家庭去，不许她问政治，尤其是曾被压迫的中国女人。要到非人的地位，跳到人的地位，也只有在这当中努力了。"

那时的政治局势是，东北陷入日本人虎口，"绥远事件"日益恶化，"爱国就是犯罪"成了荒唐的法律。张允和公开在国民政府中央党报上提出了这些严峻问题，并指出："你瞧呢？到处的女学生，在为绥远战士缝棉衣做手套，她们已经不是只缝剪孩子的衣服，而她们的责任是由于家庭转入了社会。……女人是不再为丈夫孩子牺牲了她为国努力的责任。"[50]

在《非常时期下的中国妇女》一文中，张允和以东北抗日为背景指出："这是一个世界的非常时期，更是中华民族的重要关口。……在中国占半数的妇女，责任更比男子重：一方面女子自身还没有从经济上解放开来，在另一方面依然要参加整个民族生存的斗争。"

她以为，无论如何，都不应该让女人再回到家庭中去。"'五四运动'后，妇女运动是渐渐发展了。女子不以家庭作为她的生活所在，渐趋入社会中。但是现在居然有许多国家的领袖,提倡女人回到家庭里去,做'贤妻良母',做生殖机器去。这种倒行逆施的手段,抹杀社会进化,是妇女运动、民族解放的大障碍。"[51]

近代以来,胡适引进挪威剧作家易卜生"出走的娜拉",一时成为知识女性崇拜的偶像,"贤妻良母主义"成了贬义词。但当时在德国,希特勒执政后,有关"妇女回到家庭去""妇女的天职在教养子女"的呼声日高,就连蒋介石发起的"新生活运动",由于提倡复兴固有道德文化,倡议礼义廉耻,也被误读为"妇女回到家庭里去,三从四德也抬头了"。日本侵华后,各妇女组织更是力倡妇女走出家庭、积极参政,上海妇女救国会理事及《妇女生活》主编沈兹九直斥:"什么'妇女回家''贤妻良母',只是法西斯麻醉妇女愚弄妇女的毒药,没有拿来医治半殖民危症的必要。"

在专栏里,张允和还时常引述日本女人的权利、缅甸女人的自由、印第安女人的强健、英伦女人的开明等等,向读者介绍异域女子争取自己权利的过程和现状,呼吁她们尽快警醒,既不是单纯地脱离家庭,又要在社会里找到自己的位置。赛金花去世不久,她就手谈来:"赛金花是一个女性,但并不是一个革命的女性。我们希望将来的社会是不会有女人以'性'作为'才能'的事,而未来的女性必定以她的才能——和男人一样——作救亡的运动。"

张允和呼吁妇女解放最著名的一篇非《女人不是花》莫属:

"花",美丽的花,往往只是能观赏而无实际作用的。用花来表现女性的各方面,就是说女性也只是给男人观赏消遣而不是社会上有用的人。她们被人供养在家庭中正如花盆里的花,她们有时供养在社会上更像园中的点缀的花草,总之,成为家庭社会中男子们解闷的对象。"花"和"女人"同样以颜色博得人们的

周晓平、何诗秀、周和庆一家三口合影

欢心。所以中国传统下来说:"女人无才便是德。"这明明表示社会不需要女性的才能,为什么社会就应该放弃这一半的民众呢?她们只要训练教育,未始不都是社会上有用的人。这明明不允许女人受教育,永远叫她们沦落在奴隶的地位。女人没有才能,她跳不过男人的掌心,也只能受男子的支配。做了奴隶的女人,她们就没有自由。社会上就有许多的法律道德专为女人而设,紧紧的缚住女子。更使有才的女人无发展的机会,埋没了千古多少的才能,使社会文化的损失又不知有多少。

··············

我们不需要做"一朵花"的女性,更不需要"病梅"式的女性,我们现代所需要的女性是康健的,有能力的女性。她们能同样负起社会的责任。我们当大声疾呼地说:"女人不是花。"[52]

1993 年,张允和八十四岁,她的重孙安迪出生。此时张允和还能回忆起,她曾写过一篇《女人不是花》,那时候妇女解放的思想在中国开始萌芽,她反对人家说机关里的女职员、学校里的女教师都是瓶中花朵,"可说是尽了鼓吹女权思想的绵薄力量"。

"我是不是对花完全不爱好呢? 不是的。 我也爱好花。 没有春天的花,哪有秋天的果实。 但是,我爱春花,更爱秋实。 我反对'黛玉葬花''宋玉悲秋'。 那样哭哭啼啼、哭哭恼恼过日子,不是新时代青年的正常生活,更不是健康女性的形象。 那时,我家后院(苏州九如巷张家)瓦杂堆上长出了一株无花果,它不占好的土地,不需人工精心栽培,自然枝叶繁茂。 它实际上不是没有花,只不过它美丽的花隐藏在果子里面,不在人们面前花枝招展罢了。我爱无花果的性格。"[53]

如今,这株无花果树依旧健盛,仲夏季节硕果累累,每当客人来访，张家人都会不吝采摘招待。在你品尝甜甜的果实的时候，不知会否有那么一瞬，想起这个院子里走出去的那个瘦小而有力的"张家二毛"。

注　释

〔1〕张允和、张兆和编著：《浪花集》，中央编译出版社 2012 年版，第 38 页。

〔2〕张允和：《本来没有我》，载张允和：《曲终人不散——张允和自述文录》，湖北人民出版社 2009 年版，第 16—18 页。

〔3〕滴弄，很薄的玻璃，一吹即有滴滴的声音，稍微吹重就破了。

〔4〕张允和等著，张昌华、汪修荣编：《水——张家十姐弟的故事》，安徽文艺出版社 2009 年版，第 150 页。

〔5〕张允和：《落花时节》，载张允和：《曲终人不散——张允和自述文录》，湖北人民出版社 2009 年版，第 182 页。

〔6〕张允和：《女大学生三部曲》，载张允和：《曲终人不散——张允和自述文录》，湖北人民出版社 2009 年版，第 35 页。

〔7〕南国社前身为南国电影剧社，1927 年冬成立于上海，领导人田汉。社内设有文学、绘画、音乐、戏剧、电影等五部，以戏剧活动为主。

〔8〕张允和：《张闻天教我国文课》，载张允和：《曲终人不散——张允和自述文录》，湖北人民出版社 2009 年版，第 179 页。

〔9〕周有光：《晚年所思》，江苏文艺出版社 2012 年版，第 22 页。

〔10〕周有光：《晚年所思》，江苏文艺出版社 2012 年版，第 24—25 页。

〔11〕因江浙军阀打仗，张允和后来到杭州之江大学借读。

〔12〕张允和口述，叶稚珊编写：《张家旧事》，山东画报出版社

1999 年版,第 70 页。

〔13〕周有光:《晚年所思》,江苏文艺出版社 2012 年版,第 25 页。

〔14〕张允和等著,张昌华、汪修荣编:《水——张家十姐弟的故事》,安徽文艺出版社 2009 年版,第 293 页。

〔15〕圣约翰大学 1879 年在上海成立,是中国最早的一所新式大学。

〔16〕周有光:《晚年所思》,江苏文艺出版社 2012 年版,第 13—15 页。

〔17〕周有光、张允和:《今日花开又一年》,中国文史出版社 2011 年版,第 17 页。

〔18〕周有光、张允和:《今日花开又一年》,中国文史出版社 2011 年版,第 16 页。

〔19〕周有光、张允和:《今日花开又一年》,中国文史出版社 2011 年版,第 16 页。

〔20〕张允和等著,张昌华、汪修荣编:《水——张家十姐弟的故事》,安徽文艺出版社 2009 年版,第 293 页。

〔21〕金安平著,凌云岚、杨早译:《合肥四姐妹》,生活·读书·新知三联书店 2007 年版,第 194—196 页。

〔22〕金安平著,凌云岚、杨早译:《合肥四姐妹》,生活·读书·新知三联书店 2007 年版,第 194—196 页。

〔23〕金安平著,凌云岚、杨早译:《合肥四姐妹》,生活·读书·新知三联书店 2007 年版,第 195 页。

〔24〕张允和:《开场白》,《苏州明报》1936 年 10 月 26 日。

〔25〕周有光:《晚年所思》,江苏文艺出版社 2012 年版,第 40 页。

〔26〕张允和口述,叶稚珊编写:《张家旧事》,山东画报出版社 1999 年版,第 82 页。

〔27〕曾广珊,曾国藩孙女,曾纪鸿独生女。其母郭筠,时为著名女诗人。曾广珊本人也是清代著名女诗人。二十岁时嫁与湖南学政俞明颐。其子俞大维是国民党中将、国防部部长。抗战时期,俞大维在重庆任兵工署署长,对母亲极孝顺。

〔28〕金安平著,凌云岚、杨早译:《合肥四姊妹》,生活·读书·新知三联书店 2007 年版,第 198 页。

〔29〕周有光:《晚年所思》,江苏文艺出版社 2012 年版,第 41 页。时人所指的抗战及七七事变后开始的全面抗战时期,故为八年。

〔30〕周有光:《晚年所思》,江苏文艺出版社 2012 年版,第 41 页。

〔31〕唐家沱位于重庆市江北区长江北岸,紧邻铁山坪生态公园,在铜锣峡上游入口处。

〔32〕张允和等著,张昌华、汪修荣编:《水——张家十姐弟的故事》,安徽文艺出版社 2009 年版,第 294—295 页。

〔33〕张允和、张兆和编著:《浪花集》,中央编译出版社 2012 年版,第 161 页。

〔34〕吕恩是乐益女中的学生,后来成为著名的话剧演员,并与张家三子定和成婚(后离婚)。

〔35〕周有光:《周耀平给四妹(充和)的信》,载张允和、张兆和编著:《浪花集》,中央编译出版社 2012 年版,第 188 页。

〔36〕周有光:《周耀平给四妹(充和)的信》,载张允和、张兆和编著:《浪花集》,中央编译出版社 2012 年版,第 188—189 页。

〔37〕杨云慧,杨度之女,时为国民政府外交官郭有守之妻。

〔38〕张允和:《难途有寄》,载周有光、张允和:《今日花开又一年》,中国文史出版社 2011 年版,第 102 页。

〔39—40〕张允和等著,张昌华、汪修荣编:《水——张家十姐弟的故事》,安徽文艺出版社 2009 年版,第 296 页。

〔41〕就这个细节,笔者曾请教过张寰和先生,这个"小朋友"是张家姐弟的好朋友,他的名字曾多次出现在张家的《水》上。

〔42〕事见张允和文章《我是老虎》及周有光文章《昆曲研习社》。

〔43〕见张允和文章《我是老虎》。

〔44〕张允和:《小丑》,载张允和:《曲终人不散——张允和自述文录》,湖北人民出版社 2009 年版,第 89—90 页。

〔45〕张允和:《小丑》,载张允和:《曲终人不散——张允和自述文录》,湖北人民出版社 2009 年版,第 92 页。

〔46〕张允和:《昆曲日记》,语文出版社 2004 年版,第 250—251 页。

〔47〕张允和口述,叶稚珊编写:《张家旧事》,山东画报出版社 1999 年版,第 161 页。

〔48〕《中央日报》1937 年 2 月 3 日。

〔49〕周有光:《晚年所思》,江苏文艺出版社 2012 年版,第 90 页。

〔50〕《苏州明报》1936 年 12 月 27 日。

〔51〕张允和:《谈谈贤妻良母》,《苏州明报》1936 年 11 月 16 日。

〔52〕《中央日报》1937 年 2 月 17 日。

〔53〕张允和:《落花时节》,载张充和:《曲终人不散——张允和自述文录》,湖北人民出版社 2009 年版,第 183 页。

第七章　张兆和：三三与二哥

月光泻满了一房

张兆和十四岁那年，写了一篇作文《王昭君说明书》。1924年，苏州乐益女中举行了第一届毕业生典礼，张家三姐妹都参与其中，读初中二年级的张兆和参加演出话剧《王昭君》，并负责撰写演出说明书。这份说明书也算是张兆和第一篇公开刊发（刊登在乐益女中毕业刊物上）的文章：

> 昭君是西汉元帝时人，她是一个抱悲观的女子，因为她被选做贵妃，要离别乡井，骨肉分离，同时她也是一位清高的女子，因为她不贪荣华富贵，只愿和她亲爱的母亲，享受天伦的乐趣，因此她常常背着她母亲流泪。她有一个丫环，天生得聪明伶俐，常常劝解她的小姐，不要过分的伤心。
>
> 后来昭君入宫，百般事情，都不能如愿，又远念老母，怎不教她伤心呢？
>
> 汉元帝命画师毛延寿替宫妃画像，预备看了图像选美宠幸，这毛延寿却是一个欺君受赂的奸臣，他因为昭君没有给他银子，

他恨极了,所以替昭君画了一张怪难看的图,献给元帝,元帝竟给他瞒过了,因为后宫三千,昭君要算丑相中的第一个了,也不把她放在心上。

匈奴的国王呼韩邪单于屡次入寇中原,有一次,单于要大汉赐给他一个美人做阏氏,才肯两国和好,元帝以为昭君是最不美的,所以便把她召来,赐给单于。谁知元帝一见昭君,顿时吓呆了,以为是左右错召了人,后来还是昭君自己说:"那一天,延寿奉旨替我写真,他问我要银子,我没有给他,画图的不美,恐怕这里面有原因的。"元帝气极了,立刻把延寿斩首示众。但是单于已经看见昭君,即使要换,也万万不行的,元帝是怎样的懊悔啊?那也是没有法子的事!

后来,昭君只好跟着单于到那黄尘滚滚万里无人的沙漠地方去了。[1]

这一年,张兆和是九如巷张家的"三毛",衣食无忧,家长开明。"谁道巴家窘,巴家十倍邹。池中罗水马,庭下列蜗牛。燕麦储无数,榆钱散不收。夜来添骤富,新月挂银钩。"这是张兆和当时背诵的才女诗,背诗之余,闲赏七叶枫、白玉兰,还有挂满榆钱的老榆树,生活无忧无虑,逍遥自在。

这一年,国共合作统一战线正式建立。有个叫沈从文的作家此时正在北平为生计忙碌,困窘之下,他求过很多人,其中包括同乡熊希龄,然未果。沈从文曾向《晨报》投稿,但稿件遭遇"不测",据说还因此受到编辑的奚落。[2]

记得有一次笔者去寻访沈龙朱先生,说到对沈从文有帮助的朋友,他第一个就想到了林宰平(志钧),说正是在林宰平的帮助下,沈从文才得以走进香山慈幼院工作。沈从文与林宰平的交往

王昭君說明書（二）

二年級生張兆和課作

昭君是西漢元帝時人她是一個抱悲觀的女子，因爲她被選做貴妃要離別鄉井骨肉分離同時她也是一位淸高的女子因爲她不貪榮華富貴只顧和她親愛的母親享受天倫的樂趣因此她常常背着她母親流淚她有一個丫環天生得聰明伶俐常常勸解她的小姐不要過分的傷心；後來昭君入宮百般事情都不能如顧又遠念老母怎不敎她傷心呢？

漢元帝命畫師毛延壽替宮妃畫像，預備看了圖像選美寵幸這毛延壽卻是一個欺君受賂的奸臣他因爲昭君沒有給他銀子他恨極了所以

★ 樂益 ★
▲三一▼

1924 年，乐益女中毕业刊物上有张兆和最早发表的文章

源于一篇刊发的文章，而这篇文章是在郁达夫的帮助下发表的。

郁达夫对沈从文慷慨相助，并仗义牵线搭桥，使沈从文得以在《晨报副刊》上发表作品，"已经读了一点书，于是有了理想"的沈从文由此一发不可收。五年后，他以小学学历被胡适邀请至中国公学任教，并不负胡适厚望，开大学中文系一代先风。经历了第一堂课的尴尬"卡壳"之后，他接连抛出"新文学研究""小说习作""中国小说史"等新型课程，反对老套的"八股"及旧式考究鸿辞，为中国文学注入一股清新的气息。正是这股新风，吸引了张家"三小姐"的注意。

张家三姐妹接受过家庭教育后，被开明的父亲送进了苏州女子职业中学。这是一所新式学校，以刺绣闻名，除了基础课程外，就是几门"家事"课，然后是做石膏像。张兆和戏称家事课就是大家下厨房做饭，然后吃一顿。张兆和八十六岁时还能回忆出在学校的场景："学校校址是原来的一个衙门。校内也有假山，也有鱼

池,还有操场,还有练功的平台和天桥。 天桥年代久了,摇摇晃晃
的,谁也不敢上去,只有我敢。 我还在平台上唱当时的流行歌曲:
'卖布! 卖布! 我有中国布。 卖布! 卖布! 没有外国货⋯⋯'我还
硬着头皮来来回回去走那个摇摇晃晃的天桥,同学们越拍手叫好,
我越唱得带劲。"〔3〕

　　张兆和说,她"乐极生悲"。 毕业时,大姐升学走了,她和二姐
因多科成绩不及格留级了。 就这样,张兆和晚了一年进入上海读大
学。 1927 年,十七岁的张兆和作为第一批女生进入中国公学。 入校
时,校长何鲁忽然下台,接任者是大名鼎鼎的"五四人物"胡适。
他蓄势改造大学教育,聘请了几位新潮教师,沈从文即是其一。

　　张兆和在校读的是英文专业,出于对中文的偏爱,她选听了沈
从文的课。 那时她们姐妹已读过沈从文的小说,知道他是大兵出
身,说实话还是有些"轻视"的:"是胡适之校长找来的人一定不
错,可我们并不觉得他是可尊敬的老师,不过是会写写白话文小说
的青年人而已。"〔4〕第一堂课听下来,张兆和一回到宿舍,姐妹就
谈论起了沈从文讲不出话的窘境,倒也觉得有趣。

　　在学校,男生们为张兆和取名"黑牡丹"。 张允和说三妹最讨
厌这个其实挺美的绰号。 不过,张兆和肤黑是事实:"三妹又黑
又胖,样子粗粗的,没有一点闺秀气。 她的绰号总归离不开一个
'黑'字。"〔5〕看张兆和早期的照片,穿旗袍的不多,穿运动服、
短打扮的倒有不少,看起来较为中性帅气。 张兆和不但功课好,
运动方面也很突出,在中国公学得过女子全能运动第一名,并且
是学校女子篮球队队长,带队参加过上海市的比赛,名字上了
报纸。

　　1930 年 7 月,回苏州度假的张兆和心里惴惴不安:"半年来为
这事烦够了,总以为没事了,谁知事仍如此,或者更会加剧些,叫

我如何办法呢!"[6]

令张兆和困扰的是一个男生的情书。 之前，她接到过数不清的示好情书，都一律不回，也不撕掉，只是编号保存起来。 直到有一天，她接到了沈从文的情书，第一句话就是"不知道为什么我忽然爱上了你"——沈从文大概是在上课三个月后喜欢上了张兆和。[7] 1930 年 2 月 17 日开学后，沈从文致信在美国的好友王际真，说自己要学一点英文。 也就是从此时起，他开始给就读英文系的张兆和写信[8]，且言语热烈，一封接着一封。 这些信当时由张兆和好友王华莲转交不少，张允和说，如果从邮局寄都要超重。 4月 26 日，沈从文致信王际真："我在此爱上了一个并不体面的学生，好像是为了别人的聪明，我把一切做人的常态的秩序全毁了。 在各方面去找那向自己解剖的机会，总似乎我能给这女人的幸福，是任何人所不能给的，我所牺牲可以说是一种奢侈，但所望，就只是这年青聪明女人多懂我一点……"[9]

沈从文的频繁来信，不但没有引起张兆和的好感，反倒让她觉得棘手可恨。

沈从文多次通过王华莲传话、索要回音，但均无果。 他心灰意冷，要离开学校，甚至打算去部队里打一仗死掉算了。 无奈之际，他甚至有了"恐吓话"传递出来，一下子"激活"了张兆和情绪里的不安：

> 我到这世界上来快二十年了……我也不是个漠然无情的木石，这十年中，母亲的死，中学里良师的走，都曾使我落下大滴的眼泪过；强烈的欺凌，贫富阶级的不平，也曾使我胸中燃烧着愤怒的斗争之火，透出同情反抗的叹息过；在月夜，星辰，风朝，雨夕中，我也会随着境地的不同，心中感到悲凉，凄怆，烦恼……各

1931 年 5 月 25 日，张兆和获好几项赛跑冠军后摄于中国公学运动会

20世纪20年代,张兆和(左)与同学在乐益女中校园

种不同的情绪。但那也不过是感到罢了,却不曾因此做出一首动人的诗来,或暗示我做出一桩惊人的事来。可是我是一个庸庸的女孩,我不懂得什么叫爱——那诗人小说家在书中低回悱恻赞美着的爱! 以我的一双肉眼,我在我环境中翻看着,偶然在父母,姐妹,朋友间,我感到了刹那间类似所谓爱的存在,但那只是刹那的,有如电光之一闪……[10]

从这一篇日记足以看出,张兆和早期受五四新风潮的影响,受益于开明的教育,脱离了贵族小姐的气息,成为新时期女性的一代。 只是对于爱,她还没有准备好。

1930 年 7 月 8 日,张兆和从苏州出发去上海,临走时只和二姐打了招呼。 她先找到王华莲,得知沈从文说的"恐吓话"[11] 有两种可能:一是自己刻苦、努力,但多半不会走的;另一条又有两支,一是自杀,一是含含糊糊的"总会出一口气的!"张兆和并不害怕,甚至觉得"这证明他爱我非假"。 但她觉得应该有个了断,她喜欢干脆。

于是她在当晚去找校长胡适,把沈从文写信的事叙述了一遍(其实胡适早已知道)。 胡适一直夸奖沈从文的才气,说他是中国小说家中最有希望的。 但张兆和很明确优秀与爱不爱无关,而且他们之间不可能做朋友,因为会纠缠不清。 胡适说,社会上有了这样的天才(指沈从文),人人都应该帮助他,使他有发展的机会,"他(沈从文)崇拜密斯张倒是真崇拜到极点"。 胡适一遍遍重复,张兆和据理以争:"可是我说这样人太多了,如果一一去应付,简直没有读书的机会。"[12] 最终胡适答应由他出面协调,但前提是张兆和回封信给沈从文说清楚。

胡适是个热心人,他在学术圈为人做媒并非个案,最初知晓此事后，他考虑是否因为"家庭原因"：沈从文拖着病体还要靠"预支薪水"过活，而张兆和则是名门贵族出身。 胡适与张冀牗是同乡，又有交情，他愿意出面协调。

> 大概信写得太多、太长、太那个。三妹认为老师不该写这样失礼的信，发疯的信，三妹受不了。忽然有一天，三妹找到我，对我说："我刚从胡适之校长家里回来。"我问她："去做什么？"她说："我跟校长说，沈老师给我写这些信可不好！"校长笑笑回答："有什么不好！我和你爸爸都是安徽同乡，是不是让我跟你爸爸谈谈你们的事？"三妹急红了脸："不要讲！"校长很郑重对这位女学生说："我知道沈从文顽固地爱你！"三妹脱口而出："我顽固地不爱他！"[13]

张允和说，这是三妹兆和亲口对她说的，只是到了晚年时，三妹矢口否认。

张兆和7月9日回到苏州后即寄信给沈从文，10日的日记上只有三个字："心不定。"

11日，张兆和接到沈从文的来信，是未读到她信前写的，"字有平时的九倍大！例外的称呼我'兆和小姐'"[14]。 沈从文在信中对自己的"极端"表示歉意，并表示会看开点："我愿意你的幸福跟在你偏见背后，你的顽固即是你的幸福。"

而后，沈从文再回信来："我希望我能学做一个男子，爱你却不再来麻烦你。"信中还附有胡适写给他的信：

> 我的观察是，这个女子不能了解你，更不能了解你的爱，你错用情了。

我那天说过,"爱情不过是人生的一件事(说爱是人生唯一的事,乃是妄人之言),我们要经得起成功,更要经得起失败"。你千万要挣扎,不要让一个小女子夸口说她曾碎了沈从文的心。

我看你给她的信中有"把我当成'他们'一群"的话。此话使我感慨。那天我劝她不妨和你通信,她说,"若对个个人都这样办,我一天还有功夫读书吗?"我听了怃然。

此人年太轻,生活经验太少,故把一切对她表示爱情的人都看作"他们"一类,故能拒人自喜。你也不过是"个个人"之一个而已。[15]

不得不说胡适观察独到,年轻的张兆和面对众多男子的追求而并不理会,并非那些人不好,而是她觉得没有理会的必要,她不希望别人影响到自己。但她毕竟是善良的,到底还是被沈从文的执着打动了一点点。

如果沈光只寄了九号写的那两封半讥讽半强硬的信来,即使以后也还常常写些鄙视我的信来,我也没什么说的,因为他这样的态度,适足以消去我的同情,适足以磨灭掉我因他之为我而苦恼消沉的内心负疚,我可以在这些上面多得一些人生经验,更能安心的读我的书……谁知啊,这最后的一封六纸长函,是如何的影响到我!看了他这信,不管他的热情是真挚的,还是用文字装点的,我总像是我自己做错了一件什么事因而陷他人于不幸中的难过。我满想写一封信去安慰他,叫他不要因此忧伤,告诉他我虽不能爱他,但他这不顾一切的爱,却深深地感动了我,在我离开这个世界以前,在我心灵有一天知觉的时候,我总会记着,记着这世上有一个人,他为了我把生活的均衡失去,他为了我，舍弃了安定的生活而去在伤心中刻苦自己。顽固的我说不爱他便不爱他了，但他究竟是个好心肠人，我是永远为他祝福着的。我想我这样写一封信给他，至少能叫他负伤的心，早一些痊愈起来。但再一想，自己是永久不会爱他的（自己也不知道为什么），而他又说过永是爱着自己，这两个极端的固执，到头来终会演成一场悲剧，与其到那时再来叫他或自己受更大的罪，还是此刻硬着一点心，由他去悲苦，不写信去安慰他，不叫再扩大这不幸好些。这是我们女子的弱点，富于同情而不敢表示。也不怪，女子在这世界上是最软弱可怜的，她们的一切行动思想均在苛刻的批评下压伏着，她们偶一不慎，生命上刻上了永世不消的人们的口印，便永久留着一个洗不脱的污迹……为人人所唾弃为人人所鄙视的污迹，这样，女子的欲进又止的怯弱行为的养成也是当然的事了。这里的我，也是如此的，我知道他爱我的一片苦心，纵不愿接受，也不当去禁止。爱人原不是罪恶，在人情的最低限度中，我很可以把不爱他的情形告诉他，希望他不要在我身上做些什么荒唐的梦，明白了这些，然后同他做一个好朋友。但这最低限度我仍然不能这样做。[16]

张兆和是极其爱惜羽毛的，她知道老师与学生发生恋情后会引起非议，甚至公开写信事后成为朋友，也有被非议的危险，因而她陷入了彷徨："眼见人家向井底落，我自己软弱无力，心怯胆小，只有张着一双手看着了。"

接下来的几天，张兆和都试图以忙碌他事忽视此事，但她还是忍不住重读沈从文的信，尽管她称之为"孽债"。从信中，她得知他有个妹妹，与她年龄相仿——就是后来与她相处多年的九妹。他准备离开中国公学，但去哪里还是未知。徐志摩很赞同他说"受不

了烦恼,走了也好"。他说看到张兆和通过王华莲转交的信后,不免伤感地哭了半天……她看到了他自我放低的"卑微":

> 我是只要单是这片面的倾心,不至于侮辱到你这完全的人中模型,我在爱你一天总是要认真生活一天,也极力免除你不安一天的。本来不能振作的我,为了这一点点爬进神坛磕头的乡下人可怜心情,我不能不在此后生活上奋斗了。[17]

> 每次见到你,我心上就发生一种哀愁,在感觉上总不免有全部生命奉献而无所取偿的奴性自觉,人格完全失去,自尊也消失无余。明明白白从此中得到是一种痛苦,却也极珍视这痛苦来源,我所谓"顽固",也就是这无法解脱的宿命的粘恋。[18]

> 我现在是打算到你将来也不会要我爱的,不过这并不动摇我对你的倾心,所以我还是因这点点片面的倾心,去活着下来,且为着记到世界上有我永远倾心的人在,我一定要努力切实做个人的。[19]

张兆和在深夜的"绣楼"里,抄写着天才作家的倾情心声,渐渐觉得,他虽然不可爱,"但这一片心肠总是可怜可敬了"。"读到这几节,这接信者不由衷心感到一种悲凉意味。她惊异到自己有如许的魔力,影响一个男子到这步田地,她不免微微感到一点满足的快意,但同时又恨自己既有陷人于不幸的魔力,而无力量去解救人家,她是太软弱了!她现在也难过得要哭。"[20]她曾给他回信:"一个伟大前程的人,是不值得为一个不明白爱的蒙昧女子牺牲什么的。"

就在几天前的晚间，张兆和还与唯一知情的允和辩论"爱的存在"，她以为："人与人间的关系除了互相利用而外，还有些什么？如孝，如恋爱……"允和狠狠地批驳了她，但最终不分胜负。夜很深了，保姆来催了多次睡觉，张兆和的日记里写道："月光泻满了一房。"恰当地映照出她当时的心情。

九如巷的汽水与甜酒

辛亥革命前一年，合肥龙门巷张公馆第三个孩子降临，还是女孩。"我落地时，大大哭了。"张兆和说，奶奶只想添个孙子，不生男孩，奶奶不高兴。后来下面添了个弟弟，却不幸夭折了。

张兆和说自己是命中注定不受欢迎的女孩，无足轻重，没有人疼你，没有人关心你，倒也自由自在。[21]

她五岁那年，家里请了个女老师，姓万，教她们姐妹认字，开始以为兆和是小男孩，教认字时就搂着她，后来知道了，就不搂了。

"我的脸黑黑的，全身胖乎乎，不愁会生病。没有人同我玩，我就一个人闷皮。"家里厨子、用人都喜欢逗她玩，教她唱歌谣：

> 大姐梳个盘龙髻，
> 二姐梳个凤凰头，
> 只有我三妹不会梳，
> 梳个燕子窝。
> 燕子来生蛋，
> 吓得三姐一头汗。

张兆和总以为，干干们"歧视"她手拙，还常拿她开玩笑打赌。 有一次她在楼梯栏杆中钻来钻去，被用人郭大姐看到了，说给另外一个干干听，那干干不信，两人就打赌，赌注是一吊钱，到时买毛豆吃。 张兆和来回钻了好几次，大家拍手叫好，当然咸水毛豆也有她的一份。

大姐受宠，二姐一说就哭不停，家里有什么错事，"小三毛"就逃不了受罚。 有一次，三姐妹为了照顾一个卖白糖糕的小媳妇的生意，就买了她很多白糖糕，当时没吃完就顺手放在了大弟的推车里，结果用人用车时发现了发霉的白糖糕，就到陆英面前告状。最后的结果是，只有兆和被罚坐在房内反思。

记得张家住在上海时，大门几乎是不对孩子们开放的。 有一次，她们好不容易到门外去买了糖人，正吹着，有上海孩子指着她们很难听地乱骂——骂人的话还是听得懂的，但她们不会骂人，张兆和很气愤地指着对方"还击"："小鹅头！小鹅头！"就是小丫头的意思，这样就以为出气了。

文学后来一度成为张兆和的"饭碗"，她小小年纪就被大人逗着作诗。 有一次，姑母从婆家回到娘家来，在寿宁弄水阁凉亭赏金鱼，姑母说："三毛，听说你很会作诗，给我来一首。"姑母还出题目为"即景"。 张兆和看到院内柳树上停着一只鹰，她张口即来：

春日园中好风景，池旁柳上有老鹰。

如果说这诗略显稚嫩，那么 1923 年，跟着乐益女中郊游镇江北固山时的诗就颇显风采了：

春风吹绿到天涯，遥望姑苏不见家。

西下夕阳东逝水，叫人哪不惜芳华。

寿宁弄外，古迹遍布，芳草香花，张冀牗常带着"三毛"去附近名胜散步，瑞光塔、无梁殿、盘门，还会讲解一些与苏州有关的典故，如"卧薪尝胆""东施效颦"等，回来时更少不了买一堆好吃的。

带兆和的保姆是朱干干，她家里有一儿一女，儿子进私塾读书，女儿送人做童养媳了。朱干干手脚利索，陆英除了让她带兆和，还让她协助自己处理家务、帮自己收拾个人房间和处理私人事务。在陆英推行的保姆认字活动中，朱干干表现最突出，深更半夜还要向兆和请教。但她也不白请教，有一次，她特地请大厨师做了一大盘醋熘黄鱼，兆和说是"一生中很少吃到的好黄鱼"。新中国成立后多年，朱干干家人还与兆和保持着联系。

留在兆和记忆里的，除了朱干干教给她的坚韧、善良，还有那些童年青涩的时光。

兆和从小习性就与大姐、二姐有异。陆英每次买玩具时都买三份，元和、允和玩过后都会把玩具珍藏起来，兆和却不。有一次，陆英从无锡买来三对会摇头晃脑的泥娃娃，很可爱，大姐二姐玩过后，都用手帕包好藏起来。"三妹的泥人到手，不到几分钟，她就用她的小板凳头，嚓达、嚓达把泥人敲成碎片，不成人形了。"[22] 后来，陆英又从上海买回来三个一捏就会叫的橡皮人，一个人一个。她想：这回"三毛"没法破坏了吧？结果第二天一看，兆和的橡皮人被她用朱干干的剪子剪得一片一片的。

张兆和早年时很喜欢舞蹈，家里备有练功衣和软底舞蹈鞋，三姐妹常常在一起练习。1922 年夏，三姐妹练完舞蹈在一起合影，照片洗出来后，兆和一把抢过去，说："丑死了，丑死了！"她把自己的脸部抠掉了。 三妹这样的举动，让大姐和二姐归结为"顽皮"。

允和印象中，中学时期的三妹应该是活跃的、开朗的，"那时的她和现在这个小心谨慎、沉默寡言的三妹完全是两个人"[23]。她记得，张兆和曾拿着糖引诱蚂蚁，以证明"蚂蚁有鼻子"。 在中学里她喜欢演滑稽戏，脸画得乱七八糟，自编自演"万能博士""天外来客"。 五弟张寰和说，三姐其实一点都不内向，看她在苏州河道里游泳，戴着草帽和老水牛合影，都很欢乐的。 允和记得，有一次睡到半夜，突然发现三妹不见了，大家起来去找，发现她一个人在月光下跳舞……

从乐益女中走出去后，张兆和辗转在南京、上海读书。 1932年夏，她从中国公学毕业，待在家中复习，时常去附近的图书馆看书，准备去北平读研究生。 此时，在青岛大学教书的沈从文冒着酷热来到了苏州九如巷。

就在前一年，沈从文离开上海中国公学后，先去了武汉大学教课，而后在徐志摩的帮助下，再进北平，借住在燕京大学达园宿舍，此后不断有新著推出，有文章评论他是"梁实秋教授口里的那一类有出息的人，就是那类从地底下翻筋斗到天堂上的幸运者"。在那一时期，沈从文开始构思和写作《虎雏》《龙朱》《三三》，"虎雏"和"龙朱"后来成为两个儿子的名字，"三三"则成了张兆和的昵称。 "三三"是一位十五岁的湘西女孩，整个人生如梦一般。 他在此间写作《甲辰闲话》，准备写出十一部作品，其中第九项是"她，写一切在我生活中对我有过深刻影响的女人"。 这段时间，他的朋友如云，有徐志摩、梁思成、林徽因、金岳霖、冰心、凌叔华、萧乾等等。 1931 年 6 月 30 日，他写给张兆和的一封信[24]刊登在《文艺月刊》上，信很长，分了两期。

少年时，张元和（中）、张允和（左）、张兆和一起穿着舞鞋在寿宁弄家中拍了这张照片，但张兆和觉得拍得不好，就把自己的脸部抠去了

我近日来看到过一篇文章，说到似乎下面的话："每人都有一种奴隶的德性，故世界上才有首领这东西出现，给人尊敬崇拜。因这奴隶的德性，为每一人不可少的东西，所以不崇拜首领的人，也总得选择一种机会低头到另一种事上去。"××，我在你面前，这德性也显然存在的。为了尊敬你，使我看轻了我自己一切事业。我先是不知道我为什么这样无用，所以还只想自己应当有用一点。到后看到那篇文章，才明白，这奴隶的德性，原来是先天的。我们若都相信崇拜首领是一种人类自然行为，便不会再觉得崇拜女子有什么希奇难懂了。

你注意一下，不要让我这个话又伤害到你的心情，因为我不是在窘你做什么你所做不到的事情，我只在告诉你，一个爱你的人，如何不能忘你的理由。我希望说到这些时，我们都能够快乐一点，如同读一本书一样，仿佛与当前的你我都没有多少关系，却同时是一本很好的书。

从言辞中，张兆和能够明显感受到沈从文文字里的理性。 或许是时间涤荡去了很多冲动，他的感情依旧热烈，但却注意了表达的分寸，甚至担心"你注意一下，不要让我这个话又伤害到你的心情"。

我还要说，你那个奴隶，为了他自己，为了别人起见，也努力想脱离羁绊过。当然这事作不到，因为不是一件容易事情。为了使你感到窘迫，使你觉得负疚，我以为很不好。我曾做过可笑的努力，极力去同另外一些人要好，到别人崇拜我愿做我的奴隶时，我才明白，我不是一个首领，用不着别的女人用奴隶的心来服侍我，却愿意自己作奴隶，献上自己的心，给我所爱的人。我说我很顽固的爱你，这种话到现在还不能用别的话来代替，就因为这是我的奴性。

在信里，沈从文一如既往地卑微和虔诚：

"一个女子在诗人的诗中，永远不会老去，但诗人，他自己却老去了。"我想到这些，我十分忧郁了。我生平只看过一回满月。我也安慰自己过，我说，"我行过许多地方的桥，看过许多次数的云，喝过许多种类的酒，却只爱过一个正当最好年龄的人。我应当为自己庆幸……"

…………

望到北平高空明蓝的天，使人只想下跪，你给我的影响恰如这天空，距离得那么远，我日里望着，晚上做梦，总梦到生着翅膀，向上飞举。向上飞去，便看到许多星子，都成为你的眼睛了。

××，莫生我的气，许我在梦里，用嘴吻你的脚，我的自卑处，是觉得如一个奴隶蹲到地下用嘴接近你的脚，也近于十分亵渎了你的。…………

在沈从文频繁的书信中，张兆和也开始一点点试着改变些什么。正如她的日记所述：

胡先生说恋爱是人生中的一件事，说恋爱是人生唯一的事乃妄人之言；我却以为恋爱虽非人生唯一的事，却是人生唯一重要的一件事，它能影响到人生其他的事，甚而至于整个人生，所以便有人说这是人生唯一的事。

这回,我在这件恋爱事件上窥得到一点我以前所未知道的人生。[25]

1932 年,沈从文进入而立之年。 这一年,日军开始进攻上海,"满洲国"在东北成立,国内认为蒋介石不抗日的论调泛起,各种爱国组织成立,左翼作家纷纷加入其中。 沈从文接连失去几位好友,胡也频、徐志摩相继死去。 沈从文孤独而"懒惰",但他致信王际真时,谈的还是张兆和:"三年来因为一个女子,把我变到懒惰不可救药,什么事都做不好,什么事都不想做。 人家要我等十年,一句话,我就预备等十年。 有什么办法,一个乡下人看这样事永远是看不清楚的! 或者是我的错了,或者是她的错了,只是这日子明是一种可笑的错误,但乡下人的我,明知是错误,也仍然把日子打发走了。"

沈从文决定不等了,他要从纸上走出去。 去苏州! 但他先到了上海。 当时,南京《创作月刊》主编汪曼铎到上海组稿,与沈从文见面,并请他吃饭,还请了巴金。 沈从文与巴金一见如故,从此开始了半个世纪的友谊。 "他住在西藏路上的一品香旅社,我同他去那里坐了一会,他身边有一部短篇小说集的手稿,想找个出版的地方,也需要用它换点稿费。"[26] 巴金陪着沈从文去了闸北新中国书局,卖了书稿,拿到了稿费,五个月后出版,名为《虎雏》。

沈从文急于卖版权是因为要准备像样的礼物。 张兆和学的是英文,但他不懂外文,留过洋的巴金正好帮了大忙,帮着他选购了不少英译书,都是俄国的名著。 张充和说:"沈二哥带了一大包礼物送三姐,其中全是英译精装本的俄国小说。 有托尔斯泰,妥斯陀也夫斯基,屠格涅夫等等著作。 这些英译名著,是托巴金选购的。 又有一对书夹，上面有两只有趣的长嘴鸟，看来是个贵重东西。 后来知道，为了买这些礼品，他卖了一本书的版权。 三姐觉得礼太重了，退了大部分书，只收下《父与子》与《猎人日记》。"[27] 除了书外，还有其他贵重礼物，但张兆和真正留下来的就是一套《契诃夫短篇小说集》，精装的，很漂亮。 后来，张兆和把书转赠给了苏州同乡、翻译家汝龙，汝龙后来成为翻译契诃夫的专家，并将译作回赠沈家，张兆和、沈龙朱、沈虎雏都成了契诃夫的热心读者。 但这份被称为"定情物"的"宝书"送得并不算顺利。

1932 年 8 月的一天[28] 早晨，阳光打在苏州九如巷里，街道半边明半边暗，张家石库门黑漆大门外，来了一位不速之客。 他穿着灰色长衫，戴着一副边框略显夸张的近视眼镜，脸色有点苍白，斯斯文文的。 他自报家门，说姓沈，来自青岛，要找张兆和。 门房吉老头说："三小姐不在家，请进来等吧。"张兆和确实是在图书馆看书，距离很短，过街巷再过马路走一段就到了。 沈从文犹豫了，他来之前并未通知张兆和，张家其他人他也不认识，进去怕是会尴尬。 他退了几步，站在外面发愣。 吉老头说我帮你去找二小姐。 张允和出来了，她是知情人。 张寰和说，那个时候，爸爸妈妈都去上海了，大姐不怎么在家，二姐就是"当家人"了，所以沈从文说二姐是"媒婆"也很对。

张允和以主人口吻热情招呼沈从文进屋坐，说三妹就在附近图书馆看书，一会儿就回来。 沈从文却继续犹豫着，站在太阳下不知所措。 天很热，他说："我走吧！"张允和是直性子，催他进屋凉快凉快。 沈从文到底脾气倔而犟，坚持不进去。 无奈之下，张允和催他留下住处，沈回答：中央饭店。 "天哪，我想这完了！三妹怎么会到旅馆里去看他呢？ 他转过身，低着头，沿着墙，在半条有太

阳的街上走着。 灰色长衫的影子在墙上移动。"〔29〕

　　中午时分，张兆和回来了，张允和主动"出击"："明明知道沈从文今天来，你上图书馆，躲他，假装用功!"张兆和不服气："谁知道他这个时候来？ 我不是天天去图书馆吗？"〔30〕

　　张兆和不知是计，继续应付着二姐的嗔怪。

　　张允和说："别说了，吃完饭，马上去。 他是老师么!"并告诉她旅馆名称和房间号数。 张兆和吃了一惊："旅馆？ 我不去!""老师远道来看学生，学生不去回访，这不对。"〔31〕

　　张兆和只是摇头。 虽说是师生，但要一个女生去旅馆拜见异性老师，确实新潮过了头。 张允和也想不出其他好办法，只能继续挺着："还是要去，大大方方地去。 来而不往，非礼也。 究竟是远道来的老师呀!"

　　"怎么开口呢？"张兆和妥协了。 "你可以说，我家有好多个小弟弟，很好玩，请到我家去。"正值暑假，张家的六个小子全在家，热闹着呢。 中央饭店就在苏州观前街，距离很近。 沈从文回到旅馆后，闷闷不乐，躺在床上，中午饭也没吃，心里没个底。 敲门声打破了他的沉闷，苏州并无亲友，除了她还能有谁？ 狂喜的心情令他跳起来去开门，是她。 他请她进去，她却往后退了一步，涨红了脸，低低地说："我家有好多个小弟弟，很好玩，请到我家去。"二姐教给她的，一个字都不少，也不多。 "背"完她就回家了，旁边跟着沈从文。

　　张家的几个弟弟都对文学有一种偏爱，自己动手编辑家庭杂志《水》即是一种外现。 沈从文是小说家，一肚子故事。 弟弟们轮流催着他讲故事，当时听得最入迷的是十二岁的五弟张寰和。 "说实话，当时那些关于佛经的故事，我还不能完全理解，但就觉得故事很精彩，反正一直听到晚上睡觉。"但听了不白听，张寰和打小就义气，便拿出自己每个月的"月费"（爸妈给的零花钱），跑到外面买了瓶汽水给沈从文喝。沈从文大为感动，本来心里还在悬着的，现在忽然觉得得到了肯定。他当下许诺小五弟："我写些故事给你读。"次年，他开始写《月下小景》，这是他写作"故事"的开端。《月下小景》出版时，每篇短篇结尾都附有"为张家小五哥辑自某处"字样，时至今日，张寰和读来，仍觉温馨。

几天后，沈从文带着汽水的甜离开苏州，赶回青岛大学，没多久即为张家小五哥写出了一本《月下小景》。

这年寒假，沈从文穿着蓝布面子的狐皮袍子，再赴九如巷张家。他与张家上下已经熟悉了，妹妹弟弟便一刻不离地想听他讲故事。晚饭后，大家围在炭火盆旁，他不慌不忙，随编随讲。讲怎样猎野猪，讲船只怎样在激流中下滩，形容旷野，形容树林，谈到鸟，便学各种不同的啼唤，学狼嚎似乎更拿手，有时又会站起来转个圈子，手舞足蹈，像戏迷票友在台上不肯下台。"可我们这群中小学生习惯是早睡觉的。我迷迷糊糊中忽然听一个男人叫：'四妹、四妹！'因为我同胞中从没有一个哥哥，惊醒了一看，原来是才第二次来访的客人，心里老大地不高兴。'你胆敢叫我四妹！还早呢！'这时三姐早已困极了，弟弟们亦都勉强打起精神，撑着眼听，不好意思走开。真有'我醉欲眠君且去'的境界。"[32]

在此之前，沈从文已经在上海拜见过张冀牖夫妇，相互谈得很投机。回到青岛后，他立即致信张兆和，要请二姐允和帮忙向张家父母提亲，并说，如同意，早点发电报给他，让他这个"乡下人喝杯甜酒吧"。允和去找爸爸妈妈，一说即成。充和说，张家儿女婚姻恋爱，父亲从不干涉，不过问。你告诉他，他笑嘻嘻地接受，绝不会去查问对方如何如何，更不要说门户了。

苏州电报局在阊门外，远离张家宅院，张允和坐了黄包车兜兜转转去发电报,只有一个字"允",既是她的名字,也是"同意"的意思。 回来后,张兆和觉得不妥,又坐车赶去电报局,补发了一封"乡下人喝杯甜酒吧兆"。 报务员疑惑半天:这是密码? 要她改一下。 兆和不肯,说是喜事电报。 后来还是发了,张允和称之为"蜜电"。

1933 年 2 月,沈从文与张兆和订婚。 张兆和随沈到了青岛大学,在图书馆工作,当时名为蓝苹的江青为图书馆管理员,常旁听沈从文的课。 正是这年春天,沈从文陪张兆和游览崂山,途中见村民丧礼,有一个小女孩奉灵幡引路,就此与张兆和约定,将来写一故事将之引入情节,就是后来的《边城》。

新婚生活

在与沈从文订婚前,张兆和仍有自己的求学计划。 她不甘心成为男人的附属,且对文学有着期望。 带着求知的欲望,她去了北大听课,准备考研究生。

1932 年 10 月 15 日,考上了清华大学的张家长子宗和前去报到,先去银闸胡同找了三姐兆和。 看见房门紧锁,他想,坏了,三姐不在。 这个时候,他看见院子里晒着的被子后面,有一个人在吃大饼,正是三姐兆和。 原来钥匙被"四哥"〔33〕拿走了,她进不了门,肚子饿,就买了一大包大饼油条,躲在被子后面吃。

在北平的日子,张兆和经济上也不宽裕,但生活上还算丰富,看艺术陈列、碑帖、画展,并尝试着画画。 有一次,张宗和去找三姐,原本她都在"四哥"处的,这一次却没有。 桌子上有三姐画的画,还有一封信,信内容表明,三姐与"四哥"闹翻了,要决裂。"四哥"回来,宗和询问后得知,"四哥"要看沈从文写给张兆和的信，她不给，但"四哥"还是看了。三姐走了，但还是通过大弟宗和问"四哥要不要钱用，冷不冷，要不要衣服穿"。参加革命的"四哥"缺衣少食，宗和就送给他几件衣服穿。"四哥"很是忙碌，跟着剧团演出、为东北义勇军募捐、执行秘密组织的任务……他还时常向宗和、兆和报告一些重大的秘密消息，这应该是张兆和最早接触到的党派政治的内容。[34]

1932 年 12 月的一天，张兆和带着大弟、"四哥"去吃了豆浆油条后，拿着皮袄去当铺。当铺的人看了皮袄后说不值五块钱，一番讨价还价后，终以五块钱当了，但店主要求给个一毛包装费，而当时他们连一毛钱都掏不出来了。后来，张兆和又拿出自己的镶绿翡翠的金戒指，一同当掉，一共当了十三块钱。[35] 这是张兆和第一次走进当铺。次年秋，她又间接与当铺打了一次交道，一枚更贵重的戒指被人偷偷当掉了，那人正是她的未婚夫沈从文。

在北京当完衣服和戒指的两个月后，张兆和来到了青岛大学图书馆工作，负责外文书的编目。半年后，她又跟着沈从文回到北平，开始筹备婚礼事宜。当时准备将新房定在北平西城府右街达子营二十八号，好友帮忙代付了定金七元，沈从文欲买下定居。

沈从文到北平工作是应教育家杨振声邀请编中小学教科用书，当时他与张兆和暂寄住杨家。"一天杨家大司务送沈二哥裤子去洗，发现口袋里一张当票，即刻交给杨先生。原来当的是三姐一个纪念性的戒指。杨先生于是预支了五十元薪水给沈二哥。后来杨先生告诉我这件事，并说：'人家订婚都送给小姐戒指，哪有还没结婚，就当小姐的戒指之理。'"[36]

1933 年的张家，办学十多年来，由于购地建房、聘请教职员、免费生计划、全家的开支及来往亲戚的应付等诸多用钱之处，殷实的家底开始"捉襟见肘"，学校甚至一度因经济困境停掉班级和更换校长,此事还上了苏州的报纸。按说即使在这样的情况下,支持下女儿的婚礼也未尝不可。但张冀牖是一个新式人物,事事求新,对女儿的婚恋可以放手,对于他们的生活更要放手。按照张兆和的叙述:"我们开始时真是一无所有。本来,我要结婚,按理是可以从家里得到像样的嫁妆的。允和比我早几个月结婚,婚前大姐出面,向继母争取到两千元给允和做嫁妆。但轮到我时,沈从文写信给我父亲和继母,说我们一个钱也不要——虽然我们一无所有,仍旧什么也不需要。我父母当然如释重负。我们婚后没多久,和朋友杨振声同住的时候,沈从文送了条裤子去洗,给人发现口袋里有张当票,就告诉了杨振声。原来是沈从文把我姑母给我的一只玉戒指当掉了。"[37]有一种说法是,沈从文结婚的时候,岳家给的"嫁妆"是一册王羲之的宋拓《集王圣教序》字帖。其实那是张冀牖奖励张兆和学业优秀的奖品,谁知无意中成了她结婚时唯一的嫁妆。

沈从文本身收入并不宽裕,但他特别"仗义"。此前,胡也频入狱,他四处找人找钱营救,紧巴的时候,出版社压价,一千字两块钱他也卖了;后来又出钱护送丁玲回湖南老家;再后来义务编辑《刘宇诗选》并作序,资助其出版。1933年3月,就在订婚之前,他还拿出了三十元钱支持卞之琳自费出版诗集《三秋草》,当时卞之琳看见沈从文抽屉里放着一张当票。

有一次,张充和、张宗和与友人到沈从文住处集合看戏,突然有人跑来问沈从文借钱。沈从文一点也不含糊,让充和、宗和等人掏钱借给他,说得了稿费就还给他们,完了之后还教育充和一班人:年轻人应该多用功读书,怎么能去看戏呢?类似这样认识的、不认识的上门"求救济"的事还有不少。充和说,父亲自诩为"张吉友",就是善于照顾别人,这一点家风倒传给女婿了。

沈从文婚后与岳父张冀牗合影于苏州九如巷

1933 年 9 月 9 日,沈从文与张兆和在北平中央公园水榭举行婚礼,到场嘉宾约六十人,张家有大姐元和、大弟宗和、四妹充和,还有三叔张禹龄(张冀牖的弟弟)一家。沈家则有一个表弟、姐夫及九妹沈岳萌。"三姐穿件浅豆沙色普通绸旗袍,沈二哥穿件蓝毛葛的夹袍,是大姐在上海为他们缝制的,客人大都是北方几个大学和文艺界朋友。"〔38〕婚礼由女方长辈张禹龄证婚,胡适为主婚人。〔39〕婚事前后花费一千两百元。

西城达子营二十八号,院子不大,正屋三间,有一厢,厢房便是沈从文的书房兼客厅,院子里有一棵枣树和一棵槐树,蜜月期间,沈从文就开始在两棵树下忙着创作《边城》,边写边连载。婚后一段时间的张兆和,几乎都以沈从文为中心,家中简陋,收入不高,还要照顾沈家九妹的生活。在北平读书的充和常来陪三姐,她回忆,三姐的新房中并无什么陈设,四壁空空,不像后来到处塞满书籍与瓷器、漆器,也无一般新婚气象,只是两张床上各罩一锦缎百子图的罩单有点办喜事气氛,那是梁思成、林徽因送的。倒是在他们结婚前(刚把几件东西搬进新房那天夜晚),发生了一件颇具喜意的趣事。那晚充和发现院中有小偷,便大声叫:"沈二哥,起来!有贼!"沈从文也大叫:"大司务!有贼!"大司务(指厨师)也大声回答,虚张声势一阵。待到开门赶贼,贼早爬树上屋走了,后来大家发现沈从文手中紧紧拿了件武器——牙刷。

新婚四个月后,沈从文离开北平,赶回老家湖南,因为他母亲病危。在家只待了四天,但路上就走了半个多月。时局动荡,"剿共"战事正烈,常德街上就有捉拿毛泽东、朱德的悬赏告示。沈从文因与"政治犯"丁玲、胡也频有交情,也成为"危险人物"。

张兆和与沈从文在北平结婚当天留影

张兆和与沈从文向巴金寄发的结婚请柬

张兆和与沈从文在苏州家中留影

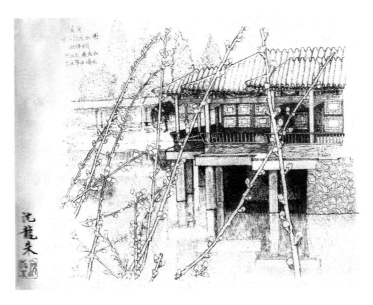

沈龙朱以画笔还原了沈从文与张兆和在北平举行婚礼之地

两地书

1934 年 1 月 7 日，沈从文出发回湖南。1 月 8 日张兆和就写信给他，称呼沈从文为"二哥"（沈从文是家里第二个儿子），言语中充满了关切和对沈母的祝福。

> 乍醒时，天才蒙蒙亮，猛然想着你，猛然想着你，心便跳跃不止。我什么都能放心，就只不放心路上不平靖，就只担心这个。因为你说的，那条道不容易走。我变得有些老太婆的迂气了，自打你决定回湘后，就总是不安……妈妈见了你，心里一快乐，病一定也就好了。不知道你是不是照到我们在家里说好的，为我们向妈妈同大哥特别问好。
>
> 昨天回来时（应是送别沈从文），在车子上，四妹（张充和）老拿膀子拐我。她惹我，说我会哭的，同九妹拿我开玩笑。我因为心里难受，一直没有理她们。今天我起得很早，精神也好，因为想着是替你做事（应是整理文稿），我要好好地做。[40]

紧接着，1 月 9 日晨，张兆和又写了一封信：

从文二哥：

> 只在于一句话的差别，情形就全不同了。三四个月来，我从不这个时候起来，从不不梳头、不洗脸，就拿起笔来写信的。只是一个人躺到床上，想到那为火车载着愈走愈远的一个，在暗淡的灯光下，红色毛毯中露出一个白白的脸。为了那张仿佛很近实在又极远的白脸，一时无法捉得到，心里空虚得很！因

此，每一丝声息，每一个墙外夜行人的步履声音，敲打在心上都发生了绝大的返响，又沉闷，又空洞。……倘若当真路途中遇到什么困难，吃多少苦，受好些罪，那罪过，二哥，全数由我来承担吧。[41]

亲爱的二哥：

你走了两天，便像过了许多日子似的。天气不好。你走后，大风也刮起来了，像是欺负人，发了狂似的到处粗暴地吼。这时候，夜间十点钟，听着树枝干间的怪声，想到你也许正下车，也许正过江，也许正紧随着一个挑行李的脚夫，默默地走那必须走的三里路。长沙的风是不是也会这么不怜悯地吼，把我二哥的身子吹成一块冰？为这风，我很发愁，就因为自己这时坐在温暖的屋子里，有了风，还把心吹得冰冷。我不知道二哥是怎么支持的。[42]

张兆和的温柔和体贴，在这一刻体现得淋漓尽致，她渴望释放对沈从文的关爱，但又怕打扰了他们温馨团聚的气氛：

……路那么长，交通那么不便，写一个信也要十天半月才得到，写信时同收信时的情形早不同了。比如说，你接到这信的时候，一定早到家了，也许正同哥哥弟弟在屋檐下晒太阳，也许正陪妈坐在房里，多半是陪着妈。房里有一盆红红的炭火，且照例老人家的炉火边正煨着一罐桂圆红枣，发出温甜的香味。你同妈说着白话，说东说西，有时还伸手摸摸妈衣服是不是穿得太薄。忽然，你三弟走进房来，送给你这个信。接到信，无疑地，你会快乐，但拆开信一看，愁呀冷呀的那么一大套，不是全然同你们的调子不谐和了吗？我很想写："二哥，我快乐极了，同九丫头跳呀蹦呀的闹了半天，因为算着你今天准可到家，晚上我们各人吃了三碗饭。"使你们更快乐。但那个信留到十天以后再写吧，你接到此信时，只想到我们当你看信时也正在为你们高兴，就行了。[43]

1934年1月12日，沈从文到达湖南桃源，给张兆和写了第一封信：

三三（张兆和在家排行老三）：

我已到了桃源，车子很舒服。曾姓朋友送我到了地，我们便一同住在一个卖酒曲子的人家，且到河边去看船。见到一些船，选定了一只新的，言定十五块钱，晚上就要上船的。我现在还留在卖酒曲人家，看朋友同人说野话。……

……

我路上不带书，可是有一套彩色蜡笔，故可以作不少好画。照片预备留在家乡给熟人照相，给苗老咪（苗语，姑娘、妹子）照相，不能在路上糟蹋，故路上不照相。

三三，乖一点，放心，我一切好！我一个人在船上，看什么总想到你。[44]

在接下来的日子里，沈从文几乎每天都在船上给张兆和写信，他以轻松优美的笔调，描述家乡久违的自然美景和风土人情，山光水色、趣闻逸事，就连一顿多少斤鱼，一斤鱼多少钱，船夫姓什么，他都事无巨细地告知张兆和。但他最想传达的还是，他想念她。

船在慢慢的上滩,我背船坐在被盖里,用自来水笔来给你写封长信。这样坐下写信并不吃力,你放心。……这里小河两岸全是如此美丽动人,我画得出它的轮廓,但声音、颜色、光,可永远无本领画出了。你实在应来这小河里看看,你看过一次,所得的也许比我还多,就因为你梦里也不会想到的光景,一到这船上,便无不朗然入目了。……我同船老板吃饭,我盼望你也在一角吃饭。我至少还得在船上过七个日子,还不把下行的计算在内。你说,这七个日子我怎么办?天气又不很好,并无太阳,天是灰灰的,一切较远的边岸小山同树木,皆裹在一层轻雾里,我又不能照相,也不宜画画。看看船走动时的情形,我还可以在上面写文章。感谢天,我的文章既然提到的是水上的事,在船上实在太方便了。倘若写文章得选择一个地方,我如今所在的地方是太好了一点的。不过我离得你那么远,文章如何写得下去。"我不能写文章,就写信。"我这么打算,我一定做到。……

梦里来赶我吧,我的船是黄的,船主名字叫"童松柏",桃源县人。尽管从梦里赶来,沿了我所画的小堤一直向西走,沿河的船虽万万千千,我的船你自然会认识的。这里地方狗并不咬人,不必在梦里为狗吓醒!

…………

山水美得很,我想你一同来坐在舱里,从窗口望那点紫色的小山。我想让一个木筏使你惊讶,因为那木筏上面还种菜!我想要你来使我的手暖和一些……[45]

(1934 年 1 月 13 日下午 5 时)

三三，我今天离开你一个礼拜了。日子在旅行人看来真不快，因为这一礼拜来，我不为车子所苦，不为寒冷所苦，不为饮食马虎所苦，可是想你可太苦了。

（1934 年 1 月 14 日下午 1 时）

三三，你只看我信写得如何乱，你就会明白我的心如何乱了。我不想写什么，不想说什么。我受冷得很，得你用手来捏才好……三三，我现在方知道分离可不是年青人的好玩艺儿。……你只瞧，如今还只是四分之一的别离，已经当不住了，还有廿天，这廿天怎么办?!

（1934 年 1 月 14 日下午 4 时 30 分）

信里，沈从文还无意中流露出对家庭经济拮据的困窘，并为过去的"错误"请求张兆和的原谅：

你接到这信时，一定先六七天就接到了我的电报。我的电一定将使你为难。我知道家中并无什么钱。上海那百块钱纵来了，家中这个月就处处要钱用。你一定又得为我借债，一定又得出面借债！想起这些事我很不安。我记起了你给我那两百块钱，钱被九九（沈从文的九妹）拿去做学费了，你却两手空空的在青岛同我蹲下去。结婚时又用了你那么多钱，我们两人本来不应当分什么了的。但想起用了那么多钱，三三到冬天来还得穿那件人家吃茶时不敢脱下来的大衣，你想，我怎么好过。

三三，我这时还想起许多次得罪你的地方，我眼睛是湿的，模糊了的。我觉得很对不起你。我的人，倘若这时节我在你身边，你会明白我如何爱你！想起你种种好处，我自己便软弱了。

我先前不是说过吗："你生了我的气时，我便特别知道我如何爱你。"现在你并不生我的气，现在你一定也正想着远远的一个人。我眼泪湿湿的想着你一切的过去！

三三，我想起你中公（中国公学）时的一切，我记起我当年的梦，但我料不到的是三三会那么爱我！让我们两个人永远那么要好吧。我回来时，再不会使你生气面壁了。我在船上学得了反省，认清楚了自己种种的错处。只有你，方那么懂我并且原谅我。

(1934 年 1 月 15 日下午 7 时 10 分)

我一离开你，就只想给你写信，也许你当时还应当苛刻一点，残忍一点，尽挤我写几年信，你觉得更有意思！

(1934 年 1 月 18 日 12 时 30 分)

大概在 1934 年 2 月 9 日，沈从文从湘西返回北平，一路上每天为张兆和写一封信，共有厚厚几十封；回到家里一边继续创作《边城》，一边整理路上文稿，辑成《湘行散记》出版。三天后，沈母去世。

这一年，张兆和的年谱只有简单一句话：在《文学季刊》创刊号发表第一篇小说《费家的二小》。

这个记录不够准确，早在 1932 年 6 月 30 日，张兆和的小说《玲玲》就在《文艺月刊》（第 5、6 号合刊）发表了，当时署名为"黑君"，文末注明"改三三稿"。该刊物频繁刊登沈从文的小说，此稿应为沈从文所改，"三三"正是张兆和。后来此稿还被编进《沈从文全集》，张兆和谈到这件事时，笑着说："他有点无赖，不知怎么就把我的小说收到他的集子里。"[46] 此稿发表一个月后，张兆和从中国公学毕业。

"玲玲的样子，黑头发，黑眉毛，黑眼睛，脸庞红红的，嘴唇也红红的。走路时欢喜跳跃，无事时常把手指头含在口里。……'我是男子，我不嫁给谁。'……她如中产者家庭中孩子一样，生在城市中旧家，性格聪明，却在稍稍缺少较好教育的家庭中长大，过着近于寂寞的日子。"读这篇小说，总觉得其中有张兆和童年的影子，有很多果树的大花园、喜欢告状的赵妈、可爱的小闩子、善良受宠的大姐，内心情感丰富的玲玲就在这样波荡起伏的生活细节里体验着成长的烦恼和感动。

在《费家的二小》里，张兆和还塑造了一个母亲早逝的贫家小女形象，其在水旱兵匪的劫难下，承受了命运的苦难，侥幸而坚韧地活着。"按照本乡的风气，一个女孩子生下地来，若果命运不派她出世时淹死在水里，就得很早送给人家做童养媳。二小出世本应当溺死。可是母亲来不及打发这女孩回去，自己就死掉了。爸爸怀念着母亲，却把二小好好的喂养下来，在一种俨然奇迹中使二小长大成人了。"这样的情节，曾在张家干干的苦难故事中出现过，照顾张元和的干干自述因为天灾把女婴闷死了。

二小有结实的身体，大个子，乌油油的黑头发，眉眼端正，挑水做饭洗衣样样都会，家务活料理得清清爽爽，还常帮着父亲、哥哥干点农活，成为四邻八村单身汉的"热门目标"。但这对父子越来越心疼她，多少人来提亲都未答应，其中甚至包括地方绅士和财主。但少女到底是有怀春的时候，一位下乡卖东西的货郎杨五走进了感情孤独的二小的内心。因为母亲早逝，二小无人可诉心绪，在父兄无意识的禁闭中，幸福离她咫尺天涯；但随着对爱情的渴望不断加深，她终于冲破束缚，踏上了和杨五四处漂泊的历程。张兆和这篇"'失乐园'模式的成长小说"，对人物的心理冲突、情感波动和精神嬗变刻画细腻,展现了人性的觉醒。 有评论者认为:"二小的形象直逼《边城》中的翠翠,但是和翠翠比较起来,二小在柔顺中到底多了一份自主意识和刚强气质,她没有屈从温情脉脉的家庭囚禁,而是勇于断裂和反叛,在为礼教所不齿的'私奔'中,完成了对人生梦想的追寻。"

对于张兆和的小说,文学界似乎关注度并不够,这可能与她的作品数量比较少有关;但作为中国最早的一批女大学生,从小大量阅读中外小说,并有英文专业的优势接触世界文学,再加上丰富的阅历,她的小说思想境界很高,且文笔细腻,以小见大。 她的代表作之一《湖畔》紧接着就发表在《文学季刊》第二卷第一期上,受到过巴金的垂爱。 真正走进张兆和的文学世界,你就会发现其中的高远和奥妙。

还有评论者从张兆和的作品中品读到她特有的"孤独主题"。张兆和在《招弟和她的马》中用儿童的视角,以诗意的笔墨深入描写了乡村女孩招弟童年生活的孤独和寂寞。 作品对招弟咀嚼孤独、消解孤独的描述,细致而深刻,呈现出艺术的成熟及独特的审美价值。 张兆和在作品中开掘的孤独主题,对童年生活的残缺与困惑的关注、对心灵痛楚的同情,在现代文学史上具有一种特殊的意义。

大学毕业后,张兆和一直有心到北京继续读书,即便与沈从文确定了恋爱关系,相信这依然是她的一个愿望。 但事实是她放弃了自己本该抓住的学习和创作黄金期,开始一门心思照顾沈从文和这个家。

1934 年 11 月,沈从文与张兆和的第一个孩子出生,以沈从文的小说《龙朱》取名龙朱。 1937 年 5 月,他们的第二个孩子也出生了,以沈从文的另一篇小说《虎雏》取名虎雏。 光是两个儿子的名

沈从文 1935 年在北平,沈龙朱画的父亲别有

一番韵味

字典故,就足以成为文坛一段佳话。

但在一个多月后,张兆和将继续她与沈从文的"两地书"生活,因为抗战全面爆发了,沈从文跟随清华、北大的许多教授"奉命"往西南转移。当时北平已经沦陷,沈从文乔装打扮"匆匆逃离",因张兆和产后不久,只能与两个儿子留守在北平。[47]

从现存的书信看,1937 年 9 月 9 日,张兆和给沈从文写了最早的一封信,她首先问沈从文"今天是什么日子? 你在仆仆风尘中,不知还记得这个日子否"。 这一天,是他们结婚四周年纪念日。

"早晨下了极大的雨，雷击震耳惊人，我哄着小弟弟，看到外面廊下积水成湖，猛的想到九月九日，心里转觉凄凉。"

收到信的沈从文尚困在湖北武汉编撰教科书。张兆和告知沈从文，苏州全家都已经返回合肥避难，二姐全家也都在那里，这样自己也稍稍减轻一下挂念，家中开支可支持到阴历年，储米可吃到年底，只是孩子仍会想念爸爸。9月15日，沈从文致信大哥沈云麓："中秋节将近，一家人分五六处同看中天圆月，尚为初次。"〔48〕

在此后张兆和寄给沈从文的信中，可以明晰地显示出她坚持留守的原因，还有她对沈从文秉性的了解，有时不免口气"激烈"，一方面心疼沈从文过得不好，另一方面也不希望他在花销上"没数"。

1937年9月24日，刚刚过了生日（9月15日）和中秋节的张兆和给沈从文去信，说她带着孩子出去拜节，还去看了节庆中的北平，看了很大的兔儿爷，吃了月饼，只是回到家里，依旧觉得凄凉。周围的熟人一个个逃去了后方，就连九妹（沈从文的妹妹）都想走。"我呢，有着乡下老太婆死守家园的固执，情愿把孙儿媳妇一起打发走了，独自一个人看家。前两天整理书信，觉得更不愿意走了，我们有许多太美丽太可爱的信件，这时候带着麻烦，弃之可惜，这还只书信而言，另外还有你一大堆乱七八糟的书籍文稿，若我此时空身南下，此后这些东西无人清理，也就只有永远丢弃了。北京十余天不闻炮声，真像是天下太平，住在这里比什么地方都安全，想着广州南京正炸得不成样子，上海、平绥、平汉、津浦各线一天不知有多少年青人的死亡，对于这种安全实在心有所愧。"常有人劝她攒钱南下，但张兆和还有担心："我们若留此，至少有四个月安定，而四个月以后两个小孩也就长大不

张兆和与儿子龙朱、虎雏在沦陷的北平

张冀牖抱着外孙沈龙朱在九如巷家中

少。"如此可以理解，为何后来沈从文一再催促她南下，都被她拒绝。 她还随信告知沈从文，已经寄了被面、被单、衬绒袍、衬衫，还准备寄宣纸、图章、瓷盘子（应该是沈从文收藏的文物，此后也多次邮寄，战时的沈从文并未停止研究这一门类）、花缎布等。

　　但到了 1937 年 10 月 5 日，张兆和即对沈从文在武汉搬家一事表示不解："为什么这时候还租那么大的房子？ 年内还有四个月，你想不想过怎么支持下去？ 就算年内捱过，明年你们的事情还能继续么？ 我想着你那性格便十分担忧，你是到赤手空拳的时候还是十分爱好要面子的，不到最后一个铜子花掉后不肯安心做事。希望你现在生活能从简，一切无谓虚糜应酬更可省略，你无妨告诉人家，你现在不名一文，为什么还要打肿脸充胖子？ 我这三四年来就为你装胖子装得够苦了。 ……所要钱我已写信给大姐（张元和），她当会如数寄二百元给你，这边所剩无多不能寄你。"须知，沈从文曾担任《大公报·文艺副刊》的编辑，有着自己的交际圈子，且以他乐善好施的性格，在危难中更不可能委屈别人，但张兆和带着全家挣扎在战时生活中，不可能不产生抱怨情绪，尤其是沈从文提到了向娘家请求支援的想法："我并没有写信家去要爸爸寄钱来。 你晓得我家那位令堂的脾气的，为什么给爸爸找气受？ 再说，自己能挨总想挨过去不求人好，我平常未雨绸缪原因即在此，我最怕开口求人，即或是自己的父亲。"（1937 年 10 月 25 日张兆和致沈从文信）张兆和的继母脾气不大好，家中子女皆知。 张兆和在 1937 年 12 月 11 日寄给沈从文的信中还提及："完全仰仗爸爸给寄钱，你那位丈母娘大人的脾气你难道还不知道，人情冷暖，我们非至万不得已时，勿遭人白眼才是。"既不想求助家人，便唯有努力俭省，当时保姆朱干干发现沈从文连寄快信回来，张兆和都觉得是一种浪费。

有这些不满的情绪，及至连带着对沈从文不讲个人卫生、喜欢吃贵东西以及逼自己烫头发、穿高跟鞋和不干粗活表示强烈反对，甚至在批评时"毫不留情"："你有你本来面目，干净的，纯朴的，罩任何种面具都不会合式。"

但她到底是善良的，家里厨子、用人的工钱一分未减，还打算过年为沈九妹做一件大衣。 她继续为沈从文邮寄衣物，让他多帮助别人，如卞之琳。 "我原想同你亲亲热热说点体己话的，不知不觉就来了这一套，像说教的老太婆，带住了，下次谈好一点的，原谅我。"

远离妻子、孩子三个多月的沈从文回信张兆和时，不免有些委屈:"要写文章，不能写，要教书，心不安，教不下去。并且我自己已知道你同时也知道，便容易把生活转入一种病态，终日像飘飘荡荡，大有不知所归之慨。……离我远一点，你当真反而感觉快乐一点，所以不想来?"(1937 年 11 月 6 日)信中还多有抱怨的话，张兆和回信时还嗔怪他"来信责备得好凶"，似乎失却了新婚后湘西行的甜蜜:"三三，请把这信用你那体面温和眼睛多吻几次!"(1934 年 1 月 18 日)

但通读两人幸存的全信会发现，由于战时长期两地分离，在情感、生活上的误解、委屈与对国事、未来和死亡的焦虑，导致了两人在同一问题上的分歧和"言语交锋"。张兆和在 1937 年 12 月 14 日写给沈从文的一封信中，彻底打破了所有的"薄冰":

> 至于我这里，你可以完全放心，不论你走多远，我同孩子总贴着你极近。前一礼拜挂号寄出孩子相片多张，不知你是否可以得到。希望你常常想念着我们。苏州家屋毁于炮火，正是千万人同遭命运，无话可说。我可惜的是爸爸祖传下的许多书籍，此后购置齐备不可能了。至于我们的东西，衣物瓷器不足惜，有两件东西毁了是叫我非常难过的。一是大大的相片，一是婚前你给我的信札，包括第一封你亲手交给我的到住在北京公寓为止的全部，即所谓的情书也者，那些信是我俩生活最有意义的记载，也是将来数百年后人家研究你最好的史料，多美丽，多精彩，多凄凉，多丰富的情感生活记录，一下子全完了，全沦为灰烬!多么无可挽救的损失啊!我唯一的希望是大姐回乡时会收检一

下我的东西,看是否有重要的应当带走,因而我们的信件由此得救,可是你来信却说大姐他们走时连衣物都未及带,我的东西当然更顾不到了。我现在的唯一希望是我们的房子能幸免于难,即或房子毁了,东西不至于全部烧毁,如有好事的窃贼,在破砖碎瓦中发现这些宝贝,马上保存起来,将来庶几可以同它们见面,我希望如此。为这些东西的毁去我非常难过,因为这是不可再得的,我们的青春,哀乐,统统在里面,不能第二次再来的!我懊悔前年不该无缘无故跑苏州那么一趟,当时以为可以带了它们到苏州避难,临回北方来时又以为苏州比北京安全,又不曾带来,又不曾交把大姐或一个别人,就只一包一包扎好放在那个大铁箱子里,铁箱既无钥匙留下,她们绝不会打开看看,真是命运![49]

关于这些书信的去向,张寰和回忆称,日军的飞机并没有炸到张家宅院,书信是寄放别家时丢失的。当时三姐想着苏州比较安全一些,也没想到战争会这么长时间,就把一些物品寄放到了九如巷,把一些贵重物品和沈从文写给她的信寄放在曲友陆颂谟家。陆老先生人很热情,以前常与张家人在一起参加曲社活动。但战乱后,谁都顾不上谁了,隔了很多年,再想起来去找,人是找到了,从四川内江糖厂退休了,问起书信情况,早不知道踪影了。一个同事认识陆先生的儿子,早期看到过几封,说沈从文的情书真是漂亮极了。而三姐放在九如巷张宅的东西,也因为张家人逃离,不是被人抢了,就是被人偷走了,"总之是被人搞走了"。

1938 年,沈从文抵达昆明

抗日战争期间，张兆和带着龙朱、虎雏到昆明与沈从文团聚

张兆和喜欢养花，还把那些花儿分成了三六九品

1938 年 4 月 3 日，在西南联大和中华全国文艺界抗敌协会任职的沈从文，行进在去昆明的路上，回信给张兆和：

> 我坐在写字桌边，收音机中正播送最好听音乐，一个女子的独唱。声音清而婉，单纯中见出生命洋溢。如一湾溪水，极明莹透澈，涓涓而流，流过草地，绿草上开遍白花。且有杏花李花，压枝欲折。[50]

一个月后，沈从文到达昆明，雨后的边塞城市，一碧如洗，远近景物相宜，他心胸大开，以为是发展文化艺术最理想的环境。

半年后，张兆和带着龙朱、虎雏和九妹，从上海转道香港，又从越南转道到达昆明与沈从文会合。这应该是张兆和第一次走出国境，护照上的她，一身清丽旗袍装，明眉秀目，左右手揽着孩子，已经完全走出了九如巷的青涩。

慈让与谦卑

在昆明的日子，沈家已经用不起保姆，张兆和除了照顾两个孩子，还要为全家糊口忙。她去学校担任英文老师，回来仍要继续烧菜做饭挑水捡树叶，每顿先尽着孩子们，也不过是苞谷红薯，但全家人终归是团圆了。她很善于使用现有物品自制食物，如她会酿米酒，会用咖啡罐头壳做鸡蛋糕，会用两只脸盆扣起来蒸开花馒头。这就是乐观、能干的张家"三毛"。

"不久前，张兆和一位堂姐来乡下看他们。'啊呀呀，三妹，你怎么穷到这样子？还教什么书，写什么文章，跟我出去做生意，包你们发财！'这位堂姐一进门，一面用眼睛四处打量，一面直囔。"[51] 这位堂姐保养得很好，穿着时髦的服饰，但沈从文却只看到她"灵魂异常小"。在这个民族里，发"国难财"，似乎已是习以为常的事情了。

这个堂姐哪里能知道，张兆和从出生那天起就没有在乎过金钱。1946年9月9日，战败国日本已经投降多日，昆明到处都是胜利的气息。这一天，沈从文邀请了十几位朋友聚餐，他还准备了一部同题小说《主妇》和一束蓝色野花送给张兆和，感谢她为全家付出的辛劳。张兆和一生中最喜爱蓝色勿忘我，称其"花品第一"。

战争期间，张兆和最伤心的事莫过于父亲的去世。童年时跟随父亲穿梭景区、小巷，在乐益女中得到父亲的文辞指导，种种场景仍历历在目。她决定回去看看。在上海十姐弟大团聚后，张兆和携龙朱、虎雏回到久别的九如巷"闺楼"，回到久别的乐益女中校园，并在其复校后教学半年。

新中国成立后，张兆和还在北京多所中学担任英文和语文老师。她对于文学的坚持，在1954年8月得以实现，这还是缘于患病，才被调进《人民文学》做编辑，之前她曾回应沈从文的督促创作和翻译："你说读书，现在还说译书，完全是梦话，一来我自己无时间无闲情，再说译那东西给谁看？谁还看那个？"

张兆和做编辑极其认真，她注重对新作者的培养，这一点倒与沈从文匹配。早年沈从文想安慰在上海写作受挫的汪曾祺，就是让张兆和给他写信鼓励他的。后来，汪曾祺被打成"右派"下放，《人民文学》的编辑正是"从同事沈从文夫人张兆和那儿得悉汪曾祺手头有小说稿，遂安排编辑去同他联系"[52]。那是20世纪60年代初期，物质生活较困难，国民经济在调整，上级部门重申了文艺的"双百"方针，强调广泛团结知识分子、专家，所以《人民文学》才敢于去向摘了"右派"帽子的作家约稿。

张兆和与沈从文在北京陶然亭合影（摄影　张寰和）

新中国成立后，沈从文与张兆和在天安门合影

张兆和做编辑要求很高、很细，就连沈从文都不敢把自己的新作给她看，担心她让修改，但有一个秘密是黄永玉披露的，"作为从文表叔文章的首席审查者，她经常为他改正许多错别字"[53]。还有一个事实是，从 1931 年至 1937 年，沈从文有二十多部作品（小说、散文、文论集）出版。 也正是这一时期，沈从文稳稳地站在了中国文坛第一线，并与巴金等人进入国际文坛的视野，这其中，张兆和功不可没。

记得黄永玉还曾有一疑问，从文表叔的著作"叠起来有两个等身齐"，却没钱买个四合院，在新中国成立之初反倒还要租房子住。 这其中除了"复杂因素"外，还有一个原因就是他的爱好。"他只是把一些钱买古董文物，一下子玉器，一下子宋元旧锦、明式家具……精精光。 买成习惯，送也成习惯，全搬到一些博物馆和图书馆去。 有时连收条也没打一个。"[54]

"四七年我们又相聚在北平，他们住中老胡同北大宿舍，我（充和）住在他家甩边一间屋中。 这时他家除书籍漆盒外，充满青花瓷器。 又大量收集宋明旧纸。 三姐觉得如此买下去，屋子将要堆满，又加战后通货膨胀，一家四口亦不充裕，劝他少买，可是（他）似乎无法控制，见到喜欢的便不放手。 及至到手后，又怕三姐埋怨，有时劝我收买，有时他买了送我。 所以我还有一些旧纸和青花瓷器，是那么来的，但也丢了不少。 ……他说他不想再写小说，实际上他哪有工夫去写！有人说不写小说，太可惜！我认为他如不写文物考古方面，那才可惜！"[55]

面对沈从文这样的"花销"，张兆和有无奈，但更多的是慈让，因为事实是沈从文一直在购买和研究中，就连战时，张兆和都在帮他邮寄文物。 沈从文在"文革"后出版了一系列历史文化研究大作，影响不亚于他的小说，如《中国古代服饰研究》《中国丝绸图案》《唐宋铜镜》《龙凤艺术》等，这些书绝非一蹴而就，而是在家人的宽容和支持下，一步步积累而成的。

关于沈从文收藏文物、墨宝大方赠人的情况，在苏州就曾有一例。1976年唐山大地震时，沈从文与张兆和从北京回到苏州避灾，当时有文化人士慕名拜访，一位文化馆书法爱好者与沈从文探讨章草，没想到沈从文回北京后即赠送其三幅书法，其中一幅沈从文已保存六十多年，是他全面抗战初期在西南联大时为学生募捐所创作，不仅有艺术价值，还颇有历史价值，令那位收藏者感恩不已。[56]

但是，张兆和的慈让有时也会"败"给沈从文的谦卑。1949年1月，北平和平解放，出于对写作的绝望，坚决拒绝去台湾的沈从文精神失常。尤其当时郭沫若的文章《斥反动文艺》将沈从文归类到了对面"新月派、现代评论派和第三条路线"，直指他为"桃红色"，兼且北大校园也打出了打倒他的标语，沈从文陷入了惶恐和孤绝中。那一阶段，张兆和与两个孩子都在跟着大形势，迎接新局面。张兆和进入华北大学接受革命教育，沈从文被送到清华园调养。其间，张兆和一直不间断地给他写信，鼓励他学习徐志摩的永远不老的青春气息，不可太消沉了，并告诉他，这种身心两方面的健康恢复，只能靠自己。但沈从文一再表达着自己的"孤寂和荒凉"，还有茫然："我用什么来感谢你？我很累，实在想休息了，只是为了你，在挣扎下去。我能挣扎到多久，自己也难知道！"[57]

"我一直很强健，觉得无论如何要坚强地扶持你度过这个困难（过年时不惜勉强打起笑容去到处拜年），我想我什么困难，什么耻辱，都能够忍受。可是人家对我们好，无所取偿的对我们好，感动得我心里好难过！"[58]在这期间的回信中，张兆和一方面极力宽慰沈从文，一方面则对梁思成、林徽因等人对沈从文的照顾表示感恩。

此后，沈从文致信兆和说："自己决心做牺牲的！应当放弃了对于一只沉舟的希望，将爱给予下一代。"[59] 约一个月后，沈从文自题《沈从文子集》，有这样的句子："雨后到处有蛙声可闻。杜鹃正为翠翠而悲。"[60] 时年 3 月 26 日，沈从文在张兆和的一张早期合影背面题记——那是兆和在中国公学（吴淞学校）篮球队与队员们的合影，照片上，张兆和朝气蓬勃，稳坐众人中央，手里捧着一个篮球，上面写着"1929"（合影那年是民国十八年，即公元 1929 年）。题记云："三十八年三月廿六在北平重阅，仿佛有杜鹃在耳边鸣唤。"沈从文在照片题记两天后，即在病中寻求解脱，获救后被送入精神病院。而此题记便"是目前所存那次自杀前最后的文字"[61]。根据编注，沈从文在 1938 年 4 月 13 日致张兆和的信中亦曾云："杜鹃各处叫得很急促，很悲，清而悲……声音清远悲酸。"[62]

3 月 28 日，沈从文试图自杀，用剃刀划破颈部、手腕脉管，并喝了煤油，后被送至医院急救脱险。[63] 张兆和从受革命教育的华北大学赶回照顾沈从文。"从昏迷中醒来，沈从文以为自己置身于牢房，一见张兆和到来，他便急忙说：'我不在这里，我要回家。——他们要迫害我！'见此情景，一缕莫可言喻的悲哀涌上张兆和心头。她黯然神伤，眼泪禁不住滚落了下来。"[64]

没有人能够真正体会到沈从文的惶恐和不安，他始终是谦卑的，不管是面对外人还是家人，甚至是妻子。黄永玉说："婶婶像一位高明的司机，对付这么一部结构很特殊的机器，任何情况都能驾驶在正常的生活轨道上，真是神奇之至。两个人几乎是两个星球上来的，他们却巧妙地走在一道来了。没有婶婶，很难想象生活会变成什么样子，又要严格，又要容忍。她除了承担全家运行着的命运之外，还要温柔耐心引导这长年不驯的山民老艺术家走常人的道路。因为从文表叔从来坚信自己比任何平常人更平常，所以形成一个几十年无休无止的学术性的争论。"[65]

1969年,张兆和被下放到湖北咸宁干校,她安心种菜,勤勤恳恳

下放湖北后的张兆和与沈从文合影

　　张兆和天生具有一种隐忍的能力，正如她喜欢的契诃夫小说的原理："好与坏都不要叫出声来。"这种超人般的隐忍，释放的能量常常是惊人的。1965年7月的一天晚上，赴京开会的巴金前去探望沈从文。"房里没有灯光，砖地上铺一床席子，兆和睡在地上。从文说：'三姐生病，我们外面坐。'"[66]

　　"文革"开始后，沈从文与张兆和又经历了多次分离，如张兆和去湖北咸宁下乡劳动，后来沈从文也去了湖北双溪种菜、养鸡、看庄稼，但他的精神面貌大变。黄永玉说，表叔在那个倒霉的烂泥地里还致信他："这儿荷花真好，你若来……"总之，沈从文放开了，不知道这是他自己的开悟，还是张兆和的"教夫有方"。

　　但张兆和始终无法弄懂一个问题：是什么让沈从文停止了文学

　　张元和（右二）、张允和（左一）、张兆和（后中）、张充和（前中）和
与沈从文在一起。时为1986年11月，元和、充和应邀回国参加纪念
汤显祖逝世370周年大会，四姐妹借机相聚沈从文家

创作？党那样关心创作,给作家各方面的帮助鼓励……为什么能写而不写？

1999 年 8 月,沈从文去世 11 年后,张兆和为《从文家书》写"后记":

> 六十多年过去了,面对书桌上这几组文字,校阅后,我不知道是在梦中还是在翻阅别人的故事。经历荒诞离奇,但又极为平常,是我们这一代知识分子多多少少必须经历的生活。有微笑,有痛楚;有恬适,有愤慨;有欢乐,也有撕心裂肺的难言之苦。
>
> 从文同我相处,这一生,究竟是幸福还是不幸？得不到回答。我不理解他,不完全理解他。后来逐渐有了些理解,但是,真正懂得他的为人,懂得他一生承受的重压,是在整理编选他遗稿的现在。过去不知道的,现在知道了;过去不明白的,现在明白了。他不是完人,却是个稀有的善良的人。对人无机心,爱祖国,爱人民,助人为乐,为而不有,质实朴素,对万汇百物充满感情。
>
> 照我想,作为作家,只要有一本传世之作,就不枉此生了。他的佳作不止一本。越是从烟纸堆里翻到他越多的遗作,哪怕是零散的有头无尾、有尾无头的,就越觉斯人可贵。太晚了！为什么在他有生之年,不能发掘他、理解他,从各方面去帮助他,反而有那么多的矛盾得不到解决！悔之晚矣。

1948 年夏天的一个晚上,沈从文与虎雏就着烛光闲谈《湘行散记》人物故事,当时虎雏说:"爸爸,人家说什么你是中国托尔斯泰。世界上读书人十个中就有一个知道托尔斯泰,你的名字可不

知道，我想你不及他。"沈从文答："是的，我不如这个人。 我因
为结了婚，有个好太太，接着你们又来了，接着战争也来了……"

1988 年 5 月 10 日晚间，沈从文经过一番抢救后，紧紧地握着
夫人的手说："三姐，我对不起你。"这是沈从文留给家人最后
的话。[67]

沈从文的骨灰陪伴了张兆和四年，然后她携着他，以积攒了四
年的花瓣，伴他魂归凤凰山水。

"八十岁以前，南登黄山观云海日出，西出阳关看敦煌壁画。
八十岁之后，足迹北至北戴河山海关，东临烟台，西达峨眉，东南
至苏州、泉州、厦门鼓浪屿、香港，西南至湖南湘西、云南昆明，甚
至直抵大理苍山、洱海。"[68] "俯仰终宇宙，不乐复何如？"这是
张兆和晚年喜欢吟诵的诗句。

编辑《沈从文家书》的沈虎雏先生曾记得一个细节：1995 年，
考虑到很多读者的需要，"记得当年把初选目录和一大摞旧信端给
母亲审看时，心里没把握：父母间私密的情感流转记录，能摆到不
相熟读者面前吗？ 原准备聆听母亲大量剔除的意见，结果却是一
件未砍。 我再次领略到受五四新文化新思想熏陶那一代人的宽阔
胸怀，后辈们至今难及。 这本《沈从文家书》能带给读者朋友的任
何好处，都得益于那种坦荡胸襟和胆识"[69]。

张兆和去世后，后辈人回忆起来，都觉得她似乎与传统的"名
门闺秀"相去甚远。 长子龙朱说："现在人们都说妈妈是名门闺
秀，可是我似乎从来没有见过她的'纤纤素手'，我记忆中印象最
多的却是冬天贴满橡皮膏的手指，比手指粗大得多的指关节。 这
双手，真的不太好看，可是我多么想再次捧着、握着，轻轻地为
妈妈修剪那些有点变形的指甲！"[70]

不折不从　亦慈亦让

星斗其文　赤子其人

從文二哥　永安

漢思　率以元　謨敬　誄

充和

张充和为沈从文撰写的挽联

张兆和在湖南凤凰送别沈从文最后一程,她积攒多年的花瓣
伴着沈从文的灵魂,一起远行

1996年初夏，张兆和随中国作协到苏州叶圣陶故居参观。20世纪80年代初期，叶圣陶曾说过："九如巷张家的四个才女，谁娶了她们都会幸福一辈子。"在这处园林式故居里，八十六岁的张兆和留下了一张宁静的照片，满头银发，目光坚决，圆领米格呢子外套，斜挎着小包，最显眼的还是张家标志性的大鼻子。这应该是她最后一次回到苏州。这样的场景，让人想起了一甲子前的一段对话：三姐的"绣房"在九如巷北面楼的西阁，每有事呼叫弟弟，就会用口琴吹出约定的曲子。有一次，呼三弟定和上来，进屋发现暮色渐浓，去开灯，三姐不允，说，一开灯就成晚上了，白昼就没有了，不开灯则还是黄昏，黄昏是白昼的延续，这样就能多挽留一点"今天"了。

犹记得中国公学的时光，面对沈从文的热烈，当时的张兆和还没有打算走出九如巷。而她一旦决定了，就会像"费家二小"一样，走得斯文、深沉、漂亮。

缓缓同行——献在兆和三姐遗像前

文/张寰和 周孝华

慈让抵住了强扭，
真理战胜了谬误，
文学大师的称号传遍全球，
你双手抚摩着三十二卷一千万字的《沈从文全集》，
终于无憾地离开了人间。
昆明湖畔云龙庵前潺潺清流，
走向小城呈贡道旁那满树雪白的杏花，
在这片旖旎春色中，

1996 年初夏,晚年时的张兆和回到苏州乐益女中旧址,与五弟张寰和合影

蓝天飞来的鸽子,紫色的勿忘我,

陪伴你和沈二哥缓缓同行,缓缓同行。

海内外热爱你们的,善良的人们,

永远怀念你们,愿你们一路平安! 一路平安!

2003 年 2 月 18 日清晨

注　释

〔1〕1924 年苏州乐益女子学校毕业校刊。

〔2〕吴世勇编：《沈从文年谱》，天津人民出版社 2006 年版，第 18 页。

〔3〕张兆和：《我到苏州来——往事回忆录之一》，载张允和等著，张昌华、汪修荣编：《水——张家十姐弟的故事》，安徽文艺出版社 2009 年版，第 153 页。

〔4〕张允和、张兆和编著：《浪花集》，中央编译出版社 2012 年版，第 61 页。

〔5〕张允和口述，叶稚珊编写：《张家旧事》，山东画报出版社 1999 年版，第 109 页。

〔6〕沈从文、张兆和：《从文家书——从文兆和书信选》，上海远东出版社 1996 年版，第 3 页。

〔7〕"冬，对中国公学外国语文学系二年级女生张兆和产生恋情。"见吴世勇编：《沈从文年谱》，天津人民出版社 2006 年版，第 79 页。

〔8〕吴世勇编：《沈从文年谱》，天津人民出版社 2006 年版，第 83 页。

〔9〕吴世勇编：《沈从文年谱》，天津人民出版社 2006 年版，第 86 页。

〔10〕沈从文、张兆和：《从文家书——从文兆和书信选》，上海远东出版社 1996 年版，第 11—12 页。

〔11〕沈从文、张兆和：《从文家书——从文兆和书信选》，上海远东出版社 1996 年版，第 14 页。

〔12〕沈从文、张兆和：《从文家书——从文兆和书信选》，上海远东出版社 1996 年版，第 16 页。

〔13〕张允和、张兆和编著:《浪花集》,中央编译出版社 2012 年版,第 63—64 页。

〔14〕沈从文、张兆和:《从文家书——从文兆和书信选》,上海远东出版社 1996 年版,第 18 页。

〔15〕此处为信件节选,全信见沈从文、张兆和:《从文家书——从文兆和书信选》,上海远东出版社 1996 年版,第 22—23 页。

〔16〕沈从文、张兆和:《从文家书——从文兆和书信选》,上海远东出版社 1996 年版,第 24—25 页。

〔17〕沈从文、张兆和:《从文家书——从文兆和书信选》,上海远东出版社 1996 年版,第 28 页。

〔18〕沈从文、张兆和:《从文家书——从文兆和书信选》,上海远东出版社 1996 年版,第 29 页。

〔19—20〕沈从文、张兆和:《从文家书——从文兆和书信选》,上海远东出版社 1996 年版,第 30 页。

〔21〕张兆和:《儿时杂忆》,载张允和等著,张昌华、汪修荣编:《水——张家十姐弟的故事》,安徽文艺出版社 2009 年版。

〔22〕张元和:《我们大家的迷你趣闻》,载张允和等著,张昌华、汪修荣编:《水——张家十姐弟的故事》,安徽文艺出版社 2009 年版,第 199 页。

〔23〕张允和口述,叶稚珊编写:《张家旧事》,山东画报出版社 1999 年版,第 56 页。

〔24〕此信的完整内容见沈从文、张兆和:《从文家书——从文兆和书信选》,上海远东出版社 1996 年版,第 36—42 页。

〔25〕张兆和:《与二哥书》,中国妇女出版社 2007 年版,第 31 页。

〔26〕巴金:《怀念从文》,载巴金、黄永玉等:《长河不尽流——怀念沈从文先生》,湖南文艺出版社 1989 年版。

〔27〕张充和:《三姐夫沈二哥》,载荒芜编:《我所认识的沈从文》,岳麓书社1986年版,第5页。

〔28〕张宗和日记:"1932年8月8日,沈从文来苏州一次,他算是得到了一点胜利。我倒很愿意他们好。个个人都有这些事。感情的事,连自己都不容易解决。"

〔29—31〕张允和:《半个字的电报》,载周有光、张允和:《今日花开又一年》,中国文史出版社2011年版,第121页。

〔32〕张充和:《三姐夫沈二哥》,载荒芜编:《我所认识的沈从文》,岳麓书社1986年版,第6页。

〔33〕这个四哥应该就是张兆和的堂兄张鼎和,又名张璋,后参加革命,被杀害。早期时曾与张兆和、沈从文有过交往,后来沈从文打算以他为原型创作小说,未果。

〔34—35〕张宗和著,张以靬、张致陶整理:《张宗和日记(第一卷):1930—1936》,浙江大学出版社2018年版,第260—261页。

〔36〕张充和:《三姐夫沈二哥》,载荒芜编:《我所认识的沈从文》,岳麓书社1986年版,第7页。

〔37〕金安平著,凌云岚、杨早译:《合肥四姊妹》,生活·读书·新知三联书店2007年版,第233页。

〔38〕张充和:《三姐夫沈二哥》,载荒芜编:《我所认识的沈从文》,岳麓书社1986年版,第7—8页。

〔39〕吴世勇编:《沈从文年谱》,天津人民出版社2006年版,第138页。

〔40〕张兆和:《与二哥书》,中国妇女出版社2007年版,第43—44页。

〔41〕沈从文:《湘行散记》,长江文艺出版社2012年版,第5页。

〔42〕写于1934年1月9日晚,见沈从文、张兆和:《从文家

书——从文兆和书信选》,上海远东出版社 1996 年版,第 45 页。

〔43〕写于 1934 年 1 月 9 日晚,见沈从文、张兆和:《从文家书——从文兆和书信选》,上海远东出版社 1996 年版,第 45—46 页。

〔44〕写于 1934 年 1 月 12 日,见沈从文、张兆和:《从文家书——从文兆和书信选》,上海远东出版社 1996 年版,第 47 页。

〔45〕写于 1934 年 1 月 13 日,见沈从文、张兆和:《从文家书——从文兆和书信选》,上海远东出版社 1996 年版,第 48—51 页。

〔46〕凌宇:《沈从文传》,东方出版社 2009 年版,第 212 页。

〔47〕吴世勇编:《沈从文年谱》,天津人民出版社 2006 年版,第 194 页。

〔48〕吴世勇编:《沈从文年谱》,天津人民出版社 2006 年版,第 195 页。

〔49〕沈从文、张兆和:《从文家书——从文兆和书信选》,上海远东出版社 1996 年版,第 89 页。

〔50〕沈从文、张兆和:《从文家书——从文兆和书信选》,上海远东出版社 1996 年版,第 106 页。

〔51〕凌宇:《沈从文传》,东方出版社 2009 年版,第 270 页。

〔52〕涂光群:《汪曾祺和短篇佳作〈羊舍一夕〉》,载涂光群:《五十年文坛亲历记》,辽宁教育出版社 2005 年版。

〔53〕黄永玉:《太阳下的风景》,载黄永玉:《沈从文与我》,湖南美术出版社 2015 年版,第 24 页。

〔54〕黄永玉:《太阳下的风景》,载黄永玉:《沈从文与我》,湖南美术出版社 2015 年版,第 21 页。

〔55〕张充和:《三姐夫沈二哥》,载荒芜编:《我所认识的沈从文》,岳麓书社 1986 年版,第 10—11 页。

〔56〕葛鸿桢:《历尽劫数义迹在 重书惠泽道中人——一幅弥足

珍贵的沈从文书作》,《书画世界》1997 年第 6 期。

〔57〕吴世勇编:《沈从文年谱》,天津人民出版社 2006 年版,第 309 页。

〔58〕张兆和 1949 年 2 月 1 日复沈从文信,见吴世勇编:《沈从文年谱》,天津人民出版社 2006 年版,第 310 页。

〔59〕沈从文、张兆和:《沈从文家书》上册,江苏教育出版社 2005 年版,第 137 页。

〔60〕沈从文、张兆和:《沈从文家书》上册,江苏教育出版社 2005 年版,第 138 页。

〔61—62〕沈从文、张兆和:《沈从文家书》上册,江苏教育出版社 2005 年版,第 140 页编注。

〔63〕吴世勇编:《沈从文年谱》,天津人民出版社 2006 年版,第 312 页。

〔64〕凌宇:《沈从文传》,东方出版社 2009 年版,第 297 页。

〔65〕黄永玉:《太阳下的风景》,载黄永玉:《沈从文与我》,湖南美术出版社 2015 年版,第 24 页。

〔66〕巴金:《怀念从文》,载凌宇编:《湘西秀士——名人笔下的沈从文 沈从文笔下的名人》,东方出版中心 1998 年版,第 181 页。

〔67〕向成国:《他静静地走了——记沈从文先生辞世》,《吉首大学学报(社会科学版)》1992 年第 Z1 期。

〔68〕沈红:《奶奶的花园》,载张允和等著,张昌华、汪修荣编:《水——张家十姐弟的故事》,安徽文艺出版社 2009 年版,第 324 页。

〔69〕沈从文、张兆和:《沈从文家书》下册,江苏教育出版社 2005 年版,沈虎雏“增订后记”。

〔70〕沈龙朱:《妈妈的手》,载张允和等著,张昌华、汪修荣编:《水——张家十姐弟的故事》,安徽文艺出版社 2009 年版,第 328 页。

第八章　张充和：自有笙歌扶梦归

合肥祖母

张充和出生于上海，八个月大时，就被叔祖母抱回了合肥。 与三个姐姐比起来，她身上的合肥气质更浓郁一些。 她的叔祖母是李蕴章的女儿。 李蕴章是一位大家族里的"素人"，没有当过官，也没有什么大的事迹，后来眼睛因病失明，但他深得胞兄李鸿章的厚爱，如同曾国藩对待二弟曾国潢一样，李鸿章在外驰骋疆场、运筹帷幄，家中一切则交付于四弟李蕴章。

张充和的祖母名为识修，这是她皈依佛门后的法名。 识修生于肥东，那是李鸿章的故乡，而张树声家在肥西，这两个地方都是淮军诞生的胜地。 李鸿章曾嘱儿子听四叔的话，并对李蕴章之子李经世的才能表现出偏爱。 太平天国运动落幕后，李鹤章、李蕴章及李蕴章之子李经世联手编纂了光绪版《续修庐州府志》，成为一时的学术佳话。 把贤淑的识修嫁到淮军"二号人物"张树声家族，本身就是一种强强联合的传统联姻模式。 识修的丈夫是张树声的次子张华轸，即张充和父亲的二叔。 据说张树声对这个儿子不抱什么希望。 而张华轸的故事，张家后人除了张充和外，便鲜有知情人了。 张华轸科举考试屡屡失利，家谱记载他为"邑庠生"（即秀才）。 张充和曾回忆，有一次张华轸在扬子江上遭遇翻船事故却安全脱身，意外的救援有点"天意"，但这还不足以让识修对佛法虔诚到诡异的程度。 直到女儿、外孙相继早逝，她由此想到孽缘、因果，便坚持不杀生、吃素、行善。

张华轸有一妻一妾，一子一女。 妾廖氏在他去世后不久活活饿死了，以死尽节，后来张家为她修了牌坊，逢年过节，连正室识修都要行叩拜大礼。 张华轸的养子张成龄在四十二岁那年去世，但其子孙都很有出息，长子张镕和为黄埔军校第十八期毕业生，曾参加中国远征军远赴印度、缅甸等地作战，成为张家唯一一个继承了军事才能的后代；长女张怡和为农业专家，现长居苏州，培育过西红柿、辣椒新品种推广种植；次子张煦和为著名画家，画作和书法屡屡在国内外获奖，并积极参政议政。 孙辈中博士、工程师亦有相当数量。

以读书修行论，李蕴章虽目盲体弱，但成就不亚于兄长李鸿章，且他不恋官场，居家养晦，乐于助人，留下了美名。

识修无疑是"大家闺秀"，李蕴章可以给她请不同门类的家庭教师，而且他自己就很懂教育之道。 张充和印象中的叔祖母，博学、言行有礼、读过很多书、富有同情心，且不拘泥于旧俗。 识修年轻的时候，据说曾对一位知识渊博的家庭教师有好感，甚至在婚后还被允许在远处看一眼那个老师。

直到晚年，识修还保持着每天早起吟诵诗词古文的习惯，每天要念一卷经书，从不间断。 她为张充和请的私塾老师，都是有些知名度的良师，感觉不行就更换，一旦遇到好的便以重金留下，譬如老师朱谟钦的薪资就是别人的两倍，足以养活一家人，当然，其教学效果在张充和以后的成长中也得到了验证。 张充和到晚年时，还仍旧保持着每天三小时的书法练习，逾百岁而不滞。

幼年时的张充和在合肥与叔叔张成龄合影,两人均

由识修从他房抱养

识修家的用人，会讲述"长毛"（即太平军）的故事，充和小的时候常跟着听一些片段，杀人、死尸，还有张家人受到伤害及出击抵抗的情节。所幸的是，一切都是过往了，张家人已经从杀戮中突出重围，从识修这一代就开始注重传承书香礼仪了。识修的衣服都由家庭裁缝按照她的身材和对材质的喜好进行设计缝制。账房、管家、男仆、女佣、厨子等等，各司其职。识修吃素，有固定的厨子，就连去外地都要带着。新的一天开始，识修就与这些"家人"各忙各的事情，她忙完了自己的事情，就会教充和诗词，抽查她的功课，有时也讲一些张家的故事。她还教充和养菊花之道：菊花要吃风露，才会有生气。

识修年轻时曾跟随张家行走在战争和仕途的路上，见过不少世面。她对名下大量的财产疏于管理，放手交给管家。她乐意帮助被遗弃在寺院的盲女、路过的乞丐及周边同她一样的苦命寡妇。李鸿章与张树声家早有姻亲来往，早在陆英在上海生出第四个孩子之前，李家，即识修的娘家人，从杭州来探望陆英，说张家一直生女孩，李家却一直生男孩，说这一胎出生后"认为李家的（应该是认做干爸干妈）"，肯定是男孩。双方答应了。在充和出生前夕，李家人带着黄金打造的锁片前来恭贺，但在产房外久久等候，却只听到婴儿的哭叫，而没有道喜的声音。李家人明白了，带着礼物就走了，第二年也不敢来了。充和出生后，奶妈的奶水常常不够，陆英常常白天忙碌一大家子的杂务，晚上抽空抱着充和，暗自流泪。

识修把一切都看在了眼里，她以自己寂寞，身体又有病，想找个"小毛"做伴为由，托人提出收养充和，并带着孩子回到合肥老家。陆英深知识修为人，就答应了。临走时，识修提出找算命先生为充和算个命，陆英说不必了，"命是她自己的，别人妨不到她"，随手找了条手链，系在了充和手腕上，目送她离去。

古色古香

张充和记得四岁时，外面的客人问她是谁生的，她总是笑答"祖母"，对方便一定一阵欢笑。充和感到莫名其妙："这有什么好笑？难道你们不是祖母生的，还是从天上落下来的？"她一直不晓得祖母而外还有母亲这个人。[1]

祖母对她身高的衡量方式很是特别——每次让她站在手杖旁，然后用碎碗在手杖上刻下一道痕。她最大的期盼，就是有一天长到与手杖平齐。

当三个姐姐在长江南岸的寿宁弄杏树下读书时，张充和也在合肥两棵梧桐树下读着《孟子》，梁惠王问"乐"于孟子的章节，她记忆尤深。充和读书比三个姐姐都要早，叔祖母的大书房除了十三经、二十四史及各种珍贵典籍外，古诗词、小说、剧本均有。她从启蒙时开读《三字经》《千字文》，到后来诗词歌赋、《史记》都要读，但大多时候，是她一个人读，先生并不多讲解什么。

张充和进入大书房后，觉得自己很渺小。张家人相继离开合肥老家，走出去发展，书房几乎无人光顾。识修"放任其读"，并不担心有些书的情节是否适合年幼的充和，譬如《牡丹亭》《西厢记》《桃花扇》等。张充和也只是读读其中的故事情节，直到有一天回到了苏州，看到三个姐姐跟着老师们学昆曲，她才知道，那些几乎能背诵的句子都是可以唱的。

相较于三个姐姐，张充和除了在昆曲上"后来者居上"，在书法上更是"略高一筹"。这得益于识修为她请的好老师。对于真正有才华的老师，识修宁愿花费高于市场一倍的价格聘请，因此中举之人也有来应聘的。 这些老师中最有名的一位叫朱谟钦，他是书画名家吴昌硕的高足，本身也是考古学家，擅长古文和书法。 朱谟钦教了张充和五年多，直到识修去世。

识修的生活宁静而平和，她除了在家修身养性外，就是去寺庙庵堂修行善为。 她教充和走路的姿势及别人说话不准插话的礼仪。 她常常做一些违背常理但顺应人性的事情，这让她赢得了慈悲、公正的声誉。 她轻松穿梭在大家族和寺庙之间，这样的习惯，也让张充和的童年充满了古典的禅意。

我第一次进罗汉堂时，是一位佛门弟子挽着我进去的。我在那个时期中，许多出家人都目我为佛门小弟子，我也曾皈依三宝，也曾会诵几种经咒，如《大悲咒》《往生咒》《心经》之类的短经咒是会像流水似的背出。[2]

这个时候，张充和还没有把话说得完全，也不认识一个字，但是叫她念经念咒她都很高兴。 她还记得，踏进罗汉堂先迈左脚或者右脚是有讲究的，而且可以按照自己的年龄数罗汉，数到相应的罗汉是一个什么样子，就是自己将来的写照。

我数到的，有的一个慈祥的老者，手中在抚弄着一只猫；有的拿一本书；有的像变戏法的人似的，身上缠绕一条已驯服的蛇。我每数到一尊时，心里总想："我将来会像他吗？一定不会的。"一直数下去，总找不到一尊我喜欢的。
…………
在《孽海记》的《思凡》中，有一大段描写罗汉："只见那两旁的罗汉塑得来有些傻角。一个儿抱膝舒怀，口儿里念着我；一个儿手托香腮，心儿里想着我；一个儿眼倦开，朦胧的觑看我；惟有布袋罗汉笑呵呵，他笑我时儿错，光阴过，有谁人，有谁人肯娶我这年老的婆婆？降龙的，恼着我；伏虎的，恨着我；那长眉大仙，愁着我，说我老来时，有什么结果。"这些事，本不干罗汉事，而作者却硬吃住罗汉，说他们促成小比丘尼的下山。岂不冤枉煞罗汉。

现在仍然有那股傻劲，向罗汉堂中找自己。却更有一股傻劲，在这个世界中寻找自己。也许是自己太糊涂，也许太囫囵，连自己都找不到了。找到的自己，总不是理想的自己。让自己忘了自己吧，祝罗汉们道安。[3]

合肥张家大宅院里，时常显得冷清、孤寂，除了用人、私塾老师来往外，平时只有那些郁郁葱葱的树木、花草，以及陈旧的建筑和摆件。张充和已经习惯了孤独，但她并不甘心，看到书房对面有裂缝的高墙，都让她心生感慨："我好像有许多不能告诉人的悲哀在那缝里面，它深深地、黑黑地张开它那忧郁的口，成天向我吐着烦闷。"[4]她甚至想到了来去无影踪的狐仙。

但充和更多的是对现实的同情心。在一个下雪天，她与祖母围坐在火炉边：

> ……祖母在看一封远方来的信，我们已经在炉边差不多呆一个半天了。外面落着雪，我趁她在看信时溜出去，院子的假山上全铺着雪，花台上的天竺血红地在风雪飘摇中傻笑。我抓了两把雪，想做一个鹅，因为鹅是白色，做出来一定很像。正在团雪时，祖母在叫了，我带了雪跑进去，两手冻得通红，袖子下面滴着水。祖母说：

20 世纪 30 年代初,张充和骑马在苏州虎丘塔下。她小时候常常在早晨骑马锻炼

"眼不见就跑出去玩雪了,明儿等雪下大了,叫李四堆个狮子给你玩。"她又见到我手中的雪团着一个团子,她又问:

"预备做什么呢?"

"做鹅。"我骄傲地很得意地说。

"雪哪里可以做鹅?颈子细了要断,粗了不像呢。"她把手中的雪接过去,也不作声,细心地做成一个小白兔了。真的,我却没想到兔子也是白的,所以只一心想做鹅。兔子做得非常像,像是伏在草中的兔子,只是耳朵厚一点,要不然一定会断了。刚做好兔子,用人们请吃饭了,我把那兔子放在炉边的圆桌上,拍拍它,把它当个小生命似的。

赶快吃完了先跑进房来,看我的小兔儿,可怜只剩下一点残雪了,耳朵没有了,嘴也没了,整个的头也没有了,腿弯的线条一点也不明显了。由桌上滴在地下的水,滴滴答答地,钟却也俏皮地滴滴答答地响着。我像是受了委屈,又像是谁把我的小白兔杀了一样的悲伤,竟伏在桌上哭了。我那时刚好高出桌子一个头呢。祖母进来见我在哭,还没等她问,我就抢先哭丧着脸说:

"小兔儿化了。"

⋯⋯⋯⋯⋯

狮子堆好后还在下雪,再过一天,狮子胖了。以后停了雪,太阳一出,狮子便日形消瘦。狮子虽然是百兽之王,一如小白兔的命运,剩下一堆残雪。我有些怅惘,却并没有哭出。[5]

张充和终于有个小伙伴了,她是庵堂里的盲人小尼姑。 小尼姑出生于民国七年(1928)十二月,被人丢弃在了张家祠堂门口。当时"积雪盈尺",她坐在篮子里,脸上都是雪,哭一阵嘶一阵,然后沉默一阵，两天都没有死。 她方面大耳、鼻梁端正，脸面通红，哈着热气，好心人见之如佛像，就收留了她。 但她吃饱喝足后，还是哭，两只手在空中乱抓，"似乎缺少另外一种宝贵的温暖"，那就是妈妈的慈情。 再后来，她被抱进了月潭庵，庵主是一位四十多岁的尼姑。 就这样，小瞎子成了佛门弟子。

张充和常与叔祖母来庵堂，自然与小尼姑熟稔了。 "自小我们是朋友。 朋友并不需要两对眼睛互相对着啊！"她穿充和的衣服，玩充和的玩具。 她只要摸摸手就知道是不是充和。

她们常携手去爬附近的城墙，坐在古砖上，小手拂过狗尾巴草。 小尼姑也会向远处张望，然后缓缓对充和说她的梦，新奇古怪，譬如说她见到妈妈坐在七宝莲花上，说完了就让充和告诉她一些关于颜色的事。 这时，充和就会让她拿佛教赞歌来"交换"。小尼姑会唱《香赞》《八仙》什么的，里面有"炉香乍爇""一个汉钟离"的唱词。 这是张充和最早接触到的中国古典音乐。

白色的云在飞，天是蓝色的，衣服是淡紫色的……充和一一为小尼姑讲解着。 但她不解。 一个生下来就瞎了的人如何知道颜色的差别？ 奇妙的是，小尼姑每次都能在心里把这些颜色有序排列好，只要充和说到哪个颜色，她就能准确对应，从未弄错。 她甚至能够做到，别人告诉她的颜色不对时，她用手摸摸即知真假。 在她看来，多知道两种颜色，比多读两卷经书还要开心。

有一年夏天，叔祖母摇一把黄油纸扇，充和带着一把白团扇去庵堂，小尼姑一把就"摸"出了充和。 白团扇上有浮云、深山、流水，还有老松树、童子以及老者和客人。 扇面上写着一首诗："松下问童子，言师采药去。 只在此山中，云深不知处。"扇子的边缘还露出一点庙角来。 白团扇送给小尼姑后，每次她都能准确指出童子、客人、松树、流水的位置，还不忘告诉人家，云彩深处还有一个采药师傅，并背出那经典的诗句。再后来，充和搬离合肥，听说她摸到指尖像充和的手时，还会黯然落泪，继而转移"视线"到那把白色团扇上。[6]

充和在合肥还有一个要好伙伴张天翼，是国学宿儒梁石言的外甥女。梁石言自幼家贫不能入学，是姐姐辅导他读了四书五经。到十一岁时，他几乎通读了能接触到的所有书，买不起就到处借书读，后来连《南华经》都能背诵了。亲友为其志所感动，凑钱助学，最后梁石言考中燕京大学，年仅二十即顺利毕业。他在金石、书法方面都颇有建树，后来在杭州教学，与李叔同有过往来，又到九华山佛道院讲过学，还教过诸僧人英文。姐姐催他结婚，都被他推辞，说结婚之人如同囚犯戴上了枷锁，一日不死一日不得解脱。他曾有诗作赠予高僧太虚法师：

> 师是瞿昙示现身，非常事待非常人。
> 善巧方便谭般若，得解随机四座春。

梁石言教授外甥女时，也指点张充和诗词古文，曾亲自动手为她改过几阕，及至后来充和回到苏州，梁先生仍继续寄书给充和，直到有一天张天翼来信告知其已驾鹤而去（梁终生未娶），充和说他是要自由、真自由了。

余英时曾言，充和能在中国古典艺术世界中达到沈尹默先生所说的"无所不能"的造境，与她早年所受的特殊教育十分相关。"她自童年时期起便走进了古典的精神世界，其中有经、史、诗、文，有书、画，也有戏曲和音乐。换句话说，她基本上是传统私塾出身，在考进北大以前，几乎没有接触过现代化的教育。进入 20 世纪以后，只有极少数世家——所谓'书香门第'——才能给子女提

供这种古典式的训练。"⁽⁷⁾

回家偶记

　　1921 年秋，张充和七岁。 合肥张家大院里的葡萄架上叶茂果硕，架子下的荫凉处放着桌椅，张充和坐在叔祖母怀里，戴眼镜的医生在为充和把脉——她体质较弱，病体尚未完全康复。 这时，一个用人跑步过来，递上一张电报，识修看完电报就哭了。 充和穿着一条红花夹裤，里子是白色的，识修把充和的衣服反过来给她穿上，紧紧地搂着她："乖乖，你从此要做个没有母亲的孩子了！……你要好好地听我话，你……母……亲是个好媳妇，……以后，……再也没有她……她了！"⁽⁸⁾

　　充和说，这个时候，她才知道在祖母之外还有个母亲，但她已经去世了。 祖母哭得很伤心，像是失去了一位至亲的知己。

　　其实，在母亲去世前一年，充和曾回过家，还见到了母亲。 那是一个春天，当她到家时，除了三个姐姐外，还多了几个弟弟。"人家都说这些弟弟是我带来的，我一下子又宝贵了。"晚年的充和如是说。 当时，母亲指定二姐允和教她认字，于是就有了"王觉悟闹学"的逸事（见张允和章节）上演，但她对二姐给自己取名"王觉悟"始终不服气，当时两人还哭闹了一场。 当然，后来就和好如初了。 允和还教四妹在一块缎子上绣花，这是充和从未涉猎过的，她始终学不会。 但她临字帖的水平，委实让母亲陆英为之高兴。 那年临走时，已是秋季，母亲特地到车站为她送行。 张充和曾在《晓雾》里写到当时的情景：

　　　　十五年前的一个晚上，偶然因兵乱同母亲相聚了；又在那一年秋天的一个早晨,我又必然地要离开母亲。她同我坐一辆洋车到车站。两月的相聚,已很相熟了。记得那日到苏州时,别人告诉我:"你快见到你妈妈了。"一个从小就离开母亲的孩子,已经不大记清母亲是怎样一个人了。又听见别人一路上提到妈妈长,妈妈短。明知妈妈是个爱孩子的妈妈,但究竟不知妈妈能不能马上会熟习起来,因为实在我不大认识她。比见到一个陌生的客人还陌生,还怕难为情,就因为她是妈妈,所以才觉得难为情。

见到面时,她并不像别的母亲一样把孩子抱起来吻一下。这时我的心倒不跳了,站在她面前像个小傻瓜。她将我覆在额前的头发轻轻的理着,摸着,目不转睛地瞧着我,似乎想在我的脸上,我的浑身上下,找出她亲生孩子的记号。她淡淡地问长问短,问我认过多少字,读过多少书,我像回答一位客人似的回答她。晚饭上了桌,把各样菜分在一只小碟子里让我吃,我最喜欢吃青豆红烧童鸡。

自然每天饭桌上,我面前是一碟青豆红烧童鸡,带我的老妈妈不明白,说:"厨房里天天开红烧鸡,真奇怪!"

"还不是你家小姐喜欢吃,是我招呼的。"她笑着说。

……

九月的天气,赶一早七点西行火车(从苏州到合肥),母亲同我一辆洋车,我坐在她身上,已不像初见时那么难为情了。她用两手拦住,怕我掼下去。一路上向我嘱咐千百句好话,叫我用心念书,别叫祖母生气。

平门内一带全是荒地,太阳深深躲藏在雾中不出来,树林只剩下一些些树杪,浮在浓雾的上面,左右前后都是白茫茫的一片,我覆在额前的发上,被雾打湿了,结许多小露珠,从脸上淋下来。母亲用手帕为我拭干了,同时自己也拭了拭。

上了火车,她在月台上看我。我坐在车椅上,头平不到窗子,她踮着脚看我,却没有哭出,泪水在眼里打个转身。

在晨雾中我们互相看不见了。不知是雾埋葬了我,还是埋葬了她。[9]

再回苏州时,张家已从寿宁弄搬迁到九如巷。母亲不在了,家里多了一个继母和一个小弟弟。这几年来,识修一直带着充和往返于苏州与合肥之间,老祖母似乎意识到了什么。在苏州,她们有时住李家在苏州南园的别墅,有时识修会把充和刻意放在张家小住几天。十四岁那年,当三个姐姐知道四妹要回合肥时,在她们的"绣楼"上办了一场把酒诗会,说要为四妹饯行。四个冷碟,一壶酒,但开始时都不喝,只是举杯做样子。大姐元和先来开口:"更深夜静小楼中。"二姐允和没有接句子,原来她真喝了酒,几口下去,醉得睡过去了。三姐兆和则调皮地说,看来她是作不出,装睡了。三姐接句:"姐妹欣然酒兴浓。"大姐说:"盘餐虽少珍馐味。"充和应和:"同聚同欢不易逢。"多年之后,充和仍觉得这些诗句真是稚嫩,但姐妹之间接连失散,的确是聚少离多,最终天各一方。

夜已经很深了,四姐妹都无睡意,一向生活平和的充和说,自己有生以来第一次"百感交集"。她乘兴作了一首五律:"黄叶乱飞狂,离人泪百行。今朝同此地,明日各他方。默默难开口,依依欲断肠。一江东逝水,不作洗愁汤。"

张充和早期的戏装扮相

20 世纪 20 年代，张元和与张充和

姐妹情深外，还有姐弟情意。第二天，大弟宗和知情后，"有些失望，也不服气。他做了一首长短句：'天气寒，草木残。送妹归，最难堪。无钱买酒饯姐行，只好对着酒店看。无钱醉，无席餐，望着姐归不能拦。愿姐归去能复来，相聚乐且欢。'我看了又高兴，又感动。回合肥把三首诗给我的举人老师左履宽看，他说宗和的最好"[10]。这一年张宗和只有十三岁。充和回去后，接连给姐弟们写了几封信，表达思念。

三年后，识修去世，享年七十岁。尽管她已经收养了男孩子，但她还是把大片的土地留给了充和，为此识修修改了遗嘱，直到现在，充和还保留着这些土地的契据，这是叔祖母给她的庇护——不仅仅是物质上的。弥留之际，识修让充和背诵《史记》，可能她喜欢那些传奇故事，也可能她更喜欢充和背那些古文的声音。充和的语速不紧不慢，平静而祥和，即便后来去了美国生活，这样的韵律仍不曾改变。张家上下筹备着识修的葬礼，娘家人自会有隆重的悼念，尽管此时已经是民国十九年（1930），很多章法都没有改变。当棺盖合上，钉子重重敲下时，充和昏倒了，大病一场。

八月中旬，识修出殡。紧接着安排充和回苏州，但当地的亲朋一茬茬安排送行会，直到下旬才轮上充和与三两知己单聚。

动身前一晚，充和与两个好友合躺在一张床上，一夜无话，但谁都没有睡着。早晨起来，充和与两人逛了张宅的西园、大园、花园、书房，还去了很少接近的厨房和养鸡场，去看了后门处的大香椿树、百年槐树，还有硕大的鸟窝和飞来飞去的乌鸦。看门的大爷对着充和连声叹气，因为知道大小姐再也不回来了。进入大园后，看到了叔祖母烧字纸的炉亭，识修总是把捡到的各种碎纸片集中在一起烧掉，算是一种修行。字纸灰烬的上空是杏树、石榴、樱桃、苹果树等，桂花已经微微飘香。 "我们三个人都是一句话也没有，悄悄地立在晨曦初破的花影下，默然地诉尽了各人的惆怅。"〔11〕

不觉之中来到了书房的院子，两棵大梧桐树是充和最熟悉的风景，桐子已经饱满成熟，记得小时候上课，充和常瞒先生说要出去小便，一跑出去就捡拾那些桐子，慢慢地放一口袋。 临睡时，用人给她脱衣服，哗啦啦落了一地桐子。 一旁的叔祖母说，这东西生的不能吃，要吃可以让厨房炒熟了吃。 充和暗自得意，祖母啊祖母，你哪里知道我已经骗过了先生。

继续前行便是书房，墙壁上挂着书画，充和写的字凌乱了一地，稍显凄凉，连钟都停止了走动。 先生的房间里只有空床一张，房间里已经结了蜘蛛网。 充和最想去熟悉的书楼，那里还有大祖母、三祖母的故宅，但因为已经出租给别人，大门紧锁，她扒着门缝往里面看了一看，就去了祠堂，那是小尼姑被扔弃的地方，但由于已送给红十字会做救济院，未能进去。 张家大宅正随着时代而变迁，如水一样流动着，充和只是水上一叶小舟。 她吃过早饭，上了轮船，冲岸上的亲友、小伙伴挥了挥手说："好，就这样的散吧！"〔12〕

九月初的苏州，桂花飘香，银杏叶露黄。 十七岁的充和回到了苏州，她再也不用回去了，但她一想起合肥，就有一腔的惆怅。

从乐益到北大

再回九如巷，迎接充和的除了新式教育外，还有"绣楼"的冷清——姐姐们都升学去了异地，有的读了大学。 她一个人住在楼上，等待着未知的校园生活。

乐益女中的新式教育和革新气氛，有时让充和不能适应。她先读了六年级，然后升初中，对于文学、历史课程，她都觉得不在话下，但对英文、算术却并不在行，为此允和特地把自己的老师介绍给她补课，但她就是学不好。还有解剖课，她每次都躲得远远的——打小她就不接触这些东西，厨房的杀鸡杀鱼场景她也很少见到。有人以为，与叔祖母在一起，可能导致了充和的"与世界隔绝"。有一次，充和正跟朱谟钦学习《论语》，忽然窗外天空中出现了一样东西，像老鹰一样在天空中盘旋着，她好奇地跑出去观看。"先生脸上有点失色。我又跑到窗口去看，先生命令式的惊慌地说：'快躲进来，那是飞机。昨天我在王兴运（茶馆）听到消息，这是北军的飞机，恐怕有丢炸弹的危险。听！它老是不走。'"[13]

后来证实这是割据地方的军阀与蒋介石之间的军事博弈。懵懂的充和充满着同情："我家的长工贺三，告诉我刚才老鹰生了许多古怪的蛋。有的丢在泥田里，勃嗤一下没有响动，可是在硬劲的土地上就炸了一个大坑。在五里河还炸死一个女人，一个临月的女人，孩子都炸出来了，腿都飞到不知什么地方去了。"[14]

乐益女中办学开明，不分党派，不论组织，但大趋势的东西仍在校园里流行着，譬如对孙中山诞辰的纪念，对当时热门政治事件的纪念，以及对国庆的纪念，演讲、演出常常让充和感到头晕，古典教育方式的浸润让她更喜欢安静。

1932年"一·二八"事件爆发，张充和随学校搬迁到上海。当时上海有个务本女子高中（今上海市第二中学），前身是务本女塾，创办于1902年，是中国最早的由国人创办的女子学校之一。张充和抱着试试看的想法参加了务本女子高中的考试，居然越级考取了。后来她又转到了上海光华实验中学就读——二姐允和就在里

张充和在乐益女中家中,早期时就显出低调、隐忍的

性格

20世纪30年代，张家四姐妹（从左到右依次为充和、兆和、允和、元和）在苏州九如巷"阁楼"合影，温馨惬意，这里有她们最美好的记忆

少女张充和很是安静，有着中国"静女"的气质

面教书,两人一师一生,相处愉快。 充和暗中发现,允和正与周耀平(即周有光)恋爱,忙得很,但到后来,两人的婚姻还是她这个"红娘"出的力。

在上海参加完二姐允和的婚礼后,张充和又赶去北平参加三姐兆和的婚礼。 也就是这次北上,让她萌生了考北大的想法,正好可以住在三姐家复习。 充和自小就知道这所学校,她所崇拜的梁石言即毕业于此。 考期在次年夏天,她从九月份就开始备考。 由于她天生对数学没有兴趣,姐姐、弟弟及相关的同学都来帮她补课,考试前还为她准备了圆规、尺子,但她的数学还是得了零分。 不过,她的国文得了满分,其中的"点句"更是做得得心应手,没有半点舛误。 而作文《我的中学生活》则是她虚构的一篇小文,却打动了批卷老师。 北大入学考试竞争异常激烈,录取名额极少,却要由来自全国的精英学生瓜分,按照规定,但凡有一科零分就不能录取。 然而,校长胡适爱才心起,于是向阅卷老师施压,意思看能否给个几分,但阅卷老师据理以争,不肯让步。 不过胡适最终还是破格录取了"张旋"——有一种说法是,充和可能是担心考砸了难堪,提前取了个笔名应考,后来她还用这个名字在报刊上发表文章,当时媒体报道"数学零分录取"新闻,用的也是这个名字。 据说那一次,北大中文系只录取了两个女生。

入校后,校长胡适在一次公共活动上遇到了张充和,喊着"张旋"说,你的算学不太好,要好好补一补。 张充和心里想,哪里是不太好,根本是太不好了。 她赶紧跑去教务处,这怎么办啊,考试前补习那么多还是考了零分,根本就不会。 充和身上天生有一种倔强,会的东西熟能生巧,不会的,自己也就没有兴趣去学了。 教务处的人倒坦诚,说都录取进来了,还补什么,胡适先生

20 世纪 30 年代,张充和在北平

打官腔呢。

这事本该就此打住了，但到了抗战时期，张充和随众学者迁到昆明，在一次曲会上遇到了北大的数学助教许宝騄[15]，许宝騄很坦诚地道出了一个秘密：张充和考北大时，算术零分是他给打的。[16] 充和说他是"不打自招"。此事汪曾祺也有过记录。许宝騄虽为数学家，但是昆曲唱得很好，事后两人仍然继续往来拍曲聚会，并成为好友，后来充和还惋惜这位数学家去世得太早了。

张充和在北大的生活很活跃，爱戴一顶红帽子，北大学生都叫她"小红帽"。张家还保存着她在北大时的老照片，或骑着自行车穿行在校园，或坐在门旁玩弄小狗，或着一袭时髦华服闲坐回廊下，多数照片都戴着小红帽，有一种俏皮的优雅。

她喜欢昆曲，常常雇几辆洋车拉一帮朋友去吉祥戏院或是前门广和楼戏院看北昆韩世昌、白云生昆曲戏班子演出。

1935 年的北大名师荟萃，有胡适、冯友兰、钱穆、闻一多，还有张充和的老乡刘文典。但张充和并不觉得学到了多少东西，这实在因为她受的启蒙教育所打功底太深厚了，那些学问足够她消化到晚年。在北大，更多的收获是新式生活和哲学，它们给了她思考的空间，但喋喋不休的政治噪音也渗透到了校园，反日游行、"一二·九"运动、各种风潮一波接着一波，校园不再平静，课堂不再平和。张充和曾说过，自己交往的朋友中，很少有政治人物，就算有，交往时也不涉及政治，她天生对这个东西不感兴趣。这好像也是张家四姐妹共同的特点。

因此，当很多同学忙着集会、演讲、游行或是其他组织的行动时，张充和宁愿去温习昆曲，或是去清华大学看望大弟宗和，或是索性回到三姐家听沈从文讲讲文物常识。

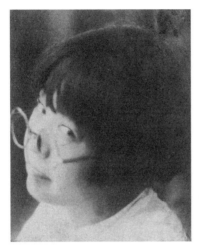

左图:这也是张充和,当时游泳馆要拍摄二寸半身照,她就给了这个调皮的表情

右图:1934年夏,张充和以数学零分被北京大学中文系破格录取。她喜欢戴着小红帽,骑着自行车在校园里穿行

张充和在北平上大学时养小狗的经历,知道的人并不多

上学两年后，她生病了。 张寰和说，四姐患的是肺病，就休学回苏州了。 大姐元和赶去北平把充和接回了家。 这下子她有了更多的时间温习昆曲，她甚至觉得，昆曲对她的病是有"疗效"的。但是，张充和与北大的故事并没有完全结束，这位"小红帽"引起了一个诗人的注意。 而充和再次回归北大，则与一门艺术不无关系，那就是昆曲。

笙歌扶梦

张充和的昆曲是从苏州开始的，到乐益女中上课，她唯一爱上的便是昆曲，见她喜欢，张冀牖专门为她请了一位老师，沈传芷[17]。 沈与顾传玠为传习所同学，并多次同台演出，他口劲足，咬字清脆，嗓音较润，具戏工正旦的嫡传唱法。 他长相斯斯文文、白白净净，儒雅有致，而且是个好老师，会很多角色，如小生、花旦、正旦、小旦等等，都是古典优美的角色。 沈传芷把所掌握的都尽数教给了充和。 五十多年后，1991 年，张充和携夫君傅汉思回到苏州，还去拜望了恩师沈传芷，此时她的昆曲艺术已经从中国走到了美利坚，并将生平所学教授给了耶鲁大学和哈佛大学的学生们。 见面后，充和吹笛，传芷亮腔，两人再续师徒情，一旁的汉思为之动容，兴致来了也会跟着唱上几句。

在昆曲陷入低谷的时候，张冀牖引导几个女儿爱上了昆曲，并重金聘师教授。 在今天昆曲稍稍有些复兴的时候，人们记住了张家姐妹与昆曲共优雅的传奇，这并非张冀牖刻意为之，只是他具有正确的艺术观，并坚持了下去，这可能就是充和在耄耋之年谈到的父亲的"伟大"之处。

昆曲远离苏州故土，去大上海闯荡世界，希望能有个好的前途。 张家因为战事搬迁到上海，但也没有耽误充和学习昆曲。 老师从苏州带到上海，又从上海带回到苏州。 学习期间，充和还进入了当地有名的女子曲社——幔亭曲社。 1931 年 9 月 11 日，幔亭曲社在怡园成立，发起人为吴梅、汪鼎丞、顾公可等名家。 《大光明》报道，"张充和为乐益女中校主张吉友（冀牖）之女公子"，现场演唱了一曲《琴挑》。 后来其继母韦均一也进入曲社拍曲，还曾担任过社长。 也正是因为学昆曲，在张家孩子中，以她与继母关系最好，两人还常切磋书画艺术，韦均一还为她画了一幅幽雅有韵的《吹笛仕女图》。

张充和几次登台表演的经历颇值得回忆。 有一次，乐益女中组织学校成立日同乐会，给每人准备了一碗寿面，还有抽奖活动，奖品有化妆品、搪瓷器具、钟表、糖果等。 当日的演出以同学许文锦的滑稽舞蹈和张充和的清唱为最精彩，报道称"一则笑足喷饭；一则韵能绕梁"。 散会后，仍有同学继续拍曲欢唱，并端杯助兴，直到午夜方才散去。

张充和第一次正式登台演出是在上海的兰心戏院，唱的是《牡丹亭》（《游园》《惊梦》），她演杜丽娘，花旦春香则由李云梅饰演。 李云梅来自苏州，是画家吴子深[18]的妾，很有才气，书画俱佳，迄今还有作品进入拍卖行，其昆曲更是为人称道。 李云梅与张充和在同一个曲社，有些交情。 吴子深也与张家有所交往，抗战时张家不少书画即被他救下。 但这出戏却遭到了著名戏曲家王季烈的反对。 王季烈是苏州人，祖上为明朝"山中宰相"王鏊。 王家在苏州办有振华女校，培养出来的名流不计其数。

张充和的经典曲目《刺虎》扮相

张充和与同学许文锦，两人从苏州乐益女中相识，后来都去了美国，许文锦的先生是著名图书馆学学者钱存训

1936 年，在北平西山养病时的张充和与弟弟宗和

因为李云梅的出身，而反对"张家四小姐"与之同台，在充和看来有些不近人情。王季烈让张宗和转告充和，说千万不可让李女士参加那次演出。[19]充和没有听，她尊重专业艺人，不管她的身份如何，从小叔祖母就教她尊重最卑微的人。"她回话给王季烈先生：'那么请王先生不要来看戏，但李云梅一定要上演。'"[20]

时隔十年后，张充和回到苏州家中，上门拜访王季烈，请他在自己的藏本《曲人鸿爪》上题字，王季烈并未存下什么芥蒂，欣然写下了："花开花谢，又早春光应漏泄。红深绿嫩，一似锦屏列，触处繁华都绽放……"

还有一次相似的经历。当时张充和与大弟宗和都在南京参加曲社活动，社里名流很多，指导充和的老师是韩世昌（曾任北方昆剧院院长），著名的北昆旦角，曾与梅兰芳、程砚秋同台过。充和演杜丽娘，她想让韩世昌配丫鬟角，但曲社名流褚民谊有意见（他是政府的要员，也是曲友），反对的原因是，曲友与专业演员不是同等出身，不能破坏了规矩。最终充和辞别了这次演出，既给了曲友们面子，也不至于让专业演员难堪，深为宗和称赞。

张充和唱昆曲唱到百岁而不止，她沉迷其中，觉得是一种莫大的享受。有一年暑假，沈传芷老师到青岛教戏去了，大弟宗和通知病休在家的四姐，一同去青岛。

张宗和考入清华大学后，学的是历史，但他分外喜欢昆曲。他让四姐从苏州赶到上海乘船去青岛，自己则从北平出发到济南转道赶过去，之前通过好友许宝骙介绍，为节省住宿费，借住朋友别墅。沈传芷见充和来了，非常高兴，介绍她与一班曲友认识，几乎天天"赶场子"参加曲会，有吃有喝，几场戏下来，原来陌生的人都熟悉了。张充和第一次出场演出时，为示尊敬，涂了口红，化了淡妆，并且在唱完一曲后，向众多曲友拱手行礼，这些都是苏州曲社的规矩，但在当地曲友看来，却是"戏子"的表现，由此产生了一些误解。

这次"离家出走"，张充和既见到了久别的昆曲老师，又接触了异地的曲友，与之欢乐交融。 她还去游览了崂山，此后在《中央日报》副刊《贡献》上发表了《大海》《崂山游记》《病余随笔》等。 而大弟宗和则认识了未来的妻子孙凤竹，当时充和还热心地教这位可爱的大小姐化妆。 这些事情悉数被张宗和写进了私人日记。

除了沈传芷的教授外，张充和的昆曲艺术还得到过不少其他"传"字辈演员的指点，如攻旦角的张传芳曾教授充和唱腔和身段，"江南笛王"李荣忻则给予充和笛艺的功夫，让她既能演唱，也能伴奏。 而吴梅[21]这位号称"全能曲家"的老师，与张冀牖为好友，充和喊吴家四公子为兄长，允和曾选修过吴梅的课程，充和直接上门请教。 全面抗战前夕，她带着那本《曲人鸿爪》请吴梅题字，吴梅写下了自己的曲子："展生绡，艺林人在。 指烟风，花本天开。 ……只满目云山未改。"

题字后不久，战争爆发，张充和携《曲人鸿爪》颠沛流离，但她从来没有离开过昆曲。 无论是逃难到昆明、成都，还是重庆，她都积极找机会演出。 《牡丹亭》《思凡》《断桥》……晚明历史剧《刺虎》演得最多，因为含意很应抗日的景。 充和有时上场演出，有时作为导演负责统筹，这时她已经被国民政府聘为教育部礼乐馆工作人员，常在学校演出、在城里雅聚拍曲、劳军募捐义演等等。一次劳军演出后，著名曲家卢前为张充和题词：

鲍老参军发浩歌，绿腰长袖舞婆娑。

场头第一无侪事，龙套生涯本色多。

那是 1940 年的春季，前线战事正酣，日军蓄意空袭重庆，汪伪政府在南京成立。 由于演员不够，负责统筹的充和就让教育部四个官员下来跑龙套，结果锣鼓一响，他们一出场，下面掌声雷动，这些官员一听到掌声，就习惯性地鞠躬，上下顿时笑作一团，戏也演不下去了。

汪曾祺曾回忆，战时的张充和活跃在曲坛，引来不少文士的迎合唱酬，甚至有倾心爱慕者，当然都没有结果。 尽管已经过了结婚的年龄，张充和却始终坚持不找圈子里的人，而且她早在合肥就养成了独处的习惯。 这些并不影响充和与诸多名士的交往，读梅贻琦（时任清华大学校长）的日记可见，战乱之际，张充和仍坦然与一班博学高士往来。 她时常出资请客，备好酒菜，或是自制茶点组织小酌，心性坦阔，豪情不让须眉。 谈艺术，谈家常，有时她还说说从苏州一路逃难到合肥的传奇经历，说到激动处便不免唱一段昆曲。 沈从文曾致电大哥说："昆曲当行，应以张四小姐为首屈一指，惜知音者少，有英雄无用武之感。"[22]但从充和往来唱酬的效果看，就算是在战乱的时候，她的昆曲雅韵也还是吸引了很多的知音，并且受到长期的追崇。

国立礼乐馆（该馆成立于 1943 年，直属于民国政府教育部）的工作并不与昆曲冲突，甚至还有些相通。 张充和负责的是国家礼乐的重新整理和编选工作，这是蒋介石亲自下的命令。 张充和对中国古典诗词和音乐都有理解，做起来得心应手。 但她精益求精。她将整理出来的二十四篇礼乐用毛笔书写，充分展示了她的书法艺术，据说蒋介石看了很是喜欢，后来还带了一份出国访问，可惜不慎弄丢了。 这些"国曲"的事宜也不了了之。

但张充和对昆曲的兴趣有增无减。 战后她就出现在了上海的舞台上，与名角俞振飞合演大戏《断桥》，她演白娘子，大姐元和还配演青蛇。 最让充和惬意的还是在苏州拙政园的兰舟唱曲。那是 1935 年前后，园子里荷香飘来，兰舟穿行其中，群贤毕至，灯火流光，"真是好不俊逸风流、艳声盖世的流金岁月！"

战后再回到拙政园，其已经成为国立社会教育学院，负责收留战时求贤若渴的有志青年，这里也是名师云集，如陈礼江、顾颉刚、谢孝思等。 充和返苏后也一度再次任教。 正是此时，充和留下了一首词《战后返苏昆曲同期》：

> 旧日歌声竞绕梁，旧时笙管逞新腔。相逢曲苑花初发，携手觥觞酒正香。 扶断槛，接颓廊，干戈未损好春光。霓裳蠹尽翻新样，十顷良田一凤凰。

在合肥时，张充和不知不觉中失去了母亲；在战争中，她又失去了父亲。 再也没有什么比昆曲更能准确表达她对父亲的思念和纪念了。

有一次充和在苏州演出，作家靳以专程从上海赶来看她的戏，充和正好在苏州的家里唱《芦林》。 "故事讲的是婆婆把媳妇休了，孩子没有自己的母亲了。 正唱着，你（章小东）父亲来了，我因为一曲未了，也没有和你父亲打招呼让座，你父亲则自行坐在桌旁听戏。 当我唱到'这就是姜秀才妻子安安的母亲……'这一句时，原本应该在'母亲'这两个字后面哭出声来的，不料，刚刚唱到'安安'这两个字的当中，就听到旁边有人真情真意地哭起来了，这个人就是你的父亲。 我因为是唱戏的，喜怒哀乐已经习惯了，而你父亲是听戏的，流露出来的完全是真实的感情，你父亲就是这样一个人。"[23]

曲家的最好奖赏莫过于知音。 张充和的演出精彩到了骨子里，就连联合国教科文组织的专家都被打动了。昆曲能够成为中国第一个世界非物质文化遗产项目（人类口述和非物质遗产代表作），与张充和还有一些渊源。早在战后的 1946 年，联合国教科文组织就派专家到中国探访昆曲现状，国民政府令教育部接待，充和被指定为之演出，其搭档不少是"传"字辈的演员，戏是《牡丹亭》里的《游园》《惊梦》，而赞助这次演出的不是别人，正是乐益女中，此举也算是告慰了"曲人"张冀牗的在天之灵。

演出不久后，张充和去了北大教昆曲与书法，再后来，她去了美国，仍旧继续唱曲，或是教课，或是示范身段，或是公开演出，她在美国的"也庐曲会"办得风风火火。汪曾祺评论充和的昆曲说："娇慵醉媚，若不胜情，难可比拟。"百岁而不变腔调，令人惊叹。

当国内的"清音雅韵"正经历着"文革"的洗礼和摧残时，充和把这些字正腔圆的韵律继续保持着原汁原味，像一块没有任何擦痕的美玉。中国昆曲评论家余心正说："人家唱得好是金嗓子，张充和是钻石嗓子。"

张充和先后在美国、加拿大、法国等二十三所大学以及各种学术场合讲授、示范演出昆曲，其中不乏耶鲁、哈佛、普林斯顿和芝加哥大学等世界名校。教授戏剧，要解决伴奏问题，学校没有笛师，张充和就先将笛音录好，备唱时放送；没有搭档，她就培养自己的小小女儿，用陈皮梅"引诱"她跟自己学昆曲。女儿傅以谟经她调教，九岁的时候便能登台演出，母女二人身穿旗袍站在耶鲁的舞台上，一个清丽雅致，一个可爱如洋娃娃，悠悠的笛声和唱词一起："乳涕咿呀傍笛喧，秋千树下学游园。小儿未解临川意，爱唱《思凡》最后篇。"就算再不懂中国文化的学生亦为之陶醉。这样的场景出现在耶鲁校园，想不吸引人都难。

张大千为张充和绘画的小品,画面寓意着张充和的昆曲艺术形象

1982 年 3 月,在美国夏威夷,张充和与孙天申合作公演昆曲《牡
丹亭·游园》,张充和饰春香,孙天申饰杜丽娘

时光悠然飘到了 1981 年,张充和在学校传播昆曲和书法的影响力渐渐增大,再加上夫君傅汉思身为耶鲁东方语言所所长(据说他在家都和张充和说汉语),夫妻合璧,让汉学在耶鲁有了立足之地。后来,耶鲁还专门为张充和举行书法展和庆生活动,并请来了纽约海外昆曲社社员与她对戏。

20 世纪 80 年代初期,纽约大都会博物馆中国部的仿苏州园林"明轩"落成,邀请张充和参加《金瓶梅》雅集。老人家在异国他乡的苏式园林里,演唱起了《金瓶梅》各回里的曲辞,"素雅玲珑,并无半点浓妆,说笑自如",曼妙的旗袍、婉转的腔音,叠山回水,这个仕女图里的女人,让西方人认识到了最古典的东方美。

张充和一直以来在海外的努力,让昆曲在国际舞台上有了一席之地。她的四位高徒,为促成昆曲申遗成功立下了汗马功劳。"不须百战悬沙碛,自有笙歌扶梦归。"充和的昆曲余音,才刚刚起头。

诗情书意走天涯

1941 年的重庆,死亡是常有的事情。张充和经历的最惨痛的一次,就是二姐女儿小禾的病亡。当时她亲自陪着二姐守候在医院,并在二姐几乎崩溃的状态下,替她决定一些"残忍"的事情。看着自己七岁的外甥女一点点被死神拽去,她的伤心不亚于小禾的亲生母亲。那小小的白棺,多少年后仍萦绕在充和头脑里。她的悲悯与同情总是会让她记住那些不太美好的记忆,还好,她知道什么时候该干脆地撒开它们。小禾去世后,充和再也不住曾陪二姐住过的荫庐,并尽量不经过小禾的埋葬处。她把所有的感情都投入到照顾二姐和外甥晓平上。在最艰难的时候,她仍仔细保存着二

抗战全面爆发前，张充和在北平

姐夫周有光写来的一封家信。她说这是她见过最真切动人的好文章，是可以传世的。而她对文章的判断标准之一，就是看是否表现出真实人性。

1936 年 5 月，张充和受邀到南京编辑《中央日报》副刊《贡献》，这是中国国民党的机关报，但副刊上的很多文章思想活跃、文风清新。当时储安平留学英国，张充和成为"代班"编辑。巧合的是，不久后允和也在该报编辑《妇女与家庭》。《贡献》的征稿要求是"要短，短至二三百字亦可"；"侧重记事性质，空泛的议论以及过于抽象的抒情小品，一律不要"；"文字要生动活泼，趣味以中级为准"；"题材广泛，并无限制"。搜集张充和早期发表的文章看，多为短文，散文、小说都有，不少作品明显富有自传性质。

　　　　记不清是十几年前，反正有那么一只手。……

　　她路过我家，她妈带着她，她妈是怎么一个样子也一点都回想不到了。她们好像都很贫穷，又不是我们家亲戚或家门，因为近亲或上客来决不会住在顶前路的屋子里，那里专预备给疏远的客人住。她们不过住宿在那里，吃饭闲谈总是在厨房里。我小时吃过午饭或晚饭后最喜欢到厨房里，那儿简直是个说书场。用人们中有出人头地的，能看点七字唱的书，或者跟过我曾祖去过两广，去过北京——那时还叫北京呢，故仍其旧——去过台湾的；或以其才调哄动人，或以其经历哄动人。大家围着一个人就聚精会神地听讲了。洗碗的油手站在旁边来听，他忘了洗碗。刷锅的也拿着锅把子来听，他忘了刷锅。没吃完的也端着饭碗来，他忘了吃饭。我这时正坐在呆我家近七十年的张福身上，他十三岁到我家，如今八十二岁了。他正在讲"长毛"杀人，正在讲他怎样从城墙上跳出,怎样混在尸中得以逃生。我听得害怕了,从他身上跳下,我(按:似为"找"之误)带我的钟妈。她到上房去了,(我)从人丛中预备钻出去,在我脸旁现出一只怪手。我叫了起来,折回身又跑到他身上坐着,情愿再去听讲杀人、死尸,而不愿想到那只手。[24]

这个关于"怪手"的故事,是讲曾出现在张家的一对母女,其中的女儿是所有用人中最年轻漂亮的。 女儿与铜匠好上了,一天两人牵着手走路,背后有男人开枪,打中了她的手。 开枪的人说"我要打开他们的手",女儿的手筋骨被打坏了,"中指和食指整个向后转,永远是卷着,手心手背鼓起来像个高桩磨"。 "该打的,不要脸的东西。"这是一个用人寡老的话。充和始终不明白:两个人两情相悦,为什么该打? 直到十几年后,她去买昆曲用的铜锣,偶然见到"怪手"女子,心里还是觉得疑惑和恐惧。

"长毛"杀人、死尸堆、逃亡,这些都不可怖,人性的扭曲才是最可怖的。 张充和寥寥几笔转折,就点出了人间悲情所在。 有人说,张充和的文章写法传统,但有着出奇丰富的幻想形象(木令耆语)。 但在此之外,更多的是悲悯。

充和知道自己出身华族高门——这是曾祖的功劳,她从不认为自己就应该高高在上。 一个仆人的儿子在时隔十一年后来看她,再没有少时的亲近和单纯,连坐都不敢坐,似乎当年那个陪她爬柱子、拉着她的手采摘黄瓜扁豆、采撷一大束诸葛菜的花装扮她一身的小男孩压根就是个幻象。

他恭恭敬敬地向她跪倒磕头,然后献上了礼物,全是土特产,山芋、玉米、绿梅……但充和内心里要的不是这些。 "你这么恭敬叫我冷，你这么胆怯叫我怕，而你又这么稳重端庄是在叫我老了。你向我磕这一个头，相像于坟前祭奠的头，是谁把一大堆一大堆美丽的、天真的、无贵贱阶级的、无男女界限的儿时生活葬埋起来？我明知道，你不肯葬埋，我更不忍葬埋，是谁呢？是谁大胆地把它们驱逐到乌有？是谁把我们间的友情捣毁了？我们并不曾吵过呀！"[25]充和的内心有种窒息的委屈，因为年龄断送了两人的友谊，因为出身的不同埋葬了他们的友情。她无奈，但心里又不甘。

1948年，居住在北平的张充和与保姆小侉奶奶闹了别扭。沈从文把这事报告给了夫人张兆和："今天上午孟实在我们这里吃饭。因作牛肉，侉奶奶不听四小姐调度，她要'炒'，侉'红烧'，四姐即不下来吃饭。作为病不想吃。"[26]

周孝华说，这个小侉奶奶是从合肥老家请的，当时跟着四姐去了北京照顾她的生活，跟了她很多年了。后来充和去美国了，小侉奶奶就在苏州待了几年。在做饭问题上，充和可能会与小侉奶奶闹点情绪，但在去美国时，她并未打算把其留下来。

1948年年底，张充和与夫君傅汉思决定去美国。当时负责接他们的是军用飞机，从北平机场登机时，因飞机有重量限制，不能多带人，但张充和坚持要带着小侉奶奶。结果是小侉奶奶上了飞机，充和的不少书籍和书画暂留了下来，待返回后运输。实际上飞机已经回不去了，飞到青岛停了下来。张充和夫妇带着小侉奶奶先赶到苏州家中休息，后来充和让小侉奶奶打开随身携带的包袱，发现里面全是破衣服，小侉奶奶说到了那边好擦窗户，还把刷子带出来了。充和虽然心疼那些滞留在北平机场的"珍宝"，却一句也没有怪罪小侉奶奶。晚年她向作家苏炜说起此事时，还忍不住笑小侉奶奶的淳朴可爱。[27]

充和与用人间的故事还留下了一首诗歌。来自陆英娘家扬州的高干干在张家待得最久，张家第三子张定和即是高干干带大的。定和在回忆中说，高干干曾奶过四姐充和，那应该是在充和出生后的几个月。

高干干从未正式读过书，但她记忆力极强，还会心算，认字、算术都很出色，是陆英的好帮手。定和回忆："她能清楚地记得久远以前事情的细节，什么人、什么时辰、在什么地方、什么数目字等，就连我们家从我的祖父母起的所有人的生辰八字和已故的人的忌日也都记得。"陆英去世后，高干干一如既往地履行着对陆英的承诺，把定和带到了成年，还帮定和把儿子带到了十岁。高干干在烧火做饭时总把定和搂在怀里，常对他说"火要空心，人要忠心"（意为要做有诚信的人）。

高干干一家三代都曾为张家服务过，两家遂成了世交。充和记得一件事，抗战时期，高干干不提报酬地跟随他们，过六十大寿那天，她做好了一桌子菜，高干干却坚持不上桌，自己退到厨房去单独吃，只说上桌这事她做不来。高干干离世后，充和曾献给她一首诗，而音乐才子定和为之谱了曲：

> 趁着这黄昏，我悄悄地行，行到那薄暮的苍冥。一弓月，一粒星，似乎是她的离魂。她太乖巧，她太聪明，她照透了我的心灵。
>
> 趁着这黄昏，我悄悄地行，行到那衰草的孤坟。一炷香，一杯水，晚风前长跪招魂。唤到她活，唤到她醒，唤到她一声声回应。

《凋落》《门》《扇面》《梧桐树》《手》《看戏》《变戏法》《蚕》《箫》《海》《她》……充和在文学上的建树如清风拂面，同时又是残冬里最温暖的一抹红。只是她的诗词太配衬其一生古意了，无意中让人忽略了这些散落的玉珠。

"记取武陵溪畔路，春风何限根芽。人间装点自由他，愿为波底蝶，随意到天涯。"这是张充和的《桃花鱼》系列。桃花鱼即桃花水母，但自从充和落笔便有了灵气。1999年，她的美国学生薄英（Ian Boyden）用了三年时间才全部制作完成一百四十本《桃花鱼》诗集。因为张充和将十八首诗词全部用小楷誊抄了一遍，薄英选用了一家德国老牌艺术纸张制造商出产的安格尔米白色重磅毛边纸，据说张充和把她收藏的明墨也"贡献"了出来。

很多人说，充和对书法精益求精的精神，是源于严师沈尹默。其实叔祖母在充和童年时为她请的几位先生，尤其是朱谟钦，给予充和的书法启蒙甚为关键。朱谟钦是博物馆的专家，但张家高薪聘请，他便舍弃了公家做私家。他会草书、篆书、隶书，他给充和准备的临帖并非大量印刷发行的那种，而是刚出土的古碑拓片，是著名的《颜勤礼碑》。《颜勤礼碑》是颜真卿书法代表作之一，业内评价其结构具有端庄豁达、舒展开朗、动静结合、巧拙相生、雍容大方的特点。朱谟钦将拓片一条条剪下来，为充和做成字帖，供其临写。张充和后来说："我看过后来出版的许多《颜勤礼碑》字帖，字体显得很肥大，完全走样了。那是因为拓片已经装裱，笔划就被撑开了。"[28]

至于沈尹默，科班出身，早年留日，后任教于北大。抗战时他在重庆国民政府监察院任职，院长即书法翘楚于右任，还有国学高士章士钊。张充和所在教育部与之距离很近，早就仰慕沈尹默的书法。两人早在昆曲唱酬时就曾结识，充和还曾收到他的赠诗：

张充和（后）与恩师沈尹默夫妇在一起

张充和的山水，颇有晚明吴门画派的风格

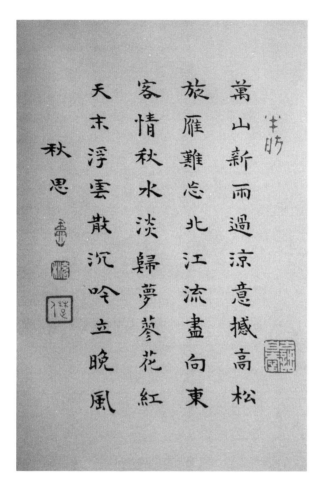

秋思

万山新雨过凉意撼高松
旅雁难忘北江流尽向东
客情秋水淡归梦蓼花红
天末浮云散沉吟立晚风

张充和的手抄本《桃花鱼》里的内容，典雅清丽，古意十足

四弦拨尽情难尽,意足无声胜有声。

今古悲欢终了了,为谁合眼想平生。

沈尹默习书法崇尚晋代二王,于不羁中有章法,精于笔势,讲究用笔。 当充和来到歌乐山沈宅请求拜师时,他并没有如所传说的让充和先去磨两年墨,反倒谦虚地说:"你拜我当然很高兴了,但是你不能光学我,一个人要有他自己(的风格)才行。"他还说"我只能教你方法",也就是所谓的用笔。

沈尹默小时练书法,一味追求流利,忽视了力道。 沈父深谙书法门道,给了他三十柄折扇,要求他带着扇骨写字。 其祖父则让他在鱼油纸上悬腕描摹,纸张就蒙在墙壁的古诗上,目的是锻炼他的"悬"力,但他并不在意。 后来,从安徽走出去的革命家陈独秀给了他"迎头一击",当面评价他的字:"诗很好,但是字其俗在骨。"从此他坚持练执笔、练大字,两年如一日,"时时刻刻地将笔锋运用在一点一画的中间"。

这些都是沈尹默为张充和讲述的亲身经历。 他为充和开了十几种字帖:"尹师给我开了一份应临的碑帖,除汉碑外都是隋唐法度严谨的法书,针对我下笔无法。 及至见到我的小楷,马上借给我《元公姬氏墓志》,又针对我小楷松懈无体的毛病。 他从不指出这一笔不好,那一字不对,只介绍我看什么帖,临什么碑。 也从不叫我临二王,亦不说原委,及至读到他写的《二王法书管窥》才知二王不是轻而易学的。"[30]沈尹默还针对充和的下笔无法,提醒她要从"娘家"(指古人)学写字。 他以为,字的点画,等于线条,而且是一色墨的,要注意微妙的变化,圆活妍润。 记得白先勇也说过,中国书法与昆曲通妙之处,在于线条美。 而沈尹默要求更高:"戈戟铦锐可畏,物象生动可奇。"

　　张充和跟随沈尹默学了五年的书法,她自己承认最大收获就是"执笔"。 沈尹默几乎不教她理论的东西,就从执笔开始,食指虚张,掌竖腕平。 "实指虚腕"的口诀目的还是锻炼她的腕力。 后来,无论在北大,还是到美国,张充和执掌书法教鞭时,最强调的就是执笔和悬力。 而晚年的张充和在美国花园干活的腕力更是令年轻人都吃惊。

　　抗战期间,张充和有时坐大半天车,冒着被敌机轰炸的危险,就是为了上歌乐山看沈尹默写字。 沈尹默是高度近视,所以写字时脸会贴纸张近一些,但他下笔娴练流畅,写的字气韵十足,而且他始终坚持自己磨墨。 充和形容沈尹默的字"龙飞凤舞的",能看到其中笔画的运动,好像跳舞一样,很好看。

　　除了书法外,沈尹默还对张充和的诗词多有指点。 他于此亦是行家,只是诗才被书法成就所遮盖。

　　充和与沈家上下相处融洽,师母褚保权很是喜欢充和,学习之余聚餐赋诗,常常让充和忘记了战时的烦恼,其中发生了一幕幕可乐的趣事,每每回想起来充和就觉得老师的可爱和可敬。 赴美之前,张充和曾专程去向沈尹默辞行,那几天师母胃病又发,却仍撑着下楼送了充和四样礼品:绣花被面、墨一锭、杨振华制"尹默选颖"毛笔二支,以及已裱好的沈尹默的墨宝两幅,分别写在一粉一紫的高丽旧笺上。

　　董桥偶得张充和的一幅字"十分冷淡存知己,一曲微茫度此生",欣喜不已:"张充和的工楷小字我向来喜爱,秀慧的笔势孕育温存的学养,集字成篇,流露的又是乌衣巷口三分寂寥的芳菲。 多年前初赏她写给施蛰存先生的一片词笺,惊艳不必说,传统品味栖迟金粉空梁太久了,她的款款墨痕正好揭开一出文化的惊梦,梦醒处,悠然招展的竟是西风老树下一蓑一笠的无恙! 她那手工楷天

张充和在成都，拍摄于抗战时期

生是她笔下诗词的佳偶,一配就配出了《纳兰词》里'鸳鸯小字,犹记手生疏'的矜持,也配出了梅影悄悄掠过红桥的江南消息,撩人低徊。"[31]一向追崇晋人风格的沈尹默则给了弟子充和六个字评价:"明人写晋人书。"

珍重今生未了缘

1948 年 11 月 9 日,张充和与美籍德裔学者傅汉思在北平结婚。这一年,张充和三十五岁。之前种种的情感猜疑,都在这一刻消弭。

从汪曾祺、卢前、梅贻琦等人的回忆文章和日记中,可以隐约看出才貌俱佳的张充和身后不乏追崇者,但她却颇有魏晋风度,坦阔地与男女学士交谊,月下小酌、弦乐唱酬、歌赋往来,甚至有高雅先生用甲骨文写信向她表达爱慕之意,她却始终不为所动。而诗人卞之琳一直到四十五岁才结婚,也被认为与充和有关。

早在重庆时,学者章士钊曾赠予张充和一首诗,其中写道:"文姬流落于谁事,十八胡笳只自怜。"蔡文姬诗书画艺音律皆通,是古代少见的具有思辨性的知识女性。章士钊认为,充和之才可比文姬。但张充和当时并不欢悦,因为蔡文姬被迫远嫁匈奴,诗中有"惋惜流落"之意。许多年之后,张充和想通了,自嘲章士钊说对了,自己是嫁了个"胡人"。

"胡人"傅汉思出生于德国的犹太知识分子家庭,父亲和舅舅都是西方古典文学的教授,他从小受到熏陶,还通晓多国语言。傅汉思在二战前去了美国定居,二战后与胡适相识,应胡适之邀到北大任西班牙语系主任,并与曾留学德国的季羡林成为好友。这个

张充和与诗人卞之琳少见的合影

时候，解放战争开始，张充和也即将进入北大教书。而他们的真正认识，是在中老胡同沈从文的家中。

1948 年 3 月，我第一次见到沈从文。那时他是北京大学中文系一位教授，我却是半年前来到中国在北大教授拉丁文、德文和西洋文学的年轻人。我听许多人谈起过这位著名的小说家。西语系一个青年同事把我介绍给他，下面是从我那时写给加州史丹福（即斯坦福）我父母信中摘录的：

北平，1948·3·31……还有个可爱的人，我以前没提到过——沈从文教授。他是目前北京的一位最知名的作家和教授。他不像是个写了那么多有关士兵故事的人，他的仪表、谈吐、举止非常温文尔雅，但一点也不带有女人气习。他对中国艺术、中国建筑深感兴趣，欢喜谈论，欢喜给人看一些图片。介绍我给他的是一位年轻朋友金隄，沈从文有一位文静的太太和两个小男孩……

　　我同沈家的两个男孩交上了朋友，我来中国有一个目的，就是学习讲中国话。我觉得最好是跟孩子们学，因为在北平生长的孩子讲一口纯粹的北京话，他们不懂英文，比成年人讲得自然。而成年人总以为同外国人讲话，要考虑怎么适应他们的特点同习惯。我最喜爱的孩子是袁家骅教授的两个女儿（在冬天我有时同她们去溜冰）和沈从文的两个儿子。大的龙朱（小名小龙）那时十三岁，是个善良、爽直的孩子，随时都准备去帮助别人。小儿子虎雏（小名小虎）同小龙一样可爱，比哥哥小两岁，淘起气来充满了诙谐和幽默。北大好些教授住在中老胡同北大宿舍，我常常到中老胡同沈家小小的院宅中去。到沈家谈天、吃茶、吃饭的客人很多，有教授，有作家，更多的是年轻人，学生和一些别的人。虽然沈从文是个大忙人，写小说，在北大教课，款待来客，我去时他总找时间同我谈天。虽然他一口湘西土音我只能听懂一部分，我却很喜欢听他谈话。沈太太对我也很亲切，有时沈从文讲的我不懂，她就用普通话复述一遍，解释解释。我还见到沈太太的四妹张充和。她们住在一起，她准备在北大教书法和昆曲。[32]

傅汉思帅气、儒雅，看上去一副书生气韵。　张充和对他的最初印象就是"老实"，还有热情开朗。 充和喜欢阳光的、充满希望的东西。 就算是在战火纷飞的时代，她依然总是希冀着有一天回到少时明快的时光："三月嘉陵春似酒，一篙碧透玻璃。"

粗读傅汉思的著作，即可知他对中国古典文学的参悟能力。他解读中国古诗总是从人性最根本的一层细胞出发，紧密结合时代背景和自然规律，诠释之时饱蘸感情，恰如他的性格：一种儒雅的干脆。 他还善于将中国的诗词与西方文学进行比较研究，如将《诗经》与德国诗歌相联系，打通了中西古典文学的隔阂，理解起来更富有立体感。 他说："中国文人对于自己国家历史的热切关注是中华文明从早期开始就形成的一项显著特征。 从事文学写作的人通常都是受过良好教育的学者，而他们所接受的教育的一大部分与历史相关联。 历史的作用之一是可以被当作道德作为的指南。"[33]这里似乎有作家沈从文的影子。

傅汉思对于中国女性孤独感的解读，富有画面感和新意，他认为正是那些具有孤独美的女子成就了许多不朽诗篇。 他借用唐代张祜的诗喻意说明："故国三千里，深宫二十年。 一声何满子，双泪落君前。"他发现梅花常常出现在中国文学的舞台上，并将妻子张充和比喻成梅花。 在他的研究中，梅花就如繁花盛开的美女，可以从优雅的美女嬗变为迷人的仙女。

但傅汉思更愿意接受妻子是一位诗人："一个中国诗歌的终生弟子，以及中华文明最美好精致部分的活生生的化身。"[34]他说他的写作灵感，来源于妻子张充和。

傅汉思回忆："过不久，沈从文以为我对充和比对他更感兴趣。 从那以后，我到他家，他就不再多同我谈话了，马上就叫充和，让我们单独在一起。"沈从文在1948年10月16日致信凌叔华："今甫（杨振声）先生和四小姐及四小姐一个洋朋友，都还住在颐和园内谐趣园后霁清轩中,住处院落很有意思,我们已在那里过了两个暑假。"〔35〕此中"洋朋友"即傅汉思。 在两人交往中,沈从文有点半个"媒人"的意思,他渐渐发现,这个"洋朋友"来沈宅的目标已经转移了,他就顺势让出了"空间"。 这无疑是一种无形的鼓励,傅汉思真诚地表达出了自己的心意。

1948 年 4 月 15 日,他给家里写信,说袁家骅赴英前备了家宴,他受邀参加。 其间,虎头虎脑的小虎雏(沈从文次子)注意到四姨与汉思的要好,含糊地喊了声"四姨傅伯伯"。 "他故意把句子断得让人弄不清到底是'四姨,傅伯伯'还是'四姨父,伯伯'。"但大家都心知肚明了。

一个月后,傅汉思致信父母,报告他同沈家全家去天坛野餐并为充和过生日的场景。 他在沈从文家吃了长寿面。 饭后他们玩各种有趣的游戏,每人都得唱一首歌。

在后来的家信中就与沈从文的信文对应了:

北平,1948·7·14……我在北平近郊著名的颐和园度一个绝妙的假期! 沈家同充和,作为北大教授杨振声的客人,住进谐趣园后面幽静美丽的霁清轩。 那园子不大,却有丘有壑,一脉清溪从丘壑间潺潺流过。 几处精致的楼阁亭舍,高高低低,散置在小丘和地面上,错落有致。 几家人分住那些房舍,各得其所。 我就把我的睡囊安放在半山坡一座十八世纪的小小亭子里。 生活过得非常宁静而富有诗意。 充和、我同沈家一起吃饭,我也跟着充和叫沈太太三姐。 我们几乎每天能吃到从附近湖里打来的鲜鱼……〔36〕

1948 年, 张充和与傅汉思在北平

1948 年 11 月 19 日，相识不到一年的张充和与傅汉思正式结婚。婚礼很简单，仪式也很短，参加婚礼的一共只有十四个人，张充和的娘家人是沈从文、三姐兆和及两个堂兄弟，还有龙朱和虎雏。此时平津战役即将打响，兵荒马乱之际，没有人去关心，一个将中国传统文化继承得丝丝入扣的名门小姐，为何嫁给了异国学者。

新近发现的一封信基本介绍了当时婚礼的过程和背景。这封信是充和在婚礼后第四天写给家人的，全文如下:

> 耀兄、允姊、宇、宁、镕并华、娴妹:
>
> 　接十八日贺电，正是行程前数小时。谢谢你们的祝语。此次因领事馆通知撤侨，而我的护照急需结婚证书，所以只在一二日决定。本拟明年春天举行，想不到如此匆匆。今作一简略报告给诸位:
>
> 　仪式简单、庄严、静穆。采取宗教仪式之初意，为因美国法律，只承认此种方式。然而倒正合我简单庄重的意思。除了几个用印人外又有法定参加人美领事。另亲友中有中和、挹和、龙虎、梅校长(清华)夫妇及朱光潜夫妇。连结婚二人共十六人。当日在北京饭店集合午餐。
>
> 　三时正行礼，照相后四时在北京饭店茶点分 cake。不过五时客人即散去，我同汉思次日晨来园中小住两周，预备下月(十二月)在欧美同学会请在平(约一二百人)亲友晚餐。与南方帖稍有不合之处，此种方式(结婚后再请客)为适之先生所供给。
>
> 　再者接到陈宗辉、吴国俊、李宗轼、陈元明等贺电(均为允和)，盼二姐见到他们时谢谢。苏州来电中有焕藻、隃福是那位

姑姑同她的先生，盼你们为我致谢。

致祝

冬安

充和

十一月廿三日

为了使婚姻在中美两国都合法，婚礼请来了美国基督教的牧师主持仪式，美国驻北平领事馆副领事到场证婚，但没有问答仪式，没有入场仪式，采用中国惯例，新娘新郎在结婚证书上盖章，以表示坚定的决心。"我们俩站在小桌子前面。牧师站在桌后，面对我们。他用中国话宣讲基督教义同婚姻意义，他想那样所有在场的人才能够听得懂……"[37]

最可乐的环节是切蛋糕，小虎雏吃着甜甜的蛋糕说："四姨，我希望你们天天结婚，让我天天有蛋糕吃。"

一个月后的一天早晨，张充和正在烧稀粥，突然得到通知，要他们立即撤离北平，去美国。两人饭都没吃，急匆匆收拾东西离开，临走前给三姐兆和打了个电话。匆匆去国，或许张充和内心并没有长期定居的意思，这一去却怕是再也难以"回还"。

> 暂别真成隔世游，离家无复记春秋，倩谁邀梦到苏州。
> 月满风帘慵理曲，秋深烟渚怕登楼，也无意绪蘸新愁。"[38]

听张寰和说，张充和心里一直是想回来的，想回来生活，想回来养老，后来几次回苏州都是睡在家里，宁愿打地铺也不去安排好的宾馆，每天早晨起来就坐在屋子里练书法。但后来出于种种原因，回来定居的愿望终未实现。

　　1948年11月19日,张充和与美籍德裔汉学家傅汉思在北平结婚,参加婚礼者有梅贻琦夫妇、朱光潜夫妇、沈从文夫妇等。1949年1月,这对新人离开中国赴美

到美国后，张充和与傅汉思的生活陷入了窘境。张充和在图书馆找到了工作，傅汉思因为一纸文凭无法进入高校任教。为了应付开支，张充和卖掉了收藏多年的、乾隆年间的家传古墨，一个日本人肯出价一万美元，算是一个很高的价格。她对傅汉思说："我做事吧，你再去读一个中文的 Ph. D. !"[39]张充和做了八年的图书馆馆员，十年后傅汉思取得中文博士学位，进入高校任教。

"当年选胜到天涯，今日随缘遣岁华。雅俗但求生意足，邻翁来赏隔篱瓜。"张充和说傅汉思人善良，性子慢，她总是起劲"欺负"他。不禁想到周孝华说过，当初四姐嫁给外国人，张家人是有担心的，那么远的地方，真怕她遇到不好的人，四姐那么善良，不要被人家欺负，后来看看汉思，真是个好人。

1954 年，张充和与傅以元、傅以谟在美国

再后来，他们有了两个可爱的孩子，一男一女，聪明活泼。充
和为他们取名字时，按照张家的族谱"以"字辈，儿子叫以元，女
儿叫以谟。

在结婚三十年之际，傅汉思去了加州开会，充和突发灵感，在
枕上连作二十首诗，其中有十首形象地概括了他们的爱情过程：

休论昨是与今非，艳艳春阳冉冉归。
喜得此心俱年少，扬眉斗句思仍飞。

三朝四次煳锅底，锅底煳当唱曲时。
何处夫君堪此事，廿年洗刮不颦眉。

些些小过证非贤，各不求全亦自全。
涂里相将闲曳尾，强如东海傲云天。

翩翩快步上瑶阶，笑映朝晖雪映腮。
记取景山西畔路，伴惊邂逅近问何来？

去来双桨叶田田，人拥荷花共一船。
三海风光无限好，可能再过半秋天。

玉泉潭水碧如晴，淡绿疏红趁晚晴。
归去失途衣渐薄，高粱瓮畔话平生。

深深中老胡同院，三五儿童切切时。
虎虎刁钻龙颖慧，四姨傅父故迷离。

五龙亭接小红桥，仿膳初尝帝子糕。
岁岁朝阳春雪好，何人携手踏琼瑶。

并骑西郊兴不穷，春田细绿水天风。
闲抛果饼分猿鸟，深坐花间酌一钟。

霁清轩侧涧亭旁，永昼流泉细细长。
字典随身仍语隔，如禅默坐到斜阳。

张家二姐允和做过大姐的媒婆，也做过三妹的媒婆，她虽然说充和是自作主张，嫁给了洋人，但却对四妹的婚姻很是满意。她看了四妹的诗后，也做了几首附之：

黄昏柳月妃子院，燕去梁空寂寞时。
景山重来终有日，比翼双飞影不离。

霁清轩畔小亭傍，蜜意深情绵绵长。
字典而今已释手，扬眉年少映朝阳。

有趣的是，两姐妹的诗中都出现了字典，即中英文字典。周孝华说，傅汉思回来过几次，他的汉语说得很好，所以四姐去美国那么多年，还是说汉语。这其中可见傅汉思学习汉语的努力。不过看张充和的采访视频，也会时不时蹦出来几个英文单词，只是发音还是有些可爱的"合肥味"。

张鼎和的女儿张小璋曾回忆，1984年傅汉思到天津外国语学院讲学，他用英、法、德三国文字讲解唐诗楚辞，深受师生们的欢迎。当时她称呼傅汉思为"姑父",傅汉思却谦虚地说:"叫我汉思好了。"直到四姑张充和做了解释,他才接受了这个称呼。他还亲自口试了张小璋儿子的英语水平,并传授学好外语的经验和方法。他们离开天津时,拒绝了学院用小车送他们的安排,而是由张小璋母子二人乘公共汽车陪送到火车站。上了火车,发现他们买的是上下铺,傅汉思毫无怨言地弯着高大的身躯钻进上铺。后来张小璋两次去美国,由其子陪同到康州去看望充和夫妇,傅汉思都亲自陪同参观耶鲁大学校园。她第三次去美国的时候,傅汉思已经去世,而他的骨灰盛放在一个汉白玉坛子里,安置在他生前工作的书桌上,终日陪伴着充和。[40]

寻常家事《仕女图》

1991 年 5 月 4 日,周晓平急切地打电话给在美国的四姨张充和,说苏州正在拍卖她的《仕女图》,问她要不要。

已近耄耋之年的张充和闻听此言,又惊喜又意外,立即说要买下来。这幅《仕女图》不仅是一段段友谊的见证,更是一幕幕过往的人生历程。

说起这个故事,要追溯到抗战时期的陪都重庆。当时有一位水利专家住在重庆曾家岩,他叫郑肇经,号泉白,江苏泰州人,早年留学德国,曾在河海工科学校任教,参加了多项重大水利工程项目,抗战时仍不辍水利研究。他的实验室在沙坪坝,办公室在上清寺。他有一条小腿是假肢,跑警报不便当,欣慰的是防空洞就在他的办公室里。郑肇经虽然学的工科,却喜欢金石字画,常与沈尹默来往,其室内窗明几净,空间又大,是创作的好地方。张充和经人介绍与其认识后,总喜欢过去写写书法、练练画。郑肇经为人慷慨，凡是张充和需要的古碑帖，他一概赠送。

郑肇经的舅舅朱铭盘，在张树声幕府中就任三年。那时张树声应急处理朝鲜宫廷内乱，朱铭盘受命入吴长庆军营，出征朝鲜，不辱使命，完成大业。

对于曾祖张树声，张充和总有一种特殊的感情，叔祖母的言传身教可能是一种影响。有此关联，张充和与郑经肇的世交友情又多了一层，凡是张家来人到重庆，郑肇经都热情招待。

每次进城排练昆曲，张充和都会到歌乐山拜访老师沈尹默。1944年6月4日，沈尹默练字时赋诗一首："四弦拨尽情难尽，意足无声胜有声。今古悲欢终了了，为谁合眼想平生。"

张充和照例"收入囊中"，随后到郑肇经的办公室去练几笔画。当时郑不在，张充和先画了人物的眼线、眉鼻口，这个时候，郑肇经进屋来看到了。张充和有些不好意思，因为她自觉画艺不成，就把半成品往废纸篓扔。郑肇经说："别糟蹋我的纸，让我看了再甩。"〔41〕

郑肇经看了稍成形的女子五官，又看到沈尹默新作的七绝诗，觉得有味，就要求张充和再添上脸型和头发。张充和只得从命，画毕后推说拍戏时间到了，要告辞。郑肇经是明眼人，看了沈尹默的诗，就继续要求充和画上琵琶，并抄上沈的诗。充和无奈，只得遵命，但琵琶的弦线稀稀落落，显得不成"系统"，郑肇经说："这叫她怎么弹呢？"充和聪慧，反驳说："沈老师不是说'意足无声胜有声'吗？"然后急速跑开了。

后来这幅画就被郑肇经极为珍惜地装裱悬挂，上面还多了沈尹默、汪东、乔大壮、潘伯鹰、章士钊、姚鹓雏等名家的题词。抗日战争结束后，回到南京的郑肇经把这幅《仕女图》挂在了书房里，本来不大的仕女只占了四分之一的篇幅，众人题词洋洋洒洒，此前充和写给他的《牡丹亭·拾画》一段文字也被精心装裱了。

在所有人的题词中,以章士钊的两词颇有故事性。之一为《玉楼春》:

> 珠盘和泪争跳脱,续续四弦随手拨。低眉自辨个中情,却恨旁观说落落。　青衫湿遍无人觉,怕被人呼司马错。为防又是懊侬词,小字密行书纸角。

之二为《菩萨蛮》:

> 十年前余居海上,权伯兄嘱为《桂之华轩骈文》作序未就,今在渝州为其题美人画帧。
> 桂华轩馆音尘绝,师川心事吾能说。濠上自情亲,仍须问水滨。　十年文债老,蜀道知音少。送客偶偕行,琵琶江上情。
>
> 乙酉初春　孤桐章士钊

之前,郑肇经编刊朱铭盘《桂之华轩遗集》二册,清末,朱铭盘曾入淮军吴长庆幕,而吴长庆是章士钊夫人吴弱男的祖父,因此郑肇经力邀章士钊题词。但章士钊答应了未做到,这次算是偿还"文债"。

张充和以诗、书、琴、曲见长,但绘画极少涉及,这是她目前所画的唯一一幅人物画。郑肇经是识画人,知道这位书家的画意何在。后来张充和去了美国,两人失去联系,他视若宝物的《仕女图》也在动乱中丢失。恢复联系后,1981 年 6 月 30 日,他致信张充和,言:"十年动乱中,我所有文物图书及字画等荡然无存,你写的字,和画的仕女轴、图章,当然同归于尽。所以希望你写点字给我。如赠我几句诗词尤为感荷。我年已八十有七,更希望你同汉思能回来看看。……现在画轴和照的底片都已散失，你写的一段曲词也没有了。你写回忆录时，不要忘记这件事。"[42]后又续信催促张充和将《仕女图》的照片复印两份给他，并希望能够放大些，他想看看那些昔日友人的题词。

张充和很快邮寄了照片，并作了三首小令赠予郑肇经。其诗作之一《菩萨蛮》云：

> 画上群贤掩墓草，天涯人亦从容老。渺渺去来鸿，云山几万重。　　题痕留俊语，一卷知何所。合眼画中人，朱施才半唇。

并附上一阕《玉楼春》，似是应和章士钊的：

> 新词一语真成谶，谶得风烟人去汉。当事一味恼孤桐，回首阑珊筵已散。　　茫茫夜色今方旦，万里鱼笺来此岸。墨花艳艳泛春风，人与霜毫同雅健。

1983年秋，张充和与傅汉思去南京看望郑肇经。"他端坐在小书桌前，萧然一室。笔砚文房，全不似当年。夫人过世，女儿海扬照料他的生活。见到我们，无限的高兴。他用德语同汉思交谈几句，便拿出仕女图照片，向着汉思，先指照片，再指指我，又自指说：'这上面的人物，只剩我们两人了。'他微微笑着，却有无限凄楚。关于沈先生的抱屈含冤，他是知道的。他自己更不必说，是水利权威，又加上守四旧的罪名，把一只已无小腿的大腿又打断了，当时无人敢送他到医院，只上了些云南白药，也就好了。"[43]

张充和的经典绘画作品《仕女图》，来来往往，失而复得，颇具传奇性

"慧深才重成三立，如此江山如此人。"这是张充和在郑肇经九十岁大寿时所赠诗句。 对于昔日诸多老友及亲人们的遭遇，张充和心里有一种无言的揶揄，从中也可以看出她"有家难回"的尴尬心境。

记得张充和曾说过，她的书法是随便写写，诗词也从来不曾刻意留存，谁有兴趣谁收藏，谁想发表谁发表，"一切随缘"。 但是对这张《仕女图》，她则有着特殊的心结。

那么多人都在劫难逃，何况是一幅《仕女图》？ 允和之子晓平的来电让她又重燃希望。

但形势不容乐观，《仕女图》本身已经很出彩了，又有那么多名家的题词，无疑是抢手之作。 画作已经进入拍卖程序，无锡一个团体要竞买，苏州也有人要，5 月底（1991 年）就要公开拍卖。

张充和第一时间就想到了住在苏州九如巷家里的五弟张寰和，立即越洋写了封委托书：

兹委托张寰和办理事宜：余在战时重庆所画之琵琶仕女条幅，有沈尹默、章士钊、乔大壮、潘伯鹰、汪东及自题诗词等，余存有照片。 闻在苏拍卖，兹委托张寰和全权办理一切事宜。

张寰和闻知此事后，也很关切。 他的孙子张致元开了一家广告公司，与这家拍卖行有些交情。 他当时就想着，就是多花点钱也要把画买回来。 一想到张家的女孩中，只有张充和去了那么远的地方，张寰和与妻子周孝华就颇为牵挂，他们甚至几次想派儿子张以迪过去照顾，但都因为签证问题而没能实现。 此次竞买《仕女图》可谓是"全家总动员"了。 欣慰的是，当时其他买家均未出高价，这让张家以原价加佣金买回了画作。

1978 年，张充和回到苏州九如巷家中，不忘亲手拎一桶老井的水

2004 年，张充和回到苏州家中，与重孙辈逗乐

2013 年,张充和一百周岁寿诞(照片由曲友尹继芳提供)

张充和回到苏州沧浪亭,与文徵明的像对视(摄影 张寰和)

张充和与儿女、孙辈在美国

　　大姐元和的外孙和鸣立即从苏州带《仕女图》去美国,张充和上下翻看后发现,此画已经被人卖过一次,但纸色如新,除了多了几方图章外,基本未大变。 "此时如泉白(即郑肇经)尚在,我是一定还他的。 因为他一再提到,一再思念那画的朋友,一定要我珍重那个时期相聚的情景,一再要我写此回忆录。 这幅画,偶然得来,既失而复得,应该欢喜。 但为谁欢喜呢? 题词的人,收藏的人,都已寂寂长往,没有一个当时人可以共同欢喜,有朋友说这幅画得而复失,失而复得,应该有几句诗,我的喉头哽哽的,心头重重,再也写不出。"[44]

　　从 20 世纪 80 年代起,张充和断断续续回过几次苏州,每次五弟寰和都尽量多安排一些地方,让她走一走,看一看,比如园林、戏曲博物馆、学校,有一次,充和还去了太湖泛舟,并要站在船头迎风浪而行。 她戏言自己小时候爬过树,不碍事。 很多

张充和与傅汉思回到苏州家中，与张寰和夫妇合影

人都说，晚年的充和看起来更像是一位仕女，其好友卢前也曾回忆称，张充和皮肤稍黑一些，"一切生活方式都属于'闺阁式'的，爱梳双鬟，爱焚香，爱品茗，常常生病，多少有些'林黛玉'的样儿"[45]。

卞之琳说："我认为充和决不只是杜丽娘式的人物，虽然她擅唱《惊梦》《寻梦》诸曲，但也会撑篙淘气，这倒合她不同凡俗的性格。"说这话时，两人已经各自建立了家庭，算是沉淀之言。

归去，归来

张充和于 1949 年随夫去美国，此后她的内心深处便始终有个夙愿：归来。

很多人都看到了张充和在美国传奇、风光的一面，可又有多少人能从一个普通老人的角度想想她的心思？ 周孝华曾说过，四姐身边始终没有张家人的照顾，早期时曾想让儿子去照顾，几次签证都下不来，最终无果。 后来元和的女儿凌宏、兆和的孙女沈红、允和的孙女周和庆曾陆续前往探访，但时间都不长。

合肥，是她的童年记忆；苏州，是她的闺阁往事。 她离开中国的时候，落下了很多重要的东西，正是想着有一天能够回来，回到家乡，回到她的"阁楼"来。 但激变还是来了，她的"阁楼"被拆除了，她有些黯然。 她有担心，也有失望。

傅汉思是她在国外能够交心的唯一至爱，他们之间既是恩爱夫妻，也是知心挚友。 但随着傅汉思撒手而去，她归来的心，不禁再一次起了波澜。

傅汉思于 2003 年 8 月 26 日去世，张充和的助手吴礼刘记录下了傅汉思临终之事，其中提到：7 月 20 日 3 点左右，充和先起床，为了让汉思充分休息，充和未打搅他。5点左右，未见汉思起床，充和发现汉思在床上高烧不止，被救护车紧急送往耶鲁医院急诊科。……7月22日，高烧不止，护士说从半夜就已经发现发烧了，整整一天，德文、英文、中文故事轮流讲说。……7月25日至8月4日，疗养院给汉思做理疗三次。8月4日，上午，疗养院要求汉思做理疗，因他身体虚弱，中午12点被送往耶鲁医院急诊科，晚上6点入住病房。从这天晚上开始，充和未离开汉思一步，直至汉思辞世。……8月26日，下午4点20分左右，汉思与世长辞。汉思去世后，张充和以英文形式为他整理了著作简表，有所著图书、图书章节和论文等等，在美的张允和孙女周和庆于一个月后赶到耶鲁大学，参加在那里举行的傅汉思追思会，并记录下充和的生活片段：

> 接到消息，耶鲁大学将在2003年9月27日为四姨奶爹傅汉思举行追思会，我受到身居大陆家人们的委托，前往吊唁。我决定提前几天去康州，陪陪四姨奶奶充和。
>
> ……
>
> 9月27日早晨，明德终于来了。宏姑与他留在疗养院照顾大姨奶奶。其他的人，春芳爷爷、和统姑父、和鸣、我，还有一位朋友，一起冒雨去耶鲁参加四姨奶爹汉思的追思典礼。
>
> 走进耶鲁校园里的小教堂，终于见到了四姨奶奶充和。她穿着一袭黑色，挎着黑包，瘦小的身躯显得更瘦小了。我上前一步，把她紧紧搂在怀里，眼泪夺眶而出。刹那间，我有些迷茫，好像怀里抱的是自己的奶奶，我的家人中只有奶奶是这么矮、这么小，把她搂在怀里时，让我有一种顶天立地的感觉。
>
> ……

张充和画像二幅,展现出了她的优雅与亲切(绘画 龙朱)

去茶话会的路上，宏姑来电话，告知大姨奶奶被送往医院抢救不果，现在已经平安去了，希望我们赶快回去办理后事。我们和四姨奶奶打了招呼，没敢告诉她实情，便匆匆赶往医院。那里，大姨奶奶的遗体仍留在急诊室，面颊血色已褪去，身体余热尚存。她去得平和、安宁。我想，人若能似她一般寿终正寝，夫复何求？

晚饭后，我独自开了宏姑的车子又去看望四姨奶奶。雨中，我迷了路，幸亏带了宏姑的手机，在表弟和鸣的遥控下，终于摸到了四姨奶奶家。我再次以自己的"顶天立地"拥抱了她，并详细告知了大姨奶奶这些天的情况。她已经不再有眼泪，喃喃地说："早晚的事……"

她很高兴我能来看她，泡了茶，拉我在饭桌边坐下讲讲话。讲到汉思，讲到她的姐姐弟弟，讲到我认识不认识的许多亲朋好友的老故事。她告诉我，还有许多事要做，汉思的书要整理，许久以来欠的信债要还，还要恢复往日的功课——练字，总之她将努力回到旧日的生活规律中去。我感到欣慰的是，汉思去世后，她不再劳累，精神、健康均在恢复中，人也胖了起来。

我怕她太劳累，催她去休息。她说"不急，不急"，还弄了夜宵给我吃，又陪我爬到三楼，指点我就寝的一应安排，才去休息。这时已经是凌晨两点了。

每次来四姨奶奶家，我都住在三楼的这间顶阁。多少年来房间里陈设铺垫依旧，走廊里书籍纸箱依旧，盥洗室里活动衣架依旧，甚至墙壁上黄色的水渍斑痕也依旧。这与今天年轻一代疯狂追求物质生活的作风形成了强烈的对比。

从第一次来，我就觉得这里是我早年的一个梦境，似乎在远古时代我来过这里。现在，远古的梦被一一掀开了出来。1978

年,充和、汉思……回国探亲,我与他们初见;1986 年我到加拿大蒙特利尔读书,充和、汉思开车北上看我,带来了礼物与温馨;1988 年圣诞节,我初次来到充和、汉思家,我们一起漫步在耶鲁的校园里;1990 年,我与爷爷有光相聚在充和、汉思家,有幸聆听爷爷与汉思间妙趣横生的谈话;再后来,汉思病了;1996 年,我和张晖开车漫游东部找工作,那是我们最后一次见到汉思,算来已经是八年前的事了。有一次,我问汉思:"当年你和四姨奶奶谁追谁?"他带着诡秘的笑容,慢条斯理地告诉我"难说"。哇,真酷!

　9 月 28 日上午,又是细雨蒙蒙。话别了四姨奶奶,带着一脸的雨水和泪水,我钻进车里。四姨奶奶站在家门口向我招手,巨大的房子衬托出她娇小的身影,更多的泪水涌出我的眼眶,我不忍回头……

2004 年秋季,张充和受邀从美国回到北京和苏州做个人书画展,在苏州一站停留时间稍长。她每天住在九如巷家中,受到弟弟、弟媳妇及晚辈们的照顾。她练字、提水、赏花、回忆,与来往的张家亲戚畅谈家事,不知不觉中过去了二十多天。当她返回美国后,及时为五弟来了一封信:

五弟、孝华:

　在苏这阵子可把孝华累坏了,也累了你们全家,说"谢"字也不够。回来后,百废待兴,所谓"兴",是处理汉思遗物和整个办公室的书。苏州仍然是老家,小小的屋子,园子,总还是温暖的,最可喜的是见了第四代(张寰和先生曾孙张信)。可见这屋子是兴旺而甜蜜的,不知何日再能来团聚。《水》的封面只能草草写得，因为右眼白内障已成熟。近来写小楷，焦点不好。将于一月动手术，大约二月才能写像样子的字。所以其他欠下的字债二月中旬方能开始写。昨天已下过一场小雪，今天又温暖如春天。忙着快寄此信，再谈，请代谢闿第并祝快乐长寿！

四姐充和

2004 年 12 月 8 日

记得早在 1949 年下半年，好友章靳以就曾致信在美国的充和，让她回来看看祖国的繁荣景象。但充和没有回来。黄裳先生曾委托靳以向充和索字，结果一纸书条一耽搁就是三十年。三十年后，张充和书写的陶渊明的《归去来辞》到了黄裳手里，充和还在卷末题记是应黄裳先生三十年前转托靳以之嘱。黄裳为此写下了《宿愿》一文。据说黄裳在收到《归去来辞》时，说不出是什么滋味，痴坐了许久，不由自主地发问："女画家到底为什么在去国三十年后写下了这么一篇《归去来辞》呢？真不是一叹就能了事的。"

而在靳以的客厅里，伴随着他走完一生的，也是陶渊明的《归去来辞》，虽是印刷体，却让他视为珍物。到其女章小东女士接手后，仍旧珍藏着，并赴美拜访了充和，倾听那一辈人的知心往事。靳以到底是懂得充和的。归去来兮，何日归来？

2015 年 6 月 17 日 13 时（美国时间），张充和在美国纽约去世。

注　释

〔1〕张充和：《我的幼年》，张充和著、王道编注：《小园即事》，广西师范大学出版社 2014 年版，第 41 页。

〔2—3〕张充和：《罗汉》，张充和著、白谦慎编：《张充和诗文集》，

生活·读书·新知三联书店 2016 年版,第 234—236 页。

〔4〕 张充和:《墙缝》,《中央日报·贡献》1937 年 2 月 17 日。

〔5〕 张充和:《兔》,《中央日报·贡献》1936 年 12 月 31 日。

〔6〕 张充和:《扇面》,《中央日报·贡献》1937 年 1 月 21 日。

〔7〕 张充和著、白谦慎编:《张充和诗书画选》,生活·读书·新知三联书店 2010 年版,序言。

〔8〕 张充和:《我的幼年》,张充和著、王道编注:《小园即事》,广西师范大学出版社 2014 年版,第 42 页。

〔9〕 张充和:《晓雾》,《中央日报·贡献》1937 年 3 月 3 日。

〔10〕 张充和:《二姐同我》,张允和等著,张昌华、汪修荣编:《水——张家十姐弟的故事》,生活·读书·新知三联书店 2016 年版,第 293 页。

〔11—12〕 张充和:《别了龙门巷》,载张允和等著,张昌华、汪修荣编:《水——张家十姐弟的故事》,安徽文艺出版社 2009 年版,第 280 页。

〔13—14〕 张充和:《风筝》,《中央日报·贡献》1937 年 2 月 25 日。

〔15〕 许宝騄(1910—1970),字闲若。1910 年生于北京。原籍浙江杭州。数学家,在中国开创了概率论、数理统计的教学与研究工作。在内曼-皮尔逊理论、参数估计理论、多元分析、极限理论等方面有卓越成就,是多元统计分析学科的开拓者之一。

〔16〕 苏炜:《天涯晚笛——听张充和讲故事》,大山文化出版社 2012 年版,第 37 页。

〔17〕 沈传芷,昆曲"传"字辈演员,本名葆荪,字仲谋。生于苏州,出身昆剧世家。

〔18〕 吴子深(1893—1972),原名华源,初字渔邨,后字子深,号桃坞居士,著名画家。

〔19—20〕张充和口述,孙康宜撰写:《曲人鸿爪》,广西师范大学出版社 2010 年版,第 111 页。

〔21〕吴梅(1884—1939),近代著名全能曲家,度曲、谱曲皆极为精通,对近代戏曲史有很深入的研究。

〔22〕沈从文:《1939 年 3 月 2 日复沈云麓》,见沈从文:《沈从文全集》(第 18 卷),北岳文艺出版社 2002 年版,第 348 页。

〔23〕章小东:《知音——〈归去来辞〉九十六岁民国才女张充和回忆靳以》,《文汇读书周报》2009 年 7 月 29 日。

〔24〕张充和:《手》,《中央日报·贡献》1937 年 1 月 19 日。

〔25〕张充和:《隔》,《中央日报·贡献》1937 年 2 月 24 日。

〔26〕沈从文:《沈从文全集》(第 18 卷),北岳文艺出版社 2002 年版,第 496 页。

〔27〕苏炜:《天涯晚笛——听张充和讲故事》,大山文化出版社 2012 年版,第 131—132 页。

〔28〕苏炜:《天涯晚笛——听张充和讲故事》,大山文化出版社 2012 年版,第 34—35 页。

〔29〕关于张充和收藏古墨的趣闻逸事,可参见苏炜:《天涯晚笛——听张充和讲故事》,大山文化出版社 2012 年版。

〔30〕张充和:《从沈先生洗砚说起》,张充和著、白谦慎编:《张充和诗书画集》,生活·读书·新知三联书店 2010 年版,第 216 页。

〔31〕董桥:《张充和的伤亡小令》,载董桥:《记忆的脚注》,广西师范大学出版社 2012 年版。

〔32〕傅汉思:《我和沈从文初次相识》,载荒芜编:《我所认识的沈从文》,岳麓书社 1986 年版,第 12—13 页。

〔33〕傅汉思著,王蓓译:《梅花与宫闱佳丽》,生活·读书·新知三联书店 2010 年版,第 104 页。

〔34〕傅汉思著,王蓓译:《梅花与宫闱佳丽》,生活·读书·新知三联书店 2010 年版,序言。

〔35〕沈从文:《沈从文全集》(第 18 卷),北岳文艺出版社 2002 年版,第 513 页。

〔36〕傅汉思:《我和沈从文初次相识》,载荒芜编:《我所认识的沈从文》,岳麓书社 1986 年版,第 14—15 页。

〔37〕傅汉思:《我和沈从文初次相识》,载荒芜编:《我所认识的沈从文》,岳麓书社 1986 年版,第 15 页。

〔38〕张充和词作,见家庭杂志《水》复刊第 43 期。

〔39〕苏炜著:《天涯晚笛——听张充和讲故事》,大山文化出版社 2012 年版,第 138 页。

〔40〕参见张小璋:《身怀"四绝"的充和姑》。

〔41—44〕参见张充和:《〈仕女图〉始末》,《苏州杂志》2010 年第 6 期。

〔45〕卢前:《卢前笔记杂钞》,中华书局 2006 年版,第 19 页。

第九章　张宗和:《秋灯忆语》 悲欢家事[1]

乱世姻缘

张家长子五岁的时候，长着小圆脸、小高鼻子，有点"坎脑袋"，但一对甜甜的小酒窝颇惹人喜欢。四个女儿之后，第一个儿子的到来，受宠是自然的，用允和的话说"拘管得紧"。这导致张宗和性格腼腆，见人不大说话，像个女孩子。

三个姐姐很喜欢逗大弟弟玩。有一次喝完喜酒回家来，就"策划"着把大弟弟扮成新娘子，玩出嫁。大姐元和善于化妆，用的是母亲的胭脂、花粉、梳子和刨花。大红丝线绑住大弟的短头发，但怎么也揪不出来一根小辫子，后来还是母亲的几根大红头绳帮了忙，还给大弟戴上了绢花和福字绒花，又为他穿上红兜巾和允和的粉红上衣，还去找了一块大手帕，三姐拙手拙脚地给围成了条裙子。新郎则是二弟寅和来扮。用人郭大姐用嘴伴奏锣鼓，把这对"小夫妻"迎进了后堂，地上还铺有红地毯，家人都围着看热闹。在干干的喜谣和吆喝声中，"新娘子"行跪拜礼，但新郎却把"新娘子"的裙子——那块大手帕拿走了。宗和站起来一看裙子没有了,就急得哭了。 大姐赶忙说别哭,否则脸上的妆就花了。 这时二弟寅和早就一溜烟跑开了。 允和每每回忆起这个"大弟新娘俏"的往事,就觉得大弟真是个温和、忠厚的好人。

宗和读书认真,第一次考上东吴大学,但并不满足,后来又考上清华大学,读的是历史专业。 上学期间,他与充和关系最为亲近。 大学毕业那年,他就邀请四姐充和一起去了青岛,除了有玩心外,还因为他喜欢昆曲。

在北京上学期间,张宗和参加了俞平伯主持的清华谷音曲社,先后学习了《硬拷》《乔醋》《拆书》等曲目,并清唱过《楼会》《游园》《惊梦》《拾画》《小宴惊变》等。 1935 年他还曾与名角俞振飞搭档唱《絮阁》,当时俞吹笛。 此后在谷音曲社的演出中,宗和多次登台演出。 直到后来抗战逃难到昆明西南联大任教,他仍是拍曲不断,并在课余教同学们昆曲课程。 与曲友们唱,与四姐充和唱,与新婚的妻子唱,每到一校任教,张宗和都离不了昆曲。他的妻子孙凤竹,算是其中最浪漫的一曲。

1936 年暑假,张宗和与张充和到了青岛,经老师沈传芷介绍,结识了同是曲友的孙凤竹。 孙凤竹的父亲也是青岛的曲友,出身书香世家,经常组织曲会。 在青岛期间,张宗和与四姐参加了几次曲会,虽然有过误会和陌生感,但他对孙凤竹留下了深刻的印象。 姐弟俩回到住处还谈论,充和说孙小姐唱得真好,虽然人不是很漂亮,却很可爱。 宗和憨厚地笑了,还戏说孙小姐牙齿太稀,缝太大。 孙凤竹是曲社里年龄最小的,不打扮,短发,清新淳朴。

后来,姐弟俩又与孙凤竹多次徜徉在青岛的海滩。 孙父是曲会的总务主任,唱老旦的,穿了泳衣、套了泳圈在海滩浴场走来走

1931 年 8 月,张宗和被清华大学录取,此为其就读清华时所摄

张宗和与孙凤竹年轻时的合影

去就算是游泳了，逗乐了几个年轻人。宗和的皮肤很白，即使在海滩晒过多日后还是照旧，孙凤竹曾问过他此事，弄得宗和很不好意思。宗和的心到底是青春的，看到孙小姐玲珑的身材，"丰润而不肥壮"，黑黑的，圆圆的，很是可人。他喜欢上了她，常让四姐去提醒孙小姐把泳衣拉拉紧——他觉得她露得太多了。只有喜欢一个人，才会如此"自私"。

青岛一月，宗和与孙凤竹频频接触，就连喝酒都有孙凤竹的照顾，他真是乐不思"苏"了。但父亲张冀牖多次电报催促，让他回乐益女中任教。为了不让曲友们费事饯行，宗和临别只告诉了孙凤竹一人。次日船行前，孙凤竹赶到海边，牵着一根紫色纸带。船开了，最后两人手里只有挣断的纸头。

在苏州教书半年，宗和一封接着一封地给孙凤竹写信，还从上海买了三花牌胭脂邮寄给她。孙凤竹回信也很快，字体娟秀，口气温柔。孙母见两人通信频繁，感到好奇，就让女儿读来听听，听完后说宗和真是没事做，净说些废话，白花了五分钱邮票。老太太哪里知道这些废话对于两人相思的慰藉。

张宗和是自立的，不甘心在父亲创办的学校教书，他怕被别人说找不到事做，于是去了南京，在励志社中学教书，四姐充和当时正好在南京编《中央日报》副刊。又是半年过去了，他与孙凤竹的关系逐渐明朗起来，孙父邀张充和前去青岛谈事，本来宗和也想去，知道是自己的事后，内向的他反倒不好意思了。四姐给他带回了喜讯，青岛孙家答应了婚事，此时"八一三"战事打响，张家全家离开了苏州，回合肥避难。

1938年春，张宗和从合肥去了汉口谋求职务。他挂念着孙凤竹。孙家从青岛去了香港，辗转九龙、广州。宗和听说孙凤竹得了肺病，在广州住院治疗，但似乎并不严重。

在汉口，张宗和见到了孙父，商量订婚事宜。当时，大姐元和的干哥凌宴池在汉口任职银行经理，负责安排宴席，请客一天，登报三天。此时，宗和对孙凤竹的印象，还完全停留在青岛的一个月时光里。在一次酒醉后，宗和给未婚妻写了第一封情书，长长的信文一倾情愫。

两个月后，张宗和赶到广州，一路穿过战后废墟，找到了孙家在广州的寓所。孙凤竹从半旧的小洋房里跑出来，瘦了，也憔悴了，但活泼不减，她一下子就扑进了宗和的怀里。但眼前的场景，令宗和无法快乐起来。孙母得了子宫癌，躺倒床上，医院都不愿意接收了。孙凤竹的一个哥哥染上了鸦片瘾，整天无所事事。老洋房里潮湿陈旧，听说孙凤竹因为水土不服，还生了杨梅疮。孙母很是喜欢善良憨厚的宗和，开玩笑说："宗和，你为什么偏要娶一个棺材瓤子呢？"女儿有肺病，一直没有康复，做母亲的临死都牵记着。有一次，宗和深情地吻了一下未婚妻，没想到她过于兴奋，发了一夜的烧。

很快，宗和就看出了孙家的困窘，孙父在成都办事尚无消息，孙家二哥在外经营生意，仍滞留汉口。母女医病开销不小，典当度日，很难继续营生。头顶上敌机轰鸣，前途茫茫，宗和想着去香港筹谋点费用，但未果，而且回来后就病倒了。一对病侣，苦中作乐，一同吟读《淮海词》：

> 追思故国繁雄，有迷楼挂斗，月观横空。纹锦制帆，明珠溅雨，宁论爵马鱼龙。往事逐孤鸿。但乱云流水，萦带离宫。最好挥毫万字，一饮拼千钟。（《望海潮·广陵怀古》下阕）

没几天，日军攻陷广州周围地区，羊城不保，官方要求大撤退。宗和找到在广州的巴金（时名李芾甘）求助，得知他们去桂林，就与他们的宇宙风社同往。但孙家商量下来，为减轻负担，只让孙凤竹一个人跟着宗和走。元旦刚过，气候变冷，逃亡北地总要准备衣服，可冬衣都在当铺里。宗和掏出身上仅有的四十元钱，不够。后来，两人把订婚戒指拿去变卖，那是在汉口定制的，每只十几元钱。看到金铺的伙计把两只戒指一剪两断，两人心如刀割，但手里总算换到了超额的现金，兑回衣服还有节余。

临走时，孙母问宗和借钱，宗和记不得是给了十元还是五元，因为自己身上确实没钱了。为这事，他追悔了很久，尽管那时他自己的路费也已经不够了。

买好了船票，但船却一直未开，孙凤竹跟家人道别的场景，让宗和感受到了"生离"和"死别"的凄楚。

珠江起航，宗和与孙凤竹一路漂流，没几天就听说广州沦陷了。孙凤竹挂念母亲，说梦到她死了，哭着哭着就醒了。一路上，宗和心事重重，凤竹以为自己是他的累赘，懊悔不该跟着他出来，有几次想留封信跑回去，但最后还是留了下来。到广西梧州后，人家上岸到处走动，但他俩不出去，因为孙凤竹跑警报跑不动。两人一路风餐露宿地往贵阳赶路，一到目的地，孙凤竹就因为严重晕车而吐血了。

宗和跑遍了贵阳的西药房都没能买到孙凤竹要的止血药，最后吃了云南白药，总算止住了血。在贵阳期间，宗和去求助了文学家蹇先艾，在宗和穷途末路之际，他收留二人住下，安排生活起居。这恐怕也是宗和对贵阳有好印象的开始，此后他在贵阳有过多年的居住和工作经历。

但借住总不是长久之计。借了一笔钱后，他带着孙凤竹冒险乘车往重庆赶，那里有二姐允和和三弟定和在。一到重庆，孙凤竹又开始吐血，找了好医生检查，排除了肺结核，说是支气管炎，心里稍稍放松了。在重庆有二姐允和和二姐夫周有光相助，生活暂时安稳了。此时，孙凤竹想去看看在成都的父亲，但不幸的是，孙父在当地遭遇车祸去世了。孙凤竹恋父甚于母亲，知情的宗和就瞒她说，孙父在成都一个深山的庙里养病，有当地朋友的信函为证，躺在医院里的孙凤竹只能在日记里寄托对父亲的牵挂。

这一时期，她的日记写得哀婉动情，其中提到，宗和作为长子，在接到父亲在合肥病逝的消息后，并未有什么特别的表现，只是淡淡地说："你又不认识他，告诉你做什么呢？"孙凤竹说他很是奇怪。其实宗和是担心增加她病体的负担。

现将孙凤竹日记摘录部分如下：

11月4日（1938年）　宗哥来得很早，带来罐头、草纸、脚布、面盆等东西。我们见没有人来（虽然明知里面房间的南京老太婆坐在床上并未睡着，但总欺她年高目力一定不行），就 kiss 一下，谁知过了一会南京老太婆竟将宗和叫了进去训了一顿，说你家夫人有病你不能和她接近，真是十分多谢她的好意。

11月10日　昨晚想得太多，夜来真是睡不着，窗外雨声越来越大，雨点落在芭蕉叶上，听来十分清脆，宗哥来得很早，穿着雨衣棉袍子，边上全是污泥，鞋子也是一塌糊涂，还是那双新黄皮鞋呢。

11月12日　宗哥在这里陪我一天，有谈有笑，一点也看不出他心里有什么事情，晚上临去时，他告诉我，昨晚接大姐电报，说"父逝告弟妹"。我很惊愕，问他为什么这一天都不说，他说你又不认识他,告诉你做什么呢? 他这人是很奇怪的。

11 月 18 日　这些日子我就像——什么呢? 像一个新年时候小孩玩的气球,里面装着一包苦水,只要稍微碰它一下,苦水就流出来了。其实这几个月的变动是我希望的吗⋯⋯为什么那时不顾一切现实,只把些木柴硫磺掷向那燃着爱火的炉中。记得刚订婚的那些日子,我是如何的昏迷,简直醉了。眼前的世界是另一个甜美的理想的世界,全凭着燃烧着的感情赤裸裸地写在信里,一封一封地寄来寄去,像一个妖精的符咒似的迷他,诱惑他,令他昏眩,令他颠倒。啊,这是什么样的行为啊。天啊,当时我的理智哪里去了? 为何不想一想生活,想想战争、国家、妈妈的病、自己的病,以及书样的当票和债务⋯⋯唉,总愿望快快地一切平静下来,国家、政治、家庭、爱情都走一条正常的路,那样生活着才有幸福可言。

11 月 21 日　宗哥念萧伯纳情书给我听,他的性情真好,温柔地像个姑娘一样,从来没有不耐烦过。然而我这个真正的姑娘却常常要冒火。相形之下不免惭愧。

1939 年 1 月 4 日,张宗和受教育部派遣,到昆明落实了工作,在那里见到了三姐兆和、四姐充和、五弟寰和。 短暂相聚后,他开始张罗与孙凤竹的婚礼。

宗和曾梦想过自己的婚礼,要有特别的仪式,有大大的场面,有很多的亲友。 但眼前的婚礼只有五桌人,房子是借北大校长蒋梦麟(当时为西南联大常委)家的,四姐充和赞助了一对新人的衣服,蒋梦麟夫人布置了礼堂和客厅招待客人。 没有行礼,教育人士杨振声念了证婚词,梅贻琦演说了几句话,就算是礼成了。 孙家一个亲友都没有,新娘子有些黯然。

晚上，一班曲友齐聚在四姐充和的房间，这里被简单布置成新房，有红灯罩、红蜡烛、红被面，朱自清、浦江清、陶光等人和曲附唱，宗和为之抚笛，玩到午夜方才散去。

第二天早晨，孙凤竹时不时吐血。宗和表面上安慰着新婚妻子说是"喜事"，心里总有一种不祥感。

苦旅新生

婚后，张宗和便带着孙凤竹去了昆明宣威乡村师范学校报到，课程繁重，上课、改卷子，几乎没有闲的时候。他们住的是破烂的宿舍，没有烟囱，一生炉子屋子里都是浓烟，呛得生肺病的孙凤竹吃不消，有时会发烧和吐血。两人曾请过一个女佣，但因为卫生原因又辞退了。这样，宗和就加重了负担，又要生炉子做饭，又要忙学校的课程。

其间，两人也吵过架、拌过嘴，但宗和总是让着凤竹。他比她大六岁，总觉得她还是个孩子。记得出来时，孙母还叮嘱凤竹，说宗和还是个孩子，外面不比家里，不要闹情绪、要脾气。孙母此时已经去世，但孙凤竹更惦记着没有消息的父亲。

半年后，学校发生了一次学潮，引发暴力冲突，形势紧张，孙凤竹不能再住在学校了，宗和把她送去了呈贡，与四姐充和住在一起。房子地处恬静小镇，有水乡的意韵，取名"云龙庵"，后来到了美国，充和还用到过这个名字。

鉴于有三姐、四姐照顾凤竹，宗和便想趁机分开一段时间，看看她的病体能否得到休养。结果适得其反，感情的闸门越是压抑越是迸发，凤竹常常发烧、咳嗽，有时一躺下就是好几天，连信都要让四姐充和代笔。她央求他快回到她身边，说愿意为他"好好地活十年"就满足了。 宗和也病了,他原本想赌气不回去,但还是忍不住心疼爱生气的妻子。 他飞奔回去,两人有了热烈的团聚。 他把凤竹又接回学校一起住,直到1940年的早春,凤竹怀孕了。

这原本是喜讯,但在宗和看来,凤竹有病在身,不宜生育,且之前两人都默认不要孩子,因此,宗和主张堕胎。 但凤竹不答应,她突然改变了主意,不管宗和怎么劝说,都坚持要生下来,说:"即使自己死了,也要留下一个孩子。"她愿意为肚子里的孩子牺牲一切。

这时孩子已经四个月了,医生建议要么手术人工流产,要么就静等五个月接受分娩。 凤竹坚定地选择了后者。 她最快乐的时光,就是在等待中看着肚子里的胎儿一天天长大,接受亲朋的祝福和礼物,大姐元和还从上海托人带来了婴儿衣服和奶粉。 宗和在妻子临盆前赶来陪她住院,医生就凤竹手术分娩的事开会讨论一番后,递给宗和一张保证书,上面写着"倘有意外,本院概不负责"。 宗和知道,妻子生孩子,是冒着生命危险的。

凤竹的身体情况不允许全麻,手术是在局部麻醉情况下进行的,其痛苦程度可想而知。 她曾央求医生尽快结束。 幸运的是,孩子安全出生了,是个女孩。 但宗和来不及疼爱她,就忙着照顾恢复中的妻子,又是输血又是输液的。 孩子出生后,医生建议不能吃母乳,怕对母女都不好,宗和便请了人喂奶粉,结果女儿越吃越瘦,被凤竹哭着埋怨。 月子总算是在亲戚们的照顾下结束了,三姐兆和忙来忙去照顾弟媳妇和小侄女,四姐充和为孩子取名以靖。 她是张家以字辈的第一个孩子,她的先祖中有个著名的靖达公,即清朝大臣张树声。 生逢乱世,充和为其取靖字为名,寓意平安、平静和平定。

汪曾祺回忆昆明时期的宗和与凤竹称：

> 给大家吹笛子的是张宗和，几乎所有人唱的时候笛子都由他包了。他笛风圆满，唱起来很舒服。夫人孙凤竹也善唱曲，常唱的是《折柳·阳关》，唱得很宛转。"叫他关河到处休离剑，驿路逢人数寄书"，闻之使人欲涕。她身弱多病，不常唱。张宗和温文尔雅，孙凤竹风致楚楚，有时在晚翠园（他们就住在晚翠园一角）并肩散步，让人想起"拣名门一例一例里神仙眷"（《惊梦》）。他们有一个女儿，美得像一块玉。

以靖满月不久，有朋友邀请宗和去昭通国立师范学校教书。此时凤竹的伤口尚未完全愈合，但宗和觉得应该带妻子和女儿去大的城市发展，希望给她们带来更好的生活。

前途漫漫，由于连日阴雨，三天的路程走了九天，山里的气候多变，虽是夏季，夜里却是出奇的冷，道路泥泞，坑坑洼洼，常常要借宿几里外的土司家。宗和在雨夜里背着妻子深一脚浅一脚地艰难行走，眼泪不禁掉下来。有一夜，实在没有东西吃，连水都没有，就用泥浆水冲奶粉给孩子吃。

欣慰的是，在昭通的两年时光，是宗和与凤竹最顺利的两年，荔支河、望海楼、龙洞、戏院等等，都留下了他们的足迹。学校是战时新办的，一切都在完善之中，要代课，要管护学生，要处罚学生，也要在晚间打着手电筒查看学生们的睡觉情况。照顾孩子的任务就交给了孙凤竹。最难为的是请奶妈，找了十几个，不是身上有病就是有虱子，医生体检都不过关，好不容易找到了干净的，吃了几天就没有奶了。大姐元和邮寄的奶粉已经吃完了，只能就近买鲜奶加蜜糖吃。

在昭通的日子，头顶着敌机的轰炸，学校内部也在闹争权夺利的丑事，宗和抱定了只教学不参政的原则，始终没有卷入。稍微空闲的时候，他宁愿多陪陪妻子和女儿，凤竹生日那天，他们还去看了一场《王宝钏》。物价上涨，家资紧巴时，凤竹就去图书馆兼职贴补家里。两年的日子平稳度过，宗和渴望能有更好的日子，在1942 年秋，他一个人先去了昆明，进入云南大学教历史。

云大教书不过三个月，夫妻两地分居，宗和忍受不了相思之苦，还分外挂念孩子。这个时候，父亲张冀牖已经去世，继母去了上海，家里始终无人主持，田产需要打理，家族里希望能有人回去。张宗和自觉是长子，又是成家的人了，应该回乡持家，并尽量为其他姐弟们解决生活费用。凤竹的想法也与他相同，致信给他，希望早点回老家去：

> ……昨接周耀平、二姐的信，我想了半夜，想想在外面苦，真是非回家不可……真的，你要细细想想，我实在苦不起了，这几天心都咳空了。要再在外面拖下去，我真的就要累死了，苦死了。你想你多宝贵的时光，多宝贵的精力，全花在洗衣煮饭这些杂事上，岂不可惜？死在这上头也值得吗？我现在的苦也只有自己伤心，不足与外人谈。……哥哥你答应我吧，寒假回来一定同我回家去，我想过几百遍了，不回家永无休息之日，你如要出来，把我送回去，你再出来好了。同时我也想回我的家去看看我的公公婆婆及其余的人，迟了我怕见不着他们，更怕自己回不去，因为我这样的病鬼，谁能担保不死呢？

此后的日子正如凤竹所预测的那样"苦"，他们团聚在昆明，但收入永远赶不上日增的生活成本，家里常常断炊，馒头就咸菜，女儿吃素包子，住在厕所与解剖死人的实验室隔壁。物价节节上涨，最后只得离滇去重庆，宗和乘汽车，孙凤竹与孩子乘飞机，帮着协调机票的是查阜西先生（古琴大师，时任中航副总经理）。

因着宗和夫妇的到来，在重庆，张家的孩子开了一个家庭会议，地点在二姐允和的家里。在成都、重庆都有公干的二姐允和、四姐充和、三弟定和、四弟宇和、五弟寰和参加了会议，会议决定，宗和、宇和回合肥去。四弟正好是学农的，回去利用大片的田产经办农场。但考虑到万里回乡，费用不菲，现行筹集路费。宗和很快找到了教书的地方，孩子及凤竹由从苏州来的高干干帮着照顾。闲时，宗和常与这位老保姆聊天忆旧，她见证了张家的变化，生活的变化，人的变化。眼看着雾天来临，凤竹的肺病无法适应，在贷到一笔款子后，宗和一家匆匆上路。行前，他们与四姐充和、演员金山、张瑞芳等人去了一趟北碚温泉，接着就迎来了一场痛苦的诀别，因为这一走，谁都说不准什么时候能再见面。

1943年12月26日，宗和与凤竹、以靖从重庆出发，先到成都与四弟会合。在成都，宗和陪已经知情的凤竹为孙父上了坟，并见到了乐益女中的学生叶至美一家。叶至美曾是张宗和的学生，其父叶圣陶在苏州时即与张家过往甚密。叶圣陶热情招待了张宗和全家，并用苏州话一起谈心。

宗和一家与四弟等人从成都出发，先后经西安、洛阳、界首、六安等地，一路回到张家祖宅张老圩子。路上，孙凤竹因为疲劳奔波多次吐血，但总算是要到家了。在最后一段山路上，宗和觉得有一种亲切感，见到圩子里人，就上去喊住。

老圩劫难

　　战乱时期的张老圩子仍处于暂时安全的状态，合肥虽然沦陷，但乡下仍在国民党军队手里。 张老圩子的历史已经泱泱百年，教历史的宗和自然知道其中的渊源，他对圩子的建筑构造观察得很是仔细，并在日记里记录了下来：

　　　　张老圩我们的老家有将近一百年(1945年)的历史,是在合肥县城和六安县城之间,同这两个城都正好相距九十里,最近的一个集镇聚星集,离张老圩才不过一里半路。全圩子一共分为三个宅子,以位置来分,我们称之为"西头""中间"和"东头"。每一个宅子大约总有五六进房屋。三个宅子的外围是围墙,围墙外面是壕沟,壕沟里的水是从附近小河里引来的,是活水,所以不大容易干,围墙的四角都有更楼,是防土匪用的。大门通常我们叫做闸门,门楼在二十七年(1938年)日军下乡扫荡时打坏了,但"水抱山环"四个字却还在。

　　昔日的金戈铁马，昔日的辉煌家事，在国家沦陷之中都渐渐颓废而去，剩下的只有老弱病残，还有残存的贵族遗风。 宗和已经闹不清父亲是生在哪间房子里了。 虽然盛族没落了，但老圩子三处宅院还居住着一百多口人。 按照老规矩，晚辈回来后，要先到长辈处挨家挨户地磕头示敬。

　　但宗和到家后不久就病倒了，初步看症状怀疑是"白喉"。 战时缺医少药，张冀牖的经历仍让张家人胆寒。 此时家里正在张罗老先生的落葬事宜。 幸好家族里有特效秘方"养阴清肺汤"，赶紧抓药熬制，还要向嗓子里吹冰硼散。孙凤竹与寄居的婆婆[2]轮流照顾宗和，但总不见好，去请医生，由于没有血清，人也没有来。从北平回来的族妹张平和是个助产士，在北平时就与宗和大哥要好，宗和还教她唱京戏。她用碘酒、甘油替宗和擦嗓子消毒，察看症状变化。

凤竹每每暗自抹泪，都不让宗和看到。外祖母信佛，每日念咒拜神。有人还到李陵山去为他们夫妻求签，结果宗和的是上上签："功名富贵自能为，偶着先鞭莫问伊。万里鹏程君有份，吴山顶上好钻龟。"孙凤竹的却是下下签："病患时时命蹇衰，何须打瓦共钻龟。直教重建一阳复，始可求神仗佛持。"

宗和的病在一个月后好了，但凤竹却倒下了，其中有疲累的因素，也有自身性格的原因。她天生爱生气，动辄生用人的气。有一次用人把宗和的棉袍子拆坏了，她没有骂用人，却自己生了几天的闷气。紧接着，宗和与四弟宇和、五弟寰和梳理家里的田产账目发现，受年成影响，入不敷出。再加上他们兄弟三人回来，开支加大，只能想法子卖田应付。

宗和本想带凤竹回家好好休养，谁知家大、人多、事杂，反倒牵扯了精力。为了应付开支，几兄弟各自想办法。这时候，又有亲戚上门来借钱"占便宜"，被拒绝后竟然抱着被褥要睡在宗和的房间里，后来虽然被圩子里的长辈轰走了，但凤竹还是吓了一跳，之后就不断发烧并出现并发症，直到搬进宽敞、舒适的新圩子里，才算稍稍恢复。孩子有人带，凤竹有人照顾，也不用洗衣做饭，宗和就安心读史书，做学问，不时有族人请客，他也出去转转。

那天是1944年7月1日，乡下的气温升高，稍显闷热。张家五爷请宗和下午去吃饭，中饭后，凤竹腻着他要睡会午觉，他只是坐在床边陪她聊了会儿天，然后就拖着脚伤去老圩子赴宴了。

十大碗菜就酒吃完之后又去逛了两家亲戚，宗和就听到用人慌张的求救："少奶奶（孙凤竹）吐血了！"

宗和再见到凤竹时，她与中午已经判若两人，脸色煞白地躺在凉床上，地上的血还没清理，她的嘴角还残留着血迹，脉象只有微弱的一点。正好有一位有名的中医路过，便请来看症，说要喂食童便。宗和喂了，没有反应。再用燃香烧眉心，眉心被烧黑了一个洞，还是没用。凤竹几乎是吐尽了自己身上的血离开的人世。

宗和整个人怔住了，他脑子里茫然一片。那时宇和、寰和住张老圩子，宇和总管丧事。宗和只记得家族里很多人忙活着妻子的后事，做衣服的做衣服，烧纸的烧纸。家里派人前去采购棺材，女人们忙着为凤竹擦身子、穿衣服。"少奶奶，你平时是爱漂亮的，好好的让我穿。"顺利穿好后，又说要"真正格正正的"，要把全身顺直了，这时什么也没做的宗和缓过来神了，说不要把手抹直，"因为那样看起来更像死人"。他轻轻打开那盒三花牌胭脂，那是一次吵架后他为她买的，她一直不舍得多用，到现在还有大半盒。他为她涂抹了一些，又涂口红，但怎么也涂不上去，因为皮肤已经没有任何热气。

坐在凤竹身边，宗和忽然想到了大大（母亲）去世时的场景。那年他八岁，大大去世前几天，他跑去大大房间，大大说："大狗，你别来，这儿味道重。"凤竹临死前吐血时驱赶小女儿以靖的情景分明与这一样。大大临终前，孩子们都在哭，宗和也跟着哭，大大对他说："别哭，你哭的日子还在后头呢！"母亲说得没错，从她去世后，宗和的日子总是艰难比平顺多，哭的次数已经记不得了。那时的父亲就坐在大大床边，直瞪着眼睛，面无表情，和现在的他一模一样。

棺材是梓树的十全板，宗和一遍遍催着店家送过来，到了之后，四岁的以靖跟着长辈走进来，身穿重孝，没有哭闹，只是老问："妈咪哪里去了？ 妈咪呢？"看见爸爸哭了，她也跟着哭。

盖棺、撒米、念咒、上钉……哭声一片，二十五岁的孙凤竹就此告别人生，告别了夫君和女儿。

"她的病已深，活着也苦，倒不如死了。 其实以前我待她真好，可是近来也'疲'了，我也不太注意她了，我总以为她的病既已拖下来，该不要紧了。 我总希望她会好，谁料到她突然死去呢？我所觉得最抱憾的就是临死时和她没有谈话，她说话时我又不在面前，我没有能送到她的终。"

"五七"过后，孙凤竹在新圩西边的山冈落葬。 几天后的一个大早晨，原本应该守到"七七"的宗和，在以靖还没有醒前，悄然吻了她的脸颊，含泪辞别合肥。

三十年来是书生

在张家姐弟印象中，张宗和（字亢虎）永远是一个"最诚正老实的人"（张允和语），从十几岁就开始帮着几个姐姐编写家庭杂志《水》。 十五岁那年还写了一篇小说《九年之后》。 他带着弟弟们办壁报、筹办新年同乐会，学唱昆曲和京戏，听父亲讲解古书经典，从感受乐益女中学生依依不舍毕业到去那儿任教，宗和完成了一个望族长子的成长历程。

大学毕业前夕，他在北平写了一首诗：

> 风风雨雨又一年，青春梦幻已成烟。
> 小去庭前无一影，早梅飞满夕阳天。

如果把宗和的人生分成几段的话,大学毕业前的一段是最愉快的;毕业后遭遇战争,流离失所,苦不堪言;战后又是一个相对平稳的阶段。 离开合肥,他去了安徽立煌古碑冲安徽学院任教。

1944 年 11 月 25 日夜,张宗和在立煌古碑冲写下这样的文字:"我不喜欢满月,也不喜欢万里无云的月夜……月光会引起人种种感触,但是我并没有感触。 我哼着诗词,只觉得轻快、舒适,缓步走来走去,脑子里特别空闲,什么也不想,像是和月色溶在一起,我也变美了,我也变成了月光下的一种风景了……因为我见到远远地走来一个人,很美,走路的姿势和身段都很好,他是月下动态的美,所以我想到我自己大约也是如此。 ……起风了,我正背着'似此星辰非昨夜,为谁风露立中宵'的诗句……"[3]

后来,洋洋数万言的回忆录写了出来,受到亲友们的关注,并在刊物上部分发表,张宗和以给凤竹虚拟的信作为序:"我们分别整整一年多了,我们总不以为你已经死了,我们好像在两地,还像在云南时那样,你在呈贡,我在宣威,你在昭通,我在昆明,不过我们在一起七年,这一次的分别最长了……"

抗战胜利后,充和、宗和、寰和等人回到苏州的家,商量乐益女中的复校事宜。 当时一致让宗和做校长,其间苏州社会教育学院也请他去教学。 一年后,他让五弟寰和任校长,自己去了贵阳,在贵州师范学院教历史。 也正是在这期间,家人考虑为他续弦,将出身合肥名门的刘文思许配给他。 刘文思是淮军将领刘铭传的后代,贤淑美丽,毕业于专业医学院,是一名护师。 两人是亲表兄妹,是淮军之间"亲上加亲"的延续。 1947 年 10 月,宗和与刘文思生下了女儿张以端。

刘文思对以靖视若己出,更由于心疼她的经历而格外怜爱,每次都要等她睡着了,自己才去睡觉。 亲生女儿以端、以珉小时候都

抗战胜利后,张宗和(右一)回到乐益女中做校长,与继母韦均一(右二)、四姐张充和在一起

不知道以靖不是母亲所生,只是觉得母亲对大姐尤其的好。

以靖毕业后,做了统计师,与两个妹妹十分要好,对于父亲和母亲,有着别样的回忆。以端成了高级教师。以珉进了大学,成为图书资料员。

"文革"期间,在贵阳任教的张宗和被当作"反动学术权威"揪出来批斗、抄家,妻子和女儿都被赶下乡去劳动。以珉回忆文章称,连墙壁上都刷着"打倒张宗和"的标语。宗和把仅剩的最后一本书——《唐诗三百首》留给了下乡的小女儿。他乐于助人,一生热爱教育,却受尽了种种非人的磨难。记得以端的世交兄长窦立诚[4]在"文革"期间去贵阳探望张宗和,学校方面称张宗和被隔离审查,不许见客。以珉后来悲叹:"爸爸,你死得太早,没有看到'四人帮'倒台。"

张宗和与刘文思的婚纱照

张宗和于 1977 年 5 月 15 日去世, 三天后就是他的生日。 他的早逝, 与残酷的政治运动不无关系。 1972 年 6 月, 三姐夫沈从文曾致信张宗和, 提到学生——"改写《沙家浜》的汪曾祺", 心生感慨。

张寰和说, 宗和大哥与徐迟 (诗人、作家) 在东吴大学附中上中学时, 抗日英雄马占山的部队来苏州募兵, 大哥和徐迟去报了名, 后来就跟着部队走了, 家里知道后, 马上让带他的夏干干去追, 追到无锡总算把他追了回来, 否则就上前线了。

张宗和大半生苦难, 几乎重走了曾祖征战疆场的路程, 最终没能闯过去"和平时期的战斗", 用他的话说: 毕竟是书生。

张宗和与刘文思及三个女儿（以靖、以端、以胝）

张宗和(右一)和女儿张以𡚖与沈虎雏(左一)合影

深深的怀念(节选)

文/张以靖

爸爸一辈子乐于助人,常常借钱给生活困难的朋友、学生,从不思归还。 他经常告诫我们,要与人为善,施恩不能图报。 有一次爸爸流着泪对我说,台湾的一位老朋友去世了,这人饿死在桥洞下,宁肯饿死也不肯向人乞讨。 这件事对他震动很大,一连几天他都吃不下饭。 下面是爸爸去世后,我才读到的他为老朋友陶光写的诗:

吊陶光兄

步充姐读《独往集》诗原韵

清华园内有遗踪，滇翠湖边影已空。

心力枉抛作辞赋，豺狼不畏向刀丛。

孤标傲世谁能识，一曲清歌我独同。

海外飘零无音信，桥头饿倒只因穷。

细拍琵琶日几回，歌声高亢又重来。

凄凉一片黔山月，豪迈当年长顺杯。

半世猖狂终不改，十年友谊未能埋。

损人毁己事难说，他日相逢是夜台。

噩耗传来还费猜，悼念迟迟事更哀。

早已故人成白骨，何劳新贵说怜才。

感叹吊唁无人接，痛哭泪珠滴院台。

往事如潮齐涌现，中宵不寐起徘徊。

"文革"时爸爸瘦了很多，从来没有见他那么瘦过。我们都暗暗担忧，他却庆幸大肚子消下去了。他成天背着粪篓到处捡马粪，累了就坐在粪篓里休息，垫上草说是土沙发，很舒服的。爸爸从不在我们面前讲如何挨批挨斗，只是对黑白颠倒愤怒到极点。那年月，他表面上若无其事，照样风趣，内心却波涛翻滚，写了下面的诗：

三十年来是书生，一旦坠落在风尘。

反手低头过闹市，弯腰屈膝亦伤情。

生死存亡置度外，是非真假不分明。

自问生平无憾事，任他辱骂与欺凌。

消息传来泪满裳，东方隐隐露微光。

牛棚依旧三人坐,薪水仍支五十洋。

心似弓弦张复弛,身如折尺短还长。

深夜扪心世间事,教人如何不悲伤。

可怜他憋了一肚子气,一直睡不着觉,最后精神分裂。 他不能听到悲惨不幸的事。 他受的刺激太大,甚至于在路上看到一匹驮重的马,也要感叹半天。

注　释

〔1〕 本篇传记主要内容来自张宗和《秋灯忆语》,特此说明。

〔2〕 据张寰和说,婆婆即为扬州的外祖母,但可能不是正室,是外祖父的姨太太,人胖胖的,很慈祥。

〔3〕 张宗和:《月色》,张宗和著、张以䪒整理:《秋灯忆语》,浙江大学出版社 2019 年版。

〔4〕 窦立诚是宗和在苏州的好友窦祖龙的儿子,窦祖龙哥哥窦祖麟协助宗和办杂志《水》,两家为世交,后来以端嫁给了窦立诚。

第十章　张寅和:低调的诗人

　　张寰和对二哥寅和的印象是:会作诗,英文很好,会抽烟,是六兄弟里唯一会抽烟的。

　　再多一点回忆是,二哥还会演京戏,与大哥宗和搭档唱《空城计》,大哥宗和饰演司马懿,二哥寅和饰演诸葛亮,有板有眼,深得专家称赞。 二哥字孝恭,为人谦和、懂礼,与《申报》老板史量才的儿子史咏赓关系很好,曾在《申报》做过会计。 那年"力行社"[1]刺杀史量才,史咏赓也在车上,当时二哥是打算搭便车的,后来不知道为什么没有搭,逃过一劫。 此事发生在 1934 年 11 月 13 日,上海《申报》总经理史量才与夫人、内侄女、儿子及儿子的同学、司机共六人乘自备汽车由杭州返沪,途中遭国民党特务狙击,史量才和他儿子的同学、司机三人当场遇害,其子逃脱。

　　早年时,张寅和在给大哥宗和的信中称:

　　　　有一次看高尔基《我的童年》,里面的外祖父一家相互之间的阴刁恶毒,难以想象(两个舅舅吵着分家,敌视,搅得全家不宁,暗害高尔基的父亲和雇工)。 我觉得我们姐妹兄弟之间就从未有过这类心思,即使在分产时,我也不记得"我们"之间有何不快。 也许有人说我们各人有职业,所以不在乎,有也好,没

有也好。但我觉得并非如此，这是从小养成的基本看法，否则，
"越是有，越是贪"，也许是会闹口舌的。关键是我们上一辈看
了爸爸的样，下一辈看了你的样，于是心平气和，什么事也没
有了。

张寅和年轻时风度翩翩

张寅和与妻子朱志君的婚纱照

此处所说的"分产",张寰和特地做了解释。抗战胜利后,合肥家里上千亩田地要分给姐姐和弟弟;靖达公的孙女,也就是他们的姑妈,虽然嫁出去了,也给她一份田;最好的一份给母亲韦均一。每个人都有,分地时没有发生任何不快。"当时,二哥、四哥和我听从姑妈的话,说卖了合肥的田,到苏州置地经营农场,就随手卖了几百亩,然后在苏州南园买了几十亩地,后来农场没办成,很快迎来解放,这些地都充公了。"

大姐元和记得,寅和少时极为好学,在小学时掌管图书馆,没多久就把全图书馆的书都看完了,老师只好去上海买些新书给他看。

在允和印象中,二弟寅和读完上海光华大学,就去日本留学了,人很聪明,会写诗,有"春暖花开日,襄园柳色新"的佳句。寅和喜欢读黄仲则的诗,从高中时就跟着大哥宗和吟诵,直到晚年还在背诵黄仲则的《绮怀》十六首。黄仲则是清代诗人,江苏常州人,北宋诗人黄庭坚的后裔,有名句"十有九人堪白眼,百无一用是书生"等。

寅和是张家六兄弟中最早去世的,去世时才五十九岁。他自觉性格是"甘居下游"的,从小跟着大哥、二姐、三姐跑,编辑《水》,外出,或是逃难,对大哥最为敬佩和服帖。对于工作,他最喜欢的还是教书,曾回忆称:"生平在《申报》甚至《解放日报》时期的工作,都没有从工作中感到什么乐趣。只有当了教师之后,特别是和青年人接触多了,倒觉得这七八年来颇有点意思。偏生又中途生变,健康上大变改,也是没有办法的事。"(2)

1971年冬天,住在上海的张寅和致信外地的长子以遂,除了谈论洗衣板上的节疤、胡桃生吃熟吃,更多的是回忆在苏州寿宁弄张宅的时光,回忆花园、鱼池、大柳树、水亭,还说院子里有棵大柳树空心了,家里费了好大劲才锯掉,接着说花园里还有一棵胡桃树,张家兄弟都是从树上摘下来直接吃,或是放在糕点里做馅,也不管生熟。"我到现在还记得当时总有一个男用人上树摇落胡桃,我们兄弟完全不必要地头顶着脸盆,冒着果子的雨在抢着,堆做一堆一堆,似乎一刻也等不及。"(3)他还让儿子寄点生胡桃来,他想

（左起）张定和、张允和、张寅和的合影

2004 年，张充和（左三）回国办画展，虽然年事已高，但坚持到上海
与二弟寅和的家人见面，张充和旁边穿棉马甲者为寅和妻子朱志君

再感受一下少时的清新胡桃味。 两年后，他就去世了。

张寅和年轻时的照片儒雅帅气。 他小时候即能唱京戏，常跟着大哥演戏，小学时就演过《西游记》，大哥扮演如来佛，他扮演接引佛[4]。

张寅和儿孙满堂，其后代中有工程师、出纳、厨师、银行职员，也有他曾做过的会计。

1973 年 3 月 10 日，二姐允和在寅和去世 15 日后，满含悲痛地写了一首诗《哭二弟》（摘录）：

> 前年度春节，欢聚在沪滨。病榻迎姐到，絮絮话昔今。
> 寿宁旧家宅，二弟锡名寅。啼声颇宏大，歌喉惊客宾。
> 满堂小儿女，椿萱乐晨昏。大弟新娘俏，二弟美郎君，
> 踏落凤罗裙，痴憨笑语频。张家五子戏，苏城尽知闻；
> 诸葛空城计，七岁学抚琴。纶巾大姐制，鹤氅二姐针。
> 人小城围大，闻声不见人。今朝喜相见，肺疾苦深沉，
> 揾泪难分手："床前氧气存，见瓶如见姐，再见更精神。"

张寅和女儿致张允和的一封信（摘选）

今天拜读了您寄来三篇短文，其中有《看不见的背影》一篇。您写了您的父亲（我爷爷），使我想起我的父亲。 我父亲性格内向、清高，自尊心很强，但又不乏幽默、风趣。 我尤以父亲提倡子女中"男女平等"为荣。 小时候往往看见邻家小姐弟中，弟弟一手拿糖、一手握饼，而做姐姐的则在一旁眼巴巴地看着，我暗自庆幸自己有一位开明的父亲。 每年的夏天，遇到酷暑闷热的天气，父亲

半夜给我和弟弟抹汗（他每天备课、看书到深夜）。 有时我醒了，也佯装睡着，享受这深深的父爱。

　　父亲一生最恨不真诚老实的人，对说谎的孩子也是严的。 记得我七八岁的时候，有一次拿了家里放在五斗橱上的五毛钱，买了零食吃。 父亲下班回家，发现钱不见了，问我和弟弟拿过没有。 开始我不敢承认，最后不得不承认。 接下来是十下手心和一小时的面壁罚站，这在我家，已经是最严重的家法了。 以后，这类事件再也没有发生过。

　　父亲的诚实做人、不会圆滑的原则，也使他在"文革"中吃了不少苦，但是他并不为此而改变自己。 平时，他对我们四个子女的教育，不仅言传，更有身教。 受父亲的影响，我们兄妹四个对待工作都认真负责，对待朋友均真心实意，讨厌攀龙附凤，更憎恶落井下石。 "文革"中，姐姐以韶（张寅和女儿）工作的厂里停工"闹革命"，工厂大门紧锁，她硬是从窗户爬进车间，把自己的工作干完。 这在当时的环境里是被看做一件不可思议的事情的。 我想，这是源于爸爸的教诲。

　　父亲离开我们已经二十二年了。 他病中的几年是在床上度过的。 由于肺气肿，他呼吸困难。 开始，每晚睡觉还能半躺半坐地睡上几小时，以后病情逐渐严重，借助氧气袋，每天晚上也只能趴在特制的小矮桌上睡一会儿，以致额头结了一层厚厚的老茧。 由于长期坐在床上不活动，两腿弯曲僵硬，最后去世时怎么弄也弄不直了。

　　十年前，我在高中念书的时候，学到一课朱自清的《背影》，这是我第一次读，就被深深打动，待轮到我朗诵其中一小节的时候，我已经两眼满含泪水。 我只能佯装身体不适而趴在桌子上，以掩饰自己的激动情绪。 我时常梦见父亲还活着，醒来泪湿枕被。

二姑(张允和),我和您一样,多么希望在梦中有父亲形象多多出现。

张以韵

写于 1995 年 11 月 1 日晚

注　释

〔1〕 全称"三民主义力行社",土地革命战争时期国民党内极端秘密的政治团体。

〔2〕 张允和等著,张昌华、汪修荣编:《水——张家十姐弟的故事》,安徽文艺出版社 2009 年版,第 256 页。

〔3〕 张允和等著,张昌华、汪修荣编:《水——张家十姐弟的故事》,安徽文艺出版社 2009 年版,第 248 页。

〔4〕 即净土门之教主,能接引念佛人往生西方净土,故又称接引佛。

第十一章 张定和:音乐奇才

细作的"张三"

有一天，和张寰和、周孝华聊天，说到 1999 年几个姐弟在北京的大团聚，张寰和费了很大的劲，终于找到了三哥张定和夫妇骑三轮车的照片，俏皮、温馨。

周孝华说，你看看张定和的名片，太有意思了，正面很规矩，背面却很是创新。"以先世由赣迁皖落户合肥者为第一世计，至第十四世时，从此始新立字派为'和'字：和以致福，善可钟祥，承熙永誉，邦家之光。"并有个人简历：

> 祖籍为合肥。
>
> 1916 年——出生于上海；
>
> 1917 年—1937 年——成长于苏州；
>
> 1938 年—1945 年——漂泊到重庆；
>
> 1950 年——居住北京城；
>
> 有时——也住圣荷西(美国)。

张冀牗抱着三子张定和

提到对定和的印象，周孝华玩笑地说："细作"，爱干净，很讲究。二姐允和则认为，定和是张家男孩子中最有个性的，"人也细致得不得了，和我一起出去，要检查我头梳得对不对，衣服、鞋、袜子穿得是否合适都要管。这也许和他搞音乐、作曲有关"。

父亲张冀牖对三子张定和寄予了不小的希望，从他出生那年就结合时势，取名"定和"，意在"重定共和"，因当时是蔡锷云南起义一周年，革命尚未成功。定和小时候生得很单薄，个子矮，瘦小，带他的奶妈怎么喂养，他就是不胖。奶妈着急了，生怕人家说她奶水不好，就说："这孩子长不胖，他要是能长胖，我就在苏州城上爬三圈。"事实证明，张定和一辈子都没胖过。大姐元和记得，三弟幼时身体瘦小，大家喊他"东洋矮子"，他也乐意，家里演戏时，他就扮演孙行者，但是道具假山压下来时，他大哭了起来。

从小学时，张定和就喜欢上了音乐，老年时还忆起在苏州学的校歌："沧浪亭北，古学宫旁，梧桐杨柳门墙……"《雪中行军》："哥哥手巾好作旗，弟弟竹竿好作马。"就连读书和说苏州话都带着腔韵。进入中学后，他学会了演奏乐曲，如箫、二胡，还曾参加过苏州美专的管弦乐队，演出过舒伯特的《军队进行曲》。

张定和曾感兴趣于美术和摄影，学了铅笔画、木炭画、油画、水彩画和雕塑，拍的照片还登上了苏州的报纸。转向美术是因为他觉得将来"有饭吃"，但音乐始终像根线牢牢地拽着他。他课外学习钢琴、大小提琴，并作曲，最终从美术专业转回了音乐。他自谦："我学美术，半途而废；我学音乐，半途而废；两个'半'相加，是'一'事无成。"在《水》上见过他为父亲创作的一幅肖像，是读报时的表情，极为传神。

但更令人惊叹的是定和的作曲才能。张寰和说，三哥在1928年就曾为家里成立的九如社作曲，歌词是四哥写的。寰和还给唱了几句："皇废基之中九如，我等振起精神，前途之光大永无尽……"此为定和的第一首作品，那一年他十三岁。

在学生时代，他就创作了十八首曲子，其中有姐弟们的歌词，也有黄庭坚的《春归何处》、孟浩然的《春晓》、徐志摩的《沙扬娜拉》，还有父亲张冀牖的《乐益女中校歌》。

至于定和后期思想的形成，他自认得益于父亲和大哥。他觉得父亲办教育开明有方，对孩子的教育也很公私分明。有一次，他穿过后门去乐益女中的操场玩，拿了体育课用的童子军棍做成高跷踩着玩（此事张寰和也提到过），结果被巡视的父亲发现了。父亲叫他过去，严肃地说，这是学校的东西，不是家里的，不可以随便玩，要赶紧物归原处。定和说这件事情他记了一辈子。

还有一事，乐益女中在战后复校，大哥宗和为校长。有一次高干干（带定和的保姆）的外孙丁仲元受命去办公室告知宗和一件事，说完了退步到门口才转身离开，这时宗和喊住他："你这样退出去走路不好，谁教你的？这是旧的礼仪。去吧。"宗和一向和善，此时有些愠怒。丁仲元以为"这说明他思想已十分厌恶和憎恨旧时代的一切不合理的东西"。定和以为，大哥完全延续了父亲的民主、尊重，他自愧没有承接下去，如他一次情急之下把儿子关在门外反省，不准睡觉，后来还是善良的妻子把孩子迎了进来。这个孩子就是他的长子以达，日后也成长为音乐家，被誉为"合唱界的国宝大师"。张以达的生母，就是大名鼎鼎的表演艺术家吕恩。2012年春，张以达受邀回到苏州为一群可爱的孩子指导合唱节目，在接受记者采访时，他提到了自己的母亲："我的母亲叫吕恩，是中国40年代的话剧演员和电影演员。她本名叫俞晨，是咱们这里的常熟人，解放后是北京人民艺术剧院的演员，一生演出了数十部话剧和一些电影作品。其中，她创造的繁漪（话剧

张定和在拉大提琴,他少年时就热爱音乐

《雷雨》)、白口袋(电影《骆驼祥子》)等形象,是她表演艺术的代表作。 去年(2011 年),她还随我一起到了园区的青少年活动中心,以 91 岁高龄看孩子们的表演。 她在动荡的年代报考时在江安的国立剧专,师从曹禺、田汉、郭沫若等。 我母亲与白杨、张瑞芳、秦怡、舒绣文、金山、赵丹、陶金、项堃等配戏,共同活跃在战时重庆的舞台上。 解放后,那些银幕上的大演员,经常从外地到我们家来,因为他们是我妈妈的好朋友啊。 我记得特别清楚,虽然我们家中有钱,但我们平时的生活也是很简朴的,早晨就是一碗泡饭就一根长长的酸豇豆。 但妈妈的朋友们来了就不一样了,大家开开心心地下馆子,白杨、张瑞芳、秦怡等都是座上宾,我也可以一同上桌。 我记得我对秦怡说:秦怡阿姨,你以后要多来,你一来,我们就可以吃好吃的了。 说得秦怡哈哈大笑。"

这个访谈过后几个月,吕恩在北京逝世。 周孝华说,以达跟着父亲到十岁,后来又跟吕恩过了一段时间,吕恩去世前一年曾来九如巷看过。

吕恩是江苏常熟人,与张家二姐允和为好友,和定和相识于上海。 战争时她避难于重庆,1941 年毕业于四川江安国立戏剧专科学校,当时张定和在该校教学,正巧教吕恩声乐。

关于定和与吕恩的情感故事并不多,张家孩子在回忆定和在重庆时期的日子时,似乎更多的是对保姆高干干的感谢和敬意。 因为正是这位老保姆,不图报酬不计辛劳,一如既往地照顾着定和父子,陪他们走过了一段非常的日子。 且张定和与吴祖光(在与张定和分开后,吕恩嫁给了吴祖光)一直保持着好友和合作伙伴的关系,曾合作了不少经典作品,如《凤凰城》《正气歌》等。

周有光与吴祖光是同乡,吕恩与张允和一直是好友。 周有光曾回忆说:

吴祖光也是常州人,在重庆时我们两家人曾经一度合住一个大房子。吕恩跟吴祖光结婚,后来离婚。吕恩之前和张允和的弟弟张定和结过婚,那时候年轻,吵架,张定和的脾气也不好,吵架以后离婚。生一个孩子,叫张以达,非常好,是有名的作曲家。张以达有一个女儿,钢琴弹得好得不得了,现在到美国去了。两个人离婚以后,吕恩和我们还是照样往来,跟张允和关系很好。

吕恩结过三次婚,先嫁给张定和,离婚后嫁给吴祖光,第三个丈夫是飞行员胡业祥,是胡蝶的堂弟。胡业祥在美国学的是空军,跟飞虎队在一起打日本,后来日本人打败,国共打仗,国民党打败了,他们是国民党的起义飞行员。解放后不能做飞行员了,就在体育委员会工作,人挺好的,知识水平也很高。以前他住得很近,常来往。吕恩和胡业祥有一个儿子是美籍华人,常在美国,最近到北京。[1]

疯狂的音乐人生

张定和十岁那年患过白喉,这在当时几乎是绝症,但他大难不死。可紧接着他又患上了白癜风,皮肤色素脱失,不能抵御日光照射,使得原本打算从事电影摄影的他忍痛放弃了这一职业。电影摄影曾是父亲的期望,更是他的首选职业。

从 1938 年逃难开始,张定和的身体似乎从未与疾病分开过:猩红热、胃溃疡、痔疮、前列腺炎等等,有两次胃溃疡大吐血,可谓九死一生。

张定和着解放军军服照

抗战期间,张定和既从事音乐创作,又要进行音乐教学

在重庆躲避日机轰炸，他常去的一个防空洞又闷又热，有一次他换了地方，结果原来那个洞里闷死了很多人。还有一次，过苏北军区，子弹擦着他睡觉的床板而过，稍微高一点就会要了他的命。如此种种，张定和都归结于自己命大，于是他愈发坦阔地活着，用生命演绎他疯狂的音乐。

全面抗战八年，也正是张定和创作的八年高峰。吴祖光曾在《写在演出之前》称："许多艺术家在这次抗战里展露他们的天才，定和先生该是其中值得骄傲的一个……"这段时间，定和在重庆冒着敌机的轰炸，忍耐着生活的孤单和苦难，一连为十五出话剧写出了三十七首插曲，并创作了一百多首爱国歌曲，以乐谱为利器，尽一个国民的抵抗职责。

评论家认为，张定和的作品不但曲调优美、朴实、亲切，还具有一种文人情怀，能够在知识阶层和平民阶层形成强烈的共鸣。这得益于他受到的家庭教育和多方面的业余爱好。他喜欢文学，学过美术，对昆曲也不陌生，在民歌、摄影、电影等领域都有一定的研究。这些元素都被他很好地融合进音乐作品里，化为自己的特点。一时间，很多名家都找他谱曲，如田汉翻译的托尔斯泰的《复活》、梁实秋翻译的《奥赛罗》、李健吾编剧的《以身作则》、顾一樵编剧的《岳飞》，以及郭沫若的《棠棣之花》——这一剧作对张家孩子来说早已熟悉，父亲张冀牖曾把它引进乐益女中的校园，张家姐妹曾公开演出。

话剧《棠棣之花》是 1941 年冬重庆雾季公演曲目，事后定和回忆，这部话剧的音乐只有歌曲，没有乐曲，总共是十二支歌，"我写了八首歌，我对外只说写了七首，因为其中有两首《去吧，兄弟呀》，一是全歌，一是全歌的片段。当时全剧的伴奏乐器是很简单的，只用两支长笛和一把大提琴。有一场戏是失明流浪艺人的幼女演唱'士为知己死'的豫让故事的唱段，失明老人抚着古琴伴奏。老人的扮演者其实不会弹琴，用大提琴在台侧以拨奏的方式为他配音"。据说，周恩来总理前后看了八次《棠棣之花》，前七次是在 40 年代的重庆，第八次是在 1957 年的北京。

张定和的作品在重庆迅速流行开来，大学校园里爱唱《去吧，兄弟呀》："去吧，兄弟呀！我望你鲜红的血液，鲜红的血液，迸发出自由之花，开遍中华，开遍中华！……"中小学生则喜欢《在昔有豫让》。一首《湘累》意境深邃、感情奔放，成为许多音乐会的保留曲目。后来，就连街头流浪者、卖艺人都唱起了定和的曲子，如《在昔有豫让》《江南梦》，朗朗上口，且容易激发听众的同情心。

在这之前，张定和为顾一樵《岳飞》所创作的乐曲《满江红》，全剧有两场没有台词，全是歌唱。定和的曲调气势磅礴、豪放粗犷，带动了全场的情绪，一种"还我山河"的气势弥漫全场。后来他又为吴祖光的《正气歌》谱曲，"在朗诵的配乐中他以独特的手法，用赋格的形式，将雄伟壮丽的主旋律在不断变幻的和声衬托中，让乐曲迸发出炽烈的强音，层次叠进地显示出对《正气歌》中赞扬的苏武、董狐等气节崇高的仁人志士的景仰，对天地正气的颂扬"[2]。音乐教育家陈济略先生在《时事新报》上评论《岳飞》和《正气歌》："两出话剧的音乐都歌颂了数百年来流传不息的民族精神，定和先生以浩然之气，炽烈的乐音抒发了这种至大至刚的'正气'和'精忠报国'的民族精神，激励着爱国者的斗志，召唤人们克服万难，奋发图强，战胜顽敌，争取抗战的必然胜利。"此后，定和又为多部外国话剧谱曲，譬如《大雷雨》里的《俄罗斯的忧郁不会长》，他采用了俄罗斯民歌的基调和旋律，以他对西方的艺术修养，充分结合现实，谱出永恒的经典。1994 年，张瑞芳等老艺术家到重庆参加国泰大戏院揭牌典礼,她当场带动大家高唱定和的《俄罗斯的忧郁不会长》,引发了全场的共鸣。

从 1944 年到 1946 年,张定和先后在重庆、成都、上海等地开办个人作品演奏会,《中央日报》曾有专文介绍演出盛况。 他的作品极其富有变化和韵味,譬如他以昆曲手法为宋词谱曲,优美而凄凉,活生生一幅画卷,声乐家蔡绍序说定和的作品"艺术歌曲引人入胜之处,是他微妙的乐思,让作品诗中有曲,曲中有画"。 叶圣陶在成都观看演奏会后预言他"将来深造,必有大发展"。 上海《大公报》还曾出版《定和特刊》,专题报道定和的音乐之声。

抗战期间,张定和还曾任教于国立戏剧专科学校,并在中央广播电台从事作曲工作,在纪念已故美国总统罗斯福的音乐会上,他将舒伯特的名曲《圣母颂》改编成女高音独唱的曲子,同时向国内外转播,反响很好。 他与五弟寰和合作的作品《江南梦》后来被电视剧《几度夕阳红》多次使用。

著名音乐学家钱仁康曾评论:"张定和的作品,有高越的理想和丰富的感情,深情婉约,而又清新可诵;表情和速度多变化,演唱者非有深邃的理解力,很难把握;有的曲子,即使用的是西洋的形式和技巧,但表现的却是中国人的性格和感情。 ……他的独唱、合唱歌曲、歌剧、舞剧、话剧和电影音乐斐然可观,但至今还没有出版过专集,实不利于文化遗产的传布和保存。"

但张定和却自谦"搞创作的时间不短,写的东西也不算少,但自觉少有建树,感到惭愧"。

"白云飘,青烟绕,绿荫的深处是我的家呵。 小桥呵,流水呵,梦里的家园路迢迢呵……"这是定和作曲的《江南梦》的歌词,这首歌的歌词是五弟张寰和创作的。 歌曲表达的既是对国家苦难的深重忧虑,也是对家乡的无限怀恋,可谓是兄弟联手的完美之作。

抗战胜利后有段时间，定和曾回到苏州九如巷养病，长子以达从五岁到九岁的时光也都是在九如巷度过的。

1994 年除夕夜，留学海外的中国学子们欢庆传统佳节时，在哈佛大学的舞台上，集体演唱了张定和的《春晓》与《江南梦》，一抒爱国之情和想家之念。

张定和自 1933 年师从上海国立音专黄自先生，主攻西洋音乐作曲理论，之后以《流亡之歌》一举成名；新中国成立后又相继入中央戏剧学院、中央歌剧舞剧院执教，一路下乡劳动、体验生活，为电影《十五贯》谱曲，为歌剧《槐荫记》作曲。 时任文化部副部长夏衍从收音机里听到他的作品后，曾致信说："我觉得你们的路走对了，好像走过了黑森林，前面已是坦途了。"

新中国成立后，张定和先后为田汉的《十三陵水库畅想曲》、欧阳予倩的《桃花扇》以及陈白尘的《大风歌》等二十一部话剧、歌剧、舞剧、电影谱写音乐。 2002 年定和获中国音乐"金钟奖"终身奖，但他并未去领奖。 当有人要采访他时，他婉拒了，并引三姐夫沈从文的名句"我和我的读者行将老去"表达想低调。

最是一曲动人

从 1966 年起，张定和有十二年未曾动笔谱曲。 此后陆续有作品推出，但他自认为最重要的一篇作品是写给"姆妈"的。

"姆妈"这种特殊的称呼是苏州话的叫法，但每次定和用的都是合肥地方音。 "姆妈"即高干干。 高干干的外孙丁福元仍然住在苏州，他说外祖母来自扬州，应该算是在张家时间最长的保姆，张家人都敬重她，视她若亲人。

丁福元说,外祖母年轻时很苦,幼年被抵押给张家的亲戚,后来主人想强娶她,她仓促出嫁,却嫁给了瘾君子。 外祖父吸鸦片,整天逼着外祖母要钱,她就去了张家做保姆。

高干干第一次到张家是做奶妈,奶的孩子就是张充和,但由于奶水不多,充和又跟着叔祖母回了合肥,高干干就被丈夫喊回家了。 丈夫去世后,她再一次回到张家,成为定和的保姆。 生活中,她会算账,会管理家务,成为陆英的得力帮手。 或许因为都来自扬州,两人互相信任,建立了情谊。 平时,高干干的女儿金大姐也常来张家居住。 金大姐比张家四姐妹都大,几个女孩子从童年玩到大,后来她也成为张家尽心尽责的帮工。

陆英去世后,高干干尽心带着张定和,并不时地向他讲述陆英的优点,说她精明能干,待人宽厚。 高干干记性特别好,张家上下的生日她几乎都记得。 她疼爱定和如同自己的孩子,就算是往火塘里添柴火时也还抱着他,教他“火要空心,人要忠心”的道理,对定和以后为人处世影响至深。

按照陆英去世前的嘱托,高干干完全可以在张定和十八岁后放手了,但她一带就是一辈子。 抗战时,张家孩子去了重庆、成都,高干干应该是跟着其中一个去了后方。 当她听说张定和离婚后,很是着急,决定去照顾他。 张定和离婚后,整整痛苦了一年。 他想不通哪里出了问题,孩子很小,还没有完全断奶,战时的生活本来就艰难,张定和又要工作又要带孩子,完全应付不过来。 高干干不要任何报酬就挑起了照顾他们父子的任务,不但将以达带到了十岁,还跟着定和到北京帮他带女儿以童。 高干干的外孙丁福元说,当时他就随外祖母住在定和家,“张家人待我们如家人,一起吃饭,一起聊天,如果后来不是我生病怕传染,肯定就在北京落户了”。 定和与高干干情同母子,几十

张定和全家与高干干(中间)在一起

张定和在病床上为高干干创作的歌曲《趁着这黄昏》

张定和与王令诲的婚纱照

张定和最开心的,是坐在钢琴前从事音乐创作

年一起生活，甚至影响了他的生活习惯。 高干干为人节俭，困难的时候捡菜叶子过活，结果后来日子好了，定和仍受高干干的影响，舍不得花钱，老伴也埋怨他不舍得买衣服；儿子买了宽敞的楼房，请他住大房间，他舍不得，要住小房间，把大房间让出来做客厅招待客人。

高干干虽然为人极其节俭，但对张家一向大方，女儿继续在张家帮工，帮过二姐和三姐。 抗战结束后，张家孩子从后方回到苏州，经济拮据，家里几乎没有东西了，高干干家就送东西过来，锅碗瓢盆、被面都送，这样的关系，让张家至今与高干干后人亲如一家。

1965 年，高干干去世，张定和总想谱一曲纪念"姆妈"，但身陷政治运动，又有病在身，总未能如愿。 那些艰难的日子里，定和下乡种菜、放羊，还做过伙房的工作，有一次在塞外险些被大水淹死，他已经没有任何谱曲的心情，十二年未动笔，自言"茫然若失"。

1996 年，张定和患前列腺炎，出血不止，膀胱淤血，大夫说要紧急手术。 手术后住院的张定和，忽然要完成一个心愿，他让家人翻出了四姐充和在六十年前的诗作《趁着这黄昏》，据说这是四姐写给去世的大大的。 定和要把诗作重新谱曲，在病床上完稿。 几天后，第二代、第三代都来为他过生日，病房里很是热闹，张定和就为他们讲述高干干的往事，边讲边落泪，还为大家演唱了这首《趁着这黄昏》，特别献给他的"姆妈"。

病体康复后，张定和曾开朗地说："毋庸讳言，如今社会有许多丑恶，尽管如此，人活着还是有意思：有丑恶才能反衬出美好，大家来革丑恶的命，有助于社会前进。 愿我们活着看到这一天。 所以，如果我们能活得长久，就应该好好活着。 我愿意学习白居易笔下的张籍，'始从青衿岁，迨此白发新。日夜秉笔吟，心苦力亦勤'。"[3]

注　释

〔1〕周有光:《晚年所思》,江苏文艺出版社 2012 年版,第 44 页。

〔2〕罗志英:《作曲家张定和在重庆》,载重庆市文化局党史办公室主办:《重庆文化史料》2001 年第 1 期。

〔3〕张定和:《定和自叙(节选)》,载张允和等著,张昌华、汪修荣编:《水——张家十姐弟的故事》,安徽文艺出版社 2009 年版,第 180 页。

第十二章　张宇和：走进大自然

朴实的性格

提起四哥宇和，张寰和很快想到了一件趣事。有一年夏天，对面人家的走廊里吊死了个人，不知道为什么，父亲突发奇想，说是要节约空间——其实家里空间大得很，叫人在走廊同楼上的转弯处临时吊起一个棕垫床，让宇和晚上就睡在上面。宇和为人听话老实，就睡在上面，心里怕也是怕的，但还是坚持睡了几天；但有天晚上睡觉做噩梦，大哭大闹，就再也不肯爬上去睡了。张寰和至今回忆起来，还觉得是父亲想锻炼下四哥的胆量。

生活中，张宇和并不怕父亲，甚至敢和父亲当面探讨教育理论。他读中学时品学兼优，得过多次奖学金，但最后一学期却被记了两个大过，还被留校察看，原因是"书面侮辱师长"，结果学期终了被勒令退学。

父亲张冀牗接到学校的通知后，就让宇和说说什么情况。宇和如实回答："因为党义课老师照本宣科，每堂课有十多分钟没有话说，站在讲台上发愣。我写信问他，是在向孙总理（孙中山）默哀还是没有备课？若是后者，劝他多看些参考书，附了一张书单，后边还签名盖章（当时刚刚拥有一方私章，盖章也是光明正大的意思）。信奚落得够厉害，料他不会让人看。不料他居然好意思把信转到训育处。主任卢胖子（后来曾在安徽政治学院和大哥同事）找我去，很婉转地说党义课每周虽只一小时，教员顶不好请（正在清党，国民党县党部委员以上才能任课），你父亲是办教育的，不会不知道。我说这我不知道。——就这些。"[1]张冀牖先生望着远处，笑了，说："你没有错，他（指卢胖子）也没有错。"教育似乎总摆脱不了所谓的"党派"，宇和是觉醒的，父亲很是理解。寰和说，后来四哥就转学县立中学，他也跟着转学过去。

在张家孩子里，对干干和用人们观察最仔细的就是宇和。带他的汪干干的一举一动都被他记录下来，还写了几篇趣闻发表在《水》上。他称呼汪干干为"老妈"。汪干干来自合肥乡下，婆家姓刘，婚后有一个儿子，但不久丈夫就病死了。汪干干送葬时趴在棺材上大哭，哭得累了，也饿了，开饭时家人给她盛了一大海碗，还加了几块鲊肉，她一口气都扒光了。当时很多人都看呆了，因为按照规矩，丈夫早逝，她应该无心饮食。汪干干虽然脸红了，却并不觉得自己有什么过错，只是在与张家人回忆时，觉得好笑而已。

宇和说，干干们的命都很苦，不少是丈夫早故，而汪干干更是命苦，丈夫死后，儿子长大成亲有了个女儿，但不久儿子也死掉了，小孙女就跟着汪干干到了张家，媳妇则去了上海纱厂打工，不时带点营养品来看望婆婆。但几年后，媳妇也害痨病死了，孙女智力不大好，整天好奇地问："奶奶姓汪，妈妈姓方，我姓刘？"汪干干只是一脸的苦笑。

汪干干胆子很大。宇和记得，家里出现比井绳粗几倍的大蛇，就是她出面打的，别的干干不敢碰。她手脚利索，身体却常常犯病，据说是分娩后三天即下地干活的后遗症。她不好好找医生调理，却迷信偏方，除了吃猪脑子治头疼曾被父亲张冀牖戏问"猪头疼吃什么"外，她还敢把干蜈蚣、蝎虎夹在饭粑粑里吃。她大字不识一个，却想着为孙女改名字，说翠英太俗气，老师取了"佩珠"，她很是恼火，说已经是"牛"（夫家姓刘）了，还配个"猪"（珠），"看来读书人也不咋样"！而她自己的语言则十分形象，把吃称为"入馕"，喝叫"灌"，睡觉叫"挺尸"，闲逛叫"骚浪"。她常常对着淌鼻涕的宇和大吼："看你，还不赶紧把头脑子打浪打浪！"

干干们喜欢和汪干干一起做开心的事情。有一次，带四姐充和的钟干干从合肥来到苏州，用人郭大姐示意她看看躺在床上的汪干干，只见她腹部隆起，像是怀孕的样子。钟干干轻轻地问她："那么多年都挨过来了，还？……"郭大姐点点头，说了句合肥方言"哈不讲来"（可不那样说呢）。汪干干很能配合，脸红了，但没说话。钟干干上前拉住她的手，像是表示着同情。这时，郭大姐一下子拽出了张家姐妹唱昆曲用的板鼓，众人欢笑，钟干干大叫着"郭疯子"，还说汪干干太会表演了。宇和在一旁也看得直乐。

宇和记得，由于自己的脚长得不够规范，常常让汪干干做鞋的时候犯难，蛮好的鞋子一穿到他脚上就不对了，弄得汪干干自己怄气：我要有这双脚，日里不得手，夜里也要狠心剁下来。但说归说，鞋子还是照样做得漂亮。

不过，汪干干对宇和的日常习惯要求得特别严格，譬如吃饭不能咂嘴，不准把饭米粒弄到桌子上，吃西瓜不能挑大块的，不准吹口哨，说那样嘴噘得跟鸡屁股眼似的，还要站有站相，坐有坐相。

　　宇和十八岁那年去了日本留学，临走时，汪干干哭得很伤心，也许是因为太伤心了，说要回合肥乡下去，张冀牖问她：宇和回来你还来吗？ 汪干干说：不来了。 又问：娶亲时来吗？ 一口回绝：不来了。 一旁的高干干说：这话不吉利。 抗战时期，汪干干在乡下去世了。 宇和一直后悔当时没把分离当回事。

　　宇和把对"老妈"的怀念都表现在开朗的性格和具体事业中。大姐元和记得，他从小就很幽默，会用山东方言说笑话，会用苏州腔说英语。 有一次，他看见父亲写篆字，就自觉学了起来，还写唐诗，但只是学了篆字的外形，多个尾巴或是开头的拐弯，父亲看不下去了，就拿粉笔教他，教了半天，还是不懂，只得作罢。 不过，后来张宇和的书法是越写越好了。 听说四姐充和回来后，宇和就跑到苏州来跟她学写字，他发表在《水》上的《古诗钞》，书法工整、清雅：

> 凤凰台上凤凰游，凤去台空江自流。
> 吴宫花草埋幽径，晋代衣冠成古丘。
> 三山半落青天外，二水中分白鹭洲。
> 总为浮云能蔽日，长安不见使人愁。

　　张宇和的妻子周孝棣，是淮军将领周盛波的后人，又是五弟寰和的妻子周孝华的姐姐。 她是一位优秀的化学老师，早年毕业于东吴大学，曾在乐益女中任教，受到学生们的喜爱，不少学生毕业后都会忆起她的精彩课堂。 新中国成立后她去了南京工学院教化学，曾有学术翻译著作出版。 忆起宇和，她觉得先生极重情意，尤其是家庭亲情，"他视手足亲情重于一切"[2]。

张宇和考进金陵大学求学期间，曾获得金钥匙奖，毕业后留校任教，工作出色，很多教授都把他当朋友，甚至让他去帮忙调解家庭矛盾。在学校里，他办消费合作社，改善伙食，目的是帮同学们节约费用。当时学校有一个留学丹麦的名额，是农业专业，很多人都以为非他莫属。时值抗战，全家决议，大哥宗和携全家回合肥，学农的宇和护送回乡，争取在家乡办农场，补贴在后方避难的张家孩子。宇和义无反顾地请假回乡，但回到肥西后才发现，根本无法开展农场工作，只能设法回校。但洛阳失守，回不去了，他只得在安徽农业改进所工作，担任园艺部主任。抗战胜利后，他又回到苏州，帮着恢复父亲生前创办的乐益女中。

宇和回乡虽未能办起农场，却把家里的田产、财务整理得清清楚楚，还定期报给各位姐姐和哥哥弟弟，二姐夫周有光说，这种报告完全可以作为正式的学术论文了。周孝棣以为，宇和内心里还是在乎那次留学机会的，只是这比不过亲情在他心中的位置。后来七弟宁和出国留学，宇和积极想办法筹措经费，似乎生怕这个弟弟重蹈自己的覆辙。

近读四姐充和在美国回忆到的一件事，说宇和小时曾被同族别房抱养过，就此事求证周孝华，她也说确有其事，但时间不长。大致情况是这样的，张家孩子有一个姨婆婆，与张宇和的奶奶同属张家媳妇，但一直未生育，很没有地位，按照俗规，还不能进家谱。宇和出生后，陆英和张冀牖都应了把四子许给这位姨婆婆，逢年过节就跟着她捧着大红帖子去送礼，这样在她百年后，就不是姨太太了，而是张家的奶奶。张充和每说到此就觉得，这是父母亲的开明和"伟大"。

凤凰游凤去台空江自流吴宫花草埋幽径晋代衣

冠成古丘三山半落青天外二水中分白鹭洲总为

浮云能蔽日长安不见使人愁昔人已乘黄鹤去此

地空馀黄鹤楼黄鹤一去不復返白云千载空悠晴

川历汉阳树芳草萋萋鹦鹉洲日暮乡关何處是烟波

江上使人愁吾爱孟夫子风流天下闻红颜弃轩冕

白首卧松云醉月频中聖迷花不事君高山安可仰

徒此揖清芬

张宇和的书法作品，看起来斯文、端丽，收放有致

张宇和与妻子周孝棣、儿子张以迎在南京栖霞山

张宇和全家福

卓著的事业

　　张家孩子成长的阶段，正是社会上流行社团的时候，音乐、文学、戏曲等各种社团层出不穷。张家孩子也不甘落后，成立了九如社，还创作了社歌，由三哥张定和作曲，四哥张宇和填词:"九如巷之中九如，我等振起精神，前途之光大永无尽，努力努力向前进……"张寰和说，四哥作词时也不过十岁，歌词却写得有模有样，很让他佩服。

　　不过，宇和的天赋更多的还是体现在植物学方面。张充和早期主编《中央日报》副刊《贡献》时曾作文提起四弟宇和的农林专业"苗头"，说苏州的庭院经过他们姐弟重新打理后，决定种植点什么，四弟做了全面规划，有花草，有蔬菜，而且他偏爱种蔬菜。

　　有一天凌晨，天还没亮，充和睡不着，就在楼上开窗透气，突然发现楼下菜畦里有个人，打着手电筒在菜畦里捉虫子。这人正是四弟宇和，这时他才十三岁，却已经读过许多植物学、农业方面的书，还收集了很多种子，这次正好在家里实习。他在书上看到这种蔬菜容易生虫子，但一条都没有捉到，因为虫子不一定在这个钟点出没，可他乐此不疲。

　　后来他种植的瓜菜长势良好，瓜藤爬满了园子，他还夸口说要用最好的办法，使家里的桃树、石榴树不生虫子，姐姐们都很信任他。

　　大学毕业后，张宇和一直与植物打交道，先后在江苏农林厅和中山植物园任研究员。他参与编著的植物学作品很丰富，有《果树砧木的研究》《果树引种驯化》《植物的种质保存》《植物的"驯服"》等等，大部分都因为科普性和实用性，颇受读者喜欢。

宇和的工作节奏也让很多人钦佩，连吃饭他都觉得浪费时间，索性把方便面加水电热杯子里热一下便吃。有一回，妻子生病，不能起床，他给做了一碗丝瓜汤，结果丝瓜没有去皮，口感又涩又糙，不禁让人笑他堂堂植物学家连这点基本常识都不懂。他把时间都用在了研究、带新人和写作专著上面。1964 年，上海科技出版社约他翻译日本专家松夫和夫的著作《柑橘栽培生理》。宇和口语好，但还有其他工作，就把妻子周孝棣拉来，坐在自己对面，他口译，妻子记录。这样就加快了进度，书稿两年不到就出版了，很是畅销，可惜的是"文革"后就不见了。

20 世纪 70 年代末期，一项涉及中山植物园的建设规划引起了非议，一位环保官员通过省委领导批示，在植物园内兴建办公室，很多人敢怒不敢言。张宇和身为植物园副主任，站了出来，多次上书，据理力争，拿出法律依据呼吁制止。后来建房停止，但宇和与妻子都受到了私下的迁怒。

有好友赠宇和一个雅号："淮勇"。他和妻子都是淮军将领的后代，他做事情从不计后果、利益，要的只是一个实质的结果。

退休后，他受邀编辑《园艺学报》，审稿意见竟达两寸多厚，因而被评为"优秀审稿人"。与人合作著书，他总是把别人的名字写在前面，后来编辑都出来主持公道：也该轮一轮了。

宇和常常带病工作。1974 年 7 月，沈从文一家从黄山归来，路经南京，顺道去看望了躺在床上的宇和及他的妻子。宇和病体一时还不见好，儿子以迎撑起了整个家，还用扁担帮他们把行李挑到了火车上。

从植物园退下来后，宇和又迷上了一样艺术——根雕。看着园子里挖出来的树根扔掉太可惜了，宇和就花心思做根雕，花鸟虫鱼、

锦鸡

举杯邀明月

鹈鹕

鹭鸶

老鹰

沙漠驼鸟

张宇和的根雕作品,栩栩如生

野兽、人物，惟妙惟肖，就连四姐充和都要越洋收藏，还写文章赞许。 而在充和位于美国的园子里，也种植着宇和培育的香椿树和各种花卉，每逢有贵客，充和就带他们参观，告诉他们自己有个弟弟在中山植物园。 她更喜欢带他们欣赏四弟的根雕，她不远万里带去了一件"举杯邀明月"，遗憾的是不能多带些过去。

不知道充和是否知道四弟的另一个绝活：把废弃的木头拿来做糕点模子，在上面雕花，就是老苏州做糕点的那种木头模子，古朴、典雅，透着故乡的风情。 周孝棣只可惜那些艺术品都在搬家时弄丢了，但宇和的手艺将永远留在张家孩子心里。

定和的女儿以童有一次去南京为"四爷"（宇和）扫墓，但被四妈拦住了，因为宇和去世后并没有立墓碑，而是与他钟爱的中山植物园的土地融为一体了。 没有人比他更爱这片自然之地，也没有人真正理解他有多么热爱大自然。

注　释

〔1〕张宇和:《爸爸轶事》。
〔2〕周孝棣:《不思量,自难忘——抹不去的点点滴滴》。

第十三章　张寰和:最后的守井人

调皮的张家小五

张寰和出生那一天是端午节,他排行第九,在男孩子中排行第五,人称"小五狗"。大姐元和回忆,五弟寰和在五月初五端午节出世,人说端午节生的孩子手摸到门闩,会伤父母的。巧的是在他虚岁三岁时,大大真的去世了,这难道是应了俗话吗?

大大去世时,寰和尚在摇篮里,姐姐哥哥们哭,他却睡着了。

提起大大,他最最惋惜的是一张照片,那是他与大大唯一的合影。那是在苏州寿宁弄张家花园假山上,站在他身后的大大怕孩子不看镜头、乱动,就拿着一片大树叶吸引他的注意力,还用双手轻轻拎住他的两只小耳朵,可惜的是这张照片毁于"文革"。

张家孩子从小都成立了各自的活动社团,姐姐们组织了水社,还出版刊物《水》。哥哥们组织了九如社,有社歌,有规章,还常常开会研究事宜。有一次,他们开会,小五弟寰和非得跟着参加,但因为他年龄小,哥哥们都不愿意他加入。寰和不服气,就对着他们开会的窗户扔砖头,被他们斥责了一番,还编得跟歌曲似的:"九如巷中强盗头,戳戳捣捣扔砖头,你不要自以为是没人管,吃

年轻的张寰和长相帅气,有人说不亚于明星张国荣的气质

张寰和温文尔雅,很讨大家喜欢,人缘非常好

从小时候开始，张寰和（左）就与小弟张宁和亲密无间

苦的日子在后头……"

寰和有志气，索性拉自己的人马，另立"山头"，隆重成立了"涓流社"，"当时还写成大字贴在气窗上，邻居孩子都来参加"。

几个姐姐都格外疼爱五弟寰和，因为他年龄小。三姐兆和尤其疼他，每次去附近大公园旁的图书馆看书，都会给他买零食吃。当时公园门口有卖一种饮料，类似汽水，颜色鲜艳诱人，寰和心里想喝，但因为还小，没有"月费"（零花钱，一般每月两元，相当于今天的五六百元），于是就赊账。人家知道他是九如巷张家的孩子，也不怕被赖账。结果寰和吃了很多天也没去还账，卖饮料的找上门来，说张家的少爷吃东西不付钱。三姐兆和就带着寰和去还钱，一再提醒他，以后不准吃东西不给钱，还跟他说小摊子上的东西不卫生。当时公园门口有一群流里流气的小混混，兆和就用苏州话告诫五弟，不要学那种坏小子，不要瞎七搭八的。

沈从文的小五哥

1932年暑假，张寰和十四岁。他从上海一中学回到苏州，家里突然来了一位"不速之客"。这位不速之客叫沈从文，是一位知名作家。张寰和并不是很清楚他到来的原因，只是喜欢他讲的那些富有传奇性又带着神秘感的故事，每天都听到很晚才去睡觉。

那时的沈从文带着几分犹豫和徘徊，欲言又止，欲罢不能。二姐允和对他以礼相待，让他稍感欣慰；寰和主动拿月费给他买汽水喝，让他感动之余觉得得到了肯定，使他坚定了追爱的信心。总之，他是感激寰和的。他许诺今后将写几篇好看的故事送给"小五哥"，回去没多久就陆续创作出了《寻觅》《女人》《扇陀》《爱欲》《猎人故事》《一个农夫的故事》《医生》等短篇小说，分别在结尾处注明"为张家小五哥辑自某某经"，故事出处有《长阿含经》《杂譬喻经》《五分律》等。张寰和记得"都是关于佛教一类的神话故事，当时因为年纪小，对那些东西不是太懂，不过到现在也不是太懂"。但沈从文的说到做到，让寰和很是感动。这些经典故事后来被编辑成为一本《月下小景》出版，畅销至今。

后来，沈从文早已经与三姐兆和成婚，成为张寰和的"沈二哥"，可他只知道沈二哥在小说结尾注明是为他所写，却不知道当时还有一篇题记：

我有个亲戚张小五，年纪方十四岁，就在家中同他的姐姐哥哥办杂志。几个年青小孩子,自己写作,自己钞印,自己装订,到后还自己阅读。又欢喜给人说故事,又欢喜逼人说故事。我想让他明白一二千年以前的人,说故事的已知道怎样去说故事,就把这些佛经记载,为他选出若干篇,加以改造,如今这本书,便是这故事一小部分。本书虽注明"辑自某经",其实只可说是"就某经取材,重新处理"。不过时下风气,抄袭者每讳言抄袭,虽经明白揭发,犹复强词夺理,以饰其迹,其言虽辩,其丑弥增。张家小五是小孩子,既欢喜作文章,受好作品影响时机会必多,我的意思,却在告他:"说故事时,若有出处,指明出处,并不丢人。"且希望他能将各故事对照,明白死去了的故事,如何可以变成活的,简单的故事,又如何可以使它成为完全的。中国人会写"小说"的仿佛已经有了很多人,但很少有人来写"故事"。在人弃我取意义下,这本书便付了印。

一九三四年七月廿五日青岛[1]

寰和读之,甚为惊喜和意外,怀念沈二哥的心情又起了波澜。周孝华说,抗战时,他(张寰和)就是跟着二哥跑的,一路上二哥对这个小五弟格外照顾。

抗战全面爆发前夕,张寰和报考复旦大学新闻系,后被政治系录取。大一新生军训结束后,就是"七七"事变。他记得,当时汪精卫还来学校演讲,"慷慨激昂,抗战到底"。很快,江南不保,寰和随家人回了合肥龙门巷张公馆避难。然后又出来,抵达武汉,追随沈从文借读珞珈山武汉大学,当时沈从文在此教书。他们住在东湖辛亥名将黄兴的故居,按照排名,沈云麓(沈从文哥哥)为沈大哥,沈从文为沈二哥,萧乾为萧三哥,杨振声长子杨文衡为杨四哥,张寰和依旧是张五弟,于是众人将房子取名为"五福堂"。沈从文还介绍了陈之迈（清华教授，后赴台）与寰和认识。

武汉告急后，沈从文又带着寰和一起往南方转移，去了他的老家湘西，后去了昆明，寰和就读了西南联大政治系直至毕业。正是在联大，寰和得以与三姐兆和、四姐充和及外甥龙朱、虎雏一起团聚。在学校，张奚若、钱端升、罗隆基、闻一多、钱锺书、刘文典、朱自清等人，或是他的同学，或是他的任课老师，同学里还有一个叫陈蕴珍的，就是后来的巴金夫人萧珊。

也正是这一宝贵经历，让张寰和后来在陪都重庆，在陈之迈介绍下，到了行政院政务处工作，上司就是蒋廷黻。

1992 年 5 月 10 日，张寰和携全家到湖南凤凰送二哥沈从文最后一程，伤心不已

抗战胜利直至新中国成立，即便在最艰难的时候，张寰和与沈从文的交往也从未中断过。后来听说二哥沈从文自杀，还有被郭沫若批为"粉红文人"的消息，他很是心痛。政治风波过去多年后，他看到一则消息，称郭沫若为沈从文著作作序，觉得其中必有什么缘故。总之，他时刻关注着沈二哥的动向。下放期间，他曾陪同沈从文上黄山，为二哥拍下不少珍贵的照片。唐山大地震时，沈从文一家前来苏州避难，两人忆起逃难往事，相谈甚欢。

1992 年，与沈二哥相识已一甲子，这是张寰和的年谱上格外郑重的一年。这一年，沈二哥骨灰回归凤凰，他与妻子周孝华从苏州赶赴湘西凤凰，路上耗时两周。他们要送沈二哥最后一程。

　　今年 5 月 10 日，是沈从文二哥的骨灰回归故乡凤凰安葬的日子。我们一行五人（宇和四哥、孝棣、孝华和元元）千里迢迢赶来相送。虎雏、小红登上小渔船，把一些骨灰伴以鲜花轻轻地、深情地撒入晶莹清澈的沱江里，其余的安葬在沱江岸边的"听涛山"下。兆和三姐在骨灰冢上加上最后一铲土后，我们告别了山花野草缀满了的天然五彩石碑，缓缓地走下了"八十六阶石"。

　　沈二哥，我们离开你了！

　　归途中，在沱江之滨的古道上，我想起和你相处的日子里的一些往事，五十多年前，九如巷三号桂子飘香时节，你在园中给我们说故事，虽然娓娓动听，但有些情节我听不懂。你说："小五哥，你现在听不懂，我为你写些留着，等你懂事时再看吧！"于是，你为我这个"张家小五"写下了《扇陀》《慷慨的王子》和《一个农夫的故事》等几篇美丽动人的故事。

有一年你和叶圣陶、巴金、靳以三位先生,还有萧乾兄来苏州,和我同游天平、灵岩。在灵岩山后,一群胸前围着一方布兜的村妇围绕着你们,要你们坐她们的轿子,抬你们上山。她们东拉西扯,你们东躲西跑,特别是你,涨红了脸,鞋子被踩脱,眼镜被碰掉,那副窘态成为我"耻笑"你的话柄。

有一次,红豆馆主(溥侗,宣统皇帝的兄弟)来九如巷三号同大姐元和、二姐允和、四姐充和、大哥宗和等唱昆曲,排身段。你不擅此道,但却背着他们,在我们面前模仿他们的腔调,还问我们:"这个小秋香像不像?"于是"小秋香"成为我们戏谑你的绰号了。

抗日战争开始,三姐带龙朱、虎雏困居北京,你却带了我到武汉。你在武汉大学教书,我在武汉大学借读。我们寄居在珞珈山前东湖畔的一座松木小屋里,小屋凉台的松木栏杆上搭拼了不少"福"字,我们称之为"五福堂",其实只住了四个人。你原排行老二,还称沈二哥。我原排行第五,还称"小五哥"。为了凑成一家,称不是老三的萧乾为萧三哥,在家中原是老大的杨文衡(杨今甫先生的大公子)排成杨四哥。大家尊你为一家之主,你也以"五福堂主"自居,管这管那的。

因工作需要,你又带我经长沙转移到沅水之滨的湘西古城——沅陵。我们住在大哥的家里——芸庐。这是一幢横卧山腰、精致典雅的意大利式小楼,楼上有一排宽敞的走廊,面临荡荡沅水和重重远山。同住的有萧三哥、杨蔚姐(杨今甫先生的大女儿)、杨四嫂侯焕成(杨四哥夫人,革命先烈侯绍裘的侄女)、俞珊(赵太侔夫人,南国社著名演员)等。夜晚,坐在走廊的摇椅上,听你讲湘西古老的风土人情、神奇怪事。对面黑黝黝的万山丛中时时闪烁着几处星星般的火点,你告诉我们:"那是山间马帮点燃的为了防范野兽的篝火。"于是，呈现在我眼前的是一伙身披兽皮袄，脸色红黑，粗犷质朴的赶马人。他们围绕着熊熊篝火，古老的单筒枪斜在岩山上。铁架上烧烤着整只狍子，一滴一滴的油珠落在柴火上发出吱吱的响声和令人馋涎欲滴的香味，把我带进了你的小说中去了，多么美妙的境界啊！

之后，你又带我到春城昆明，你在西南联大教书，我在西南联大读书。那时三姐、四姐、龙朱、虎雏和宗和大哥等都来到昆明，为了避免敌机的频繁滥炸，他们住在滇池之滨的小城——呈贡附近的一座房子里。每个星期六下午，你带我乘一小段滇越铁路的窄轨火车，然后骑着又小又瘦的矮脚马（有时步行），越过满是大栗树的山冈，涉过潺潺的龙潭溪，到达他们的住所——云龙庵。在宝珠梨成熟的季节，我们在梨树间捆扎几张绳床，舒适地躺在上面摇晃，一周来紧张教学、学习的疲劳涣然而失。

北京地震的一年，你们来到苏州。那时我们住房很紧张，睡处都不周全，更谈不上供你写作、看书的地方了。只有一条"窄而霉"的走廊，摆着两把旧藤椅，是我同你午睡的地方。特别使我难忘的，我的一位朋友送来一本他所珍藏你的文集（那个时期你的作品已全部消失），你如获至宝，坐在破旧的藤椅上，把书摊在膝上，专心致志地一个字一个字地修改、修改……

沈二哥，我的成长，特别是青年时代，得到你的关怀和照顾，使我忘不了。至于你如何甘愿两地分居而不趋炎附势，如何坚毅地按周总理的嘱咐努力完成了《中国古代服饰研究》等事迹更是得到人们广泛传诵和赞美。一些善良的、正直的、为人们所尊敬的人说你是"一个极其真诚的爱国主义作家"，"一个国内外都有影响而很少露面的作家",还说:"湘山巍巍,沅水荡荡……先生之风,山高水长,他会永远留在我们心中","惟有默祷上苍祝愿他高贵的灵魂得到永久的安息"。这些,是人们也是我们对你的坎坷经历、卓越成绩的诚挚同情和衷心慰问。你是当之无愧的。沈二哥,安息吧!我会在那么多美好、亲切的回忆中永远怀念你。[2]

寰和先生的纪念文章写得情真意切,也隐隐透露出他的文学功底受到沈二哥的影响。早在抗日期间,他就有《山居杂忆》《集训杂忆》《忆昆明》《昆明湖畔》等作品刊登在《中央日报》《国民日报》上。

1974年,政治运动正在风口浪尖,"批林批孔"全面展开。沈从文一门心思投入古代服饰、绸缎、图案、家具等研究,由此患了严重的眼疾,并且与夫人兆和发生了不愉快。因他长期沉湎于工作,忽略饮食、睡眠、洗漱等生活,又不断在家里接待来访者,为各界不相识的朋友提供"古为今用"的服务,打乱了家里的秩序,张兆和常常退避到厨房去。没多久,张兆和就带着孙女沈红回了苏州娘家。一个月后,沈从文南下上海治疗眼疾,在苏州九如巷与张兆和会合。非常之期,再见五弟寰和,更显亲切。1974年6月5日,沈从文从苏州致信次子虎雏夫妇:"我们在苏州已住了半个多月,吃得太好,住得也好,我并且真做到了'不看书不写字',终日面对一片绿芜照眼的情形,因此眼睛也似乎好多了。妈妈关节炎和腰部常痛,也在打针中大有好转。"信中还讲述了五弟寰和为一家拍照的事情。次月,他们结伴上黄山,沈从文信中更多的是对五弟寰和、五弟媳周孝华的感谢:"五舅妈擦伤了手掌……背上还负重极多,下乡已六年,走路飞快,锻炼得特别能干。""三个照相机可能照了卅卷胶片，……照小五舅说，却没有一张报废，他是真内行，极会取景。"

在苏州，沈从文全家还在寰和长子以迪的安排下，看了一场昆曲，这是非常时期的一次"文化盛宴"。

两年后，沈从文与张兆和再回到苏州，是因为避难唐山大地震。1976年10月12日，他致信长子沈龙朱："我们这两个月吃的尽够好了，可全是五舅妈每天早二三点即去战斗的结果。即此为止，也使得五舅妈够累了。若延长过冬，势必非把她真正拖垮不止。"就此，周孝华轻松地一笑，说那个时候吃的东西很紧张，去晚了菜肉就都抢不到了，凌晨两三点钟就开始排队了，有的过了午夜就有人去排，没办法，总不能让二哥他们饿着了。周孝华还透露，有时买肉去晚了，就想法子给点"好处"，对营业员大喊说，你家人让我给你带几张票，就是粮票，这样就能买好一些的肉。

张家和沈家的亲情和友好一直在延续着，其中最有趣的莫过于沈红（沈从文的孙女，虎雏之女）与张家孩子的交往——她与小三表姑张以䇹好成了"母女"关系。张以䇹是张寰和的二女儿，是一位服装设计师，比沈红大一辈，沈红应该喊她表姑。她一下班就和沈红玩，讲故事，玩游戏，后来两人成了好朋友，每次吃饭沈红都要坐在她旁边，否则不肯吃饭。再后来，沈红直接称呼她为"妈"，称呼之佩（沈虎雏妻子）为"妈妈"，以此区分。沈从文为此致信虎雏和之佩"告密"。

1974年,张寰和(前右二)陪同二哥沈从文全家游览
黄山

"文革"后不久，张寰和（前排左一）、周孝华（前排右一）与周孝棣（后排右一）、沈从文、张兆和、张允和等在一起

"文革"后不久，受二哥沈从文之托，张寰和（右）前去上海探望巴金先生

摄影先锋

"梁园日暮乱飞鸦，极目萧条三两家。 庭树不知人去尽，春来犹发旧时花。"这是张冀牖在九如巷教五子张寰和吟诵的一首诗。1936 年的初春，张寰和从上海回到苏州，和三哥定和返回寿宁弄昔日的家中。 依然是旧时的亭台楼阁，依然是满树雪白的玉兰花朵，可是旧时的主人们已离散各处。 "这情景和爸爸教我吟的那首诗的意境完全相同，我想爸爸一定是怀念旧居、离人，有所感慨而教我吟了这首诗。"大大故去，兄弟姐妹分散各处，寰和拿出了父亲给的相机，轻轻地摁下了快门。

摄影可算是父亲影响寰和的一大明证。 虽然三哥定和接触摄影比他早很多，但后来"成绩"最好的还是寰和。 张冀牖对新生事物很是热衷，相机就买过许多台，可他自己从来不拍。 寰和在十几岁时就开始摸索，家里还订了专业的摄影杂志，郎静山、林苍泽的作品他早就看过了，还与著名摄影师万籁鸣兄弟有过交情。

张寰和记得有一次，父亲带着他和一个邻居小友到狮子林，小友的母亲特地为小友洗了澡，穿了长衫。 小友站在假山前照了相，那是他一生中唯一的正式风景照。

张冀牖买的相机都是国际名牌，譬如埃克发、禄来可得（Rolleicord），镜头大的有光圈 1.2 的，还有一款法国百代出的迷你相机 Micro 16，只有香烟盒大小，胶卷指甲盖大小吧，但是很清晰。 有了好装备，寰和拍摄的照片很是出彩，父亲每次外出会见名人，寰和都是他的随身摄影师。

1935 年，张冀牖从苏州去上海拜访在中央研究院驻沪办的蔡元培，结束后，张寰和为两人在门口拍了一张珍贵的合影。后来，父亲又去上海徐家汇天主教堂拜访教育名宿马相伯，当时马相伯已经九十多岁，只能躺在椅子上与人谈话。父亲为了这次会见，特地在教堂花园圣母塔前留影。张寰和说："他模仿圣母立着，要我按照圣徒的姿势蹲在他的脚前，请人留下了一张俏皮的照片。"

还有一次，重听的父亲突发奇想，在上海四川路新亚大饭店里，他一手握着电话听筒，一手揿着电话按键不放，"要我给他拍一张'听电话'的照片，他十分高兴，因为他耳聋，自己从来不听电话。可惜这些照片都在'文革'中被当作'四旧'破除了"。

每次乐益女中有什么演出和外出郊游活动，张寰和都积极跟随拍照，留下了很多有关民国教育、江南风情的照片，更记录了张冀牖很多有趣的生活画面。

巴金、卞之琳、沈从文、周有光、匡亚明、钟开莱、顾传玠、钱伟长……张寰和镜头里不知道为多少名人留下了经典一刻。1935年，沈从文、萧乾夫妇等人游览苏州天平山，张寰和为他们拍摄合影，同时还捕捉到抬轿妇女追逐这拨文人招揽生意的场景。

如今人们能够看到的很多张家四姐妹的照片，都得益于张寰和的"勤劳"。大姐元和的昆曲照最多，各种扮相和身段的都有。有一次，父亲还扮演小丑拍照，结果化完妆他又反悔放弃了，但大姐元和趁势留下了十几张珍贵的丑角戏照。二姐允和的风景照居多，南园、怡园、人民桥、大公园，撑阳伞的、穿旗袍的、穿学生装的，仪态万千，尽显闺秀气质。三姐兆和则运动照和生活照居多，南园小河里游泳、与老水牛合影等等，质朴天然。四姐充和游览古迹，足迹遍布苏杭，拜谒古代名人，都被五弟寰和一一摄入镜头。

20世纪30年代初,张寰和(左)与三哥张定和从上海学校返回苏州,在曾经的居住地寿宁弄大院假山前留影

张寰和与周孝华在九如巷旧宅前,如今这些古典建筑已经拆除了

渐渐地,张寰和在摄影圈里也有了名气,政府机关、报社、名人都邀请他拍摄照片,作家陆文夫在《新苏州报》时常向张寰和约图片稿。

为此,热爱摄影的寰和在家里设置了一个暗房,添置了放大机和冲印设备。后来他还学会了改造相机。二姐夫周有光去美国带回来一款迷你相机,胶卷用完就没法使用了,寰和把135的胶卷改造后拍摄,发现拍摄量比原来多了一倍,为此他还把另外一台进口相机做了技术改造,拍摄数量也增加了。他为妻子周孝华拍摄的照片,做了不少特效处理,效果不亚于今日的明星照。

从解放军进城,到后来的历次政治运动和风波,张寰和没有放弃任何一次拍摄的机会,都一一摄录,到了"文革"才戛然而止。

　　张寰和为爱人周孝华拍摄的一组照片,照片上的周孝华呈现出一种婉约
的美

经历了抄家、审查、批斗后,张家还保存了一些珍贵照片。但一次周孝华的一个学生抄家后带人到张家休息,看到了几本老相册,里面的照片有的已经泛黄,男的西装领带,女的婚纱华丽,一帮孩子"就说是黄色,全部撕毁、烧掉了",这里面包括母亲陆英仅有的几张照片。寰和曾说过:"母亲其他照片都在二姐的哭泣声中,被毁掉了。"而这一次,他自己何尝不伤心、哭泣?

1976年年初,张寰和与周孝华在北京去为周恩来送行。"人民英雄纪念碑矗立在月色中,庄严肃穆。碑的周围布满了大小花圈。有人高举总理遗像、花圈,环碑而行。有人在默哀,有人在宣誓。深沉的国际歌声此起彼伏。老人、儿童在周围的矮松柏上,缚上一朵朵小白花,像繁星一样闪闪发光,有人失声痛哭……"张寰和不但以文字记录了这些,还拿出相机定格了很多历史瞬间。

特殊时期的天安门、花圈、悼念的人群、松柏树上挂满的纪念诗词……张寰和整整拍摄了两卷胶卷,自冲自洗。无奈,首都审查极其严格,居委会时常上门来。当时张寰和夫妇住在二姐夫周有光家,没敢把拍照一事告诉二姐,怕牵连他们,就把这些照片夹在大英百科全书里。后来形势更为紧张,寰和忍痛把这些照片连同底片全都剪碎了,抛入阴沟,而那只小相机也早被他以超低价转给了拍卖行,"因为是进口的东西,怕被人说里通外国"。

乱世婚礼与盛族联姻

抗战期间,张寰和已经表现出了非凡的才气。在重庆时,他负责歌词的创作,与三哥定和合作了多首抗战歌曲,譬如《风萧萧》

张寰和喜欢摄影,到老年时还喜欢挂着相机到处取景拍照

20世纪90年代,张寰和夫妇到北京与二姐张允和、二姐夫周有光一起"举杯畅饮"

《江南梦》《当兵去》《抗战建国歌》《江南昔日风光好》等。
1940 年，教育部出版《抗战歌曲新集》，他有四首歌曲入选。

在重庆，寰和先后在行政院和经济部工作，但家庭会议之后，
他就回了合肥老家，一来协助大哥、四哥办理田产和农场事宜，二
来是办理父亲和大大的合葬事宜。

爸爸 1938 年在合肥西乡逝世，只有妈妈（继母韦均一）和小
弟宁和（同父异母弟弟）在侧，我们都远在后方，我在昆明西南联
大读书，没能回乡奔葬。可是 1943 年我却回乡主持了爸爸灵柩
和大大的合葬。

1943 年深秋，我随二姐离渝，经宝鸡到西安，二姐在西安留
下。我独自经洛阳、界首、阜阳等地回到合肥西乡张新圩。爸爸
的灵柩浮厝张新圩前西南方的一个孤独的小山岗上。大寒那
天，把灵柩运到骆小河湾和大大（母亲陆英）合葬。灵柩用红绸
裹好，八人一班，轮流抬行。起运时亲友、乡亲们都来相送，沿途
还有路祭，路程三天。骆小河湾离周新圩较近，我先到周新圩，
等灵柩运到骆小河湾。沿途不安靖，周二表叔（周孝华父亲周君
器）派了圩勇胡尔红等陪同前往。

骆小河湾地势极佳，风景亦美。墓地坐北朝南，一湾清溪由
西而来环绕墓前。墓后一小丘，丘上和两边山坡上，长满了成荫
的苍松、翠柏。墓地虽临清溪，但泥土却很干燥。

骆小河湾离日军驻地大蜀山仅十几里，山上的炮台、军营隐
约可见。那时日军虽已不敢下山骚扰，但有时还发炮轰击。落
葬那天，墓地虽人头济济，但是平安无事，乡亲们都说，这是你们
爸爸和大大的福气。[3]

父母合葬后，张寯和向姐姐哥哥们做了通报，让他们为之心安。办农场未能实现，他就地在肥西老圩子附近的中学教书一年多。一年后，他在周新圩与淮军将领周盛传曾孙女周孝华成婚。说起两人的婚姻，还有些渊源。

西乡张家与其他淮军将领家多有姻缘交好，其中就包括周家。周家一支从江西临川迁至安徽肥西紫蓬山，多代未仕。至淮军起，周家组织团练抵抗太平军，与张家、刘家等形成掎角，其中周家军以周盛波、周盛传兄弟为领袖。入李鸿章淮军后，周家先后有"盛"字营、"传"字营，是淮军阵营中人数最多的一支。周家军作战勇猛，用周孝华的话说，就知道往前冲，不怕死，结果死得都很早。其中长子周盛余、次子周盛选、三子周盛华先后战死前线，六子周盛春也是在平叛起义军途中去世的。

周孝华说："曾祖（周盛传）谥'武壮公'，太平天国时期，周家军从合肥打到了苏州，后来有一支就留在了苏州，就住在与张家不远的朱家园。"张家有姑娘（张寯和称二姑奶奶）嫁到了周盛传家，后育有二男一女，女为二表姑周行婉，男为周君器，都安家在了苏州。周君器膝下三女，分别为周孝棣、周孝华、周孝乐。她们全都嫁到了张家。

周孝华有个姑妈先嫁到了张家，就是由这个姑妈做的媒，把孝棣、孝华、孝乐三姐妹嫁到了张家。

周君器是周盛传的孙子，有史料称他任过国民党合肥县参议员，兼团防局大队长。周家家产极其丰裕，据说土地收入稻谷约两万担，另外在安徽及外省还开设当铺、钱庄（今之银行）、油坊、机米厂、煤矿和市房等等。

周君器继承家产时，合肥还有偌大的新圩子和大片的田产。他毕业于沪江大学，喜欢研究果树栽培，在肥西山里培育出了很多

1949 年,周君器怀抱外甥张以迪与女儿、女婿合影。前排左起周
孝华、周君器、周孝乐,后排左起张寰和、周孝棣、张宇和

杏树、苹果树、梨树、板栗树、葡萄等,送给张老圩子和周老圩子
的亲戚朋友品尝。 这一点,他似乎是遗传了周盛传创制"小站大
米"的先风,做得很起劲。 但这位富家子弟身上有点公子哥儿习
气,在外交友颇多,妻子潘馥英不免吃醋。 潘氏外形秀丽,看上去
就很贤惠,可惜命途多舛。 1937 年抗战全面爆发后,潘馥英随家
人撤往合肥,但人还没有到家就因患上肺病离世。 那一年,周孝棣

八岁，周孝华六岁，周孝乐五岁。

周君器于中华人民共和国成立前夕去了台湾，一直到去世都未再婚。周孝华说，父亲的墓现在台湾，张家表亲李家旭（李鸿章后裔）照顾得很好。

抗战时，张冀牖回乡避难，就住在"亲家"的周新圩子里。后来，张寰和回到肥西，在聚星中学任教，周孝华是学生，但两人并非"师生恋"。两人是表兄妹，以前就认识，且是亲戚，他们常在一起玩。

两人于1945年6月6日在周新圩结婚。发结婚电报时还有一件趣事。当年二姐给沈从文发半个字电报"允"成为传奇，张寰和给三姐和三姐夫发电报时，电报员把周孝华打成了"周老华"，也是张家一则电报的逸事。

结婚那天，张寰和印象深刻的是小弟宁和。他当时随母在上海国立音专学习音乐，小提琴拉得非常棒。接到五哥喜讯后，他背着小提琴，穿越国、共、日、伪四道防线赶回了合肥西乡周新圩，为五哥五嫂演奏婚礼进行曲。

低调的校长

抗战胜利后，张寰和与周孝华返回苏州，多方想办法恢复乐益女中。张寰和接替大哥宗和当了乐益女中的校长。

主持校务期间，张寰和依然保持着父亲办学时的开明和开放，带领同学们出游，接触社会，开设缝纫、农林、舞蹈等技术和艺术课程。在同学们印象中，这位校长常常背着相机在一旁，为他们拍照留影。

周孝华母亲潘馥英与两个女儿(左为孝棣,右为孝乐)

周君器与表亲李家旭夫妇合影。去台湾后的周君器(左一)

一直没有再婚

张寰和一直对政治抱着冷淡的态度。早在国民党统治时期，教育部门发通知，让各校参加一个戡乱演讲会，他以学校要"期中考试"为由婉拒了。但新中国成立后不久，教育局办了一个演讲比赛，乐益女中的两个女生分别获得了第一、第二名。

新中国成立后，张寰和还当选为苏州市人大代表，并与定和合作创作歌曲《中国学生》献给苏州市第一次人民代表大会。有人多次督促他加入民主团体或政党，都被他婉言谢绝，说自己不擅此道，其实是骨子里的低调。但按他的说法，"低调也有低调的好处"。

改变已经悄然进行。1956 年乐益女中由私立变为公立，改名为"苏州市第六初级中学"，三年不到，第五初中与第六初中合并，张寰和被调到苏州市第八初级中学任校长。之后没几年就迎来了"文革"审查、进牛棚、批斗、劳动。不过，张寰和自述，在被关进"牛棚"后倒没怎么受罪，既没有怎么被侮辱，也没有挨打，这都得益于平时的"修行"。那些工作队的学生都认识他，知道他是一个老实人，而且在他身上也找不出什么大问题，有时为了应付上面就装腔作势扔几把椅子"吓唬"他。1969 年寒冬的一个夜晚，大会宣布对他的审查结论："土改时未明确成分，1959 年审干时定位职员成分。"就这样，张寰和与妻子周孝华、小女儿以玲被下放到苏北射阳劳动去了，一去就是九年时光。张寰和还暗自庆幸没有加入什么党派，当年那些和他一起的加入党派的同仁，都被打成了"右派"，结局不可想象。

不过，张寰和的低调也要看事情。在保护童年伙伴时，他可一点也不含糊。被关进牛棚后，曾有造反派让他交代窦祖龙的问题，窦祖龙与哥哥窦祖麟都是张家孩子的好友，一起读书、编辑刊物，有时吃饭就在张家。窦祖龙是地下党员，曾在国民党的一次追捕中逃脱，当时的《时报》刊登了这一新闻，后来二姐允和联系在海

1999年,张寰和与周孝华在北京骑三哥改造的三轮车合影留念

张充和为五弟张寰和、周孝华祝寿的书法作品

门的大姐元和，安排他去当了一名养蜂工人。张寰和如实陈述了窦祖龙的"地下事迹"。遗憾的是，窦祖龙还是在运动中被迫害致死。对此，张寰和用了四个字评价：可悲，可叹。

九如巷的张家宅院也随着政治形势，一再变小，先是说借用，再后来就没有了消息。昔日的乐益女中校园和大部分张宅，变成了政府办公楼，仅剩下当年用人住房、厨房和一点院落，大部分房屋都在毛主席逝世那年被拆掉了。当年，张家典雅的拱形门头和二层楼房拆除时，沈从文还着意让孙女沈红画了下来，很是不舍。再后来落实政策时，张寰和与妻子去打听张家房屋的返还情况，个中过程却坎坎坷坷，据说他的耳朵突然失聪即与此有关。

张寰和经历坎坷，往来之人却不乏巴金、萧乾、匡亚明、萧珊、胡忌、蔡吉铭等名士，但他一生低调，凡事选择了隐忍，且喜欢成就好事。政府说借房子办公，他义不容辞；政府说要留出消防通道，他说应该的应该的。张家用人高干干外甥全家房子拆迁，他二话不说，腾出房子让他们住了三年多时间，相处融洽。

视力不好、耳朵失聪、腿脚不便，但他坚持编辑每一期《水》，还整理着张家的所有照片档案，对每一张照片做出精确的说明，有些解说非常形象可爱。

他爱每一个从九如巷走出去的姐姐、哥哥和弟弟，还有他们的后代。在最后一个哥哥定和去世后，他几天情绪都不好，也没有胃口，只是一个人静静地想着那些往事。他们曾共同在这里长大，共同作词谱曲。定和的女儿张以童在父亲去世后携骨灰赶到九如巷，"五爷（张寰和）哽咽着跟爸爸说贴心的话，嘱他走好。……但愿爸爸的到来可让五爷内心的悲伤抒发出来，爸爸'回家来看他'，能让他得到一点安慰"[5]。临别时，张以童凑

张寰和（前排右一）与三姐张兆和及沈龙朱、沈虎雏在一起

2013年夏，周晓平（右一）携女儿周和庆（左二）来到九如巷探望五舅、五舅妈

张寰和与周孝华到了耄耋之年，仍是恩爱如初，通过他们的方式互相交流、交心

近五爷耳边唱起了由他作词、张定和谱曲的《江南梦》，亲情的旋律渐渐地温暖着这个美丽的小院。

九如巷的古井，永远等待着张家的后人归来，正如张允和作过的一首诗：

> 亲爱的老井啊！
> 你滋润了故园中的花花草草；
> 你滋润了心里美的无花果树苗壮成长；
> 你更滋润了九如巷人们意气昂扬！
> 亲爱的张家人，归来吧！老井在呼唤你，
> 呼唤你归来享受老井水的清澈又清香！

　　1995 年 8 月 22 日,张寰和的继母韦均一在苏州去世。 次年春,张寰和与周孝华将她的骨灰按照小弟宁和的意愿,撒入太湖最美的一湾。

　　2004 年春,张寰和的第一个曾孙出生,年近百岁的周有光为之赐名"信",寓意当下已进入信息时代,但小名仍保留着张家族谱印记:阿福(和以致福)。

　　2014 年 11 月 21 日 17 时,张寰和在苏州去世。

注　释

〔1〕沈从文:《〈月下小景〉题记》,载《月下小景》,江苏教育出版社 2005 年版,第 14 页。

〔2〕张寰和:《怀念沈二哥》。

〔3〕张寰和:《回忆爸爸二三事》。

〔4〕张以童:《那个春天,我带爸爸回家乡》,《水》复刊第 41 期。

第十四章　张宁和:中国交响乐第一指挥

　　张宁和本来还有一个姐姐（育和）、一个哥哥（宣和），他们都是韦均一的亲生孩子，但都不幸夭折了。为了保住他们，韦均一特地赶回娘家养育，但还是没能把他们留下来。

　　宁和自小也是体弱多病，家里为他请了苏州最好的美国医生——阊门外福音医院的惠更生[1]。有一次为了宁和看病的事，韦均一还把门房给"炒"了。那个被炒的门房叫高立人，实际上个子不算高。他做事不踏实，在外面惹过乱子，都被张家人平息了。一天早晨，张家喊他打电话叫惠更生医生来。路远，惠更生包车前来，但迟到了一会儿。韦均一急了，一个劲地催促着高立人，后来喊他去接。高立人跑到九如巷口，正好看见医生的包车就要进巷子，他没好气地大喊:"跑这么慢，人早死了!"人死了就不用去了，包车夫掉头就跑。高立人赶紧追，但没有追上。韦均一为此亲自打电话请医生再来看病。出了这样的事，高立人自然卷铺盖走人了。

　　二姐允和曾说过，"为纪念一个未成长的弟弟，所以我们都称宁和为七弟。继母生的头两胎都死了，所以对他的照顾周到而又严格。我还记得他每天早饭后坐在马桶上苦兮兮的样子"。

童年时的张宁和(左)与张镕和在乐益女中校园

宁和最大的爱好是音乐，据说是受了三哥定和的影响。他一直苦练小提琴。张允和与周有光搬到上海后，宁和有段时间住在他们家里，早上天不亮就起床练琴，下巴处磨破了皮又结了痂，虽然挺吵的，但允和更多的是欣慰。

张冀牖去世时，宁和就在他身旁，那时他只有十几岁，还不是太懂事。但他对父亲的感情深厚，在国外生活时常念叨父亲的往昔。在张家的合影老照片里，几个姐姐哥哥常常是站着的，唯有宁和可以享受"特权"与爸爸、妈妈坐在一起，有时还坐在爸爸的臂弯里。张家孩子们从不因宁和是同父异母的弟弟而有隔阂，相处十分融洽。父亲去世后，张宁和一直在姐姐哥哥的关心和帮助下成长。抗战胜利后，他要去法国巴黎音乐学院留学，当时家里并不富裕，但全家开会决议后，仍然在最短的时间内筹出了经费，让宁和顺利完成了学业，成为当时国际青年交响乐队中唯一的中国人。在巴黎，宁和遇到了比利时小提琴手吉兰——她是比利时国家乐队终身小提琴手，两人相爱成为伴侣。见两人生活并不富裕，张允和与周有光"环游世界"路经宁和家时，反倒请东道主宁和夫妇吃饭，不忍让他们花钱。

新中国成立后，宁和夫妇回国，成为中国交响乐团（中国广播电影交响乐团）第一任指挥。有资料显示，中国广播电影交响乐团前身为成立于 1949 年 4 月 20 日的新影乐团。创建初始，它是一支仅有四十多人的管弦乐队，隶属于北京电影制片厂。乐队成立不久就为新中国两部重要纪录史片（1949 年 7 月）配乐。1951 年，乐队在北京举办了"新片展览专场音乐会""电影音乐专场音乐会"，首次将电影音乐搬上了音乐会，而张宁和则担任了初创阶段的首席指挥。

宁和可能本有心在国内发展，当时连比利时的岳母都跟着来了

张宁和与妻子吉兰

北京,还与沈从文、张兆和、周有光、张允和等合影留念。 宁和与吉兰中途曾先后去比利时探亲。 20 世纪 60 年代,宁和与吉兰再申请去比利时时,被告知只批准吉兰走。 宁和急了,后来经过多方努力,一直找到了周恩来总理,才被获准离开,这一走就是三十年。

在比利时期间,宁和与吉兰常常向姐姐、哥哥们汇报自己的家庭情况,有时还向允和、寰和编辑的《水》投稿。 他们的孩子取名也是按照张家族谱执行,如大女儿名为"以大"。 合肥张家一支继充和出国后,宁和又在北欧落户,其后代则继续出走,张宁和的女儿就定居法国巴黎,女婿则在法新社工作。

渐渐成为父母,又成为爷爷奶奶,吉兰与宁和却从未离开过音乐。 宁和退休前曾在学校教音乐,受到学生们的喜爱。 退休后他喜欢教孙女拉小提琴。 在动了两次严重的手术后,住院期间,吉兰想到最好的方式就是拿出两把琴,演绎夫妻二重奏,渐渐宁和康复了。 吉兰高兴地说:"我喜欢我的中文名字——吉兰,我不是教

张宁和与他的孩子们，他的儿女各有建树，将张家根系继续向更多国家扩散

张宁和携吉兰、孩子回国,与周有光、沈从文、张兆和在一起

1999 年,张宁和与吉兰回国到北京与姐姐、哥哥团聚,骑三哥制
作的三轮车

徒，也不迷信，但也不禁又是想到，会不会这个中文名字给我们带来了好运气……"

1999 年 9 月 19 日，宁和、吉兰从布鲁塞尔到达北京，与二姐允和、三姐兆和、三哥定和、四哥宇和、五哥寰和等人大聚会于后拐棒胡同周有光家，来之前他一再表示"在京希望尽多和家人相见，过去的同事及旧友都暂不惊动"。他们畅谈、聚餐、看歌舞剧，还在北京街头体验了一把三哥定和自己改造的三轮车，温馨、惬意。这是继 1946 年后的一次大聚会，十姐弟中大部分都幸福地活着，只是再聚全已很难，但他们之间的联系依然紧密。

吉兰在给二姐允和的信中曾写道："《水》每期到来，总是叫我们非常兴奋，它有时从加拿大来，有时从加州来，或从中国来，看到这样一个庞大的家庭这么和睦，尽管分布在世界各地，仍保持着联系，实在叫人佩服。编发像《水》这样一种家庭刊物真是一个天才的主意，二姐叫我也写一些，使我受宠若惊。真的，文章比照片生动，比电影真实。宁和很敬爱爸爸，常向我提到爸爸，可惜我只从照片上见到他，看起来是位严肃的、不易亲近的人，直到读了几篇文章后，我才认识到爸爸是一位能笑着参加子女活动的人。文章使我好像亲身经历一样，那时我也想到应该让子女和孙子们知道家庭的历史。"

注　释

〔1〕詹姆斯·惠更生，美国医生，清末时到苏州传教。

作者手记　寻找一个家族的斯文

苏州沧浪亭有一副对联非常有名："清风明月本无价；近水远山皆有情。"这是一副集句联，上联出自欧阳修的《沧浪亭》，下联选自苏舜钦的《过苏州》。联中点到了沧浪亭的核心：水。

在沧浪亭明道堂还有一副对联："泉石慹名贤，伴具区（指太湖）烟水，林屋云峦，独向尘寰留胜迹；簿书逢假日，更解带乱耘，停车问俗，岂徒觞咏事清游。"这是同治十二年（1873），清朝巡抚张树声重修沧浪亭时所题，其中也提到一个"水"字。

一百多年后，大洋彼岸的耶鲁学者张充和回到苏州的家，游览沧浪亭，与文徵明像对视，临走时脚步不禁停在了门口的水轩上，那里有一块石碑《重建沧浪亭记》，撰碑人张树声正是张充和的曾祖。

不远处的苏州九如巷三号有一口古井，古井的院后就是张充和父亲创办的乐益女中旧址，这古井之水滋润着一大家子，还孕育出一本世界上最小最美的家庭杂志《水》。编辑人员正是张家四姐妹和六兄弟。他们全部来自合肥，他们家乡的圩堡也都是临水而建，这既是为了防御外界，也是出于生活需要。

来来往往，百年时光，张家人穿过宅院的护城河，穿过历史重地淝水，顺水而下，顶盔掼甲，战马嘶吼，杀到江南；再到居功从仕，施政一地，造福一方；到张家后人承接殷实家产，再次顺水而下，落户江南，卖田办学，育人荫后，贯穿其中的，始终是一条涓涓水流。

老子说："上善若水，水善利万物而不争。"张家的文化说到底就是"水"的文化，那一脉流动百年的，不是别的，就是斯文。

我的寻找，就是从这个不声不响的词语开始的。

九如巷"上课记"

一个冬日的午后，因为采写一组在海外的学人生活，其中牵涉到张充和，我偶然走进了九如巷三号张家。冒冒失失地上去摁门铃，开门的是周孝华奶奶，之前只知道她是老师。简单几句问候，我就被迎进了院子。

老井、无花果树、蔬菜、花木、老房子，还有随意晾晒的衣服，全都朴素地展示在一片平静的天空下。这里是苏州的闹市区，但闹中取静。再往里走，进入里屋，见到了久仰的张家第五子张寰和先生。

见到老人，你会不由自主地想到张家四姐妹，因为他们之间太像了，尤其是那个高鼻梁。一旁的周孝华说，张家孩子最好认了，都是大鼻子。但张家的孩子，身上还有一种大家之气，一种经历了种种世事后的平和之气。

前前后后，我与张寰和先生进行过几十次的长谈，从来没有听到他说任何人的是非，有的只是风趣和平和。就连说到全家下乡劳动八年，"文革"被批斗、审查、进牛棚，以及张家房产被占，他都是一脸的平和，还不时以安慰口气说："和别人比起来，我还算是好的了，没怎么挨打。"

　　但是他的耳聋，明明与那些历史逆运有关。

　　与张寰和先生交流，需要依靠助听器，但有时效果也不太好，就以写字板辅助。后来我索性把问题和话语用四号字都打印好，这样交流就顺畅多了。每次有客人前来拜访，老人就会不厌其烦地弄好助听器线路，试好音效，然后再把助听器小话筒递给对方。但更多的时候，客人为省事，就直接与周孝华对话了，他则静静地坐在一旁用眼睛"听"着。那可能是一种寂寞，也是一种折磨。

　　但是老人家很是幽默，每当客人起身告辞，他就说："无声电影要结束了。"

　　每次与老人交谈，我都尽量全程录像，回来看回放，发现老人的记忆力超好。沈从文上门追求三姐兆和的场景、张家昔日的大庭院摆设、父亲让四哥睡在走廊里锻炼胆量的过程……他都记忆犹新。

　　张寰和先生是个摄影家，玩过的相机全是当年最新潮的产品，张家四姐妹的很多照片都得益于他的勤拍。

　　在与老人交谈中，唯一令他黯然神伤的照片，是他与母亲仅有的一张合影，但却在那个荒诞的年代被摧毁了。

　　张寰和先入复旦大学新闻系，后被政治系录取，抗战全面爆发后转入西南联大。他多才多艺，当时在《中央日报》《民国日报》发表了不少散文，他还与三哥定和配合创作抗战歌曲，发表后拿到的稿费都买了冰激凌"请客"了。

　　蔡元培、马相伯、巴金、萧乾、闻一多、朱自清、钱锺书、刘文典、匡亚明……老人昔日的同学和交往友人的名字个个如雷贯耳，其中巴金到苏州来看哥哥时，还问老人借过钱。有一次，老人突然向我打听起了一个人，华子寿，说是华罗琛夫人的儿子，还说这位夫人是法国人，来到中国从事文学创作，写过《恋爱与义务》，还被拍成了电影，是金焰和阮玲玉主演的。我回去一查，果然是经典影片。

有一次，张寰和先生突然郑重其事地提醒我，以后来访，不准带礼物，否则不予接待，出差带的东西也不行，"君子之交淡如水"。

突然觉得，每一次去九如巷拜访都是一次"上课"。也难怪，张老先生本来就是乐益女中的校长和老师，先后在多地教学，只是他"讲课"的方式平易近人，非常生活化。

我们就如同朋友之间聊天，无话不谈。有时候，他也要求停止拍摄，说这一段是私人聊天，然后半开玩笑地说："我们要有个君子协定。"

很庆幸，九如巷留下了五子张寰和先生，张家的故事他几乎无所不知，很多细节非常动人，难怪沈龙朱先生曾言，真希望有人能够把五舅讲述的故事完整记录下来。很庆幸，我能亲耳听到那些动人的情节，并依靠科技手段实录下来。

不知不觉间，经历了九如巷的春夏秋冬，每一次前去，除了张寰和的娓娓道来，动人的还有院子里的花木草蔬。香椿、无花果、月季、鱼腥草、紫苏、梅花、牡丹……每一样都有来历和故事，套用沈红写奶奶张兆和的话，它们都是周孝华奶奶的"后宫佳丽"。

最后再说一个张寰和与周孝华的片段。每当张寰和指定某物在某地让周孝华去寻来时，周孝华就说找不到，言下之意是希望张寰和多活动腿脚和双手，就连倒水都要尽可能地让其自行，但周孝华的眼睛会一刻不离地盯着。每当此时，张寰和都会笑呵呵地"执行"。周孝华是"刀子嘴豆腐心"，她深知，年龄大了，不活动就会出现机能退化。

这个场景，让人想起了张兆和"逼着"沈从文走路，指标是每天走五个来回。

要知道，张寰和与沈二哥是生死之交。

北京"朝拜"

北京的天空很大，尤其与苏州比起来。每次进京都会生出两种感觉：赶考、朝拜。拜访朝内大街的周有光先生犹是如此。

2013 年 1 月 23 日，著名语言学家、文字学家周有光先生刚过一百零八岁生日的第十天，我如约走进了先生的书房，激动和欣喜自不用言表，更多的是惊讶。原以为如此茶寿的人瑞，不是躺在床上，就是言语不清楚了。但周老先生精神大好，双目有神，安坐在略显逼仄的书房里，有条不紊地接待着一拨又一拨的"朝圣者"。

见面后，他知我来自苏州，开门见山地问：听说苏州新恢复了一条河道啊？还在清淤？算起来，老先生居住在苏州时还是七八十年前的事情了，在他的印象里，南园和乌鹊桥弄还是荒芜一片，是菜园子、花农、清水河流、简陋的舍房、疏落有致的临水民居。他恐怕想都想不到如今那里已经变成了什么模样。老先生坦然面对。"早期时，曾有比利时首相访问中国，特地向周恩来总理提出要去看看苏州，看看江南水乡，但一去看了，连说不像了，不像了。"讲述时老先生一脸的笑意，到底是哪里不像了呢？河道不像了，脏了，被填埋了不少；城市面貌变了，房子多了，楼高了，地方拥挤了。这是发展的必然，老先生说，不只是苏州这样，全国各个城市都是这个形势。北京也是的，你看原来的北河沿、南河沿、南池子都是有河道景观的，后来慢慢填掉了很多，只剩下地名了。接着老先生的话，我向他介绍，新恢复的河道在昆曲博物馆门口，叫中张家巷河，还没有完全打通，现在苏州正在全面治理河道脏臭，情况正在好转。

说完了河，说苏州话。老先生说，清朝时，京城大户人家都流行雇苏州保姆，为什么呢？因为苏州话。虽说苏州话不是官话，但在交流和作文中很重要，一些文艺作品也多含有苏州话，所以这些人家都想让孩子早点学好苏州话。

老先生侃侃而谈，说话极富条理性，一事不完，不讲另事，简洁有序，不愧为语言学家。

北京天寒地冻，但老先生小书房里温暖如春，听他侃古论今，说事论闻，大长见识，不知不觉就忘记了他的年龄，也忽视了自己的身份，只剩下两个纯粹的人在言语来往，而坐在老先生书桌对面的我，更多的是倾听和记忆。直到离开那间书房良久，我还在回味着老先生的话：上帝太忙了，把我忘掉了。

再去拜见老先生前，我预先打印了此书拟定的两个书名，想请周老定夺。老先生手持放大镜仔细地看了，然后慢慢斟酌。后来，老先生之子周晓平先生也过来看了看，觉得直白些的比较好，父子俩似有些分歧，最终待定。但老先生答应了我的题字要求，写下了：历史进退，匹夫有责。后来再去时，周老先生又补写了一句：要从世界看中国，不要从中国看世界。他还欣然题写了本书书名。

周先生的题词寓意深刻。犹记得他对我名字的解读："王道，你这个名字好哇！中国儒家讲究王道，不搞霸道那一套！哈哈。"我告诉他，其实这名字没啥意义，就是希望向他学习，找出适合自己的道路来。

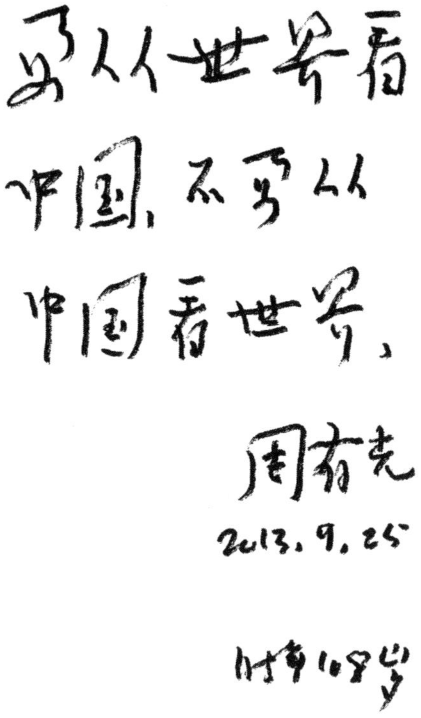

要从世界看
中国，不要从
中国看世界。

周有光

2013.9.25

时108岁

周有光先生题词

2013 年 11 月，我去北京后拐棒胡同拜访周有光先生，他说："王道，你这个名字好哇！"

后来我又两次走进周有光先生的书房，倾听老先生谈古论今，说政经生活。有时还遇到他与名人辩论一些流行的话题，譬如关于幼儿园是否应该开英语课的问题。他思路清晰，立场坚定，并以自己为实例据理以争。其间不乏玩笑声声，令人畅快。与他的交往中，我又谈及了这本书以及张充和的文集情况，他欣然为本书题签，说这件事很有意义，说张家的文化很开明。但提及为张充和的艺术写篇评论，他连说写不了，说她是大才女，她懂的专业他都没法评论。但他自己也表示，对于书法、昆曲都是喜欢的，只是没有时间罢了，人一生只能顾及一两个专业，你做这个事情就不能做其他事情了。

在与周家的交往过程中，周晓平的儒雅、谦虚和低调令人心生钦佩。曾经多次出现在张允和笔下的周和庆女士也是温润如玉，她曾纠正我用笔时把笔帽脱落一旁的毛病，说她爷爷指出，这样子是文人的一种失礼，并曾指教一事：家庭遇大事可交由女性决定，肯定不会错的。

合肥 "下乡"

1943 年秋，苏州乐益女中创办人张冀牖先生在家乡肥西 "三山" 地区落葬。非常时期，仪式简陋，墓地正对着大蜀山，山上有日军的驻地，军营、炮台隐约可见。时隔七十年（2013 年），张老先生墓地是否还在？清明前夕，我与妻子前往合肥市肥西 "三山" 地区。"三山" 即刘铭传部大潜山、周氏兄弟（周盛波、周盛传）部紫蓬山、张树声部周公山。

肥西张老圩子里的百年梧桐树据说是张树声手植，墙上新时期的标语颇有意味

到合肥后，我们首先与张家后人、著名画家张煦和取得联系，他非常热情，坚持要带我们同去。到了肥西县后，见到了肥西县地方志专家、淮军研究学者马骐先生，他轻车熟路，带队上山。车入山区，绿荫茂密，远近皆有山峦，相互勾连，山不算高，不时有水景、人家映衬，颇有几分情节感。三山属丘陵地带，起起伏伏，联想到这里曾经发生过的金戈铁马，更能体会其中的传奇性。

寻访线索是张寰和先生提供的，恍惚七十年，他清楚地记得，父亲是 1938 年 10 月 13 日去世的，享年四十九岁，当时他们姐弟大都在后方，没能回去奔丧。后经了解，张冀牖避难老家肥西乡下，偶患疟疾，缺医少药，死于突然。张寰和于 1943 年秋赶回主持落葬，并将父亲灵柩与先前在苏州去世的母亲陆英的灵柩合葬。

依稀记得，墓址在大蜀山西骆小河湾，群山环抱，一湾清溪绕过，墓葬山丘上。一路深入三山，寻访当地老人，尤其是八十岁以上老人，线索时断时现，当地人给予了极大的热情指点和帮助。山丘林立，田塍成行，青山碧水中，不时能见到墓碑坟茔，到底哪一座才是张冀牖夫妇归根之处？

由于地名太过于模糊，无人知情，有的人连墓主人名字都没有听说过。后来终于打听到有人认识当年参加葬礼的圩勇，但此人已在"文革"中去世。带着几分遗憾和不舍，我们留下联系方式，委托当地乡人及政府继续协助寻访。

开明绅士？有趣公子哥？教育家？似乎很难用一个词去定位张冀牖先生。无论是家庭教育还是学校教育，应该说张冀牖的教育梦想都得到了部分实现。生逢乱世，只能遗憾离场，听说他下葬的那天，日军的炮声还在墓旁隆隆作响。站在大蜀山下，看满目青绿，山屹水流，仿若有一个不甘的声音在回响，那是发源于九如巷的一代先风。"君自故乡来，应知故乡事。"这是临别时张寰和先生对我的叮嘱。访张冀牗夫妇墓址不得，倒收获了一堆"故乡事"，譬如张老圩子已经变成中学，昔日与张冀牗为友的教育家陶行知塑像已经进入张家大院，还有四姐妹曾得庇荫的百年梧桐仍叶茂枝繁。

肥西青山埋下张冀牗，姑苏城里铭记张校主。

依稀记得，踏访结束后回到合肥的酒店，不知道是水土不服还是食物中毒，上吐下泻，高烧不止，胃病复发，浑身虚脱。由此联想到张老先生当年的疟疾急症，心里着实有些发慌，后来服了药，症状稍减缓，孰料半夜又接到老家电话，说外公去世了。

……

物是人非，世事变迁，家族传代的更迭是历史规律，最终留下来的，都是最美的传统和精神。此次肥西之行，不但亲眼看到了当地的灵山秀水，领略到了淮军圩子水抱山环的绝美意境，更深切感受到了一个家族"走出去"的执着和艰辛。

记得在山里访问到张家后人张以映时，这位八十九岁的老人正在杏花树下静静地读书。他是一位老塾师，曾保留着张家的家谱，说有几部家谱都在"文革"中偷偷烧掉了。而张家的中兴之子张树声的墓地，也在"献计献宝"运动中被掘开了，他看到了老祖宗的面容，大胡子，长胳膊，长指甲，胸前一串宝珠被人拿走，如今连个墓碑都没有了。"反正那些年，谁也不敢公开承认自己是张家人，谁不害怕呢！"

从地方志中可见，淮军几个大家族都曾遭到批判，因为他们的先人镇压了"农民起义军"，因为他们成了地主，成了"剥削阶级"，他们的家族，就是他们的"原罪"。

但世事如水，谁都无法阻挡其流动。张家经历了几代人的复兴，后人中如今有教师、作家、音乐家、农业专家、会计、书法家、科学家等，但他们身上始终都保持着一种家族的气质——不声不响的斯文。

合肥之行特别感谢张煦和先生、马骐先生、肥西县焦坡乡大堰小学校长李永苍等人的热情引导。

姑苏"寻旧"

在张家孩子的回忆文章中，常常会出现一个黄姓厨子。听张寰和说，原来家里有一个厨子，后来去了上海大码头做饭，就让徒弟到张家来做饭。黄姓厨师真名黄耀轩，湖北黄陂人。能不能找到这个人的后代？意外的是，他的女儿黄连珍就生活在苏州，而且是乐益女中的毕业生和教师。

在苏州大学附近一个老旧的小区里，我如约见到了九十六岁的黄连珍，精神矍铄，双眼有神，拄着拐杖。一提起乐益女中，就把她的记忆拽回到了小学时光。

"我爸爸是在军阀混战时，被抓壮丁抓去了上海，我们也跟着跑到了上海。"黄连珍说，父亲黄耀轩做得一手好菜，早期时还曾为钱大钧（国民党将领，苏州籍）做过饭。但他重男轻女，家里有两个女儿，一个儿子，他不是太重视女孩子上学。

全家人转到苏州后，有人让黄耀轩开饭店，但他没胆子开。到了九如巷张家做包饭，全家租住在九如巷头一套房子里。黄连珍当时上小学五年级，有时跟着父亲进张家，"我还帮他们家做账"。按照传统，黄连珍小学毕业，就要辍学在家帮忙了，当时家里弟弟生病，生活也不宽裕。

这个时候，张冀牖为她开了一扇门。经过考试，她被招为乐益女中的免费生，吃饭住宿都不要钱。"我在女生里面算是比较皮

黄连珍（后排左三）在乐益女中篮球队的合影，右一为老师丁景清

乐益女中毕业生黄连珍，退休后一直生活在苏州

的，整天喜欢和体育打交道，吊环、篮球什么的，所以饭量也很大，一顿要吃五碗饭，那时候有老师双休日不来，就把饭菜让给我们吃了。"

黄连珍在苏州从五年级一直上到了初中毕业。当时由于乐益女中取消了高中班，她不得已考了上海的体专——她在乐益女中练就了体育强功——从此开始了体育教育事业，后来还去新疆八一农学院教了二十年体育，直到退休回到苏州。

黄连珍对苏州有着别样的感情。她说这一生要感激两个人：一是母亲，"人家都给女儿裹脚，她很开明，留了我的脚"；二是张冀牖校主，"他给了我做体育老师的机会"。依稀记得，当时的恩师是丁景清[1]，"大美女"，体操明星。在校园里，也能见到张校主，"就喊他校主好"，他没有架子，感觉很慈祥。"也见过张充和，她比我高一届，穿着很朴素，剪着短发，整天蹦蹦跳跳的，很好玩。"她印象深刻的是，张家常常唱昆曲，几个孩子都跟着学昆曲。

在学校里，黄连珍参加了篮球队，跟着乐益女中队"南征北战"，有一次还获得了全市的冠军，当时篮球公司还奖励给她们每人一双球鞋，价格很贵的，不是打比赛都舍不得穿。后来，黄连珍还当上了乐益女中篮球队队长，多次率队出征，至今她还珍藏着那时的比赛照片，英姿飒爽，青春迸发。

1933年黄连珍毕业，当时一个班只有六个人，但毕业典礼仍然很隆重；离开乐益后，她从没有忘记过张家人。抗战时，意外地在四川遇到了逃难的张家人，让黄连珍很惊喜。抗战胜利后，她回到乐益女中做老师，带体育课。

但是至今她还不知道张校主的具体去世日期，只是一提起来就会落泪，说想去祭拜一下，但已经无法实现。她工整地在我的本子上写下了：我亲爱的母校，我永远忘不了你。

　　我在寻找乐益女中毕业生、老师时，又惊喜地发现了一位——特级教师童英可。

　　1978 年，江苏省评出第一批特级教师，苏州有三位，童英可名列其中。古老的胥江之畔，一栋老楼里，居住着耄耋之年的老人，墙上悬挂着名人祝贺书法"鹤寿"。清瘦的老人，看起来一点也不孱弱，无论是坐着还是站着，姿势都很正，发黑、齿白，一脸的慈祥。看她小小的个头，你很难想象当年她在全国大赛的平衡木上的潇洒劲。

　　童英可是 1936 年 1 月从乐益女中毕业的，春季班，学的也是体育。当初从昆山来报名，就是冲着校名来的，觉得"很好听"。而且乐益女中的学费也比一般学校便宜五元钱（每学期）。当时学校里大约有一百个学生，校长好像是韦布（著名导演，张冀牖小舅子），张校主一般都在学校里巡视巡视，笑眯眯的，人很和蔼。"不过他看上去蛮老的，脑门有点秃了，戴着眼镜，来回走走。"童英可见过宗和，"他教过地理课，安徽腔很重"；还见过充和，觉得他们那时都很忙碌。

　　印象深刻的是，张校主曾让她跟着张家孩子学昆曲，"唱的是《大红袍》，到现在还会唱呢"。不过，更让童英可喜欢的还是那首校歌："愿吾同校，益人益己，与世近大同……"

　　童英可说，乐益女中的学风很进步，当时属于"赤化"，进步老师很多，鼓励学生们阅读进步作品，鲁迅的作品几乎都读过，还去一些隐秘的书店购买"禁书"，"就在苏州玄妙观西脚门书店，记得我曾经买过一本《永生》，偷偷摸摸的，老板卷好了，快速地递过来"。

说起乐益女中就打开了话匣子的童英可,以特级教师退休后,生活在苏州

虽是体育专业毕业,但童英可的论文写得很棒,常常被刊登在《北京体育大学学报》之类的专业刊物上,如今仍是约稿不断。 童英可把自己的文笔归功于在乐益女中的锻炼,"文学家顾诗灵就是我的语文老师"。

后来,童英可成了国家级运动员,多次参赛获奖。 她从事了四十多年的体育教育。 在新中国成立后不久的一次体育课上的投掷练习中,童英可被一位同学不小心将投掷物投到了眼睛上,痛得她泪水直流,但她那时却仍连声安慰那位同学说不碍事。

她的师德至今为很多学生感怀,而她则对母校说:感恩乐益女中给我的培养与教导。

张家的"高干干"

在对张家后人的寻访过程中，张寰和提供的一个线索引起了我极大的兴趣：张充和的奶妈即张定和的保姆高干干的后人就住在苏州。

之前我曾采访过国学教授钱仲联先生与其保姆亲情相处的故事，直到老先生去世后，保姆夫妇还住在钱家的房子里，据说这是钱先生的遗嘱。这一故事情节不亚于香港温情片《桃姐》。

每次说到高干干，张家人也从不把她当成外人，已经自觉地将其列为家庭成员。

八十岁的丁福元是高干干的外孙。他说，高干干真名刘玉珍，丈夫姓高，故名。外祖母来自扬州，做帮工时来到了苏州，洗衣服、做饭、杂务，什么活都干，很辛苦。外祖父是个大烟鬼，没钱就逼着外祖母要。外祖母实在受不了，就不回去了。在张家做工后，外祖父上门找，人家知道他，门房就不让进去了。

高干干记性很好，会说扬州话，和张家媳妇陆英处得很好，还帮着她算账。她带的孩子是张定和，音乐家，但在抗战时期婚姻生变，人很烦恼，孩子也没人带，高干干就去了重庆帮着带，一直带到北京。北京丁福元也跟着去了，那时中华人民共和国还没有成立，他十六岁，就跟张定和长子以达一起玩。后来丁福元生了肺病，咳嗽得很厉害，怕传染给张家的孩子，就与高干干返回苏州了。

高干干的女儿就是张家人一直提到的金大姐（据说因为外号"小金子"）。金大姐真名高国志，从小跟着母亲在张家做事，吃住在张家，嫁人后仍与张家保持紧密联系。

　　金大姐几个孩子也都与张家有联系，她的女儿丁秀贞在抗日期间随张元和在上海，照顾左右。 丁的男朋友就在顾传玠开在上海的药房工作。 中华人民共和国成立前夕，丁秀贞与男友又随着张元和夫妇去了台湾，洗衣服、做饭、带孩子，什么家务事都做。 结婚后，丁氏夫妇搬出张家，在台湾自谋营生，有房有车，去年还回来看丁福元一家。 记得两岸没通信时，丁福元家人们就写信到美国，由张充和中转到台湾姐姐家。

　　丁福元说，自己一个哥哥当年被周有光介绍进入中旅，后来从川沙政府退休下来，待遇还不错。

　　他还说，父亲没有什么特长，不能照顾家里，全靠外祖母张罗着，应该说张家的工钱给得很殷实。

　　在张家相册里，有几张高干干的老照片，高鼻梁、高颧骨、高额头，人很精干，张家上下都对她特别尊重，因为她的善良、勤劳

我拜访高干干后人时，他们拿出了珍藏的高干干（左）和女儿金大姐的老照片，她们都在张家帮过忙，至今为张家所感念

和忠诚。 张定和说："我想，假如天给她以机会学习数理化，她一定是个出众的人！"

高干干常念叨着陆英的优点，她的精明可能受到过陆英的影响，或者说她们相辅相成。 她牢牢地记着陆英临去前的嘱托，至死不渝。

20世纪90年代初，丁福元所在的小区拆迁改造，当时就租住在古城区一处老房子里，但周围环境很差，有养猪户，臭得要命，苍蝇乱飞、噪音不停。 丁的孙子也出生了，但找好房子又没有钱，苏州全城也没有亲戚，就去九如巷找了张寰和夫妇。 张寰和二话不说，让两个女儿搬东西离开，把房子腾出来给了丁家住，这一住就是三年时间。

源远流长

关于斯文的出典，《论语·子罕》记有："天之将丧斯文也，后死者不得与于斯文也。"

在寻找一个家族的斯文时，有一天我带着十五个月大的儿子端端去沧浪亭对面的苏州文庙闲逛，正巧遇到一个展览——"斯文在兹——中国文庙建筑艺术图片展"。 其中共收录了二十七个省、市、自治区近八十座孔庙的近四百张高清图片。 眼前的这些建筑华丽而壮观，令参观者不禁生出敬畏之心。 走进文庙的人群，都不由自主地放慢脚步，沉淀心灵，压抑浮躁，回复最纯粹明净的心境。

联想到2011年，诗人郑愁予去美国拜访张充和，两人不急不慢地聊着旧事、文学。 张充和以轻缓的语速说："我很早就是一个人了，我经历过很多，困难时期，抗战，什么生活我都可以过，都可以，没有什么了不起的事，不大在乎。"

句句坦然，字字如金。

忽然想起了郑愁予先生的诗句：我打江南走过，那等在季节里的容颜如莲花的开落。

点点滴滴，絮絮叨叨。扬州、南京、合肥、上海、西安、成都、重庆……回望自己对张家文化实物的发现过程，有艰辛，有遗憾，也有惊喜。为了寻找宝带桥古碑拓片，我踏雪苦访，记得那天得到时高兴得连饭都忘记吃了。当在网上发现一件关于张家的史料时，马上拍下来找张寰和先生核实，然后决定是否购买，有一次看到一张乐益女中的奖状，似乎有假……

在写作过程中，非常感谢张家人及其后人给予的无私支持，尤其是张寰和先生和周孝华女士在资料和图片方面提供的支持，没有他们的鼎力相助，恐怕我也没有勇气和能力完成这本书。

有不少人曾经建议，乐益女中暨九如巷三号的文化和传奇，完全可以好好规划建个纪念馆，我就这一情况与张寰和先生谈及，他觉得心有余而力不足，但愿能引起有关部门的重视。

在重新修订此书时，九如巷张家旧居和乐益女中旧址都在有序施工(重建)之中，张家的家风文化和乐益女中的历史必会得到传承和铭记。

注　释

〔1〕丁景清，女，江苏苏州人，早期任教于乐益女中，后任上海体育学院体育理论教授。1926 年毕业于上海爱国女子体育专科学校。擅长舞蹈、艺术体操。编著有《现代歌舞》第一、第二集及《和平花操》《怎样编写团体操》。